Processo, Diálogo e Awareness

Dados Internacionais de Catalogação na Publicação (CIP)
(Câmara Brasileira do Livro, SP, Brasil)

Yontef, Gary M.
Processo, diálogo, awareness / Gary M. Yontef ; [tradução de Eli Stern].
3. ed. – São Paulo: Summus, 1998.

Título original: Awareness, dialogue & process.
Bibliografia
ISBN 978-85-323-0663-0

1. Gestalt-terapia I. Título.

98-3707                                                         CDD-616.89143
                                                                NLM-WN 420

Índice para catálogo sistemático:
1. Getsalt-terapia : Medicina 616.89143

www.summus.com.br

EDITORA AFILIADA

Compre em lugar de fotocopiar.
Cada real que você dá por um livro recompensa seus autores
e os convida a produzir mais sobre o tema;
incentiva seus editores a encomendar, traduzir e publicar
outras obras sobreo assunto;
e paga aos livreiros por estocar e levar até você livros
para a sua informação e o se entretenimento.
Cada real que você dá pela fotocópia não autorizada de um livro
financia um crime
e ajuda a matar a produção intelectual de seu país.

Gary M. Yontef

# Processo, Diálogo e Awareness

ENSAIOS EM GESTALT-TERAPIA

summus
editorial

*Do original em língua inglesa*
*AWARENESS, DIALOGUE & PROCESS*
*Essays on Gestalt Therapy*
Copyright © 1993 by Gary M. Yontef
Direitos desta tradução adquiridos por Summus Editorial

Tradução: **Eli Stern**
Coordenação da edição e revisão técnica: **Lilian Meyer Frazão**
Capa: **Tereza Yamashita**

**Summus Editorial**
Departamento editorial
Rua Itapirucu, 613 – 7º andar
05006-000 – São Paulo – SP
Fone: (11) 3872-3322
http://www.summus.com.br
e-mail: summus@summus.com.br

Atendimento ao consumidor
Summus Editorial
Fone: (11) 3865-9890

Vendas por atacado
Fone: (11) 3873-8638
email: vendas@summus.com.br

Impresso no Brasil

# SUMÁRIO

*Apresentação à edição brasileira* ......................... 7

*Prefácio* ............................................................. 9

### Parte I
### História e Política da Gestalt-terapia

1. Gestalt-terapia ............................................... 15
2. Uma revisão da prática da Gestalt-terapia ...... 68
3. Tendências recentes em Gestalt-terapia nos Estados Unidos e o que precisamos aprender ............................................. 110

### Parte II
### A Teoria da Gestalt-terapia

4. Gestalt-terapia: sua herança da Psicologia da Gestalt ........ 155
5. Introdução à teoria de campo ......................... 173
6. Gestalt-terapia: fenomenologia clínica ............ 213
7. Gestalt-terapia: um método dialógico ............. 233

### Parte III
### A Prática da Gestalt-terapia

8. A aplicação diferencial da Gestalt-terapia ...... 271
9. Tratando pessoas com desordens de caráter ... 300
10. Vergonha ....................................................... 367

*Bibliografia* ..................................................... 402

*Índice* .............................................................. 413

# APRESENTAÇÃO
# À EDIÇÃO BRASILEIRA

Gary Yountef é considerado, tanto pela comunidade nacional quanto internacional, um dos grandes pensadores da abordagem gestáltica da atualidade.

É um dos integrantes da primeira geração de Gestalt-terapeutas americana, tendo tido formação e treinamento com Fritz Perls e Jim Simkin em 1965. Psicólogo clínico e Gestalt-terapeuta desde a década de 1970, foi presidente e membro do Gestalt Institute de Los Angeles durante muitos anos, tendo colaborado em numerosos treinamentos de Gestalt-terapeutas americanos e estrangeiros. Atualmente é membro do conselho editorial do *The Gestalt Journal* americano, uma das mais conceituadas revistas desta abordagem, e é conselheiro editorial do *British Gestalt Journal*.

Tendo por base sua ampla experiência clínica e preocupado em refletir e desenvolver os desdobramentos teóricos e práticos da Gestalt-terapia, escreve com regularidade artigos para revistas especializadas bem como capítulos em livros americanos e estrangeiros.

Este material, anteriormente publicado de maneira dispersa, acrescido de alguns capítulos especialmente escritos para este livro, constituem a edição americana de *Awareness, Dialogue and Process: Essays on Gestalt Therapy*, publicado pelo The Gestalt Journal Press Inc., de Nova York, em 1993.

Com a aquiescência do autor e em colaboração com Jean Clark Juliano e Myrian Bove Fernandes, foram selecionados os capítulos que integram esta edição brasileira, trabalho nada fácil considerando a riqueza dos escritos de Gary. Os capítulos que fazem parte da edição americana do livro e que não foram incluídos nesta edição são:

– Por que eu me tornei um Gestalt-terapeuta: Adeus a Jim Simkin
  (*Why I Became a Gestalt Therapist: Goodybe to Jim Simkin*)

7

- Gestalt-terapia: uma polêmica (*Gestalt Therapy: A Polemic*)
- Assimiliando perspectivas psicanalíticas e diagnósticas à Gestalt-terapia (*Assimilating Diagnostic and Psychoanalytic Perspectives into Gestalt Therapy*)
- O *Self* em Gestalt-terapia (*The Self in Gestalt Therapy*)
- Modos de pensar em Gestalt-terapia (*Modes of Thinking in Gestalt Therapy*)

Neste livro Gary busca aprofundar e equacionar questões relevantes para uma melhor compreensão da teoria e da prática da Gestalt-terapia, esclarecer questões que com freqüência dão origem a mal-entendidos e confusões, além de estabelecer sutis e importantes discriminações. Muitos daqueles que leram os primeiros textos escritos sobre Gestalt-terapia viram nesta abordagem uma aparente simplicidade. Gary Yontef desfaz esse mito e, com sua cuidadosa reflexão, nos remete à complexidade, implicações e desdobramentos da teoria e prática da Gestalt-terapia, instigando e estimulando a reflexão do leitor.

Com seu estilo claro e didático, este livro possibilita ao leitor acompanhar o desenvolvimento do pensamento do autor ao longo das últimas três décadas, e constitui leitura indispensável para os estudiosos da Gestalt-terapia preocupados com o desenvolvimento científico e com o aprofundamento teórico dessa abordagem e para aqueles interessados em compreender as inovações e diferenças da Gestalt-terapia em relação a outras abordagens psicoterápicas.

*Lilian Meyer Frazão*
São Paulo, setembro de 1998

# PREFÁCIO

*Processo, diálogo e awareness.*\* Do ponto de vista da teoria da Gestalt-terapia, tudo é processo – tudo está se movendo e se transformando. A idéia dos físicos, de considerar o próprio universo em movimento e transformação, é uma novidade do pensamento do século XX. Claramente, tanto a teoria quanto a prática também mudam.

Ao reunir num único livro os trabalhos que escrevi a respeito da Gestalt-terapia, desde 1969 até 1991, especialmente para este volume, espero propiciar ao leitor perspicaz a visão, talvez, até mais nítida do que a minha própria, das continuidades, das descontinuidades e das transformações em meu pensamento. No intuito de auxiliar o leitor nesse processo, iniciei os capítulos com comentários que o orientam na localização da época e do contexto em que cada trabalho foi escrito.

Este livro traz uma coletânea de ensaios e não uma revisão geral, integrada e abrangente da teoria da Gestalt-terapia que, acredito, necessite, e que eu gostaria de escrever. Como coletânea, não esgota os princípios básicos de maneira sistemática, que permeia todo o livro, e não elimina a redundância. Ele não se refere de maneira suficientemente explícita ao *Gestalt Therapy* (1951), e não aprofunda a análise do fenômeno figura/fundo ou os problemas do conceito de *self*.

De forma positiva, contém diversos ensaios novos a respeito da prática clínica (diagnóstico, tratamento de desordens de caráter, vergonha, grupos) e da teoria (uma nova introdução à teoria de campo).

Espero que esta coletânea possa facilitar a continuidade do diálogo teórico. Para mim, o diálogo é um dos aspectos mais importantes da teoria e da prática da Gestalt-terapia, que inclui o processo de teorização. A maioria de meus trabalhos foi escrita com a atitude de que

---

\* Awareness é um dos conceitos fundamentais da Gestalt-terapia, por isso optamos por não traduzi-lo. Segundo Yontef, em "Gestalt-terapia fenomenologia clínica", p. 213, "Awareness é uma forma de experienciar. É o processo de estar em contato vigilante com o evento de maior importância no campo indivíduo/meio, com total suporte sensoriomotor, emocional, cognitivo e energético". O termo não foi traduzido uma vez que se tornou comum entre os profissionais de gestalt.

a teoria é um diálogo, ainda que, com freqüência, meus escritos não tenham conseguido parecer dialógicos. Considero a teoria e a prática da Gestalt-terapia um sistema vivo e, como tal, ele se engaja, cresce e se desenvolve, ou fica estático, auto-referente e estagnado. Engajar o mundo, de modo a ajudar a forjar novos desenvolvimentos, é um aspecto vital e necessário da teoria da Gestalt-terapia. Somente por intermédio do engajamento dialógico entre teóricos e Gestalt-terapeutas com os pacientes, com outros sistemas de prática e de pensamento, com o mundo em transformação facilitaremos um novo entendimento.

A teoria é uma forma de diálogo que estabelece uma sustentação intelectual sistemática para nosso trabalho clínico. É uma maneira de usar idéias e informações para dar suporte à experimentação e ao relacionamento clínico, ambos considerados pela teoria da Gestalt-terapia como formas de diálogo. Uma teoria é um relato intelectual escrito, sistemático, que se origina de relacionamentos humanos. Publico meus pontos de vista, e as pessoas reagem, concordam ou os criticam, e o diálogo continua conforme sou afetado e assimilo ou rejeito as reações. Quando consigo responder, talvez mudando alguns dos meus pontos de vista, o diálogo resulta de um entendimento melhorado por meio do desenvolvimento dialético. É esse processo de crescimento, empolgante e útil, o que me motiva – e que eu amo –, que faz com que eu me empenhe em escrever trabalhos e discussões teóricas.

As teorias não são verdadeiras (ou falsas) e não estabelecem verdades. Entretanto, elas são mais ou menos úteis, consistentes, promovem *insights*, estimulam, e assim por diante. As teorias são molduras que provêm de nosso trabalho clínico e didático, e também estimulam e dirigem a continuidade do trabalho. Um dos testes da boa teoria é heurístico. O que muda em decorrência da teoria? Resulta em alguma compreensão adicional? Quando algo é traduzido para a linguagem da Gestalt-terapia, resulta em alguma nova informação que não estava presente antes da tradução? Ela leva a novas idéias, a novas pesquisas? Acima de tudo, ajuda na prática clínica? Espero que alguns dos meus esforços sejam úteis em algumas dessas dimensões.

Quero, de início, estender meus reconhecimentos e agradecimentos a Molly Rawle, por ter sugerido e, depois, ter encorajado este projeto; e a Molly e Joe Wysong, por seu trabalho, e por tê-lo levado à conclusão. Seu apoio e amizade foram uma força motivadora para ajudar na elaboração deste livro e, pessoalmente, muito importante para mim.

Em especial, quero agradecer a Lynne Jacobs. Durante esses anos todos, ela foi muito generosa com o seu tempo para comigo, lendo, editando, melhorando o estilo, o conteúdo e a perspectiva de meus trabalhos. À medida que o material deste livro ia se acumulando e eu precisava de ajuda, ela sempre respondia ao meu chamado. Ela me desafiava quando discordávamos, mas sempre respeitava nossas diferenças. Ainda que eu possa me comportar desta maneira num nível pessoal, acredito que num trabalho teórico eu seja semelhante ao que foi dito de Martin Buber: sou gentil com as pessoas e cruel com as idéias. Para este livro, ela novamente foi uma boa amiga, uma excelente editora e me ensinou mais uma vez a lição de que as pessoas necessitam umas das outras.

Também quero agradecer às pessoas que me ajudaram lendo e editando muitos de meus trabalhos durante esses anos. Quero agradecer sinceramente a todos: Todd Burley, Jeffrey Hutter, Lynne Jacobs, John Long, Robert Martin, Janette Rainwater, James Simkin, Robert Resnick, Lolita Sapriel.

E, finalmente, agradeço à minha mais ardente torcedora, minha mulher Judith, que sempre me encorajou. Ela me deu vida, calor e alegria, apesar de minha engraçada obsessão por escrever trabalhos teóricos. Por isso, e por muitas outras coisas, sou muito agradecido a ela, por ser quem é, e por estar em minha vida. Obrigado, Judi.

# I

# HISTÓRIA
# E
# POLÍTICA
# DA
# GESTALT-TERAPIA

# 1

# GESTALT-TERAPIA

*Comentário*

*Este trabalho, escrito em co-autoria com James S. Simkin, em 1981, é, provavelmente, a melhor introdução geral à Gestalt-terapia que já escrevi. "Gestalt-terapia" era o título de um capítulo do livro* Current Psychotherapies, *de Corsini e Wedding (4ª edição), 1989, e aparece aqui com permissão do editor, F. E. Peacock, Publishers, Inc., de Itasca, Illinois. É uma versão ligeiramente editada do capítulo escrito por James Simkin e por mim em 1984, para a terceira edição de* Current Psychotherapies. *A versão de 1984 foi totalmente reformulada, e era diferente da que Jim fizera sozinho para a 2ª edição de* Current Psychotherapies. *As revisões na versão de 1989 foram mínimas, e foram realizadas após a morte de Jim.*

## Visão Geral

A Gestalt-terapia é uma terapia existencial-fenomenológica fundada por Frederick (Fritz) e Laura Perls, na década de 1940. Ela ensina a terapeutas e pacientes o método fenomenológico de *awareness*, no qual perceber, sentir e atuar são diferenciados de interpretar e modificar atitudes preexistentes. Explicações e interpretações são consideradas menos confiáveis do que aquilo que é diretamente percebido ou sentido. Pacientes e terapeutas, em Gestalt-terapia, *dialogam*, isto é, comunicam suas perspectivas fenomenológicas. As diferenças de perspectivas tornam-se um foco de experimentação e de diálogo continuado. O objetivo é tornar os clientes conscientes (*aware*) do que estão fazendo, como estão fazendo, como podem transformar-se e, ao mesmo tempo, aprender a aceitar-se e valorizar-se.

A Gestalt-terapia focaliza mais o processo (o que está acontecendo) do que o conteúdo (o que está sendo discutido). A ênfase é no que está sendo feito, pensado e sentido no momento, em vez de no que era, poderia ser, conseguiria ser ou deveria ser.

**Conceitos Básicos**

*A perspectiva fenomenológica*

Fenomenologia é uma disciplina que ajuda as pessoas a sair de sua maneira habitual de pensar, para que possam verificar a diferença entre o que está de fato sendo percebido e sentido na situação presente e o que é um resíduo do passado (Idhe, 1977). A exploração gestáltica respeita, usa e qualifica a percepção imediata, "ingênua", "não desvirtuada por aprendizado" (Wertheimer, 1945, p. 331). A Gestalt-terapia trata tanto o que é sentido "subjetivamente" no presente, como o que é "objetivamente" observado, como dados reais e importantes. Isso contrasta com abordagens que tratam o que o paciente experiencia como "meras aparências", e usam a interpretação para buscar o "significado verdadeiro".

O objetivo da exploração fenomenológica da Gestalt é a *awareness* ou o *insight*. "*Insight* é uma formação de padrão do campo perceptivo, de uma maneira tal que as realidades significativas ficam aparentes; é a formação de uma gestalt na qual os fatores relevantes se encaixam com respeito ao todo" (Heidbreder, 1933, p. 355). Na Gestalt-terapia, *insight* é a compreensão nítida da estrutura da situação em estudo.

*Awareness* sem exploração sistemática é comumente insuficiente para desenvolver *insight*. Portanto, a Gestalt-terapia usa a *awareness* focalizada e a experimentação para obter *insight*. A maneira como a pessoa se torna consciente é crucial para qualquer investigação fenomenológica. O fenomenologista estuda não somente a *awareness* pessoal, mas também a *awareness* do próprio processo. O paciente deve aprender a se tornar consciente da *awareness*. A maneira pela qual o terapeuta e os pacientes experienciam seu relacionamento é uma preocupação especial na Gestalt-terapia (Yontef, 1967, 1982, 1983).

*A perspectiva da teoria de campo*
   A visão do mundo científico, que é subjacente à perspectiva fenomenológica da gestalt, é a teoria de campo. Teoria de campo é um método de exploração que descreve o campo total, do qual o evento atualmente é parte, em vez de analisar a situação em termos de uma categoria à qual ela pertence por sua "natureza" (por exemplo, a classificação aristotélica) ou uma seqüência causa-efeito, histórica, unilinear (como a mecânica newtoniana).
   O campo é um todo, no qual as partes estão em relacionamento imediato e reagem umas às outras, e nenhuma deixa de ser influenciada pelo que acontece em outro lugar do campo. O campo substitui a noção de partículas discretas, isoladas. A pessoa em seu espaço vital constitui um campo.
   Na teoria de campo nenhuma ação ocorre a distância; isto é, o que afeta deve tocar o que é afetado no tempo e no espaço. Os Gestalt-terapeutas trabalham no aqui-e-agora, e estão sensibilizados para como o aqui-e-agora inclui resíduos do passado, tais como postura corporal, hábitos e crenças.
   O campo fenomenológico é definido pelo observador, e é significativo apenas quando se conhece seu quadro de referências. O observador é necessário porque o que alguém vê, de alguma maneira, é função de como e quando se está vendo.
   As abordagens de campo são descritivas em vez de especulativas, interpretativas ou classificatórias. A ênfase está na observação, na descrição e na explicação da estrutura exata daquilo que está sendo estudado. Na Gestalt-terapia, os dados não disponíveis à observação direta do terapeuta são estudados pelo enfoque fenomenológico, pela experimentação, por relatos dos participantes e por intermédio do diálogo (Yontef, 1982, 1983).

*A perspectiva existencial*
   O existencialismo baseia-se no método fenomenológico. Fenomenólogos existenciais focam a experiência da pessoa, as relações interpessoais, as alegrias e os sofrimentos assim como são diretamente experienciados.
   A maioria das pessoas opera num contexto não explicitado de pensamento convencional que obscurece ou evita o reconhecimento de como é o mundo. Isto é especialmente verdadeiro no universo de nossas escolhas. Enganar a si mesmo é a base da inautenticidade: vida que não é baseada na verdade de si próprio no mundo leva a senti-

mentos de medo, culpa e ansiedade. A Gestalt-terapia propicia uma maneira de ser autêntico e significativamente responsável por si próprio. Tornando-se consciente (*aware*), a pessoa torna-se capaz de escolher e/ou organizar a própria existência de maneira significativa (Jacobs, 1978; Yontef, 1982, 1983). A visão existencial *afirma* que as pessoas estão infinitamente refazendo-se ou descobrindo a si mesmas. Não há nenhuma essência da natureza humana a ser descoberta de maneira "definitiva". Sempre há novos horizontes, novos problemas e novas oportunidades.

*Diálogo*

A relação entre o terapeuta e o cliente é o aspecto mais importante da psicoterapia. O diálogo existencial é uma parte essencial da metodologia da Gestalt-terapia, e é uma manifestação da perspectiva existencial de relacionamento.

O relacionamento origina-se do contato. Por meio dele as pessoas crescem e formam identidades. Contato é a experiência da fronteira entre o "eu" e o "não-eu". É a experiência de interagir com o não-eu enquanto mantém uma auto-identidade distinta do não-eu. Martin Buber afirma que a pessoa ("Eu") tem significado apenas em sua relação com os outros, no diálogo Eu-Tu ou no contato manipulativo Eu-Isto. Os Gestalt-terapeutas preferem experienciar o paciente no diálogo do que usar a manipulação terapêutica.

A Gestalt-terapia ajuda o paciente a desenvolver o seu próprio suporte para o contato ou para o afastamento desejados (L. Perls, 1976, 1978). O suporte refere-se a qualquer coisa que possibilite o contato ou o afastamento: energia, suporte corporal, respiração, informação, preocupação com os outros, linguagem, e assim por diante. O suporte mobiliza recursos para o contato ou para o afastamento. Por exemplo, para dar suporte à excitação que acompanha o contato, a pessoa precisa ingerir oxigênio suficiente.

O Gestalt-terapeuta trabalha engajando-se num diálogo, em vez de manipular o paciente em direção a um objetivo terapêutico. Um contato dessa natureza é marcado por aceitação, entusiasmo e preocupação verdadeiros e por auto-responsabilidade. Quando os terapeutas dirigem os pacientes para determinada direção, estes não podem encarregar-se simultaneamente de seu crescimento e de seu auto-suporte. O diálogo é baseado na experienciação da outra pessoa como ela verdadeiramente é, e mostrar o seu verdadeiro *self*, compartilhando *awareness* fenomenológica. O Gestalt-terapeuta diz o que ele pensa e encoraja o paciente a fazer o mesmo. O diálogo gestáltico autêntico incorpora autenticidade e responsabilidade.

O relacionamento terapêutico em Gestalt-terapia enfatiza quatro características de diálogo:

1. *Inclusão*. É posicionar-se, tanto quanto possível, na experiência do outro, sem julgar, analisar ou interpretar, e simultaneamente resguardar o sentido de sua própria presença distinta. Esta é uma aplicação interpessoal e existencial da crença fenomenológica na experiência imediata. A inclusão propicia um ambiente de segurança para o trabalho fenomenológico do paciente e, por meio da comunicação do entendimento da experiência do paciente, ajuda a tornar mais aguda a auto-*awareness* deste.

2. *Presença*. O Gestalt-terapeuta se expressa para o paciente. Em geral, criteriosamente e com discriminação, ele expressa observações, preferências, sentimentos, experiência pessoal e pensamentos. Desta maneira, o terapeuta compartilha a sua perspectiva, modelando o relato fenomenológico, o que ajuda o paciente a aprender algo sobre confiança e o uso da experiência imediata para despertar *awareness*. Se o terapeuta apóia-se na interpretação da teoria, em vez de na presença pessoal, ele leva o paciente a apoiar-se em fenômenos e não em sua própria experiência imediata, como o instrumento para aumentar a *awareness*. Na Gestalt-terapia, o terapeuta não usa presença para manipular o paciente a moldar-se a objetivos preestabelecidos, mas para encorajá-lo a regular-se de forma autônoma.

3. *Compromisso com o diálogo*. Contato é mais do que aquilo que duas pessoas fazem uma à outra. Contato é algo que acontece entre as pessoas, e nasce da interação entre elas. O Gestalt-terapeuta rende-se a este processo interpessoal. Esta descrição é de *permissão* para o contato ocorrer, e não manipular, *fazer* contato e controlar o resultado.

4. *O diálogo é vivido*. O diálogo é algo feito, em vez de algo falado a respeito. "Vivido" enfatiza o entusiasmo e a iminência do fazer. O diálogo pode ocorrer por intermédio de uma dança, de uma música, por palavras ou por qualquer modalidade que expresse e movimente a energia entre os participantes. Uma importante contribuição da Gestalt-terapia para a experimentação fenomenológica é a expansão dos parâmetros para incluir a explicação da experiência por expressões não-verbais. Entretanto, a interação está limitada por razões éticas, adequação, função terapêutica, e assim por diante.

## Outros Sistemas

Yontef ressalta que:

A distinção teórica entre Gestalt-terapia, modificação comportamental e psicanálise é clara. Na modificação comportamental, o terapeuta, por meio da manipulação dos estímulos ambientais, modifica o comportamento do paciente. Na teoria psicanalítica, o comportamento é causado por motivação inconsciente, que se torna manifesta no relacionamento transferencial. Pela análise da transferência, a repressão é suspensa e o inconsciente se torna consciente. Na Gestalt-terapia, o paciente aprende a usar totalmente os seus sentidos internos e externos de maneira que possa ser auto-responsável e autosustentado. A Gestalt-terapia ajuda o paciente a reconquistar a chave para o seu estado, a *awareness* do processo de *awareness*. A modificação comportamental condiciona pelo controle dos estímulos, a psicanálise cura por falar a respeito e pela descoberta do problema mental (o problema) e a Gestalt-terapia traz a autopercepção por experimentos aqui-e-agora em *awareness* dirigida. (1969, pp. 33-4)

A modificação comportamental e outras terapias que tentam um controle direto dos sintomas (por exemplo, a quimioterapia, a ECT, a hipnose etc.) contrastam tanto com a Gestalt-terapia quanto com as psicoterapias psicodinâmicas, no sentido de as psicodinâmicas propiciarem mudança, primariamente, pelo aprendizado do paciente, de se entender no mundo por meio do *insight*.

A metodologia da Gestalt-terapia e da terapia psicodinâmica usa um relacionamento de aceitação e uma tecnologia para ajudar o paciente a mudar por meio de autocompreensão cognitiva e emocional. Na psicanálise o comportamento básico do paciente é a livre associação; o principal instrumento do analista é a interpretação. Para encorajar a transferência, o analista retém qualquer expressão direta de personalidade (sem afirmações "Eu") e pratica a "Regra da abstinência"; isto é, o terapeuta não gratifica nenhum desejo do paciente. Esta abordagem é verdadeira para todas as escolas psicodinâmicas: clássica, de relações objetais, da psicologia do ego, kohutiana, junguiana. O terapeuta psicodinâmico isola a sua pessoa a fim de encorajar um relacionamento baseado explicitamente na transferência (em vez de no contato).

A Gestalt-terapia trabalha a busca de compreensão pela presença ativa e curativa do terapeuta *e do paciente* num relacionamento baseado em contato verdadeiro. A transferência, explorada e trabalhada conforme sua aparição, não é encorajada pelo Gestalt-terapeuta (Polster, 1968). Os temas caracterológicos são *explicitamente trabalhados na Gestalt-terapia* pelo método fenomenológico e dialógico.

Na Gestalt-terapia, a experiência imediata do paciente é trabalhada ativamente. Em vez de associar livremente enquanto espera pela interpretação do terapeuta, para mudar depois, o paciente é visto como um colaborador, aprendendo a autocurar-se. O paciente "trabalha", em vez de associar livremente. "O que eu posso fazer para trabalhar isto?" é uma questão freqüente em Gestalt-terapia, e sempre há uma resposta. Por exemplo, um casal com dificuldades sexuais poderia ser solicitado a praticar focalização sensorial.

Mais do que qualquer outra terapia, a Gestalt-terapia enfatiza que, o que quer que exista, é aqui-e-agora, e que a experiência é mais confiável do que a interpretação. O paciente aprende a diferença entre *falar a respeito* de algo que aconteceu há cinco minutos (na noite anterior, ou há vinte anos) e *experienciar* o que é agora.

Applebaum, um psicanalista, observa que:

Na Gestalt-terapia, o paciente aprende rapidamente a discriminar entre idéias e ideação, entre trilhas obssessionais bem desgastadas e pensamentos novos, entre a afirmação de uma experiência e a afirmação de uma afirmação. O objetivo gestáltico de buscar experiência e *insight*, que emergem conforme a gestalt vai emergindo, é mais potente do que o *insight* dado pelo terapeuta e ajuda tanto o terapeuta quanto o paciente a traçar e a manter essas distinções importantes. (1976, p. 757)

Terapias tais como a da modificação comportamental, a terapia da realidade e a terapia racional emotiva não trabalham suficientemente com a experiência *do paciente* para obter isto. Na terapia rogeriana, a passividade imposta ao terapeuta reduz severamente o poder ou o alcance da terapia para chegar a ensinar tais distinções.

A prática da maioria das psicoterapias encoraja a intelectualização: falar sobre a irracionalidade das crenças dos pacientes, sobre mudanças comportamentais que o terapeuta acredita que o paciente deva efetuar, e assim por diante. A metodologia da Gestalt-terapia utiliza técnicas ativas para esclarecer a experiência. Os Gestalt-terapeutas, com freqüência, irão experimentar, tentando algo novo durante a terapia. Na Gestalt-terapia (diferindo das outras terapias), o *processo de descoberta pela experimentação é* o ponto de chegada, em lugar do sentimento, da idéia ou do conteúdo.

O psicanalista pode usar apenas a interpretação. Os rogerianos podem apenas refletir e clarificar. Os Gestalt-terapeutas podem usar qualquer método ou técnica desde que: a) seja para aumentar a *awareness*; b) resulte de diálogo e trabalho fenomenológico, e esteja dentro dos parâmetros de prática ética.

O poder e a responsabilidade pelo presente estão nas mãos do paciente. No passado, o paciente estava em interação psicológica mútua com o ambiente, e não era apenas um recipiente passivo de traumas. Assim, o paciente pode ter recebido mensagens humilhantes de seus pais, mas pode "engolir" a mensagem e lidar com a própria culpa, assim como com a manutenção da vergonha interna até agora. Esse pensamento é diferente das atitudes psicodinâmicas, mas está em consonância com o pensamento de Adler e Ellis.

Assim, sob esse ângulo, os pacientes são mais responsáveis por suas próprias existências, inclusive por suas terapias. Quando o terapeuta acredita que o passado causa o presente, e que os pacientes são controlados por motivações inconscientes que não conseguem perceber prontamente, os pacientes são encorajados a se apoiar nas interpretações do analista, em vez de em sua própria autonomia.

Em terapias nas quais o terapeuta se propõe a modificar diretamente o comportamento do paciente, a experiência imediata de ambos não é aceita. Isso distingue a Gestalt-terapia da maioria das outras terapias. Um paciente ressentido pode aumentar a *awareness* expressando ressentimento. Se o terapeuta sugere essa atitude como mecanismo de catarse, esse não é o enfoque fenomenológico da Gestalt-terapia.

Na Gestalt-terapia não existe "deveria"(as). Em vez de enfatizar o que deveria ser, enfatiza a *awareness* do que é. *O que é, é*. Isto contrasta com qualquer terapeuta que "sabe" o que o paciente "deveria" fazer. Por exemplo, na modificação de comportamento cognitivo, a terapia racional-emotiva e a terapia da realidade tentam modificar as atitudes do paciente que o terapeuta julga serem irracionais, irresponsáveis ou irreais.

Mesmo que a Gestalt-terapia desencoraje a interrupção do processo de assimilação organísmica, mudando o foco para intelectualizações explanatórias cognitivas, os Gestalt-terapeutas trabalham com sistemas de credos. Esclarecer o pensamento, explicar crenças detalhadamente e decidir o que serve para o paciente são partes da Gestalt-terapia. A Gestalt-terapia não enfatiza o pensamento que inibe a experiência (conduta obssessiva) e encoraja o pensamento que dá suporte à experiência. A Gestalt-terapia rejeita o terapeuta narcisisticamente ensinando o paciente, em vez de ser aberto ao contato e avançar na autodescoberta do paciente.

Muitas pessoas declaram praticar "AT (Análise Transacional) e Gestalt". Em geral, elas usam a *teoria* AT e algumas *técnicas* de Gestalt-terapia. As técnicas não são o aspecto importante da Gestalt-terapia. Quando usadas num estilo analítico, cognitivo, essas técnicas não são Gestalt-terapia! Uma combinação deste tipo, aborta, evita e neutraliza o trabalho de consciência organísmica do método fenomenológico-existencial. Uma combinação melhor seria a integração de alguns conceitos da AT num enfoque gestáltico. Desta maneira, os estados do ego infantil, adulto e parental, suas transações cruzadas e roteiros de vida podem ser traduzidos num processo de linguagem gestáltica e trabalhados de modo experimental e dialógico.

Uma outra diferença é a consideração da Gestalt-terapia por holismo e multidimensionalidade. As pessoas manifestam seus sofrimentos na maneira como se comportam, pensam e sentem. "A Gestalt-terapia considera todo o campo biopsicossocial, incluindo o organismo/ambiente, e utiliza ativamente variáveis fisiológicas, sociológicas, cognitivas e motivacionais. Nenhuma dimensão relevante é excluída na teoria básica" (Yontef, 1969, pp. 33-4).

## História

*Precursores*
A história da Gestalt-terapia começa com o desenvolvimento profissional de Fritz Perls e do *Zeitgeist* (força do tempo) em que ele viveu. Depois de formado em medicina, Perls foi para Frankfurt, em 1926, como assistente de Kurt Goldstein, no Instituto dos Soldados com Lesão Cerebral. Lá, entrou em contato com os professores Goldstein e Adhemar Gelb, e conheceu sua futura esposa, Laura. Naquele tempo, Frankfurt era um agitado centro intelectual e Perls ficou em contato direto e indireto com os principais psicólogos da Gestalt, filósofos existenciais e psicanalistas.

Fritz Perls tornou-se psicanalista e foi diretamente influenciado por Karen Horney e Wilhelm Reich e, indiretamente, por Otto Rank e outros. Perls foi influenciado em especial por Wilhelm Reich, que era seu analista no início de 1930, e foi "quem direcionou pela primeira vez a minha atenção para um importantíssimo aspecto da medicina psicossomática – para a função do sistema motor como couraça" (F. Perls, 1947, p. 3).

Três influências no desenvolvimento intelectual de Perls devem ser notadas. Uma foi a do filósofo Sigmund Friedlander, de cuja filosofia Perls incorporou os conceitos de pensamento diferencial e indiferença criativa, revelados em seu primeiro livro *Ego, Hunger and Agression* (1947). Perls também foi influenciado por Jan Smuts, o primeiro-ministro da África do Sul, na época em que ele e sua família se mudaram para lá (tendo primeiramente escapado da Alemanha nazista e depois da Holanda ocupada pelos nazistas). Antes de se tornar primeiro-ministro, Smuts havia escrito um livro importante sobre holismo e evolução, que examinava um mundo ecológico mais amplo, de uma perspectiva gestáltica. Smuts cunhou a palavra *holismo*. A terceira influência foi a de Alfred Korzybski, o semanticista que influenciou o desenvolvimento intelectual de Perls.

Laura Posner Perls foi co-fundadora da Gestalt-terapia. Sua influência sobre Perls era de conhecimento geral e ela escreveu um capítulo em *Ego, Hunger and Agression*. Estudante de psicologia quando conheceu Perls, licenciou-se em ciências na Universidade de Frankfurt, em 1932. Ela teve contato e sofreu influências dos teólogos existencialistas Martin Buber e Paul Tillich. Boa parte da Gestalt, as influências existenciais e fenomenológicas na Gestalt-terapia vieram dela, mas o crédito e a influência foram limitados porque ela escrevia muito pouco em seu nome (Rosenfeld, 1978).

Embora Perls fosse um psicanalista didata, ele estava entre aqueles que se irritavam com o dogmatismo da psicanálise freudiana clássica. As décadas de 1920, 30 e 40 foram períodos de grande agitação e rebelião contra o positivismo newtoniano. Isso era verdade na ciência (por exemplo, a teoria de campo de Einstein), teatro e dança, filosofia, arte, arquitetura e existencialismo. Ambos, Laura e Fritz, viveram num *Zeitgeist* permeado por uma influência fenomenológico-existencial, que depois interagiu com a Gestalt-terapia (Kogan, 1976). Entre essas influências estão o reconhecimento da responsabilidade e da escolha na criação da própria existência, a primazia da existência sobre a essência e o diálogo existencial.

A Psicologia da Gestalt forneceu a Perls um princípio organizador para a Gestalt-terapia como um enfoque integrativo. A Gestalt refere-se a uma configuração ou padrão de um conjunto de elementos. A Psicologia da Gestalt acredita que os organismos percebem instintivamente padrões inteiros, e não pequenos fragmentos. Padrões inteiros têm características que não podem ser garimpadas analisando-se as partes. A percepção é um processo ativo e não o resultado da estimulação de órgãos dos sentidos, recebida passivamente. Acredita-se que todas as situações têm uma organização inerente. Os organismos possuem capacidade de percepção acurada quando utilizam sua habilidade natural de experiência imediata no aqui-e-agora. A tarefa da pesquisa fenomenológica e da terapia é utilizar esta capacidade para adquirir um *insight* da estrutura, daquilo que está sendo estudado. Pelo fato de as pessoas perceberem padrões inteiros naturalmente, conforme vão surgindo, a percepção do que está acontecendo pode ser mais confiável do que a interpretação ou o dogma.

## Origens

O livro de Perls, *Ego, Hunger and Agression*, foi escrito em 1941-42. Em sua primeira edição, na África do Sul, em 1946, o subtítulo era *A revision of Freud's theory and method* (Uma revisão da teoria e do método de Freud). Quando o livro foi publicado, em 1966, o subtítulo foi mudado para *The beginning of Gestalt Therapy* (O início da Gestalt-terapia). O termo "Gestalt-terapia" foi usado como título, pela primeira vez, num livro de Frederick Perls, Ralph Hefferline e Paul Goodman (1951). Pouco depois, o New York Institute for Gestalt Therapy foi organizado, com seu quartel-general no apartamento de Fritz e Laura Perls, em Nova York. Esse apartamento foi usado para seminários, *workshops* e grupos. Entre os que estudaram com Perls naquela época estavam Paul Weisz, Lotte Weisdenfeld, Buck Eastman, Paul Goodman, Isadore From, Elliot Shapiro, Leo Chalfen, Iris Sanguilano, James Simkin e Kenneth A. Fisher.

Durante a década de 1950 foi realizado um intenso programa de *workshops* e grupos de estudo por todo o país. Antes da Convenção da Associação Americana de Psicologia, que ocorreu na cidade de Nova York, em 1954, foi realizado um *workshop* intensivo especial, limitado a quinze psicólogos qualificados, que foi ministrado por um período de três dias. *Workshops* semelhantes ocorreram em Cleveland, Miami e Los Angeles. Em 1955, o grupo de estudo de Cleveland formou o Gestalt Institute of Cleveland.

Fritz Perls mudou-se para a Costa Oeste, em 1960, quando Simkin organizou um *workshop* de Gestalt-terapia para ele. Perls, Walter Kempler e James Simkin realizaram os primeiros *workshops* de treinamento no Instituto Esalen durante o verão de 1964. Esses *workshops* de treinamento continuaram sob a liderança de Perls e Simkin até 1968. Depois que Perls se mudou para o Canadá, Simkin, junto com Irma Shepherd, Robert W. Resnick, Robert L. Martin, Jack Downing e John Enright continuaram dando treinamento de Gestalt-terapia até 1970.

Durante esse período inicial, a Gestalt-terapia foi pioneira em muitas idéias, subseqüentemente aceitas em práticas terapêuticas ecléticas. O entusiasmo do contato direto entre terapeuta e paciente, a ênfase na experiência direta, o uso de experimentação ativa, a ênfase no aqui-e-agora, a responsabilidade do paciente por si próprio, o princípio da *awareness*, a confiança na auto-regulação organísmica, a interdependência ecológica de pessoa e ambiente, o princípio da assimilação e outros conceitos semelhantes eram novos, excitantes e chocantes para uma sociedade conservadora. Até então, a prática psicoterápica estava dicotomizada entre a tradicional abordagem psicanalítica da teoria pulsional, mais antiga, e as idéias pioneiras, trazidas principalmente pela Gestalt-terapia. Este foi um período de expansão, com integração dos princípios entre si e a elucidação e enucleação dos princípos deixados para o futuro. Assim, por exemplo, a Gestalt-terapia foi a primeira a utilizar a presença ativa do terapeuta num relacionamento com contato, mas não considerava detalhadamente o que constituía uma presença dialógica curativa.

## *Status* Atual

Existem pelo menos 62 institutos de Gestalt-terapia no mundo, e a lista continua crescendo. Praticamente toda cidade grande dos Estados Unidos tem pelo menos um instituto gestalt.

Não foi estabelecida nenhuma instituição nacional. Por causa disso, não há padrões estabelecidos para institutos, didatas e estagiários. Cada instituto tem seu próprio critério para treinamento, seleção de associados, e assim por diante. Algumas tentativas recentes de organizar uma conferência nacional para o estabelecimento de padrões para a formação de terapeutas didatas não foram bem-sucedidas. Não há padrões consensuais para o que seja uma boa Gestalt-terapia ou um bom Gestalt-terapeuta. Portanto, está a cargo do interessado em Gestalt-terapia avaliar cuidadosamente a formação educacional, clínica e o treinamento das pessoas que se denominam Gestalt-terapeutas e dão treinamento de Gestalt-terapia (ver Yontef, 1981a, 1981b).

The Gestalt Journal dedica-se primariamente a artigos sobre Gestalt-terapia. O Gestalt Theory publica artigos sobre psicologia da Gestalt, inclusive alguns sobre Gestalt-terapia. Informação bibliográfica pode ser obtida em Kogan (1980), Rosenfeld (1981) e Wysong (1986).

Conforme a experiência na prática de Gestalt-terapia foi se acumulando, práticas terapêuticas mais antigas foram sendo alteradas. Por exemplo, as primeiras práticas de Gestalt-terapia enfatizavam, com freqüência, o uso clínico da frustração, uma confusão entre auto-suficiência e auto-suporte, e uma atitude abrasiva, se o paciente fosse interpretado pelo terapeuta como manipulador. Essa abordagem tendia a acentuar a sensação de embaraço dos pacientes envergonhados. Tem ocorrido um movimento em direção a uma prática mais delicada da Gestalt-terapia, mais auto-expressão direta por parte do terapeuta, mais ênfase dialógica, diminuição do uso de técnicas estereotipadas, aumento da ênfase na descrição da estrutura do caráter (com a utilização de formulações psicanalíticas) e um aumento de processos grupais.

Assim, um paciente tem uma probabilidade maior de encontrar, entre os Gestalt-terapeutas que estão envolvidos no modo novo, uma ênfase na auto-aceitação, uma conduta profissional mais delicada do terapeuta, mais confiança na fenomenologia do paciente, e mais trabalho específico com temas psicodinâmicos. Também tem havido um aumento na ênfase dos processos grupais, incluindo as relações entre membros de um grupo e uma diminuição no trabalho um a um, formal, em grupos. Também há um crescente aumento na atenção para a instrução teórica, para a exposição teórica e para o trabalho com cognição em geral.

## Personalidade
## Teoria da Personalidade

*Interdependência ecológica: o campo organismo/ambiente*
Uma pessoa existe pela diferenciação entre o *self* e o outro, e por conectar o *self* e o outro. Estas são as duas funções de uma fronteira.

Para fazer um bom contato com o mundo, a pessoa precisa arriscar a se expandir e descobrir suas próprias fronteiras. Faz parte de uma auto-regulação eficaz um contato em que a pessoa percebe novidades no ambiente, que podem ser tóxicas ou nutritivas. Aquilo que é nutritivo é assimilado, e o restante é rejeitado. Esse tipo de contato diferenciado leva, inevitavelmente, ao crescimento (Polster e Polster, 1973, p. 101).

*Metabolismo mental*
Em Gestalt-terapia, o metabolismo é usado como metáfora para o funcionamento psicológico. As pessoas crescem abocanhando um pedaço de tamanho apropriado (seja comida, idéias ou relacionamentos), mastigando-o (considerando) e descobrindo se é tóxico ou nutritivo. Se nutritivo, o organismo o assimila e o torna parte de si. Se tóxico, o organismo o cospe fora (rejeita-o). Isso exige pessoas dispostas a confiar em seu paladar e em seu pensamento. A discriminação exige perceber *ativamente* estímulos exteriores e processar estes estímulos exteroceptivos, juntamente com dados interoceptivos.

*Regulação da fronteira*
A fronteira entre o *self* e o ambiente deve ser mantida permeável para permitir trocas, porém suficientemente firme para ter autonomia. O ambiente inclui toxinas que precisam ser expostas. Mesmo o que é nutritivo precisa ser discriminado de acordo com a necessidade dominante. Os processos metabólicos são governados pelas leis da homeostasia. Idealmente, a necessidade mais urgente energiza o organismo até ser concretizada, ou é substituída por uma necessidade mais vital. Viver é uma progressão de necessidades, satisfeitas ou não, que atingem um equilíbrio homeostático e vão em busca do próximo momento e da nova necessidade.

*Distúrbios da fronteira de contato*
Quando a fronteira entre o *self* e o outro perde a permeabilidade, a nitidez, ou desaparece, isso resulta na perda da distinção entre o *self* e o outro, um distúrbio tanto de contato quanto de *awareness* (ver Perls, 1973; Polster e Polster, 1973). No bom funcionamento da fronteira, as pessoas alternam união e separação, entre estar em contato com o ambiente atual e o afastamento da atenção do ambiente. A fronteira de contato perde-se nas maneiras polares opostas, na confluência e no isolamento. Na *confluência* (fusão), a distinção e sepa-

ração entre o *self* e o outro perde tanta nitidez que a fronteira é perdida. No *isolamento*, a fronteira torna-se tão impermeável que a união é perdida, isto é, a importância dos outros para o *self* sai da órbita da *awareness*.

*Retroflexão* é uma divisão dentro do *self*, uma resistência a aspectos do *self* pelo *self*. Essa situação substitui o *self* pelo meio, como se estivesse praticando com o *self* ações que a pessoa gostaria de praticar com os outros, ou fazendo para si o que gostaria que outra pessoa fizesse. Este mecanismo leva ao isolamento. A ilusão da auto-suficiência é um exemplo de retroflexão, pois substitui o *self* por ambiente. Embora cada um consiga fazer sua própria respiração e mastigação, o ar e o alimento devem vir do meio. Introspecção é uma forma de retroflexão que pode ser patológica ou saudável. Por exemplo, resistir ao impulso de expressar raiva serve para lidar com um ambiente perigoso. Em tal situação, morder a própria língua pode ser mais funcional do que dizer algo agressivo.

Por meio da *introjeção*, material externo é absorvido sem discriminação ou assimilação. Engolir inteiro cria uma personalidade "como se" e rigidez de caráter. Valores e comportamentos introjetados são impostos ao *self*. Como em todo o distúrbio da fronteira de contato, engolir por inteiro pode ser saudável ou patológico, dependendo das circunstâncias e do grau de *awareness*. Por exemplo, estudantes fazendo um curso podem, com total consciência de estarem assim fazendo, copiar, memorizar e regurgitar material sem "digestão" completa.

*Projeção* é uma confusão de *self* e outro, que resulta em atribuir ao meio externo algo que é verdadeiramente do *self*. Um exemplo de projeção saudável é a arte. A projeção patológica resulta de não perceber o que está sendo projetado e de aceitar responsabilidade por ela.

*Deflexão* é o ato de evitar o contato ou a *awareness*, esquivando-se, por exemplo, quando se é gentil em vez de direto. A deflexão pode ser realizada pela não-expressão direta, ou por não receber. No último caso, a pessoa não se deixa "influenciar"; no caso anterior, a pessoa é freqüentemente ineficaz e se admira por não conseguir obter as coisas que deseja. A deflexão pode ser útil onde, com *awareness*, ela realiza a necessidade da situação (por exemplo, quando a situação exige "esfriar a cabeça"). Outros exemplos de deflexão incluem: não encarar uma pessoa, a verborragia, idéias vagas, menosprezar e falar *a respeito* em vez de *com* (Polster e Polster, 1973, pp. 89-92).

*Auto-regulação organísmica*

A regulação humana é, em diferentes graus: a) organísmica, isto é, baseada num reconhecimento acurado e relativamente completo daquilo *que é*, ou b) "deverísmica", baseada na imposição arbitrária daquilo que algum controlador acredita que deveria ou não deveria ser. Isto se aplica à regulação intrapsíquica, à regulação das relações interpessoais e à regulação de grupos sociais.

"Existe apenas uma coisa que deveria controlar: *a situação*. Se você entende a situação em que está, e se você permitir que a situação em que está controle as suas ações, então você aprende a lidar com a vida" (F. Perls, 1976, p. 33). Perls explicou o acima exposto com o ato de dirigir um carro. Em vez de um programa, pré-planejado, "Eu quero dirigir a cem quilômetros por hora", a pessoa conhecedora da situação irá dirigir em velocidades diferentes à noite, com tráfego intenso, ou ainda, quando cansada, e assim por diante. Aqui Perls deixa claro que "deixar a situação controlar" significa a regulação por meio da *awareness* do contexto contemporâneo, incluindo as vontades da pessoa e não a regulação pelo que se pensa que "deveria" acontecer.

Na auto-regulação organísmica, a escolha e o aprendizado acontecem de forma holística, com uma integração natural de corpo e mente, pensamento e sentimento, espontaneidade e deliberação. Na regulação "deverística", a cognição impera e não há um sentido holístico.

Obviamente, tudo o que é relevante para uma regulação de fronteira não pode ser feito com *awareness* completa. A maioria das transações é abordada de modo automático, habitual, com *awareness* mínima. A auto-regulação organísmica exige que o habitual se torne totalmente perceptível quando necessário.

Quando a *awareness* não emerge conforme a necessidade e/ou não organiza a necessária atividade motora, a psicoterapia é um método para aumentar a *awareness* e adquirir responsabilidade e escolher o que é significativo.

*Awareness*

*Awareness* e diálogo são os dois instrumentos terapêuticos primários da Gestalt-terapia.

*Awareness* é uma forma de experiência que pode ser definida aproximadamente como estar em contato com a própria existência, com *aquilo que é*.

Laura Perls afirma:

O objetivo da Gestalt-terapia é o *continuum da awareness*, a formação continuada e livre de Gestalt, onde aquilo que for o principal interesse e ocupação do organismo, do relacionamento, do grupo ou da sociedade se torne gestalt, que venha para o primeiro plano, e que possa ser integralmente experienciado e lidado (reconhecido, trabalhado, selecionado, mudado ou jogado fora etc.) para que então possa fundir-se com o segundo plano (ser esquecido, ou assimilado e integrado) e deixar o primeiro plano livre para a próxima gestalt relevante. (1973, p. 2)

*Awareness* total é o processo de estar em contato vigilante com os eventos mais importantes do campo indivíduo/ambiente, com total apoio sensorimotor, emocional, cognitivo e energético. O *insight*, uma forma de *awareness*, é uma percepção óbvia imediata de uma unidade entre elementos, que no campo aparentam ser díspares. O contato com *awareness* gera totalidades significativas novas e, portanto, é em si a integração de um problema.

Uma *awareness* eficaz é baseada em e é energizada pela necessidade dominante atual do organismo. Isso requer não apenas autoconhecimento, mas um conhecimento direto da situação atual e de como o *self* está nesta situação. Qualquer negação da situação e suas exigências das vontades da pessoa ou da resposta escolhida é uma perturbação da *awareness*. Uma *awareness* significativa é a do *self* no mundo, em diálogo com o mundo e com a *awareness* do outro – não é uma introspecção com o foco no interior. A *awareness* é acompanhada por *aceitação*, isto é, o processo de conhecimento do controle, escolha e responsabilidade dos próprios sentimentos e comportamentos. Sem isso, a pessoa pode estar atenta à experiência e ao espaço vital, mas não para o poder que ela tem ou não tem. A *awareness* é cognitiva, sensorial e afetiva. A pessoa que reconhece verbalmente sua situação, mas efetivamente não a vê, não a *conhece*, não *reage* a ela, e não *sente* em resposta a ela, não está totalmente *aware* e nem em contato total. A pessoa que está consciente, *aware*, sabe *o que* faz, *como* faz, que tem alternativas e *escolhe* ser como é.

O ato de *awareness* é sempre aqui-e-agora, embora o conteúdo possa estar distante. O ato de recordar é agora; o que é lembrado não é agora. Quando a situação exige uma *awareness* do passado ou a antecipação do futuro, uma *awareness* eficaz leva isto em consideração. Por exemplo:

P: [*Parecendo mais tenso do que o habitual*] Não sei o que trabalhar.
T: Do que você tem consciência *aware* exatamente agora?
P: Estou satisfeito em vê-lo, mas estou tenso por causa de uma reunião com minha chefe hoje à noite. Eu ensaiei, preparei-me, e tentei me estruturar enquanto esperava.
T: Do que você está precisando neste instante?
P: Eu pensei em colocá-la na cadeira vazia e falar com ela. Mas estou tão tenso que preciso fazer algo mais físico. Preciso me movimentar, respirar, fazer barulho.
T: [*Olhando, mas sem quebrar o silêncio*]
P: A escolha é minha, não é? [*Pausa. O paciente se levanta, começa a se espreguiçar, bocejar. O som e o movimento se tornam mais vigorosos. Após alguns minutos, ele senta-se, parecendo mais leve e vívido.*] Agora, estou pronto.
T: Você parece mais vívido
P: Agora estou pronto para explorar o que me fez ficar tão tenso em relação a hoje à noite.

A auto-rejeição e a *awareness* total são mutuamente exclusivas. A rejeição do *self* é uma distorção da *awareness* porque é a negação de quem se é. A auto-rejeição é, simultaneamente, uma confusão de quem "eu sou" e a autoludibriação, ou atitude de "má-fé", de se colocar acima daquilo que está sendo ostensivamente reconhecido (Sartre, 1966). Dizer "eu sou" como se fosse uma observação de outra pessoa, ou como se os "eu" não tivessem sido escolhidos, ou sem o conhecimento de como criamos e perpetuamos este "eu sou" é mais um ato de má-fé do que de *awareness* decorrente de *insights*.

*Responsabilidade*

As pessoas, de acordo com a Gestalt-terapia, são responsáveis (*responsable*) – hábeis para responder (response-able); isto é, elas são agentes fundamentais na determinação de seu próprio comportamento. Quando as pessoas confundem responsabilidade com culpar e deveria(s), elas próprias se pressionam e se manipulam; elas "tentam" e não são integradas e nem espontâneas. Em tais circunstâncias, suas verdadeiras vontades, necessidades e respostas ao ambiente, além das escolhas para a situação, são ignoradas e elas acabam se rebelando ou cumprindo com excesso de zelo o(s) deveria(s).

Os Gestalt-terapeutas acreditam na importância de uma distinção clara entre o que cada um escolhe e o que lhe é oferecido. As pessoas são responsáveis pelo que escolhem fazer. Por exemplo, elas são responsáveis por suas ações como representantes do ambiente. Pôr a culpa em forças externas (por exemplo, nos pais, na genética) pelo que escolhe é enganar-se. Aceitar a responsabilidade pelo que a pessoa não escolheu, uma reação típica de vergonha, é enganar-se.

As pessoas são responsáveis por suas escolhas morais. A Gestalt-terapia ajuda o paciente a descobrir o que é moralmente correto, de acordo com sua própria escolha e valores. Longe de defender o "tudo bem", a Gestalt-terapia coloca uma seriíssima obrigação para cada pessoa: avaliar e escolher.

*Variedade de conceitos*
A teoria da personalidade da Gestalt-terapia desenvolveu-se primariamente, a partir da experiência clínica. O foco tem sido uma teoria de personalidade que dá suporte à nossa tarefa como psicoterapeutas, ao invés de uma teoria geral de personalidade. As construções teóricas da Gestalt-terapia são teorias de campo, e não genéticas, fenomenológicas, em vez de conceituais.

Embora a Gestalt-terapia seja fenomenológica, ela também lida com o inconsciente, isto é, com o que não entra em *awareness* quando necessário. Na Gestalt-terapia, a *awareness* é concebida como "estar em contato", e a ausência de *awareness,* como "estar fora de contato". A ausência de *awareness* pode ser explicada por diversos fenômenos, inclusive aprender para o que dar atenção, repressão, ambientação cognitiva, caráter e estilo. Simkin (1976) comparou a personalidade com uma bola flutuando – em dado momento, somente uma parte está exposta, enquanto o resto está submerso. A ausência de *awareness* é a resultante de o organismo não estar em contato com o meio externo, pois, na maioria das vezes, está submerso em seu próprio meio interno, em fantasias, ou sem estar em contato com sua vida interior, por causa de sua fixação com o externo.

*A teoria da mudança da Gestalt-terapia*
As crianças absorvem (introjetam) idéias e comportamentos. Isso resulta em moralidade forçada, e não numa moralidade organismicamente compatível. Em decorrência disso, as pessoas freqüentemente sentem culpa quando se comportam de acordo com sua vontade, em

contraste com seu(s) deveria(s). Algumas investem uma enorme quantidade de energia na manutenção da separação entre seu(s) deveria(s) e suas vontades – cuja resolução exige o reconhecimento de uma moralidade própria, em contraste com uma moralidade introjetada. O(s) deveria(s) sabota(am) tais pessoas, e quanto mais elas procuram ser quem não são tanto mais resistência se organiza e a mudança não ocorre.

Beisser defendeu a teoria de que a mudança não ocorre por meio da "tentativa coercitiva do indivíduo ou de outro de mudá-lo", mas acontece se a pessoa gasta seu tempo e esforço para ser "o que é", para estar integralmente em sua posição atual (1970, p. 70). Quando o terapeuta rejeita o papel de agente da mudança, mudanças ordenadas e significativas também podem ocorrer.

A noção da Gestalt-terapia é a de que a *awareness* (abrangendo aceitação, escolha e responsabilidade) e o contato trazem mudanças naturais e espontâneas. A mudança forçada é uma tentativa de concretizar uma imagem, em vez de concretizar o *self*. Com *awareness*, a auto-aceitação e o direito de existir *como é*, o organismo pode crescer. A intervenção forçada retarda esse processo.

O princípio da Psicologia da Gestalt de estados de pregnância (*Prägnanz*) afirma que o campo irá se formar na melhor Gestalt que as condições globais possam permitir. Assim, também, os Gestalt-terapeutas acreditam que as pessoas têm um impulso natural em direção à saúde. Essa propensão é encontrada na natureza e as pessoas são parte da natureza. A *awareness* do óbvio, o *continuum* de *awareness*, é um instrumento que a pessoa pode usar deliberadamente para canalizar esse impulso espontâneo para a saúde.

*Diferenciação de campo: polaridades* versus *dicotomias*
Uma dicotomia é uma divisão na qual o campo não é considerado um todo, diferenciado, em partes diferentes e interconectantes, mas como uma diversidade de forças não-relacionadas (e/ou) competidoras. O pensamento dicotomizado interfere na auto-regulação do organismo, tende a ser intolerante para com diversidades entre as pessoas e para com verdades paradoxais a respeito de uma única pessoa.

A auto-regulação organísmica leva à integração das partes umas com as outras, numa totalidade que contém as partes. O campo é freqüentemente diferenciado em *polaridades*: partes que são opostas, que se complementam ou explicam. Os pólos positivo e negativo de um campo elétrico são o modo típico desta diferenciação, à maneira da teoria de campo. O conceito de polaridades considera os opostos como parte de um todo, como *yin* e *yang*. Com esta visão polar do campo, as diferenças são aceitas e integradas. A ausência de integração genuína cria divisões, tais como corpo-mente, próprio-externo, infantil-maduro, biológico-cultural e inconsciente-consciente. Com o diálogo pode haver integração das partes, em uma nova totalidade, na qual existe uma unidade diferenciada. Dicotomias como a do *self* ideal e a do *self* carente, pensamento e impulso, exigências sociais e necessidades pessoais podem ser curadas, integrando, numa totalidade, polaridades naturais diferenciadas (Perls, 1947).

*Definição de saúde I: a gestalt boa como polaridade*
A boa Gestalt descreve um campo de percepção organizado com clareza e boa forma. Uma figura bem-formada se destaca com clareza contra um fundo mais amplo e menos distinto. A relação entre o que se destaca (figura) e o fundo (*ground*) é significado. Na boa gestalt o significado é claro: há uma definição de saúde desprovida de conteúdo.

Na saúde, a figura muda conforme a necessidade, isto é, ela se desvia para um outro foco quando a necessidade é satisfeita ou superada por uma necessidade mais urgente. Ela não muda tão rapidamente, impedindo uma satisfação (como na histeria), ou tão devagar que figuras novas não tenham espaço para assumir dominância organísmica (como na compulsividade). Quando a figura e o fundo estão dicotomizados, um dos dois é deixado com uma figura sem contexto ou com o contexto fora de foco (F. Perls *et al.*, 1951). Na saúde, a *awareness* representa de maneira acurada a necessidade dominante do campo inteiro. Necessidade é uma função de fatores externos (estrutura física do campo, atividade política, atos da natureza etc.) e internos (fome, fadiga, interesse, experiência passada, e assim por diante).

*Definição de saúde II: a polaridade do ajustamento criativo*
O conceito de funcionamento saudável na Gestalt-terapia compreende o *ajustamento criativo*. Uma psicoterapia que apenas ajude os pacientes a se ajustarem cria conformismo e estereotipia. Uma psicoterapia que apenas levou as pessoas a se imporem ao mundo, sem considerar os outros, acabou gerando um narcisismo patológico e uma percepção do *self* negadora do mundo e isolada do mundo.

Uma pessoa que mostra interação criativa assume a responsabilidade pelo equilíbrio ecológico entre o *self* e seus arredores.

Isto é o contexto teórico (F. Perls *et al.*, 1951), no qual algumas afirmações aparentemente individualistas e mesmo anarquistas da Gestalt-terapia são consideradas com maior precisão. O indivíduo e o ambiente formam uma polaridade. A escolha não é entre indivíduo e sociedade, mas entre regulação organísmica e arbitrária.

*Resistência* é parte de uma polaridade que consiste de um impulso e de uma resistência a esse impulso. Vista como uma dicotomia, a resistência é freqüentemente considerada "má", e, nesse contexto, acaba sendo nada mais do que o paciente atendendo a exigências pessoais, em vez de as suas, as do terapeuta. Vista como uma polaridade, a resistência é tão parte da saúde quanto o aspecto resistido.

Os Gestalt-terapeutas atendem tanto ao processo funcional quanto resistente da consciência. Muitos evitam a palavra *resistência* por sua conotação dicotomizada pejorativa, que enquadra o processo como uma batalha de poder entre o paciente e o terapeuta, em vez de fazê-lo como o autoconflito do paciente, que necessita ser integrado num *self* harmoniosamente diferenciado.

*Impasse*

Um *impasse* é a situação na qual o suporte externo não se apresenta e a pessoa acredita que não consegue se dar suporte. Esta segunda parte ocorre principalmente porque a força da pessoa está sendo dividida entre impulso e resistência. A maneira mais freqüente de lidar com isso é manipulando os outros.

Uma pessoa que se auto-regula organismicamente assume a responsabilidade do que está acontecendo com o *self* e o que está sendo feito pelos outros para o *self*. A pessoa realiza trocas com o ambiente, mas o suporte básico para a regulação da própria existência é o do *self*. Quando o indivíduo não sabe disso, o suporte externo, em vez de ser a fonte de nutrição do *self*, acaba substituindo o auto-suporte.

Na maioria das psicoterapias, o desvio do impasse é feito com o suporte externo do terapeuta, e o paciente não o considera suficiente. Na Gestalt-terapia, os pacientes conseguem superar o impasse por causa da ênfase no contato carinhoso sem fazer o trabalho do paciente, isto é, sem resgatar ou infantilizar.

# Psicoterapia
## Teoria de Psicoterapia

*Objetivo da terapia*

Na gestalt, o único objetivo é *awareness*. Isso abrange maior *awareness* em determinada área, e, também, maior capacidade de os pacientes trazerem seus hábitos automatizados à *awareness*, conforme a necessidade. No sentido anterior, *awareness* é conteúdo; no posterior, é processo. A *awareness*, tanto como conteúdo quanto como processo, progride para níveis mais profundos com o avanço da terapia. A *awareness* compreende o conhecimento do ambiente, a responsabilidade pelas escolhas, o autoconhecimento, a auto-aceitação e a capacidade de contato.

Os pacientes iniciantes estão preocupados principalmente com a solução de problemas. A questão, para a Gestalt-terapia, é como o paciente se mantém estruturado enquanto está solucionando problemas. A Gestalt-terapia facilita a solução de problemas com o incremento da auto-regulação e do auto-suporte. Com o andamento da terapia, o paciente e o terapeuta voltam sua atenção mais para assuntos de personalidade. No final de um trabalho bem-sucedido, o paciente se direciona e é capaz de integrar a solução de problemas, os temas de caráter, os assuntos de relacionamento com o terapeuta e os meios para regular sua própria *awareness*.

A Gestalt-terapia é útil para pacientes dispostos a trabalhar a auto-*awareness*, e para aqueles que desejam dominar naturalmente seus processos de *awareness*. Embora algumas pessoas afirmem estar interessadas em mudar seu comportamento, a maioria, que procura psicoterapia, deseja principalmente alívio para seu desconforto. Suas queixas podem ser de mal-estar geral, de desconfortos específicos ou de insatisfação em relacionamentos. Os pacientes, em geral, têm a expectativa de que seu alívio resultará do trabalho realizado por seu terapeuta, em vez de por seus próprios esforços.

A psicoterapia é mais adequada para pessoas que criam ansiedade, depressão, e assim por diante, rejeitando-se, alienando aspectos de si mesmas e se enganando. Resumindo, as pessoas que não sabem como contribuem para a sua infelicidade são candidatas preferenciais, desde que abertas ao trabalho de *awareness*, especialmente a de auto-regulação. A Gestalt-terapia é indicada em especial para aqueles que se conhecem intelectualmente e mesmo assim não crescem.

Aqueles que querem alívio de sintomas sem trabalhar a *awareness* podem ser candidatos à modificação comportamental, à medicação, ao *biofeedback,* e assim por diante. Os métodos diretos da Gestalt-terapia facilitam essa escolha nos estágios iniciais da terapia. Entretanto, a dificuldade de o paciente fazer contato ou trabalhar a *awareness* não deve ser automaticamente interpretada como indicação de que não deseja trabalhar. O respeito pela pessoa capacita o Gestalt-terapeuta a ajudar o paciente e a esclarecer a diferença entre o "não quero" e o "não consigo", e a saber de que maneira as barreiras internas ou as resistências, como o aprendizado anterior, a ansiedade, a vergonha e a sensibilidade à mágoa narcisista, inibem o trabalho de *awareness.*

### Sem "deveria(s)"

Não há "deveria(s)" em Gestalt-terapia. Na Gestalt-terapia, a autonomia e a autodeterminação do paciente são considerados os valores mais importantes. Isto não é um deveria, mas uma preferência. A ética do sem-deveria(s) é mais importante do que os objetivos terapêuticos para o paciente, e deixa a responsabilidade e a aprovação do comportamento do paciente para ele mesmo (naturalmente, as exigências e as legislações da sociedade não ficam suspensas porque o paciente está em Gestalt-terapia).

### Como é feita a terapia?

A Gestalt-terapia é mais uma exploração do que uma modificação direta de comportamento. O objetivo é o crescimento e a autonomia, com um aumento de consciência (*consciousness*). Em vez de manter distância e interpretar, o Gestalt-terapeuta encontra os pacientes e direciona um trabalho de *awareness* ativo. A presença ativa do terapeuta é viva e entusiasmada (calorosa), honesta e direta. O paciente consegue ver e ser informado de como ele está sendo experienciado, o que está sendo visto, como o terapeuta se sente, e como ele é como pessoa. O crescimento ocorre do contato real com pessoas reais. Os pacientes aprendem como estão sendo vistos e como os seus processos de *awareness* são limitados, não por conversar a respeito de seus problemas, mas como eles e o terapeuta se relacionam entre si.

A ação de enfocar varia de simples inclusões ou empatias até exercícios, oriundos, em sua maioria, da fenomenologia do terapeuta quando em contato com o paciente. Tudo é secundário à experiência direta dos dois participantes.

A abordagem geral da Gestalt-terapia é facilitar a exploração de formas que maximizem aquilo que continua a se desenvolver depois da sessão, sem o terapeuta. O paciente é freqüentemente deixado incompleto, mas pensativo, "aberto", ou com uma tarefa. Tal como um assado que continua a cozer depois de ser retirado do forno. Isto é, em parte, como a Gestalt-terapia consegue ser tão intensiva, com menos sessões por semana. Cooperamos com o crescimento que ocorre sem nós; e iniciamos quando necessário. Damos a graduação, a facilitação necessária para forjar o autodesenvolvimento do paciente. Facilitamos o crescimento em vez de completar um processo de cura.

Perls acreditava que a finalidade essencial da psicoterapia era a da aquisição "desse montante de integração que facilita o próprio desenvolvimento" (1948). Um exemplo desse tipo de facilitação é a analogia com um pequeno buraco feito num acúmulo de neve. Uma vez que o processo de drenagem acontece, a base que começou como um pequeno buraco aumenta por si só.

A psicoterapia bem-sucedida consegue *integração*. Integração exige identificação com todas as funções vitais – não apenas com *algumas* idéias, emoções e ações do paciente. Qualquer rejeição das próprias idéias, ações ou emoções resulta em alienação. Recuperar a aceitação permite à pessoa ser inteira. Então, a tarefa na terapia é conseguir que a pessoa tome consciência de partes anteriormente alienadas e experimentá-las, considerá-las e assimilá-las, se forem ego-sintônicas, ou rejeitá-las se forem ego-alienadas. Simkin (1968) usou o exemplo de um bolo para encorajar os pacientes a aceitar novamente as partes de si que eram consideradas nocivas ou inaceitáveis por outro motivo: embora o óleo, a farinha ou o fermento possam ter um sabor próprio, horrível, eles são indispensáveis para o sucesso do bolo inteiro.

*A relação Eu-Tu*

A Gestalt-terapia coloca o foco no paciente, como qualquer terapia. Entretanto, o relacionamento é horizontal, diferenciando-se, dessa maneira, do relacionamento terapêutico tradicional. Na Gestalt-terapia o paciente e o terapeuta falam a mesma língua, a linguagem de estar centrado no presente, enfatizando a experiência direta dos dois participantes. Os terapeutas, assim como os pacientes, mostram sua presença total na Gestalt-terapia.

Desde o seu início, a Gestalt-terapia enfatizou a experiência direta do paciente e a *observação* do que não está na *awareness* do paciente. Isso possibilita ao paciente agir como um igual, que tem acesso completo a todos os dados de sua própria experiência, de maneira que possa experienciar por dentro o que é *observado* pelo terapeuta por fora. No sistema interpretativo, o paciente é um amador e não tem os fundamentos teóricos para a interpretação. É presumido que os dados interiores importantes são inconscientes e não-experienciados.

Um aspecto importante do relacionamento da Gestalt-terapia é a questão da responsabilidade. A Gestalt-terapia enfatiza que tanto o terapeuta quanto o paciente são auto-responsáveis. Quando os terapeutas se consideram responsáveis pelos pacientes, estimulam o sentimento de não ser auto-responsáveis e, portanto, reforçam a necessidade de manipulação, devido à crença de que os pacientes são incapazes de dar suporte e regular a si mesmos. Entretanto, *não é suficiente o paciente ser responsável pelo* self *e o terapeuta ser responsável pelo* self – também há uma aliança entre paciente e terapeuta que precisa ser cuidadosa, constante e cuidada com competência.

Os terapeutas são responsáveis pela qualidade e pela quantidade de sua presença, pelo conhecimento próprio e do paciente, pela manutenção de uma postura não defensiva e pela manutenção dos seus processos de contato e de *awareness* claros e compatíveis com os do paciente. Eles são responsáveis pelas conseqüências de seus próprios comportamentos e pela criação e manutenção da atmosfera terapêutica.

*A* awareness *do "o que" e do "como"*
Na Gestalt-terapia há uma ênfase constante e cuidadosa sobre *o que* o paciente faz e *como* é feito. O que o paciente enfrenta? Como o paciente faz escolhas? Ele se dá auto-suporte ou resiste? A experiência direta é o instrumento e ela se expande para além do que é experienciado pela primeira vez por meio da ampliação e do aprofundamento do foco. *As técnicas da Gestalt-terapia são tarefas experimentais. Elas são meios de expandir a experiência direta. Estas não foram concebidas para levar o paciente a algum lugar, mudar os sentimentos do paciente, recondicionar ou propiciar catarse.*

*Aqui-e-agora*
Numa terapia fenomenológica, "agora" começa com a *awareness* presente do paciente. O que acontece antes não é a infância, mas o que é experienciado *agora*. A *awareness* acontece *agora*. Eventos

anteriores podem ser objeto de *awareness* presente, mas o processo de *awareness* (por exemplo, lembrar-se) *é agora*.

*Agora* eu consigo contatar o mundo à minha volta, ou *agora* eu posso contatar memórias ou expectativas. Não saber o presente, não lembrar ou não antecipar são distúrbios. O presente é uma movimentação permanente entre o passado e o futuro. Com freqüência, os pacientes não conhecem seu comportamento presente. Em alguns casos, os pacientes vivem o presente como se não tivessem passado. A maioria vive no futuro como se fosse hoje. Todos estes são distúrbios da *awareness* de tempo.

"Agora" refere-se a *este momento*. Na hora da terapia, quando os pacientes se referem à sua vida fora desta hora, ou antes desta hora, *não é agora*. Na Gestalt-terapia orientamos mais para o agora do que qualquer outra forma de psicoterapia. Experiências de alguns minutos, dias, anos ou décadas atrás que têm importância presente são abordadas. Tentamos deixar de falar a respeito para a experienciação direta. Por exemplo, falar *com* uma pessoa que não está presente, em vez de falar *a respeito* dela, mobiliza mais experiência direta de sentimentos.

Na Gestalt-terapia essa metodologia do Eu e do Tu, "o que" e "como", "aqui-e-agora" é usada freqüentemente para trabalhar as psicodinâmicas desenvolvimentais e caracterológicas.

Por exemplo, uma paciente de trinta anos está na fase intermediária de uma terapia de grupo. Ela afirma estar muito chateada com um homem do grupo. Uma abordagem gestáltica legítima e freqüente é: "Diga isso a ele". Ou o terapeuta tem outra conduta:

T: Você parece não somente chateada, mas deve haver algo mais.
P: [*Parece interessada*]
T: Você parece e demonstra estar irada.
P: Estou, e eu gostaria de matá-lo.
T: Você parece sentir-se impotente.
P: Estou.
T: A impotência comumente acompanha a ira. Você está impotente para fazer o quê?
P: Não consigo fazê-lo me perceber.
T: [*A observação do terapeuta de seus encontros anteriores com o homem concordam com esta afirmação*] E você não aceita isto.
P: Não.

T: Há uma intensidade na sua ira que parece ser maior do que a situação exige.
P: [*Concorda com a cabeça e pára*]
T : O que você está experienciando?
P: Muitos homens em minha vida foram assim.
T: Como o seu pai? [*Isso vem de trabalho anterior com a paciente e não é um chute no escuro. O trabalho progride para uma reexperienciação dos danos narcisísticos provocados por seu pai, que nunca respondia às suas solicitações*]

*Processo da psicoterapia*

A Gestalt-terapia provavelmente tem a maior variedade de estilos e modalidades do que qualquer outro sistema. Ela é praticada em terapia individual, em grupos, em *workshops*, com casais, com famílias e com crianças; e é praticada em famílias, agências de serviços familiares, hospitais, clínicas particulares, centros de crescimento, e assim por diante. Os estilos em cada modalidade variam drasticamente em muitas dimensões: grau e tipo de estrutura; quantidade e qualidade de técnicas usadas; freqüência das sessões; facilidade-dificuldade de se relacionar; foco no corpo, cognição, sentimentos, contato interpessoal; conhecimento de e trabalho com temas psicodinâmicos; grau de encontro interpessoal, e assim por diante.

Todos os estilos e modalidades de Gestalt-terapia têm em comum os princípios gerais que estivemos discutindo: ênfase na experiência direta e na experimentação (fenomenologia), uso do contato direto e presença pessoal (existencialismo dialógico), e ênfase nos conceitos de campo "do que" e do "como" e do "aqui-e-agora". Dentro desses parâmetros, as intervenções se desenvolvem de acordo com o contexto e a personalidade do terapeuta e do paciente.

No cerne da metodologia está a ênfase na diferença entre "trabalho" e outras atividades, em especial "falar a respeito". O trabalho tem dois significados. Primeiro: trata-se de um compromisso disciplinado, voluntário e deliberado de usar *awareness* fenomenologicamente focada para aumentar a clareza e a abrangência da vida de cada um. Quando alguém deixa de falar sobre um problema ou deixa de estar com alguém de maneira inespecífica para estudar o que esse alguém está fazendo, especialmente tendo consciência (*aware*) de como fica consciente (*aware*), esse alguém está trabalhando. Segundo: num grupo, trabalhar significa ser o foco primário da atenção do terapeuta ou do grupo.

As diferenças técnicas não são importantes, embora o tipo e a qualidade do contato terapêutico, um ajuste entre a atitude e a ênfase do terapeuta, e as necessidades do paciente sejam importantes. Técnicas são apenas técnicas: a metodologia geral, o relacionamento e a atitude são os aspectos vitais.

Não obstante, a discussão de algumas técnicas ou táticas poderia elucidar a metodologia geral, apenas para ilustrar as possibilidades.

*Técnicas de focalização do paciente*
Todas as técnicas de focalização do paciente são elaborações da questão "O que você está percebendo (*aware*) (experienciando) agora?" e da instrução: "Tente este experimento e veja o que você passa a perceber (*aware*) (experiencia) ou aprende". Muitas intervenções são simples, como perguntar o que o paciente está percebendo ou, mais agudamente: "O que você está sentindo?" ou "O que você está pensando?".

"*Permaneça com Isto.*" Uma técnica freqüente é continuar um relato de *awareness* com a instrução: "Permaneça com isto" ou "Explore-o".

"Permaneça com isto" encoraja o paciente a continuar com o sentimento que está sendo relatado, que constrói sua capacidade de aprofundar-se e trabalhar um sentimento para completá-lo. Por exemplo:

P: [*Parece triste*]
T: O que você está percebendo?
P: Estou triste.
T: Permaneça com isto.
P: [*Lágrimas aparecem. A paciente enrijece, desvia o olhar e parece pensativa*]
T: Eu a vejo enrijecendo. Do que você tem consciência?
P: Eu não quero ficar triste.
T: Fique com o não querer. Ponha palavras no não querer. [*Esta intervenção, provavelmente, pode trazer a* awareness *de resistência da paciente em se soltar. A paciente poderia responder: "Eu não vou chorar aqui – Eu não confio em você" ou "Estou envergonhada", "Estou envergonhada porque sinto a falta dele"*]

*Encenação.* Aqui o paciente é solicitado a colocar seus sentimentos ou pensamentos em ação. Por exemplo, o terapeuta pode encorajá-lo a dizer: "Diga isso para a pessoa" (se presente), ou usar algum tipo de desempenho de papel (tal como falar com uma cadeira vazia se a pessoa não estiver presente). "Ponha palavras nisto" é outro exemplo. Pode-se pedir ao paciente, que está com lágrimas nos olhos: "Ponha palavras nisto". A encenação pretende ser um caminho para aumentar a *awareness*, *não* uma forma de obter catarse. Ela não é um remédio universal.

*Exagerar* é uma forma especial de encenação. Uma pessoa é solicitada a exagerar um pensamento, um movimento, um sentimento etc., a fim de sentir a visão encenada ou fantasiada com mais intensidade (embora artificial). Encenar em forma de movimento, som, arte, poesia etc. pode tanto estimular a criatividade como ser terapêutico. Por exemplo, um homem que esteve falando de sua mãe sem esboçar nenhuma emoção foi solicitado a descrevê-la. Da descrição veio a sugestão de mover-se como ela o faz. Ao adotar sua postura e movimento, sentimentos intensos vieram à sua *awareness*.

*Fantasia dirigida.* Às vezes, é mais eficaz o paciente trazer uma experiência para o aqui-e-agora, vizualizando-a, do que encenando-a.

> P: Eu estava com minha namorada ontem à noite. Eu não sei como isto aconteceu, mas fiquei impotente. [*O paciente dá mais detalhes e alguma história*]
> T: Feche seus olhos. Imagine que é ontem à noite, e você está com sua namorada. Diga sem reservas o que você experiencia a cada momento.
> P: Estou sentado no sofá. Minha garota está ao meu lado, e eu fico excitado. Então, amoleço.
> T: Vamos voltar a isto novamente e em câmera lenta, com mais detalhes. Preste atenção a cada pensamento ou impressão sensorial.
> P: Estou sentado no sofá. Ela vem e senta-se ao meu lado. Ela toca o meu pescoço. A sensação é quente e suave, e eu fico excitado – sabe, duro. Ela acaricia o meu braço e eu adorei isto. [*Pausa, parece perplexo*] Então, pensei: eu tive um dia tão tenso, talvez não consiga fazê-lo subir.

O paciente percebe como criou sua própria ansiedade e sua impotência. Esta fantasia estava recriando um evento que aconteceu, a fim de lidar melhor com ele agora. A fantasia poderia ser relativa a um evento esperado, um evento metafórico, e assim por diante.

Num outro caso, uma paciente que está trabalhando seu sentimento de vergonha e auto-rejeição é solicitada a imaginar uma mãe que, com sinceridade, diz "Eu te amo exatamente como você é". Conforme a fantasia vai sendo exposta de modo detalhado, a paciente lida com a sua experiência. Esta fantasia ajuda a paciente a perceber as possibilidades de auto-realização em relação a um sentimento maternal e serve como transição para integrar a idéia de paternidade boa. A imagem pode ser usada para trabalhar entre sessões ou como meditação. Ela também suscita sentimentos de experiências com abandono, perda e criação difícil.

*Técnicas de soltura e integração.* Com freqüência, o paciente está tão restrito a seu modo de pensar, que possibilidades alternativas não conseguem chegar à *awareness*. Isto compreende mecanismos tradicionais, tais como os de negação ou de repressão, mas também fatores culturais e pedagógicos que afetam seu modo de pensar. Uma técnica é pedir que ele imagine o oposto do que quer que seja considerado verdade.

As técnicas de integração juntam processos que o paciente não reúne ou ativamente separa (cisão). Pode-se pedir ao paciente que coloque palavras num processo negativo, como tensionar, chorar ou num tique. Ou quando o paciente relata um sentimento verbalmente, isto é, uma emoção, ele pode ser solicitado a localizá-lo em seu corpo. Um outro exemplo é pedir-lhe para expressar sentimentos positivos e negativos em relação à mesma pessoa.

*Técnicas corporais.* Estas incluem qualquer técnica que traz a *awareness* do paciente para o funcionamento de seu corpo, ou o ajuda a ter consciência (*aware*) de como pode usar seu corpo para dar suporte a seu entusiasmo, à sua *awareness* e contato. Por exemplo:

P: [*Está choroso e mantendo a mandíbula bem contraída*]
T: Você gostaria de tentar um experimento?
P: [*O paciente acena que sim com a cabeça*]
T: Respire algumas vezes de maneira bem profunda e cada vez que você expirar solte a mandíbula para baixo, de maneira bem relaxada.
P: [*Respira profundamente e deixa a mandíbula cair cada vez que expira*]
T: Permaneça com isto.
P: [*Começa a se soltar, chorar e depois soluçar*]

*Revelações do terapeuta*
O Gestalt-terapeuta é encorajado a fazer afimações "Eu". Tais afirmações facilitam tanto o contato terapêutico quanto a capacidade

de enfocar do paciente, e devem ser realizadas judiciosa e discriminadamente. Usar o "Eu" para facilitar o trabalho terapêutico exige habilidade técnica, sabedoria pessoal e auto-*awareness* por parte do terapeuta. Os terapeutas podem compartilhar o que escutam, vêem ou cheiram. Eles podem compartilhar como isso os afeta. Fatos de que o terapeuta tem consciência e o paciente não tem são compartilhados, especialmente se a informação não pode ser descoberta no trabalho fenomenológico durante a sessão, mas for considerada importante para o paciente.

## Mecanismos de Psicoterapia

*Déficits antigos, novas forças*

A criança necessita de um relacionamento parental com um equilíbrio organísmico/ecológico nutritivo. Por exemplo, a mãe deve cuidar para que as necessidades da criança sejam atendidas e para que o desenvolvimento de suas potencialidades seja facilitado. A criança necessita desse modelo carinhoso e nutritivo para se espelhar. Ela também precisa de espaço para lutar, ficar frustrada e falhar. Além disso, precisa de limites para experienciar as conseqüências de seu comportamento. Quando os pais não conseguem suprir essas necessidades porque precisam de uma criança dependente, ou pela falta de recursos pessoais suficientes, a criança desenvolve fronteiras de contato distorcidas, *awareness* e auto-estima rebaixadas.

Infelizmente, com freqüência, as crianças são moldadas para ser aprovadas pelos pais de acordo com suas próprias necessidades. Por esta razão, a personalidade espontânea é encoberta por uma artificial. Outras crianças passam a acreditar que podem ter as suas próprias necessidades atendidas por outros, sem consideração pela autonomia dos outros, o que acaba resultando na formação de impulsividade e não de espontaneidade.

Os pacientes necessitam de um terapeuta que se relacione por meio de um bom contato, saudável, nem perdendo *self* por indulgência com o paciente à custa do trabalho ou da exploração, nem criando ansiedade, vergonha e frustração excessivas, por não ser respeitoso, carinhoso, receptivo, direto e honesto.

Os pacientes que iniciam uma psicoterapia, com a *awareness* de suas necessidades e potencialidades diminuída, resistindo em vez de apoiar seu *self* organísmico, estão sofrendo. Eles tentam conseguir que o terapeuta faça por eles aquilo que acham que não podem fazer por si mesmos. Quando o terapeuta aceita esta situação, não aceitam nem integram o seu potencial perdido nunca desenvolvido. Portanto, continuam sem conseguir operar com auto-regulação organísmica e ser responsáveis por si próprios. Eles não procuram descobrir se têm a força de existir de forma autônoma, porque o terapeuta preenche as suas necessidades sem o fortalecimento de sua *awareness* ou da fronteira do ego (ver Resnick, 1970).

Com o avanço da Gestalt-terapia, os pacientes aprendem a ficar *aware*, contatar, ser responsáveis, e o funcionamento de seu ego melhora. Por essa razão, eles adquirem instrumentos para exploração mais profunda. As experiências da infância nos anos formativos podem ser exploradas sem a regressão e a dependência excessiva necessárias nos tratamentos regressivos e sem a perda temporária de competência que uma neurose de transferência ocasiona. As experiências da infância são trazidas para a *awareness* presente, sem a presunção de que os pacientes são determinados pelas situações do passado. Os pacientes projetam ativamente material de transferência sobre o Gestalt-terapeuta, criando, assim, oportunidades para explorações mais profundas.

Os dois exemplos a seguir mostram pacientes com defesas diferentes, precisando de tratamento diferente, mas com temáticas subjacentes semelhantes.

Tom era um homem de 45 anos, orgulhoso de sua inteligência, de sua auto-suficiência e de sua independência. Ele não tinha consciência de seus ressentimentos e de suas necessidades de dependência não-preenchidas. Isto afetou seu casamento porque sua esposa sentia-se inútil e inferiorizada, pois ela conhecia suas necessidades e as demonstrava. A auto-suficiência desse homem exigia respeito – ela preenchia uma necessidade, era em parte construtiva e constituía a base de sua auto-estima.

P: [*Com orgulho*] Quando eu era pequeno, minha mãe era tão ocupada que eu tive de aprender a depender de mim mesmo.
T: Eu aprecio a sua força e quando penso como você é um garoto tão independente, tenho vontade de acariciá-lo e de brincar com você.
P: [*Um pouco choroso*] Nunca ninguém foi capaz de fazer isso comigo.

T: Você me parece triste.
P: Lembro-me de quando eu era criança... [*A exploração levou à awareness de uma reação de vergonha com a situação de pais ausentes, e a uma autodependência compensatória*]

Bob era um homem de 45 anos que se sentia envergonhado e se isolava em reação a qualquer interação que não fosse totalmente positiva. Ele sistematicamente relutava em experimentar autonutrir-se.

P: [*Voz chorosa, reclamante*] Eu não sei o que fazer hoje.
T: [*Olha, mas não fala nada*]
P: Eu poderia falar sobre a minha semana. [*Olha inquisidoramente para o terapeuta*]
T: Estou me sentindo arrastado por você neste exato momento. Eu imagino que você quer que eu o conduza.
P: Sim. O que há de errado nisto?
T: Nada. Eu prefiro não direcioná-lo neste exato momento.
P: Por que não?
T: Você *é capaz* de dirigir-se. Eu acho até que você está nos dirigindo para longe de seu *self* interior neste momento. Eu não quero cooperar com isto. [*Silêncio*]
P: Sinto-me perdido.
T: [*Olha e não fala*]
P: Você não vai me dar instruções, vai?
T: Não.
P: Bem, vamos trabalhar com minha crença de que não consigo cuidar de mim mesmo. [*O paciente dirige um trabalho produtivo que leva à awareness de ansiedade de abandono e sentimento de vergonha em resposta aos pais ausentes*]

*Frustração e suporte*

A Gestalt-terapia equilibra frustração e suporte. O terapeuta explora em vez de gratificar os desejos do paciente – e isto é frustrante para o paciente. Prover contato é suportivo, embora o contato honesto frustre a manipulação. O Gestalt-terapeuta expressa o *self* e enfatiza a exploração, incluindo a exploração de desejo, a frustração e a indulgência. O terapeuta responde às manipulações do paciente *sem reforçá-las,* sem julgá-las e sem ser frustrante propositadamente. Um equilíbrio entre carinho e firmeza é importante.

*A teoria paradoxal da mudança*

O paradoxo é que quanto mais alguém tenta ser quem não é, mais permanece o mesmo (Beisser, 1970). Muitos pacientes focalizam o que "deveriam ser" e, ao mesmo tempo, resistem ao(s) deveria(s).

O Gestalt-terapeuta tenta trabalhar no sentido da integração, pedindo ao paciente para se identificar com o papel conflitante. Pergunta-se ao paciente o que ele está experienciando a cada momento. Quando o paciente consegue perceber ambos os papéis, usam-se técnicas de integração para transcender a dicotomia.

Existem dois axiomas na Gestalt-terapia: "O que é, é" e "Uma coisa leva à outra" (Polster e Polster, 1973). A base da mudança é o relacionamento com um terapeuta, que faz contato e procura mostrar quem ele realmente é, e que entende e aceita o paciente.

A *awareness* "do que é" leva à mudança espontânea. Quando a pessoa que manipula para obter suporte encontra um terapeuta que faz contato, que é receptivo e não entra em conluio com a manipulação, ele pode tornar-se consciente do que está fazendo. Este *Ah!* é uma nova Gestalt, uma nova perspectiva, o gosto de uma nova possibilidade: "Eu posso estar com alguém sem manipular nem ser manipulado". Quando essa pessoa encontra conluio, menosprezo, jogos mentais e sabotagem "terapêuticos", é provável que esse aumento de *awareness* não ocorra.

Em todo e a cada ponto ao longo do caminho, esses novos *Ah!* podem ocorrer. Enquanto o terapeuta ou o paciente conseguem ver novas possibilidades e o paciente quer aprender, novos *Ah!* são possíveis e com eles o crescimento. O trabalho de *awareness* pode começar quando o paciente desejar, se o terapeuta está consciente do todo e o conecta ao todo. O processo que se segue na Gestalt-terapia leva a mudanças em todos os lugares do campo. Quanto mais apurada a investigação, mais intensa é a reorganização. Algumas mudanças só podem ser verificadas muitos anos depois.

Os pacientes de Gestalt-terapia são responsáveis por sua vida. O terapeuta facilita a atenção para a abertura da *awareness* obstruída e das áreas de fronteiras de contato restritas; o terapeuta traz firmeza e limites para áreas com fronteiras pobres. Conforme a sensibilidade vai aumentando em precisão e dinamismo, a respiração vai ficando mais ampla e mais relaxada, e os pacientes vão fazendo melhores contatos, eles introduzem as habilidades da terapia em suas vidas. Algumas vezes, as melhoras no trabalho e a intimidade seguem um trabalho de gestalt, como se fosse um ato de graça, sem que o paciente associe a melhora ao trabalho realizado em terapia. Mas o organismo cresce com *awareness* e contato. Uma coisa leva à outra.

## Aplicações

*Problemas*

A Gestalt-terapia pode ser usada de maneira eficaz com qualquer população de pacientes que o terapeuta consiga entender e sentir-se à vontade. Se o terapeuta consegue relacionar-se com o paciente, os princípios de diálogo e experiência direta da Gestalt-terapia podem ser aplicados. *Os princípios gerais devem ser adaptados à situação clínica particular.* Se o tratamento está sendo realizado para compatibilizar-se com a "Gestalt-terapia", ele pode ser ineficaz ou danoso. Um esquizofrênico, um sociopata, um *borderline* e um neurótico-obsessivo-compulsivo podem todos necessitar de abordagens diferentes. *Portanto, a prática competente da Gestalt-terapia exige uma formação em mais do que Gestalt-terapia.* Conhecimentos de diagnóstico da teoria da personalidade e da teoria psicodinâmica também são necessários.

Cada clínico tem uma grande liberdade de escolha na Gestalt-terapia. Cada terapeuta faz as modificações de acordo com o estilo terapêutico, a personalidade, as considerações diagnósticas, e assim por diante. Isso encoraja e exige responsabilidade individual do terapeuta. Os Gestalt-terapeutas são encorajados a ter um forte embasamento em teoria da personalidade, em psicopatologia, em teoria e usos da psicoterapia, além de em experiência clínica adequada. Os participantes do encontro terapêutico são estimulados a experienciar novos comportamentos e, então, a compartilhar cognitiva e emocionalmente como foi a experiência.

A Gestalt-terapia tem sido tradicionalmente considerada mais eficaz com "indivíduos excessivamente socializados, contidos e travados" (ansiosos, perfeccionistas, fóbicos e deprimidos), cujo funcionamento inconsistente ou contido é primariamente resultado de "bloqueios internos" (Shepherd, 1970, pp. 234-5). Tais indivíduos, em geral, apresentam mínima alegria de viver.

Embora a definição de Shepherd descreva acuradamente a população para a qual a Gestalt-terapia é eficaz, a atual prática clínica inclui tratamentos para uma variedade bem maior de problemas.

A Gestalt-terapia no estilo *workshop* de Perls é de aplicação mais limitada do que a Gestalt-terapia em geral (Dolliver, 1981; Dublin, 1976). Na discussão de Shepherd, ela alerta para cautelas e limitações que se aplicam a qualquer terapeuta, mas que devem ser especialmente observadas no contexto de *workshop*, assim como por terapeutas insuficientemente treinados ou inexperientes com pacientes perturbados.

O trabalho com psicóticos, desorganizados ou pessoas severamente perturbadas por outras razões é mais difícil e exige "cautela, sensibilidade e paciência". Shepherd aconselha a não fazer esse tipo de trabalho, quando não for possível "um compromisso de longo prazo" com o paciente. Pacientes perturbados necessitam de suporte do terapeuta, e pelo menos de uma quantidade mínima de fé em sua própria capacidade curativa natural, antes de poder explorar profundamente e experienciar com intensidade a "imensa dor, ferimentos, ira e desespero" que subjazem aos processos psicológicos de pacientes perturbados (Shepherd, 1970, pp. 234-5).

Trabalhar com populações mais perturbadas exige conhecimento clínico para haver equilíbrio entre suporte e frustração, conhecimento da dinâmica de caráter, necessidade de tratamentos auxiliares (tais como medicação e tratamento-dia). Algumas afirmações que parecem fazer sentido num encontro de *workshop* são "besteiras" óbvias num contexto mais amplo. Considere, por exemplo: "Faça suas próprias coisas" num contexto de tratamento com os pacientes atuando!

Uma leitura cuidadosa da literatura de Gestalt-terapia, como *Gestalt Therapy Now* (Fagan e Shepherd, 1970), *The Growing Edge of Gestalt Therapy* (Smith, 1976) e *The Gestalt Journal* irão mostrar que a Gestalt-terapia é usada como instrumento para intervenção em crises, em um programa para adultos de populações pobres, que vivem em guetos (Barnwell, 1968), grupos interativos, psicóticos e praticamente qualquer grupo imaginável. Infelizmente, a literatura fornece exemplos (em pequeno número) sem explicações suficientes, das necessárias alterações de enfoque e sem a discussão de resultados negativos.

A Gestalt-terapia tem sido empregada com sucesso numa grande variedade de desordens "psicossomáticas", incluindo: enxaqueca, colite ulcerativa, coluna e pescoço espásticos. Os Gestalt-terapeutas tiveram sucesso trabalhando com casais, indivíduos com dificuldades de lidar com figuras autoritárias e uma ampla variedade de conflitos intrapsíquicos. A Gestalt-terapia tem sido usada de maneira eficaz com pacientes que apresentam desordens de caráter severas e com psicóticos.

Em decorrência do impacto da Gestalt-terapia e da facilidade com que reações afetivas, com freqüência enterradas, podem ser atingidas, é necessário estabelecer ilhas de segurança, para onde tanto o terapeuta quanto o paciente possam retornar confortavelmente. Também é imperativo que o terapeuta permaneça com o paciente até que ele esteja pronto para retornar a essas ilhas de segurança. Por exemplo, depois de uma experiência carregada de emoção, o paciente pode ser encorajado a fazer contato visual, tátil ou qualquer outro com o terapeuta, ou com um ou mais membros do grupo para relatar a experiência. Uma outra técnica de segurança é fazer o paciente alternar contatos com o terapeuta, ou com outros membros do grupo no *agora*, com a situação emocionalmente carregada e inacabada que ele estava experienciando *então*, até que toda a emoção tenha sido colocada e a situação inacabada tenha sido bem trabalhada.

A ênfase da Gestalt-terapia na responsabilidade pessoal, no contato interpessoal e no aumento da nitidez do que é *awareness* poderia ser de grande valia para lidar com problemas do presente. Um exemplo é a aplicação da Gestalt-terapia nas escolas (Brown, 1970; Lederman, 1970).

*Avaliação*

Os Gestalt-terapeutas não se impressionam com a avaliação psicodiagnóstica formal e com a metodologia de pesquisa nomotética. Nenhuma abordagem estatística pode dizer ao paciente ou ao terapeuta individual o que funciona para ele. O que mostrou funcionar para a maioria pode não funcionar para um indivíduo em particular. Isso não significa que o Gestalt-terapeuta seja contra a pesquisa; na verdade, o Gestalt Therapy Institute, de Los Angeles, ofereceu bolsas para subsidiar pesquisas. Perls ofereceu evidências estatísticas não quantificadas de que a Gestalt-terapia funciona. Ele disse: "Não apresentamos nada que você não possa verificar por si mesmo em termos de seu próprio comportamento" (F. Perls *et al.*, 1951, p. 7). *Gestalt Therapy* oferece uma série de experimentos que você pode usar para testar sozinho a validade da Gestalt-terapia.

Cada sessão é vista como um experimento, um encontro existencial, em que tanto o terapeuta quanto o paciente se engajam num risco calculado (experimentos), envolvendo a exploração de territórios até então desconhecidos ou proibidos. O paciente é auxiliado para usar suas habilidades para a focalização fenomenológica e o contato dialógico, para avaliar o que está e o que não está funcionando. Assim, ocorre a pesquisa ideográfica constante. A Gestalt-terapia "sacrificou a verificação exata pelo valor da psicoterapia ideográfica experimental" (Yontef, 1969, p. 27).

Harman (1984) revisou a literatura de pesquisa da Gestalt e verificou que ela é esparsa. Ele até encontrou estudos que mostraram autoconcretização aumentada e autoconceito positivo depois de grupos de Gestalt-terapia (Foulds e Hannigan, 1976; Giunan e Foulds, 1970).

Uma série de estudos conduzidos por Leslie Greenberg e associados (Greenberg, 1986) tratou da falta de atenção para o contexto em pesquisa de psicoterapia, e uma infeliz separação entre processo e estudo de resultados. Os estudos Greenberg relataram atos específicos e processos de mudança em terapia com resultados particulares. Sua pesquisa distinguiu três tipos de resultado (imediato, intermediário e final) e três níveis de processo (ato verbal, episódio e relacionamento). Eles estudaram o discurso no contexto do tipo de episódios, no qual ele aparece, e estudaram os episódios no contexto dos relacionamentos em que ocorrem.

Em um dos estudos, Greenberg examinou a técnica das duas cadeiras para resolver divisões. Ele definiu divisão como "um padrão de desempenho verbal, no qual um paciente relata uma divisão do processo do *self* em dois aspectos parciais ou tendências". Conclui que as "operações de duas cadeiras conduzidas, de acordo com os princípios [do seu estudo], mostraram facilitar um aumento na Profundidade de Experienciação e no índice de psicoterapia produtiva [...] e que leva à resolução de divisões com populações buscando aconselhamento" (1979, p. 323).

Um estudo chamado "Efeitos de Diálogos Duas-Cadeiras e o Enfoque na Resolução de Conflitos" por L. S. Greenberg e H. M. Higgins descobriu que "O diálodo duas-cadeiras pareceu produzir uma experiência mais direta do conflito [divisão] e encorajou o cliente, numa forma de autoconfrontação que ajudava a criar a resolução do conflito" (1980, p. 224).

Harman (1984) encontrou alguns estudos que comparavam o comportamento de Gestalt-terapeutas com o de outros terapeutas. Brunnink e Schroeder compararam psicanalistas, terapeutas comportamentais e Gestalt-terapeutas e descobriram que os Gestalt-terapeutas "ofereciam orientação mais direta, menos facilitação verbal, menos foco no cliente, mais auto-exposição, maior iniciativa e menos suporte emocional". Eles também descobriram que o conteúdo da "entrevista" dos Gestalt-terapeutas tinha a tendência de refletir uma abordagem da terapia mais experiencial ou subjetiva (1979, p. 572). Na literatura de Gestalt-terapia não foi feita nenhuma afirmação de que ela tinha mostrado ser "a melhor". Teoricamente, não há nenhuma razão pela qual a Gestalt-terapia deveria ser, em geral, mais eficaz do que qualquer outra psicoterapia que segue os mesmos bons princípios. Uma pesquisa de resultados gerais pode trazer resultados menos úteis do que os de pesquisas de processo que observam o comportamento, as atitudes e as conseqüências. Um exemplo disso é a avaliação de Simkin, a respeito da eficácia da Gestalt-terapia em *workshops* ("aprendizado compactado"), contrastando com sessões de terapia semanal "espaçadas". Ele encontrou evidências de superioridade do aprendizado compactado (Simkin, 1976).

Alguns pontos de vista da Gestalt-terapia para com o que é uma boa terapia são corroborados por pesquisa geral. A pesquisa sobre experienciação, na tradição rogeriana, demonstrou a eficácia da ênfase na experiência direta, em qualquer terapeuta. Na Gestalt-terapia também há uma ênfase no relacionamento pessoal, na presença e na experiência. Infelizmente, alguns terapeutas, abertamente e de maneira regular, violam os princípios da boa psicoterapia de acordo com o modelo da Gestalt-terapia, mas ainda assim se autodenominam Gestalt-terapeutas (Lieberman, Yalom e Miles, 1973).

**Tratamento**

*Gestalt-terapia individual em andamento*

Embora a Gestalt-terapia tenha adquirido uma reputação de ser primariamente aplicável a grupos, na verdade sua viga-mestra é o tratamento individual. Diversos exemplos podem ser encontrados em *Gestalt Therapy Now* (Fagan e Shepherd, 1970). Uma bibliografia comentada de relatos de caso pode ser encontrada em Simkin (1979, p. 299).

A Gestalt-terapia começa com o primeiro contato. Comumente, a avaliação e seleção do que é mais importante são parte do tratamento em andamento, em vez de um período separado de testes diagnósticos e levantamento histórico. Os dados de avaliação são obtidos iniciando-se o trabalho, por exemplo, com o encontro terapêutico. Essa avaliação inclui a disposição e o suporte do paciente para trabalhar no enfoque da Gestalt-terapia, a compatibilidade terapeuta-paciente, as discriminações diagnósticas e caracterológicas profissionais usuais, decisões sobre freqüência às sessões, necessidade de tratamento auxiliar e de consulta médica.

A média de freqüência às sessões é de uma vez por semana. Usando a metodologia gestáltica, uma intensidade equivalente à da psicanálise pode ser obtida com essa freqüência. Em geral, a terapia individual é combinada com a terapia de grupo, *workshops*, terapias conjuntas e familiares, terapia do movimento, meditação ou treinamento *biofeedback*. Algumas vezes os pacientes podem fazer mais de uma sessão por semana, mas precisam de tempo para digerir o material; sessões mais freqüentes podem resultar em excesso de dependência do analista. Tudo depende de quanto tempo o paciente pode passar, entre as sessões, sem perder a continuidade, a descompensação ou as formas mais leves de recidivas. As sessões podem variar de cinco vezes por semana até uma vez a cada duas semanas. Encontros menos freqüentes do que um por semana obviamente diminuem a intensidade, a menos que o paciente participe de um grupo semanal com o mesmo terapeuta. Mais de duas vezes por semana não costuma ser indicado, exceto para psicóticos, e é definitivamente contraindicado para desordens de personalidade *borderline*.

Durante toda a terapia os pacientes são encorajados a tomar decisões por si próprios. Quando começar e parar, fazer ou não um exercício, qual o tratamento auxiliar indicado e outras temáticas semelhantes devem ser discutidas com o terapeuta, mas a competência e a última palavra para essas escolhas é sempre do paciente.

*Modelos de grupo*

As sessões de grupos de Gestalt-terapia costumam ter de uma hora e meia a três horas de duração e, em média, duas horas. Um grupo típico de duas horas tem no máximo dez participantes. Os Gestalt-terapeutas normalmente experimentam um envolvimento máximo com grupos heterogêneos e equilíbrio entre homens e mulheres. Os participantes precisam ser avaliados. Qualquer idade é apropriada para a Gestalt-terapia, mas numa terapia de grupo particular a idade tipicamente variaria entre vinte e 65 anos, com uma média entre trinta e cinqüenta.

Alguns Gestalt-terapeutas seguem o formato de Perls, fazendo terapia um a um num contexto grupal e usando a estrutura *"hot seat"*. "De acordo com este método, um indivíduo expressa ao terapeuta seu interesse em lidar com algum problema específico. O foco passa então para a interação entre o paciente e o líder do grupo (Eu e Tu)" (Levitsky e Simkin, 1972, p. 240). Episódios um a um duram geralmente vinte minutos, mas podem variar até 45 minutos. Durante o trabalho um a um, os outros membros permanecem em silêncio. Após o trabalho, eles dão o *feedback* de como foram afetados, o que observaram e como suas próprias experiências são semelhantes àquelas trabalhadas pelo paciente. Recentemente, o trabalho um a um evoluiu para incluir o trabalho de *awareness*, que não está focalizando nenhum problema específico.

No início da década de 1960, Perls escreveu um trabalho, no qual disse:

> Ultimamente, entretanto, eliminei todas as sessões individuais, exceto para casos de emergência. Na verdade, estou considerando que toda a terapia individual é obsoleta e deveria ser substituída por *workshops* de Gestalt-terapia. Nos meus *workshops*, agora integro o trabalho individual com o grupal. (p. 306)

Essa opinião não foi compartilhada pela maioria dos terapeutas, e atualmente não é reconhecida como teoria e prática gestáltica.

Alguns observadores descreveram o estilo do trabalho de grupo do Gestalt-terapeuta como individual, num contexto grupal. Essa afirmação é válida para os Gestalt-terapeutas que usam o modelo que acabamos de descrever, e não enfatiza ou lida com dinâmicas de grupo nem busca coesão grupal. Entretanto, este é apenas um estilo de Gestalt-terapia – muitos Gestalt-terapeutas enfatizam dinâmicas de grupo.

O uso cada vez maior do grupo, certamente, está dentro da metodologia gestáltica e é usado cada vez mais em Gestalt-terapia (Enright, 1975; Feder e Ronall, 1980; Zinker, 1977). Isso compreende um envolvimento maior dos membros de um grupo quando um indivíduo está fazendo um trabalho um a um e com todos os membros do grupo trabalhando temáticas individuais; ênfase no inter-relacional (contato) do grupo e trabalho de processos grupais de *per se*. O grau de variação e o tipo de estrutura que o líder oferece incluem exercícios de grupos estruturados ou não-estruturados, observando a evolução do grupo para sua própria estruturação, encorajando o trabalho um a um, e assim por diante. Com freqüência os grupos gestálticos começam com algum exercício para ajudar os participantes a fazer a transição para o trabalho, compartilhando experiências aqui-e-agora.

Um modelo muito usado consegue encorajar tanto a *awareness* aumentada, por meio do enfoque no contato entre membros do grupo, quanto o trabalho um a um no grupo (encorajando a participação dos outros elementos), pois estimula maior fluidez e flexibilidade.

*Estilo* workshop

Boa parte do treinamento em Gestalt-terapia é realizada em *workshops*, que são programados por períodos determinados, às vezes, de apenas um dia. Os *workshops* de fim de semana têm duração que varia entre dez e vinte horas, ou mais. Os *workshops* mais extensos podem ter de uma semana até vários meses de duração. Os participantes típicos de um *workshop* de fim de semana são: um terapeuta e doze a dezesseis pessoas. Em períodos maiores (de uma semana a um mês ou mais), até vinte pessoas podem ser atendidas. Em geral, em grupos maiores, com mais de dezesseis pessoas, utilizam-se co-terapeutas.

Como os *workshops* têm vida finita e como só aquelas horas estão à disposição dos participantes, há grande motivação para "trabalhar". Costumam-se estabelecer regras para que ninguém trabalhe uma segunda vez até que cada participante tenha trabalhado uma vez. Em algumas ocasiões, não há regras. Assim, dependendo da disponibilidade, da audácia e do impulso, uma pessoa pode conseguir atenção terapêutica diversas vezes durante um *workshop*.

Embora alguns *workshops* sejam organizados para grupos já estabelecidos, a maioria reúne as pessoas pela primeira vez. Como em grupos funcionando, a prática ideal é avaliar o paciente antes do *workshop*. Um *workshop* sem avaliação anterior exige um clínico experiente, com conhecimento da amplitude das patologias severas e de medidas de proteção, para membros possivelmente vulneráveis do grupo. Os estilos gestálticos carismáticos e confrontadores podem exacerbar especialmente doenças mentais existentes em alguns participantes (Lieberman *et al.*, 1973).

*Outras modalidades de tratamento*

O uso da Gestalt-terapia para trabalhar com famílias foi extensamente elaborado por Walter Kempler (1973, pp. 251-86). A mais completa descrição de seus trabalhos está em *Principles of Gestalt Family Therapy* (1974).

A Gestalt-terapia também tem sido usada para intervir em crises de curta duração (O'Connel, 1970), como tratamento auxiliar para problemas visuais (Rosanes-Berret, 1970), para treinamento de *awareness* de profissionais de saúde mental (Enright, 1970), para crianças com problemas de comportamento (Lederman, 1970), para treinamento de funcionários de creches (Ennis e Mitchell, 1970), para ensinar criatividade a professores e outros (Brown, 1970), com um paciente terminal (Zinker e Fink, 1966) e em desenvolvimento organizacional (Herman, 1972).

*Gerenciamento*

O gerenciamento de caso por um Gestalt-terapeuta tende a ser bem prático e guiado pelo objetivo de apoiar o relacionamento pessoa-a-pessoa. As consultas são em geral marcadas pelo telefone em conversa com o terapeuta. A decoração do consultório reflete o estilo e a personalidade do terapeuta e não é propositadamente neutra. Os consultórios são decorados e mobiliados para ser confortáveis, e deve-se evitar mesa ou escrivaninha entre o paciente e o terapeuta. O consultório deve ter espaço para movimentação e experimentação. O terapeuta, em geral, veste-se e tem maneiras bem informais.

O acerto do pagamento da consulta pode variar, e não existe um estilo especial em Gestalt para isto, exceto direto e sincero. Os valores são discutidos diretamente com o paciente e, em geral, são cobrados pelo terapeuta.

A clareza de fronteiras é enfatizada, e tanto o paciente quanto o terapeuta têm responsabilidade pelo trabalho a ser realizado. O "trabalho" (ou a terapia) começa no primeiro momento. Nada é anotado durante a sessão, pois pode interferir no contato. O terapeuta assume a responsabilidade pelas anotações no final da sessão, se necessário, e pela salvaguarda das anotações, gravações em fita de vídeo, áudio ou outro material clínico. O terapeuta esclarece as condições de pagamento, a política de interrupção, faltas etc. Objeções ou quebra dos acordos são discutidos diretamente. As decisões são tomadas em conjunto, e espera-se que os acordos sejam cumpridos pelos dois. O terapeuta monta o consultório para protegê-lo de invasão e, se possível, o isola acusticamente.

O processo de avaliação ocorre como parte da terapia e é mútuo. Algumas das considerações envolvidas no processo de avaliação incluem: decidir por terapia individual e/ou grupal; estimar a capacidade do terapeuta para estabelecer um relacionamento de cuidado e confiança; e deixar o paciente decidir, após uma amostra razoável, se o terapeuta ou a terapia são adequados.

Os problemas que surgem no relacionamento são diretamente discutidos, tanto em termos de lidar com o problema concreto quanto em termos de explorar quaisquer estilos de vida caracterologicamente relacionados, ou a exploração de processos de relacionamento que seriam promissores para os pacientes. Sempre, as necessidades, os desejos e a experiência direta de ambos os participantes orientam a exploração e a solução dos problemas.

*Exemplo de caso*
Peg foi vista originalmente num *workshop* de treinamento gestáltico, no qual trabalhou a raiva e a dor que sentia pelo suicídio do marido. Assim ela ficara com a responsabilidade da criação dos filhos, e teria de iniciar uma carreira fora de casa para garantir o sustento da família. Ela estava com quase quarenta anos na ocasião.

Com considerável coragem e iniciativa, Peg organizou uma clínica de tratamento de crises, patrocinada por uma organização de serviços, na grande cidade do sul da Califórnia onde vivia. Ela foi uma das onze pessoas que fizeram parte de um grupo, que realizou um filme de treinamento de Gestalt-terapia com Simkin (1969). O que se segue é um trecho do filme *In the Now* (No Agora):

> Peg: Eu tenho... um sonho recorrente. Estou em pé, no chão, em Camp Pedleton. Existe um campo aberto, ondulado. Amplas estradas de acesso cruzando-o por toda a parte. Uma série de morros e vales, morros e vales... E, bem à minha direita, vejo um tanque, como no exército, tanques marítimos, com enormes esteiras... e há diversos deles; todos estão hermeticamente fechados. Eles estão se deslocando, com seu barulho característico, sobre os morros e vales, enfileirados, todos fechados. Eu estou em pé, ao lado dessa estrada, segurando uma travessa de biscoitos Tollhouse, e eles estão quentes. E eles apenas estão lá, na travessa. Eu apenas estou ali, de pé, parada, e vejo os tanques se aproximando, um por vez. E conforme eles estão passando, eu estou lá, de pé, olhando. Ao virar para a direita, vejo um deles – e há um par de sapatos pretos, bem engraxados, entre os sulcos, e se movimentando junto com a esteira, conforme ele vai subindo o morro. Assim que ele chega na minha frente... o homem desce e o tanque continua, e ele vem em minha direção e é o melhor amigo do meu marido. E eu sempre acordo. Eu sempre interrompo o meu sonho... e eu ria. Não me parece mais tão engraçado.

Jim: É verdade. O que você está fazendo?
Peg: Estou tentando evitar que meus dentes batam.
Jim: Qual é a sua objeção?
Peg: Eu não gosto do sentimento de medo e ansiedade que estou sentindo agora.
Jim: O que você imagina?
Peg: Ridículo.
Jim: Bem, comece a ridicularizar.
Peg: Peg, você é ridícula. Você é gorda... você é preguiçosa. Você é uma piada. Você finge ser adulta e não é. Quem olhar irá ver que você é uma criança por dentro, se fantasiando de uma mulher de 39 anos, e isto... é um disfarce ridículo. Você não deve ter 39 anos. Uma idade ridícula. Você faz rir. Você tem um serviço que você não tem a mais remota idéia de como fazer. Você está fazendo todos esses planos grandiloqüentes que você não tem inteligência para levar a termo, e as pessoas irão rir de você.
Jim: Agora, por favor, olhe à sua volta e veja como as pessoas estão rindo de você.
Peg: Tenho medo. [*Olha à sua volta, vagarosamente*] Eles parecem estar me levando bem a sério.
Jim: Então, quem está rindo de você?
Peg: Eu acho que... somente a minha fantasia... minha.
Jim: Quem cria a sua fantasia?
Peg: Eu crio.
Jim: Então, quem está rindo de você?
Peg: Bem. Então é isso. Eu... eu na verdade estou rindo do que não é engraçado. Eu sou tão incompetente. [*Pausa*]
Jim: Em que você é muito boa?
Peg: Sou boa com as pessoas. Eu não julgo. Sou boa para cuidar de uma casa. Sou boa costureira, boa cozinheira, eu...
Jim: Talvez você seja uma boa esposa para alguém.
Peg: Eu fui.
Jim: Talvez você seja uma boa esposa para alguém novamente.
Peg: Eu não sei.
Jim: Então, diga esta sentença. "Eu não sei se jamais serei uma boa esposa para alguém novamente."
Peg: Eu não sei se jamais serei uma boa esposa para alguém novamente.
Jim: Diga isso para cada homem aqui presente.
Peg: Eu não sei se jamais serei uma boa esposa para alguém novamente... [*Repete a sentença mais cinco vezes*]

Jim: O que você está experienciando?
Peg: Surpresa. Rapaz... Eu presumi que jamais seria uma boa esposa para alguém novamente.
Jim: O que você está experienciando exatamente agora?
Peg: Satisfação. Prazer. Sinto-me bem. Sinto-me realizada.

Embora o "ingresso" de Peg tenha sido um sonho, o que veio à tona foi sua ansiedade e suas fantasias de ser ridicularizada. O sonho serviu de veículo para iniciar e, como ocorre com freqüência, o trabalho levou a um resultado totalmente imprevisível.

No *workshop* de fim de semana, durante o qual o filme de treinamento foi realizado, Peg encontrou um homem pelo qual se sentiu atraída, e que, por sua vez, também se sentiu atraído por ela. Eles começaram a sair juntos e, em questão de meses, casaram-se.

A seguir, uma segunda amostra de Gestalt-terapia, um excerto de um livro que ilustra algumas técnicas (Simkin, 1976, pp. 103-18). É uma transcrição condensada de um *workshop* com seis voluntários. A sessão da manhã incluiu uma palestra-demonstração e um filme.

Jim: Eu gostaria de começar dizendo onde estou e o que estou experienciando neste momento. Isso me parece muito artificial, todas essas luzes, câmeras e essas pessoas em volta. Estou me sentindo sem fôlego e atormentado com o material técnico, o equipamento etc., e estou muito mais interessado em sair das luzes e câmeras e entrar mais em contato com vocês. [*Pergunta os nomes dos participantes do grupo e se apresenta*]
Estou presumindo que todos vocês viram o filme e a demonstração, e minha preferência seria trabalhar com vocês assim que estiverem prontos. Vou reiterar nosso contrato ou acordo. Na Gestalt-terapia a essência do contrato é dizer onde você está, o que você está experienciando num dado momento e, se você conseguir, permanecer no *continuum* de *awareness*, relatar o que está focando, e do que você está consciente, (*aware*).

\* \* \* \* \*

Primeiramente, eu gostaria de começar com vocês dizendo quem são, e se vocês têm algum programa ou expectativa.
Tom: No momento estou um pouco tenso, não por causa do equipamento, estou até acostumado com isto. Eu me sinto um

pouco estranho de estar numa situação com você. Esta manhã fiquei bastante chateado porque não concordei com muitas das coisas que você disse, e senti hostilidade por você. Agora, eu mais ou menos o aceito como outra pessoa.
Jim: Estou prestando atenção ao seu pé neste momento. Eu imagino se você poderia dar uma voz ao seu pé.
Tom: Uma voz para o meu pé? Você quer dizer, como o meu pé está se sentindo? O que ele irá dizer?
Jim: Continue fazendo apenas isto e veja se você tem algo a dizer, como o seu pé.
Tom: Eu não entendo.
Jim: Enquanto você falava comigo a respeito de sentir hostilidade, o seu pé começou a chutar. Eu imagino se você ainda tem mais chutes por vir.
Tom: Bem, sim. Eu acredito que talvez eu tenha alguns chutes guardados, mas realmente não acho que seja apropriado.

\* \* \* \* \*

Lavonne: Neste momento estou me sentindo tensa.
Jim: Com quem você está falando, Lavonne?
Lavonne: Eu estava apenas pensando sobre esta manhã, eu estava sentindo muita hostilidade. Eu ainda acho que estou um pouco hostil.
Jim: Estou percebendo que você está evitando olhar para mim.
Lavonne: Sim, porque eu acho que você é muito arrogante.
Jim: Isto é verdade.
Lavonne: É como se eu pudesse entrar numa briga com você.
Jim: Você poderia.
Lavonne: Então, o ato de evitar o contato ocular é uma espécie de retardo da briga. Eu não sei se isso pode ser resolvido.
Jim: Você gostaria de dizer quais são as suas objeções para a minha arrogância?
Lavonne: Bem, não é muito reconfortante. Se eu tenho um problema e falo com você a respeito e você é arrogante, então isso me torna arrogante.
Jim: Você "paga na mesma moeda", é o que você está me dizendo. Sua experiência é a de que você reage desta maneira.
Lavonne: Sim. É isso. Então, nesta universidade, eu acho que preciso ser arrogante e preciso ficar defensiva o tempo todo. Porque eu sou negra, as pessoas reagem de diversas maneiras

comigo... cada pessoa... e eu acho que na maioria das vezes tenho de ficar na ponta dos dedos.

\* \* \* \* \*

Mary: Eu quero trabalhar os meus sentimentos em relação ao meu filho mais velho. As brigas que tenho com ele – mas acho que, na verdade, eu suspeito, talvez eu esteja brigando comigo mesma.
Jim: Você pode dizer isso a ele? Dar-lhe um nome e dizer-lhe isto?
Mary: Tudo bem. O nome dele é Paul.
Jim: Coloque Paul aí [*Cadeira vazia*] e diga para o Paul.
Mary: Paul, temos muitas discussões. Toda vez que você sai da rotina por conta própria, independente, eu te odeio por isso. Mas...
Jim: Um momento. Diga a mesma sentença para Mary. Mary, toda vez que você sai da rotina, independente, eu te odeio por isso.
Mary: Isso faz sentido. Mary, toda vez que você sai da rotina, independente, eu te odeio por isso, porque você não está sendo uma boa mãe.
Jim: Eu não sei desse seu "porquê"
Mary: Não. Isso é minha racionalização. É o mesmo que faço comigo mesma fazendo ioga.
Jim: Você parece identificar-se com Paul.
Mary: Eu estou. Eu sei disso. Eu invejo a liberdade dele, mesmo quando ele era ainda pequeno e ia para a floresta. Eu invejava a capacidade dele.
Jim: Diga isso para o Paul.
Mary: Paul, mesmo quando você era um menino pequeno e ficava fora todo o domingo, sem me dizer aonde ia, mas simplesmente ia, eu o invejava por isto; eu o invejei muito e me senti magoada porque não conseguia fazer o mesmo.
Jim: Não conseguia ou não faria?
Mary: Eu não o faria. Eu queria, mas não faria.
Jim: É. Para mim, ter alguém ao meu lado, que fica me lembrando o tempo todo o que eu posso ou não fazer, realmente me deixa bem bravo.
Mary: É isso o que eu faço comigo. Eu fico me mandando lembretes daquilo que eu posso e daquilo que irei ou não fazer. E daí eu não faço nada, estou parada. E bem enraizada.

Jim: Eu gostaria que você entrasse em contato com o seu rancor. Ponha o seu rancor aqui fora e fale com o sabotador da Mary.
Mary: Seu idiota. Você tem tempo para fazer o seu serviço. Você também tem a energia para fazer o seu serviço... que você dissipa. Você se envolve em zilhões de coisas para que você tenha uma desculpa para não fazer o seu trabalho, ou fazer qualquer outra coisa.... [Pausa] Você passa a sua vida criando sofrimento e complicando-a.
Jim: O que está acontecendo aqui? [Aponta para a mão de Mary]
Mary: Sim. Punho cerrado... não vai adiantar nada.
Jim: Você está com o punho cerrado?
Mary: Sim, acho que estou.
Jim: Bem! Você pode entrar em contato com a sua outra parte – seu *self* generoso?
Mary: Eu realmente não conheço muito bem meu *self* generoso.
Jim: Seja seu *self* punho cerrado, dizendo apenas: "*Self* generoso, eu não tenho contato com você, eu não te conheço etc."
Mary: *Self* generoso, eu não sei muito a seu respeito. Eu acho que de vez em quando você dá presentes às pessoas em vez de dá-los a si mesmo. Você retém muito, muito do que você poderia dar.
Jim: O que acabou de acontecer?
Mary: Eu ensaiei. Eu não estava falando com o meu *self* generoso. Eu estava falando com... você primariamente. Eu estava retendo uma parte.
Jim: Eu tenho dificuldade em vê-la como uma pessoa que retém coisas. No começo você me pareceu muito vibrante e entusiasmada... muito generosa.
Mary: Eu não sei se sou realmente generosa ou não. Às vezes, fico com vontade de dar e não consigo; em outras ocasiões, acho que dei demais e não deveria.
Jim: Sim. Estou começando a perceber isso. Alguma dor – no passado. Que você era vulnerável e de alguma maneira foi magoada no processo.
Mary: Num certo sentido, continua doendo.
Jim: Pra mim, parece que você está com dor agora, especialmente ao redor dos seus olhos.
Mary: Sei disso, e não quero fazer isso... eu não quero mostrar isso.
Jim: Bem. Você poderia obstruí-los?

Mary: [*Cobrindo os olhos*] Quando faço isto não consigo vê-lo.
Jim: É verdade.
Mary: Quando faço isso, não consigo ver ninguém.
Jim: Sim. Quando obstruo a minha dor, ninguém existe para mim. É minha escolha.
Mary: Eu também fiz esta escolha.
Jim: Estou tendo prazer em olhar para você. Pra mim, você está muito generosa neste momento.
Mary: Você é muito generoso comigo. Eu sinto que sim. Percebo que você corresponde, e sinto que estou correspondendo com você...
Jim: Estou curioso para saber se você consegue voltar ao Paul por um momento, agora. Encontre-o e explore o que acontece.
Mary: Paul, eu quero ser carinhosa com você, quero ser generosa, e acho que eu poderia magoá-lo sendo assim. Agora você tem 1,90 m e às vezes eu quero chegar em você, dar-lhe um beijo de boa noite ou somente abraçá-lo e eu não consigo mais fazer isso.
Jim: Você não consegue?
Mary: Não faço. Não faço porque, hum... eu fui jogada fora.
Jim: Você foi magoada.
Mary: Sim, fui magoada. Paul, eu acho que é problema seu se você quer me dispensar, mas isso não me impede de ficar magoada.
Jim: Eu gosto do que Nietzche, creio, disse uma vez para o sol: "Não é da sua conta se você me ilumina com seus raios".
Mary: Eu continuo com a esperança de que, Paul, quando você fizer 25 anos, se você for para o exército... ou outra coisa... eu possa lhe dar um beijo de adeus. [*Pausa*] E tentarei lembrar o que Nietzche disse para o sol.
Jim: OK. Gostei de trabalhar com você.
Mary: Obrigada.

## Resumo

Fritz Perls profetizou há três décadas que a Gestalt-terapia iria mostrar o seu valor durante a década de 1970 e tornar-se uma força significativa na psicoterapia. Sua profecia foi mais do que realizada.

Em 1952, deveria haver uma dúzia de pessoas seriamente envolvidas com o movimento. Em 1987, havia um grande número de institutos de treinamento, centenas de psicoterapeutas que tiveram treinamento em Gestalt-terapia, e centenas de pessoas sem treinamento que se autodenominavam "gestaltistas". Milhares de pessoas experienciaram a Gestalt-terapia – muitas com resultados bem favoráveis, outras com resultados pobres ou questionáveis.

Em decorrência da falta de vontade para estabelecer padrões rígidos, há uma ampla variedade de critérios para a seleção e para o treinamento de Gestalt-terapeutas. Algumas pessoas, tendo experienciado um *workshop* de fim de semana sentem-se amplamente aptas para exercer a Gestalt-terapia. Outros psicoterapeutas levam meses e anos em treinamento como Gestalt-terapeutas e têm um enorme respeito pela simplicidade e infinito poder de inovação e criatividade que a Gestalt-terapia exige e gera.

A despeito do fato de a Gestalt-terapia atrair algumas pessoas que estão procurando atalhos, ela também atraiu substancialmente grande número de clínicos com experiência que encontraram na Gestalt-terapia não somente uma poderosa psicoterapia, mas também uma filosofia de vida viável.

Os que procuram soluções rápidas, ou atalhos, acabarão indo em busca de "caminhos mais fáceis". A Gestalt-terapia irá ocupar o seu lugar juntamente com outras psicoterapias substanciais nas próximas décadas. Ela deverá continuar atraindo psicoterapeutas criativos ainda durante muitos nos anos.

A Gestalt-terapia foi pioneira em muitas inovações úteis e criativas na teoria e na prática de psicoterapia, que foram incorporadas na prática clínica, sem o devido crédito. Agora está se dirigindo para a continuação da elaboração e para o refinamento destes princípios. Independentemente do rótulo, os princípios do diálogo existencial, o uso da experiência fenomenológica direta entre paciente e terapeuta, a confiança na auto-regulação organísmica, a ênfase na experimentação e na *awareness*, a atitude "sem deveria(s)" do terapeuta e a responsabilidade do paciente e do terapeuta por suas próprias escolhas formam um modelo de boa psicoterapia que continuará a ser usada por Gestalt-terapeutas e outros.

Para resumir, uma citação de Levitsky e Simkin (1972, pp. 251-2) parece apropriada:

> Se tivéssemos de escolher uma idéia-chave para simbolizar a abordagem gestáltica, poderia ser o conceito de autenticidade, a busca de autenticidade [...] Se considerarmos a terapia e o te-

rapeuta sob a luz impiedosa da autenticidade, fica evidente que o terapeuta não pode ensinar o que não conhece [...] O terapeuta com alguma experiência realmente sabe que está comunicando ao seu paciente os seus [do terapeuta] próprios medos, assim como sua coragem, sua defensividade, sua abertura, sua confusão, sua clareza. A *awareness*, a aceitação e o compartilhar essas verdades do terapeuta podem ser uma demonstração altamente persuasiva de sua própria autenticidade. É óbvio que tal postura não é adquirida da noite para o dia. Ela tem de ser aprendida e reaprendida, cada vez mais profundamente e não só durante sua carreira, mas durante toda a sua vida.

# 2

# UMA REVISÃO DA PRÁTICA DA GESTALT-TERAPIA

*Comentário*

*Escrevi esta revisão como parte das exigências para minha graduação de doutorado na Universidade do Arizona. (Não era a minha dissertação, que foi um estudo empírico de psicologia social.) Ela foi publicada pela primeira vez por uma livraria da California State University, em 1969. O estilo do trabalho, incluindo as muitas citações, deveu-se, em parte, a exigências acadêmicas, especialmente tendo em vista a circulação de grande número de trabalhos não-publicados que eu queria divulgar e a escassez de trabalhos publicados. O trabalho teve circulação maior quando em 1975 foi publicado no livro de Stephenson,* Gestalt Therapy Primer. *Para o leitor, esta revisão pode servir de comparação entre os meus pontos de vista publicados em 1969 e os de meus trabalhos posteriores.*

As orientações psicológicas freqüentemente apresentam uma dicotomia entre aquelas que enfatizam as variáveis comportamentais e as fenomenológicas. Embora alguns psicólogos tenham reconhecido a necessidade de ambas, muitos não sabem que Frederick Perls fundou um tipo de psicoterapia que integra as duas. Os trabalhos mais importantes de Perls (1947; Perls, Hefferline e Goodman, 1951) salientam a sua teoria e não a sua prática psicoterápica. Embora ele e seus colaboradores tivessem enfatizado a prática terapêutica, esses trabalhos não estavam suficientemente disponíveis em publicações especializadas (como Enright, 1970a; Levitsky e Perls, 1969; Simkin). A prática da Gestalt-terapia é o foco deste trabalho. A Gestalt-terapia como um tipo de filosofia existencial (Enright, 1970a; Simkin; Van Dusen, 1960), como uma teoria da personalidade e de pesquisa (Perls, 1947; Perls *et al.*, 1951) e as origens teóricas e históricas da Gestalt-terapia (Enright, 1970a; Simkin) não serão objeto de consideração para esta revisão.

Dois dos objetivos da Gestalt-terapia tornam particularmente importante esta revisão. Um é o objetivo de estar exclusivamente orientado para o comportamento aqui-e-agora, sem condicionar o paciente, e sem a exclusão das variáveis de *awareness*. O outro objetivo é o de aplicar a atitude existencial sem ser excessivamente global e abstrato.

*Modelos de psicoterapia*

Para entender a Gestalt-terapia é preciso observá-la em relação a três escolas de psicoterapia: os movimentos de terapia psicodinâmica, comportamental e de potenciais humanos. Este capítulo não irá deter-se a um estudo teórico comparativo de teorias de psicoterapia, mas a um esboço de contexto ou pano de fundo, cuja discussão da Gestalt-terapia pode ocorrer de maneira significativa.

A psicoterapia psicodinâmica baseia-se na presunção de que o paciente tem uma doença ou disfunção, e que o terapeuta irá curá-la ou eliminá-la. Porque o paciente tem esta doença presume-se que ele seja irresponsável. O terapeuta descobre por que o paciente ficou assim (diagnóstico), e a cura do paciente resulta da descoberta do que o terapeuta descobriu (*insight*). Esta abordagem psicoterápica enfatiza causas subjacentes inferidas e relega o comportamento factual a um *status* secundário como sintoma. Os teóricos psicodinâmicos consideram pouco importantes as alterações do comportamento explícito, a não ser que a causa verdadeira (oculta) seja trabalhada. Ao enfatizar suas inferências (interpretações), os terapeutas dinamicamente orientados negligenciam o comportamento Aqui-e-Agora e enfatizam a cognição "Lá-e-Então" (*There and Then*) do paciente. Além disso, os terapeutas psicodinâmicos raramente descrevem suas metodologias de maneira suficientemente detalhada para comunicar de modo exato quais comportamentos acontecem na psicoterapia.

Os terapeutas comportamentais substituíram essas características mentalísticas, inferenciais e freqüentemente não-científicas do movimento psicodinâmico por observações do comportamento factual. Novas técnicas foram claramente especificadas por Wolpe, Skinner, Stampfl, Bandura e outros. Derivados dos laboratórios de aprendizado experimental, todos eles enfatizaram dados precisos e especificações exatas de procedimentos. Conceitos vagos e interpretações de comportamentos baseados em construções sem fortes evidências foram eliminados do repertório de psicólogos com treinamento comportamental. Entre as presunções e conceitos eliminados estavam a importância da irresponsabilidade dos pacientes, a preocupação com a etiologia e a importância da *awareness* (consciência).

Essas duas escolas presumem que o terapeuta tem a responsabilidade de fazer o paciente mudar. O terapeuta trabalha no sentido de criar a mudança e, por causa da sua especialização, faz algo para o paciente ou pede que mediadores o façam, para produzir mudança. O psicólogo manipula o ambiente do paciente, de maneira que um comportamento compatível com algum tipo de padrão de ajustamento seja condicionado no paciente, e um comportamento indesejável seja descondicionado. O terapeuta comportamental está no controle do indivíduo e, de acordo com a teoria básica E-R (estímulo-resposta), o indivíduo é visto como um recipiente passivo do estímulo.

Surgiu uma terceira força na psicologia que rejeita a ênfase na remoção de um comportamento negativo por condicionamento, ou de uma psicopatologia por meio de psicoterapia psicanaliticamente orientada. A rebelião humanística vê a psicoterapia como meio de aumentar o potencial do homem. A discussão dos métodos desse movimento, de uma terceira força, será realizada após a discussão da Gestalt-terapia. A Gestalt-terapia é parte desse movimento na psicologia americana, que tenta uma observação não-manipulativa do *comportamento* Aqui-e-Agora e salienta a importância da *awareness*. Esta combinação de comportamento e *awareness* numa matriz humanística faz da Gestalt-terapia um modelo atraente.

*A Teoria da Gestalt-terapia*

A Gestalt-terapia enfatiza dois princípios que precisam ser integrados, se a psicologia experiencial e a comportamental forem combinadas de maneira significativa num único sistema de psicoterapia: "*Trabalhar totalmente no aqui-e-agora*"; e "*Uma preocupação integral com o fenômeno da* awareness" (Perls, 1966, p. 2). O Gestalt-terapeuta alega não curar nem condicionar – mas se percebe como um observador do comportamento real e um guia do aprendizado fenomenológico do paciente. Embora a compreensão de todo o suporte teórico necessária para se chegar a isto exija um exame detalhado da teoria da Gestalt-terapia a respeito de psicologia, personalidade e psicopatologia, faremos um pequeno desvio para tratar deste assunto.

A Gestalt-terapia baseia-se na teoria da gestalt (uma discussão que foge do escopo deste trabalho (ver Perls *et al.*, 1951; Wallen, 1957). Os Gestalt-terapeutas consideram o comportamento motor e as qualidades perceptivas da experiência do indivíduo como que organizadas pelas necessidades organísmicas mais relevantes (Perls *et al.*, 1951; Wallen, 1957).

No indivíduo normal, uma configuração com as qualidades de boa gestalt é formada tendo como figura organizadora a necessidade dominante (Perls, 1947; Perls *et al.*, 1951). O indivíduo atende a esta necessidade contatando o ambiente com certo comportamento sensorimotor. O contato é organizado pela figura de interesse, contra o fundo do campo organismo/ambiente (Perls *et al.*, 1951). Observe que na Gestalt-terapia tanto sentir o ambiente quanto o movimento motor são funções ativas, de contato.

Quando uma necessidade é atendida, a gestalt que ela organizou se completa e ela não exerce mais influência – o organismo está livre para formar novas *Gestalten*. Quando essa formação e essa destruição de gestalt estão bloqueada ou fixas em qualquer etapa, quando necessidades não são reconhecidas e expressas, a harmonia flexível e o fluxo do campo organismo/ambiente ficam perturbados. Necessidades não-atendidas formam *Gestalten* incompletas que clamam por atenção e, portanto, interferem na formação de novas *Gestalten*.

Enquanto a nutrição ou a toxicidade forem possíveis (Greenwald, 1969), a *awareness* se desenvolve. A *awareness* é sempre acompanhada por formação de gestalt (Perls *et al.*, 1975). Com *awareness* o organismo consegue mobilizar a sua agressão de maneira que o estímulo ambiental consiga ser contatado (experimentado) e rejeitado ou mastigado e assimilado. Esse processo de contato-assimilação é operado pela força biológica natural de agressão. Quando a *awareness* não se desenvolve (figura e fundo não se formam numa gestalt clara) em tal transação, ou quando os impulsos são impedidos de expressão, as *Gestalten* incompletas são formadas e a psicopatologia se desenvolve (Enright, 1970a). Essa oscilação figura/fundo da *awareness* substitui o conceito psicanalítico de inconsciente; o inconsciente é fenômeno num campo no qual o organismo não realiza contato por causa de um distúrbio na formação figura/fundo, ou porque está em contato com outro fenômeno (Polster, 1967; Simkin).

O ponto em que essa *awareness* é formada é o "ponto de contato". "O contato, o trabalho que resulta em assimilação e crescimento é a formação de uma figura de interesse contra um fundo ou contexto de organismo/ambiente" (Perls *et al.*, 1951, p. 231). A Gestalt-terapia ressalta "o que" e "como", e não o conteúdo.

Ao trabalhar com a unidade e a desunidade da estrutura da experiência do aqui-e-agora, é possível refazer as relações dinâmicas da figura e do fundo até que o contato seja realçado, a *awareness* abrilhantada e o comportamento energizado, e, o mais importante, a obtensão de uma gestalt forte é, em si mesma, a cura, pois a figura de contato não é um sinal de, mas ela própria é a integração criativa da experiência (Perls *et al.*, p. 232).

*Awareness* é uma propriedade da gestalt, que é uma integração criativa do problema. Somente uma gestalt consciente (*awareness*) leva à mudança. Mera *awareness* do conteúdo sem *awareness* da estrutura não está relacionada com um contato organismo/ambiente energizado.

A Gestalt-terapia inicia um processo como um catalisador. A reação exata é determinada pelo paciente e seu ambiente. A cura não é um produto acabado, mas uma pessoa que aprendeu a desenvolver a *awareness* que necessita para resolver seus próprios problemas (Perls *et al.*, 1951). O critério de sucesso não vem das relações interpessoais ou da aceitação social, mas "da própria *awareness* do paciente, de uma vitalidade aumentada e de um funcionamento mais eficaz" (Perls *et al.*, 1951, p. 15). O terapeuta não diz ao paciente o que ele descobriu a seu respeito, mas ensina-o a aprender.

Perls denomina o sistema de respostas, ou os contatos do organismo com o meio, num dado momento, de *self* (Perls *et al.*, 1951). O ego é o sistema de identificação e alienação do organismo. Na neurose o ego aliena alguns dos processos do *self*, isto é, não consegue identificar-se com o *self* em seu estado. Em vez de deixar o *self* continuar a organização das respostas em novas *Gestalten*, o *self* fica enfraquecido. O neurótico perde (aliena) a *awareness* do sentido do "sou eu quem está pensando, sentindo, fazendo isto" (Perls *et al.*, 1951, p. 235). O neurótico está dividido, sem percepção e se auto-rejeitando.

Essa divisão, a ausência de percepção e auto-rejeição, só pode ser mantida à custa da restrição da experienciação do organismo. O organismo que funciona naturalmente experiencia por meio do sentimento, dos órgãos sensoriais e do pensamento. Quando a pessoa rejeita algum dos seus modos de experienciação, a formação de novas *Gestalten* fica obstruída por necessidades não atendidas, que formam

*Gestalten* incompletas, e, portanto, exigem atenção. Sem a experienciação das necessidades e dos impulsos, a auto-regulação organísmica fica insuficiente e uma dependência de regulação externa moralista se faz necessária (Perls, 1948). A rejeição dos modos de experienciação pode ser traçada na cultura ocidental. Desde Aristóteles, o homem ocidental foi ensinado que suas faculdades racionais são aceitáveis, mas as faculdades afetivas e sensoriais não. O organismo humano dividiu-se entre *Eu* e *Mim*. O homem ocidental se identifica com seu soberano regente (a razão) e alienou suas modalidades afetivas e sensoriais. Entretanto, sem experienciação organísmica balanceada, o homem não consegue estar em contato integral com a natureza ou pronto para dar apoio a si mesmo e, portanto, está impedido de aprender de suas transações ambientais (Perls, 1966; Simkin). O homem ocidental foi alienado, dividido e expulso da harmonia com a natureza (Perls, 1948; Simkin).

O aprendizado acontece por descoberta, pela formação de novas *Gestalten*: *insight*. Conforme o organismo interage com o ambiente, as *Gestalten* não se completam, a *awareness* se desenvolve e o aprendizado acontece (Simkin). Perls viu seus pacientes sofrendo de alienação das funções do ego, e saiu em busca de uma terapia que integrasse a personalidade dividida, para que novas *Gestalten* fossem formadas, para que o paciente pudesse aprender, e assim por diante (Perls, 1948). Ele percebeu que, basicamente, seus pacientes mostravam uma formação figura/fundo imperfeita. Esta foi a pista para a criação da Gestalt-terapia. Uma discussão mais completa desses fatos pode ser encontrada na literatura (Perls, 1947, 1948; Perls *et al.*, 1951; Simkin; Wallen, 1957).

O dilema terapêutico básico, como Perls o vê, é que o paciente perdeu a consciência *awareness* dos processos pelos quais ele aliena (permanece sem perceber) partes do seu autofuncionamento. Ele descobriu (Perls *et al.*, 1951) que, usando experimentos com *awareness* dirigida o paciente, conseguia aprender como ele evitava a percepção; num certo sentido, Perls ensinava o paciente a aprender.

O processo terapêutico de transformação na Gestalt-terapia compreende ajudar o paciente a redescobrir o mecanismo que ele usa para controlar sua *awareness*. Esses experimentos de *awareness* dirigida, os encontros de Gestalt-terapia e as experiências grupais que iremos discutir têm por objetivo tornar o paciente consciente *aware* das ações habituais nas quais ele se empenha para controlar sua *awareness*. Sem essa ênfase, o paciente conseguiria aumentar sua *awareness*, mas somente de maneira limitada e protegida. Quando reexperiencia o controle da *awareness*, seu desenvolvimento consegue ser autodirecionado e auto-apoiado.

Em última instância, o objetivo do tratamento pode ser formulado da seguinte maneira: Temos de realizar o máximo de integração, que facilite o seu próprio desenvolvimento. (Perls, 1948, p. 12)

As tarefas terapêuticas que o Gestalt-terapeuta dá ao paciente são todas de relatos da *awareness* do paciente. Em terapia, o paciente pode adquirir algo diferente das experiências fora da terapia – algo diferente de uma porção de conhecimento isolado, uma relação temporária ou uma catarse. A terapia pode criar uma situação na qual o centro do problema de crescimento da pessoa, a *awareness* restrita, seja o foco da atenção.

Tanto para os terapeutas quanto para os pacientes, a receita de Perls é: "Perca sua cabeça e descubra seus sentidos". Perls enfatiza o uso dos sentidos externos, assim como o sistema proprioceptivo interno de auto-*awareness*.

Pela ressensibilização, o paciente pode passar a perceber novamente o mecanismo pelo qual ele (o ego) rejeita a *awareness* e a expressão de impulsos. Quando o organismo novamente controla o que o censura, ele pode travar as batalhas da sobrevivência com o seu próprio comportamento sensorimotor, aprender e tornar-se integrado, ou seja, auto-aceitar-se (Simkin).

Quando o neurótico – com a divisão em sua personalidade, o subuso de suas modalidades sensoriais e afetivas, e sua falta de autosuporte – tenta fazer o terapeuta resolver os problemas de sua vida, o Gestalt-terapeuta recusa; o Gestalt-terapeuta não permite que o paciente jogue a responsabilidade por seu comportamento nele (Enright, 1970a). O terapeuta frustra a tentativa de operar de maneira manipulativa em áreas-chave.

Em Gestalt-terapia o objetivo não é resolver "o problema" (Enright, 1970a), pois o paciente irá permanecer incapacitado enquanto manipular os outros para resolverem seus problemas, enquanto ele não usar integralmente seu equipamento sensorimotor. A Gestalt-terapia é holística e vê o organismo humano como potencialmente livre de hierarquias de controles internos. O relacionamento paciente-terapeuta também está relativamente livre de hierarquia.

O paciente é um participante ativo e responsável, que aprende a experimentar e observar para ser capaz de descobrir e perceber seus próprios objetivos por meio dos seus próprios esforços. A responsabilidade por seu comportamento, pela mudança em seu comportamento e pelo trabalho de atingir tal mudança é do paciente. Assim, a Gestalt-terapia rejeita a noção de que o terapeuta deva ou deveria assumir o papel de condicionador ou de descondicionador.

Todo paciente desperdiça seus esforços ou energias esperando poder atingir a maturação por meio de fontes externas... A maturação não pode ser feita por ele; ele tem de passar pelo doloroso processo de crescimento por si só. Nós, terapeutas, não podemos fazer *nada*, a não ser fornecer-lhe oportunidade, tornando-nos disponíveis como catalisadores e como tela de projeção. (Perls, 1966, p. 4)

O papel do Gestalt-terapeuta é o de observador-participante do comportamento aqui-e-agora e catalisador da experimentação fenomenológica do paciente. O paciente aprende experimentando na "*emergência segura* da situação terapêutica" (Perls, 1966, p. 8). Ele continua levando as conseqüências naturais do seu comportamento para dentro e para fora da terapia.

A premissa básica dessa abordagem terapêutica é a de que as pessoas conseguem lidar adequadamente com os problemas de suas próprias vidas se souberem quais são eles e puderem colocar todas as suas habilidades em ação para resolvê-los [...] Uma vez firmemente em contato com suas preocupações verdadeiras e seu verdadeiro meio ambiente, estão por conta própria. (Enright, 1970a, p. 7)

Embora na Gestalt-terapia o terapeuta não saliente conceitos mentalistas, o passado ou o futuro, nenhum conteúdo é antecipadamente descartado. Materiais do passado e do futuro são considerados atos no presente (memória, planejamento etc.). E a Gestalt-terapia também não é estática. O foco não é descobrir os *porquês* do comportamento ou da *mente,* nem manipular as conseqüências dos estímulos para propiciar uma mudança no comportamento. "Ao contrário da abordagem de algumas escolas que enfatizam o *insight* ou o aprender 'por que' fazemos, o 'que' fazemos, a Gestalt-terapia enfatiza aprender 'como'e 'o que' fazemos" (Simkin, p. 4).

Na Gestalt-terapia o terapeuta não é passivo, como na antiga terapia rogeriana; ao contrário, ele é bem ativo. Cuidar de comportamentos, não de mentalismos; cuidar da *awareness* e não de questões especulativas; do aqui-e-agora e não do lá-e-então (*There and Then*), tudo requer ação e assertividade por parte do terapeuta.

O objetivo da Gestalt-terapia é a maturidade. Perls define maturidade como "a transição do suporte ambiental para o auto-suporte" (Perls, 1965; ver também Simkin). O auto-suporte implica contato com outras pessoas. Contato contínuo (confluência) ou ausência de contato (retração) são contrários ao que é implícito (Perls, 1947). O auto-suporte refere-se ao campo organismo/ambiente. A confluência, naturalmente, não é auto-suporte. A retração envolve ainda a essência do não auto-suporte. O que é crítico aqui é o uso do equipamento sensorimotor do organismo em trocas com o ambiente, com *awareness* (Enright, 1970a). Assim é o auto-suporte, e ele leva à integração.

Este processo é conseguido no ambiente natural quando se atinge "um equilíbrio viável entre suporte e frustração". Os Gestalt-terapeutas tentam obter esse equilíbrio. Frustração excessiva, especialmente na terapia individual, irá resultar na recusa do paciente em ligar-se ao terapeuta. Suporte excessivo encoraja o paciente a continuar manipulando o ambiente para obter o suporte, que o paciente, erroneamente, acredita não poder prover a si mesmo. Conquanto seja possível obter progresso temporário com um tratamento de suporte desse tipo, o paciente não será ajudado a ir além do ponto de impasse.

O ponto de impasse é o que a literatura russa chama de *ponto doente*. "O impasse existencial é a situação em que nenhum suporte ambiental promove avanço e o paciente é, ou acredita ser, incapaz de lidar com a vida por conta própria" (Perls, 1966, p. 6). A fim de obter ou manter um suporte do ambiente, o paciente irá engajar-se em diversas manobras. Tais manipulações ou jogos são usados pelo paciente para manter o *status quo*, manter o controle do seu ambiente e evitar lidar com a vida por conta própria. Quando o paciente neurótico evita lidar, ele evita as dores de qualquer organismo e, junto com isso, "ele evita dores imaginárias, tais como emoções desagradáveis. Ele também evita correr riscos razoáveis. Ambos interferem com qualquer chance de maturação" (Perls, 1966, p.7).

Portanto, a Gestalt-terapia chama a atenção do paciente para evitar qualquer desprazer, e para como seu comportamento fóbico é trabalhado no decorrer da terapia.

Resumindo, o terapeuta equilibra frustração e suporte, enquanto mantém um relacionamento na tradição Eu e Tu – aqui-e-agora, de Martin Buber. Primeiro o paciente trabalha arduamente para evitar suas experiências atuais e as conseqüências do seu comportamento. Como o paciente aprendeu e praticou por bastante tempo a manipulação do ambiente para a obtenção de suporte e meios de evitar a percepção de sua experiência vivida, ele é geralmente bem hábil nisto. Ele o faz agindo como estúpido ou desamparado; ele adula, suborna e lisonjeia. Ele *não* é infantil, mas desempenha um papel infantil e dependente, esperando controlar a situação por meio de comportamento submisso (Perls, 1965, p. 5).

*Técnicas de Gestalt-terapia*
A literatura da psicanálise é volumosa, mas não descreve o comportamento real, que acontece na psicanálise, com clareza suficiente para transmitir seu entendimento aos que dela não participam. O leitor de *Gestalt Therapy* (Perls *et al.*, 1951) perceberá que Perls não é bem-sucedido na descrição dos seus procedimentos em Gestalt-terapia, assim como os psicanalistas descrevendo os seus.

Um quadro mais claro da Gestalt-terapia está disponível em numerosas gravações em fitas, em vídeo e em filmes. Existem muitos trabalhos de Perls e seus colaboradores disponíveis no Instituto Esalen, em Big Sur, no Instituto de Gestalt, de Cleveland, e em outras instituições. Uma discussão detalhada dos conceitos formativos da Gestalt-terapia, incluindo a teoria da personalidade, a teoria de psicopatologia e o conceito do *continuum* de *awareness* estão disponíveis nos livros de Perls. Em *Gestalt Therapy*, o trabalho mais completo de Perls, há uma série de dezoito experimentos, que o leitor pode tentar fazer em casa, que formam o cerne do trabalho de Perls em psicoterapia. Os experimentos fazem, de maneira habilidosa, uma ponte entre a experiência do leitor e as palavras dos autores.

O *Gestalt Therapy* não foi escrito para leitura rápida. Perls revela uma configuração incomum de atitudes, técnicas, linguagem e teorias que exigem esforço persistente e criativo para ser assimilados. A comunicação pode ficar particularmente difícil com psicólogos comportamentais que estão acostumados a uma especificação precisa, exata, sobre o que está sendo feito. Além disso, as expressões da Gestalt-terapia e da terapia comportamental são diferentes. Quando se lê o trabalho de um psicólogo que se encaixa em categorias reconhecíveis e usa termos familiares, o tempo gasto na aquisição de pressupostos e terminologias essenciais em geral é esquecido. Entender até mesmo a terminologia básica da teoria de Perls exige tempo e vontade de passar e repassar o material novo, aquém do que é costumeiramente exigido, quando lemos em nossa própria área de interesse.

A Gestalt-terapia é praticada de forma seletiva e diferenciada, de acordo com a personalidade e a necessidade do terapeuta, dos pacientes e do enquadre. Perls não aprova ou recomenda a imitação da maneira como ele pessoalmente aplica sua teoria. Cada terapeuta deve encontrar seu próprio caminho.

Perls reconhece que um corolário para a unidade do campo organismo/ambiente é que uma mudança em qualquer lugar do campo afetará o campo todo. Por isso é possível intervir em muitos pontos e de muitos ângulos, e os resultados podem se generalizar para todo o campo. Algumas transformações exigem mudanças ambientais, tais como no nível de suporte ambiental. Intervir num único organismo, freqüentemente, pode produzir resultados, mesmo quando a abordagem é feita de um ponto de vista unidimensional – por exemplo, da *awareness* sensorial. Entretanto, o próprio Perls defende uma abordagem múltipla variável, como a única maneira de ajudar o paciente a ir além do impasse. O Gestalt-terapeuta usa muitos aspectos da situação aqui-e-agora para criar oportunidades de crescimento, encontro, experimentação, observação, percepção sensorial e semelhantes.

## O Modelo Experimental de Psicoterapia

A Gestalt-terapia, pela ênfase num *continuum* de *awareness*, de si e do mundo, é um caminho (Tao) de viver e ampliar a própria experiência. Ela é não-analítica e tenta integrar a personalidade dividida, fragmentada, por meio de um enfoque não-interpretativo no aqui-e-agora. (Esalen Programs, verão, 1968)

Virtualmente, toda atividade na Gestalt-terapia consiste de experimentos em *awareness* dirigida (Simkin). Perls define um experimento como:

[...] um ensaio ou observação especial feitos para provar ou descartar algo duvidoso, especialmente sob condições determinadas pelo observador; um ato ou operação realizados a fim de descobrir algum princípio ou efeito desconhecidos, ou, para testar, estabelecer ou ilustrar alguma verdade conhecida ou sugerida; teste prático; prova. (Perls *et al.*, 1951, p. 14)

O objetivo é o paciente descobrir o mecanismo pelo qual ele aliena parte dos processos do seu *self* e, assim, evita a *awareness* de si e de seu ambiente. Todas as regras e sugestões em Gestalt-terapia são concebidas para ajudar na descoberta e não para fomentar determinada atitude ou comportamento (Levitsky e Perls, 1969).

Um experimento típico é pedir que os participantes formem uma série de sentenças começando com as palavras "aqui-e-agora eu estou consciente (*aware*) de..." (Enright [b]; Perls, 1948; Perls *et al.*, 1951). O terapeuta continuamente devolve o relato daquilo que o paciente está percebendo (experienciando), e encoraja a continuação do experimento perguntando: "Onde você está agora?". "O que você está experienciando agora?". As questões do paciente são transformadas em: "Agora você está consciente (*aware*) de imaginar..." Quando o paciente começa a evitar as instruções, isto também é transformado num relato de *awareness*: "Agora estou consciente (*aware*) de querer parar".

As variações a partir desse experimento básico são ilimitadas (Levitsky e Perls, 1969). Os experimentos são arranjados em séries graduais, de modo que cada etapa seja um desafio para o paciente, mas esteja ao seu alcance. Em cada experimento o paciente pode tentar novos comportamentos, que poderiam ser experimentados no meio natural somente com grandes dificuldades (Polster, 1966).

Comumente, pensamos no psicólogo quando pensamos no controlador de um experimento e observador dos dados. Na gestalt-terapia o psicólogo arma os experimentos, mas divide o controle e a observação com o paciente. O comportamento exterior é diretamente percebido pelo psicólogo e pelo paciente; o comportamento interior é percebido pelo próprio paciente por meio dos seus enteroceptores e proprioceptores. A relação dos dois comportamentos, na gestalt como um todo, é o foco de atenção. Podemos considerar a Gestalt-terapia como o processo de direcionamento do foco no desenrolar consecutivo de comportamentos que são simultaneamente internos e externos. Como em qualquer experimentação, os resultados dos experimentos indicam direções para novos experimentos. Quando o paciente consegue experimentar e experienciar sem o terapeuta, a terapia está terminada.

Três aspectos dessa experimentação aqui-e-agora devem ser notados: o conceito funcional do *agora*, o papel da observação do comportamento total do paciente e a diferença entre introspecção e *awareness* dirigida.

*Agora*
Agora é um conceito funcional referente àquilo que o organismo está fazendo. O que o organismo fez há cinco minutos não faz parte do agora. O ato de recordar um evento na infância é agora. Perls afirma que o passado existe como "precipitações de funções anteriores" (Perls, 1948, p. 575). O futuro existe como processos atuais: planejar, almejar, temer. A orientação exclusiva com qualquer outro tempo verbal (passado, presente ou futuro), o isolamento dos três entre si, ou a confusão dos três, são todos sinais de desordem (Shostrom, 1966b). Os experimentos de Gestalt-terapia operam o aqui-e-agora nesse sentido funcional (Levitsky e Perls, 1969).

*Observação e linguagem corporal*
A observação está no cerne da experimentação da Gestalt-terapia. A observação concentra-se na busca dos meios de evitar a *awareness* do que é alienado e inacessível. Quando o paciente mostra incongruência, freqüentemente satisfazendo a um aspecto de sua comunicação global e não a outro, isto é relatado ao paciente. Com freqüência, o conteúdo verbal é incongruente com o tom de voz e a postura do paciente. Isso não é percebido silenciosamente, mas trazido à atenção do paciente.
Foi afirmado que:

> A tendência de limitar o discurso ao presente é possível somente porque na Gestalt-terapia estamos ouvindo a *comunicação total* em vez de a estritamente verbal. O passado relevante *está* presente aqui-e-agora, se não em palavras, então, em alguma atenção e tensão corporal que será trazida à *awareness*. Nunca é demais enfatizar a importância deste ponto. Seria desastroso e irresponsável, para uma terapia puramente verbal, permanecer no aqui-e-agora. Somente o esforço constante, sistemático e agressivo de trazer a comunicação total do paciente para junto de sua *awareness* possibilita uma concentração radical no aqui-e-agora. (Enright, 1970a, p. 15)

Ouvir a comunicação total requer a confiança e o uso ativo dos sentidos do terapeuta (Perls, 1966). A Gestalt-terapia é não interpretativa; em sua atividade, o Gestalt-terapeuta separa suas observações de suas inferências, e enfatiza a anterior. Por exemplo, a Gestalt-terapia se inicia com, e enfatiza o óbvio (Perls,1948; Simkin). O óbvio é freqüentemente negligenciado por pacientes e terapeutas. O âmbito de abertura do paciente – visão, sorriso, aperto de mão – são comportamentos óbvios e às vezes muito mais carregados de significado do que o cumprimento verbal ritual (Enright, 1970a).

A linguagem corporal é uma parte importante da observação total. Os sintomas físicos são levados a sério e são considerados comunicações mais precisas dos sentimentos verdadeiros dos pacientes do que suas comunicações verbais. Simkin chama esses sintomas físicos de emblemas da verdade. Ao experimentar adotar um lado do conflito e depois o outro, o paciente "irá inevitavelmente trazer à tona a linguagem corporal – o sinal da verdade – quando ele tomar partido do aspecto do conflito, que é anti-*self*" (Simkin, p. 3).

Pedir a um paciente para exagerar um movimento ou gesto distraído pode resultar em descoberta importante pelo paciente (Levitsky e Perls, 1969). Por exemplo:

> Um homem contido, superinibido, está tamborilando sobre a mesa, enquanto uma mulher fala sem parar. Quando questionado se ele tinha algo a comentar a respeito do que a mulher estava falando, ele diz não ter dado muita importância a isso, mas continua tamborilando. Então, solicitamos que ele intensifique o tamborilar, depois mais alto e mais vigorosamente e até entender o que realmente estava fazendo. A sua raiva cresce rapidamente e dentro de um minuto ou dois ele está esmurrando a mesa e expressando de forma veemente sua discordância com a mulher. Ele continua dizendo que ela é "exatamente igual a minha esposa", mas além dessa perspectiva histórica ele também deu uma olhadela experiencial no seu controle excessivo de sentimentos assertivos fortes e na possibilidade de expressá-los de maneira mais imediata e menos violenta. (Enright, 1970a, pp. 3-4)

Sem observação sensível, a abordagem experimental na psicoterapia é impossível. A contribuição única de Perls para a metodologia psicoterápica está na substituição da interpretação pela observação e experimentação comportamentais. O Gestalt-terapeuta não interpreta

– ele observa, monta experimentos, é uma pessoa viva na situação terapêutica, assim como em outros contextos.

*Experimentos de awareness e introspecção*
Os experimentos de *awareness* dirigida da Gestalt-terapia não são o mesmo que introspecção (Perls *et al.*, 1951, p. 389; Enright, 1970a, p. 11). Na introspecção o organismo está dividido entre um segmento observador e outro observado.

> Quando você introjeta, você *perscruta cuidadosamente a si mesmo*. Essa forma de retroflexão é tão universal em nossa cultura, que uma boa parte da literatura psicológica considera automaticamente que qualquer tentativa de aumentar a auto-*awareness* precisa, necessariamente, consistir de introspecção. Enquanto este não é o caso, provavelmente é verdade que qualquer um que faça estes experimentos irá *iniciá-lo*, introspectando. O observador é separado da parte observada, e, enquanto a separação não estiver curada, a pessoa não irá perceber inteiramente que uma auto-*awareness* que não é introspectiva pode existir. Antigamente, igualávamos a *awareness* genuína ao brilho produzido por um carvão incandescente; a introspecção, como o direcionar do facho de uma lanterna sobre um objeto; e a observação cuidadosa da superfície, pelos raios refletidos. (Perls *et al.*, 1951, pp. 157-8)

Para observar a si mesmo em ação ou, eventualmente, observar a si mesmo como ação, a introspecção é inadequada. A introspecção é dualísta e estática. Além disso, ela não dá a devida importância à consciência corporal possível de captar por meio dos sensores internos, e é especulativa. Afinal, há diversos aportes sensoriais disponíveis por meio dos sensores internos, que o organismo pode permitir evoluir para *awareness*, ou que podem ser impedidos desta evolução. Estes se tornam dados de observação disponíveis para o organismo e não para o experimentador. O experimentador só pode inferir o que ele não observa.

A formulação de Perls oferece uma alternativa à introspecção titchneriana, à negligência comportamental e à especulação psicanalítica. A dificuldade quanto à confiabilidade e à validade da observação externa já é de bom tamanho; a confiabilidade e a validade da inferência de eventos pessoais, obviamente, deixa dúvidas ainda maiores.

Perls, consciente dessa dificuldade, e da facilidade com que até mesmo um observador treinado pode contaminar uma observação com inferências, enfatiza a necessidade de separar a observação sensorial da inferência cognitiva. Ele não faz perguntas aos pacientes que levem a processos cognitivos (inferência e imaginação) à custa de processos sensoriais (observação, uso dos sentidos).

Além disso, a estratégia geral da Gestalt-terapia não depende da precisão do auto-relato do paciente. Apenas lhe dizemos para, efetivamente, sentar-se e começar a viver e, a partir daí, notar onde e como ele falha (Enright, p. 6).

As observações do terapeuta enquanto o paciente está relatando a sua percepção podem fornecer alguns dados para conferir algumas observações internas, pois normalmente o que existe internamente num organismo se reflete no comportamento externo de alguma maneira. Como o paciente e o terapeuta estão observando o mesmo organismo de ângulos diferentes, espera-se que o uso simultâneo de ambas as observações lance alguma luz sobre processos básicos.

Os experimentos da Gestalt-terapia sempre retornam aos dados sensoriais primários da experiência. Por exemplo, a Gestalt-terapia não pergunta por que, mas focaliza-se no "o que" e no "como". "O que" e "como" podem ser considerados observação exata; o "por que" leva à especulação (Enright, 1970a; Simkin). Essa discussão será aprofundada adiante. O óbvio, o momentâneo, o concreto e os processos fisiológicos são todos enfatizados na Gestalt-terapia; eles são freqüentemente negligenciados na psicologia clínica.

A distinção entre observação e inferência, com ênfase no primeiro, é tão aplicável aos processos internos quanto aos externos. Os Gestalt-terapeutas tentam distinguir exatamente que experiência é representada por determinado relato fenomenológico. O terapeuta faz perguntas sobre sensações precisas, como no seguinte exemplo:

T: Do que você está consciente (*aware*) agora?
P: Estou consciente (*aware*) de estar falando com você. Vejo outras pessoas na sala. Estou consciente (*aware*) de que John está se contorcendo. Posso sentir a tensão nos meus ombros. Estou consciente (*aware*) de ficar ansioso ao falar disso.
T: Como é que você experiencia essa ansiedade?
P: Eu ouço minha voz trêmula. Eu sinto a boca seca. Eu falo de maneira muito vacilante.

T: Você está consciente (*aware*) daquilo que seus olhos estão fazendo?
P: Bem, agora estou percebendo que meus olhos estão se desviando.
T: Você consegue assumir a responsabilidade por isto?
P: ...que *eu* fico desviando o olhar de você.
T: Você pode *ser* seus olhos agora? Escreva um diálogo por eles.
P: Eu sou os olhos de Mary. Eu acho difícil olhar com firmeza. Eu fico pulando e desviando... etc.
(Levitsky e Perls,1969, pp. 5-6)

O resultado deste tipo de observação e experimentação confirmou a observação original de Perls da ênfase excessiva da razão. Simkin relata:

Em todos os casos que vi até agora, as pessoas que vão em busca de psicoterapia mostram um desequilíbrio em seus três modos de experienciação primários. A maioria dos pacientes que eu vejo, e isto também parece verdade para a maioria dos pacientes dos meus colegas, é muito dependente do, e não se cansa de enfatizar o desenvolvimento do seu modo intelectual ou o modo "pensando a respeito" de experienciar. Na maioria das vezes, essas pessoas estão em contato com seus processos de pensamento e suas experiências estão em contato com uma fantasia (memória) do passado ou uma fantasia (desejo, previsão) do futuro. Ocasionalmente, eles são capazes de fazer contato com seus *sentimentos*, e muitos também são deficientes *sensoriais* – sem enxergar ou escutar ou sentir o sabor etc. (Simkin, pp. 3-4)

*A atitude existencial*
A maioria das terapias existenciais considera importante o encontro existencial interpessoal. A Gestalt-terapia não é exceção, e o Eu e Tu – aqui-e-agora tem sido chamado de definição-condensada da Gestalt-terapia (Simkin, p. 1; ver também Polster, 1966, p. 5). A Gestalt-terapia classifica os dois experimentos, considerados tempo-espacialmente, na categoria *awareness* dirigida, e o encontro como aqui-e-agora. O relacionamento terapêutico é visto como um relacionamento Eu-Tu, como discutido por Martin Buber.
Os participantes de um encontro existencial operam no modelo

de auto-atualização (Enright; Greenwald; Shostrom, 1967; Simkin). De acordo com este modelo, ocorre um *continuum*, partindo de manipulação (Shostrom) ou inércia (Perls) para a concretização (Shostrom) ou vivacidade (Perls). O concretizador trata cada ser humano como um fim (um Tu) e não um meio (um Isto); o manipulador controla a si e aos outros como coisas, ou se permite ser controlado como coisa. O concretizador expressa seus sentimentos diretamente para as pessoas, conforme eles vão surgindo; o manipulador julga, se recolhe, chantageia, fofoca, vive exclusivamente numa dimensão de tempo único. O manipulador não confia no seu sistema de auto-regulação organísmica natural e, portanto, depende do sistema regulatório moralista da sociedade, e não do seu próprio suporte.

O paciente neurótico vem ao terapeuta com seu padrão de suporte manipulativo característico. Com freqüência deseja desistir de seu auto-suporte e autodirecionamento, ou manipular o terapeuta para desistir do dele. Por vontade ou acidente, alguns terapeutas cedem a essas manipulações. O Gestalt-terapeuta pode recusar-se a concordar ou discordar de qualquer suporte procurado pelo paciente. Um reforço seletivo, via indícios de aprovação dos comportamentos aprovados pelo terapeuta, seria meramente uma forma de condicionamento, e, portanto, manipulativo em vez de concretizante. O paciente em busca da aprovação de Perls poderia encontrá-lo intensamente envolvido, via contato ocular e atitude geral, mas não encontraria nenhuma indicação de aprovação ou desaprovação. Seu olhar direto, atento, pode ser desconcertante para esses pacientes. Este é um exemplo do uso clínico da frustração. O Gestalt-terapeuta dá suporte ao paciente porque ele está demasiadamente fragilizado. O Gestalt-terapeuta pode indicar, pelo seu interesse, palavras e comportamentos que ele se importa, entende e irá escutar. Esse suporte verdadeiro é nutritivo para muitos pacientes. Observadores da Gestalt-terapia, que não passaram por um encontro diádico íntimo com um Gestalt-terapeuta, às vezes sentem falta do calor e da intensidade do verdadeiro suporte oferecido pelo Gestalt-terapeuta, enquanto eles simultaneamente se recusam friamente a direcionar ou ser responsáveis pelo paciente.

Alguns teóricos existencialistas desconsideram a importância da técnica na psicoterapia (por exemplo, Carl Rogers, 1960, p. 88), enfatizando, ao contrário, a importância do encontro. Walter Kempler, um Gestalt-terapeuta experiencialista, é porta-voz da posição do terapeuta-como-pessoa:

Sobre esses dois mandamentos apóia-se toda a lei – sobre a qual as psicoterapias experienciais familiares repousam: a atenção à interação corrente como ponto pivotal de todas as *awareness* e intervenções; envolvimento total da pessoa-terapeuta trazendo de maneira rica e explícita a totalidade do seu impacto pessoal sobre as famílias com as quais trabalha (não somente um saco de truques chamado de habilidades terapêuticas). Enquanto muitos terapeutas adotam tais fundamentos, na prática concreta há uma tendência de circunscrever esse compromisso de dois princípios. (Kempler, 1968, p. 88)

Kempler dá diversos exemplos de sua não-técnica (1965, 1966, 1967, 1968; ver Shostrom, 1967, pp. 204-5 para ver pequenos exemplos ilustrativos). No exemplo a seguir, Kempler fica irritado com um paciente que ficou choramingando para ele e sua esposa durante a sessão.

P: O que posso fazer? Ela me faz parar a todo momento.
T: (*Sarcasticamente para provocá-lo*): Pobrezinho, dominado por aquela senhora terrível ali.
P: (*Esquivando-se*): Ela não faz por mal.
T: Você está choramingando para mim e eu não suporto um adulto choramingando.
P: (*Com mais firmeza*): Estou lhe dizendo que não sei o que fazer.
T: O diabo que você não sabe (*Receptivo e ao mesmo tempo empurrando*). Você sabe tão bem quanto eu que se você quiser que ela não pegue no seu pé é só dizer-lhe para sair do seu pé e querer mesmo. Isto é uma coisa que você poderia fazer, em vez dessa desculpa com meias palavras: "Ela não faz por mal".
P: (*Parecendo meio apalermado; obviamente, ele não sabe se quer se arriscar com qualquer dos dois, mas está relutante em retroceder novamente para a postura de criança choramingando*): Não estou acostumado a falar com as pessoas dessa maneira.
T: Então, é melhor começar a se acostumar...
P: Você está pintando um quadro bem ruim.
T: Se estou errado, seja homem suficiente para discordar de mim, e não espere sair e choramingar lá fora para a sua mulher sobre como você não sabia o que dizer aqui.
P: (*Visivelmente arrepiado e fazendo mais esforço para falar*): Eu não tenho certeza de que você esteja certo a respeito do que está dizendo.

T: Mas o que você acha do que eu estou dizendo?
P: Eu não estou gostando. E nem do jeito que você está levando as coisas.
T: Eu também não estou gostando do jeito que você está levando as coisas.
P: Deve haver uma maneira mais simpática do que essa.
T: Claro, você conhece, choramingar.
P: (*Finalmente, com raiva*): Eu vou dizer o diabo que me der vontade. Você não vai me dizer como falar... e, que tal isso? (*Dá um soco na mão*).
T: Gosto disso bem mais do que da sua choradeira. O que a sua mão está lhe dizendo?
P: Que eu gostaria de te dar um soco bem no nariz...
(Kempler, 1968, pp. 95-6).

A Gestalt-terapia não exclui uma resposta puramente pessoal ou técnica do terapeuta se ela expande a *awareness* do paciente (Enright, 1970a).

O Gestalt-terapeuta preserva seu direito de ser independente na relação Eu-Tu. Essa independência pode ajudar o terapeuta a eliminar o reforço de comportamento disfuncional e ajuda o terapeuta a ser auto-suportivo, autodiretivo e, portanto, a modelar autoconcretização. Isso só é possível com a cuidadosa observação e a *awareness* discutida na última seção.

Embora na Gestalt-terapia o terapeuta esteja autorizado a ser ele mesmo, espontâneo, o Gestalt-terapeuta está autocomprometido com o aumento da *awareness* do paciente e usa a técnica da experimentação. Perls chega a afirmar que ele interrompe qualquer "encontro puramente verbal sem qualquer substância experimental..." (Perls, 1966, p. 9). O que quer que Perls acredite filosoficamente a respeito de modelos de relacionamento interpessoal, como terapeuta ele defende que a descoberta deve ser feita pelo próprio paciente, usando os seus próprios sentidos, enquanto mantém com finalidade experimental um relacionamento Eu-Tu – aqui-e-agora. O objetivo de um encontro desse tipo é a descoberta, a *awareness* aumentada; um encontro desse tipo não é planejado para catarse. Se a expressão é honesta, ela normalmente não sofre interferência; ela pode ser desenvolvida como dispositivo de aprendizado – mas não é encorajada simplesmente como uma descarga agressiva segura.

Pode-se questionar se o terapeuta, ao não atender sua resposta interior e ao concentrar-se na montagem de experimentos para o paciente, não está em desacordo com o modelo de relacionamento Eu-Tu. A posição da Gestalt-terapia é que o terapeuta faz contato direto com o paciente e seus sentidos, realizando um acordo prévio, o da expansão da *awareness* do paciente. Um Gestalt-terapeuta competente deve ser capaz de perceber seus sentimentos interiores conforme ele lhes dá atenção, e os expressa espontaneamente quando deseja. Não há uma regra preconcebida contra expressar seus sentimentos ao paciente. No geral, a moral (*deveria*) é estar consciente – o controle ou a expressão de um sentimento é prerrogativa do indivíduo. A reação humana do Gestalt-terapeuta também é usada por seu valor terapêutico (Enright, 1970b).

Ainda com relação à resposta humana *versus* técnica, está a questão de influenciar a escolha dos valores do paciente para a sua vida. Existe, na Gestalt-terapia, uma atitude contra uma tomada de posição sobre questões morais do paciente. O Gestalt-terapeuta pode comunicar um sentimento aqui-e-agora, ou comunicar algo de seus próprios valores se isto estiver no interesse da expansão da *awareness* ou das alternativas do paciente. Isto não é aceitável como meio de inculcar valores. Compare as duas posições seguintes:

Bach afirma:
No que se refere à comunicação aos pacientes, dos valores pelos quais o terapeuta vive, minha experiência clínica mostra que isto pode ser de grande utilidade, desde que o paciente seja ativamente impedido de usar tal informação para evitar encontrar a sua própria identidade por imitação [...] Eu enfatizo que minha maneira de lutar com problemas de valores deve ser tomada apenas como ponto de referência para ganhar perspectiva, para comparar em vez de imitar. Como regra técnica geral, reforço e enfatizo experiências *autodiferenciadoras* na terapia [...] sobre processos de identificação. Eu considero o crescimento por meio de "identificação com" um processo transitório, enquanto autoconcretização pela "diferenciação de", um modo duradouro de vida auto-assertiva. (Bach, 1962, p. 22)

Simkin afirma:
Na minha opinião, ao assumir uma "posição pessoal" o terapeuta usa uma manobra defensiva como resultado de sentir-se ameaçado pelo paciente neste momento. Eu acho que é um erro técnico o terapeuta forçar seus próprios valores sobre o paciente disfarçado de "educação". Mesmo se em algumas ocasiões

eu cedo às minhas próprias necessidades para emitir uma opinião, eu o considero uma fraqueza minha. E o meu princípio é que afirmações desse tipo devem ser em geral evitadas e o paciente deve encontrar seus próprios valores. (Simkin, 1962, pp. 21-2)

Simkin discute dois casos (Simkin, 1962, pp. 205-9) no qual ele julga se deve ou não compartilhar seus valores. Em um caso, um rapaz de dezessete anos relata que irá usar o fato de ter visto seu pai com uma namorada para chantageá-lo. Simkin informa ao paciente que ele considera chantagem imaturo e repugnante. Foi deixado claro ao paciente que ele tinha o direito de fazer sua própria escolha. A racionalização de Simkin foi a de que o rapaz estava vivendo com uma família na qual não havia comportamento maduro suficiente para servir de exemplo, e a atitude do terapeuta poderia servir de fonte de informação sobre possíveis modelos de comportamento.

Em outro caso, ele relata que um paciente de 22 anos estava discutindo um comportamento que Simkin considerava inaceitável para si (e socialmente). O terapeuta não o comunicou ao paciente. Esse julgamento foi feito porque: 1) O comportamento forneceu bom material de análise; 2) A objeção do terapeuta ao comportamento era neuroticamente motivada; 3) O paciente não estava indevidamente à mercê dos seus pais como no caso anterior.

A função primária do Gestalt-terapeuta é ajudar o paciente a discriminar, e para isto a exposição direta aos valores do terapeuta pode ser necessária. O terapeuta tem a função de ajudar o paciente a perceber o seu comportamento e as suas conseqüências e implicações; porém, a escolha de valores é uma questão individual.

Para a relação Eu-Tu, a questão da responsabilidade é crucial. O modelo concretizador não é imposto nem recomendado ao paciente; o Gestalt-terapeuta simplesmente se recusa a abrir mão de sua liberdade ou a aceitar que o paciente abra mão da sua. O Gestalt-terapeuta assume a responsabilidade pelo comportamento de acordo com seus próprios valores, mas para o paciente existe somente a sugestão: "Tente este comportamento na terapia e veja o que você consegue descobrir". Se o paciente gosta do modelo da Gestalt-terapia, ele *pode* escolher adotá-lo. A diversidade de valores e comportamentos é altamente considerada na Gestalt-terapia, e a responsabilidade é deixada ao paciente. Se ele considera o comportamento do terapeuta como um modelo, então pode vir a adotá-lo, caso deseje. A escolha é dele, e o Gestalt-terapeuta não quer diferente. O Gestalt-terapeuta está profundamente comprometido com o comportamento do paciente com base no conhecimento (*awareness*), mas tem um compromisso igualmente vigente com o valor da diversidade de comportamento. O Gestalt-terapeuta não tenta manipular ou induzir o paciente a partir do seu comportamento, mas, sim, a partir do seu estado de *awareness*.

Nunca é demais afirmar a importância deste último ponto. O Gestalt-terapeuta não manipula o paciente a aceitar o modelo de autoconcretização. Deve-se procurar na Gestalt-terapia aquilo que lhe convém, e rejeitar o resto (Enright, 1970a; Greenwald; Levitsky e Perls, 1969; Perls, 1947; Perls *et al.*, 1951; Simkin). A Gestalt-terapia apenas insiste no valor da descoberta e reconquista do controle do mecanismo da *awareness*. O primeiro livro de Perls, *Ego, Hunger and Agression*, 1947, deixa claro que cada pessoa deve tratar a experiência psicológica como tratamos a comida – mordemos, mastigamos, digerimos e rejeitamos de acordo com nossas próprias necessidades. Greenwald afirma: "Evitar o que é tóxico ou não-nutritivo é o ponto crítico para capacitar a pessoa a experienciar a nutrição e o crescimento emocional adequados" (Greenwald, 1969, p. 6). Para Perls, isso exige a mobilização da agressão (Perls, 1947, 1953-54; Perls *et. al.*, 1951).

A liberdade do terapeuta não é absoluta. Mesmo Kempler, que considera qualquer decisão de mudar seu papel de catalisador para participante ativo, está mais relacionado às suas próprias necessidades do que à objetividade. Não obstante, afirma o seguinte:

> Para tal comportamento do terapeuta a palavra "espontâneo" pode ser aplicada. Entretanto, é dever de qualquer terapeuta, existencialista ou não, distinguir claramente a diferença entre comportamento espontâneo e impulsivo. Comportamento impulsivo não é a representação acurada de uma pessoa, mas um escape de comportamento de um indivíduo rígido. (Kempler, 1968, p. 96)

A Gestalt-terapia acredita firme e incondicionalmente na necessidade de disciplina e de treinamento clínico profissional do terapeuta. E também acredita que os terapeutas são responsáveis pela distinção de relatos de seus sentimentos emocionais e de suas intuições. O Gestalt-terapeuta não diz: "Eu acho que você é isto ou aquilo". Intuições ou inferências pelo Gestalt-terapeuta são claramente classificadas como "fantasia", "adivinhação" ou "intuição". Encontros experimentais revelaram que sentimentos positivos e negativos são freqüentemente censurados. Os pacientes são encorajados a experimentar a expressão de qualquer sentimento autêntico. Palavras acaloradas não significam necessariamente que sentimentos autênticos tenham sido diretamente expressos (Shostrom, 1967, Capítulo IV). Ser afável pode ser um meio de evitar outras emoções. A troca de palavras acaloradas, com freqüência, é um exercício repetitivo e circular em que cada pessoa encapsula, xinga, ataca verbalmente, tenta impor o(s) seu(s) *deveria(s)* (julgamentos) sobre o outro, expressa reações, aponta os culpados etc. Os Gestalt-terapeutas descobriram que afirmações de sentimento simples e diretas, freqüentemente, estão ausentes do repertório dos pacientes iniciantes. Essas implicações, em termos de manobras terapêuticas específicas, serão discutidas a seguir.

O encontro na Gestalt-terapia não implica forçar mudanças pelo confronto do terapeuta ou de outros pacientes. Na Gestalt-terapia o terapeuta está aberto para, responde a, e expressa seus sentimentos. A disponibilidade, a honestidade e a abertura são conceitos-chave. O terapeuta está disponível e modela a honestidade e a abertura – ele cria uma atmosfera na qual o paciente terá maior probabilidade de tentar aquele comportamento. O Gestalt-terapeuta não força, não permanece agressivamente no enfoque Eu e Tu – aqui-e-agora.

Workshops *de Gestalt-terapia*

A Gestalt-terapia pode ser ilustrada pela discussão e pelas manobras específicas utilizadas em *workshops* de Gestalt-terapia.

Num trabalho apresentado na convenção anual da APA, em 1966, Perls relatou que ele aboliu todas as sessões individuais, exceto para emergências. Ele chegou à conclusão de que qualquer terapia individual é obsoleta e agora integra os trabalhos individual e grupal nos *workshops*. No entanto, alerta que: "Isso funciona apenas com um grupo, se o encontro do terapeuta com o paciente individual, dentro do grupo, é efetivo e comovente" (Perls, 1966, p. 1). A vantagem da terapia em *workshop* não é uma questão de economia (embora também seja relevante), mas de força terapêutica.

Na situação de grupo acontece algo que não é possível em entrevistas individuais. Fica *óbvio*, para todo o grupo, que a pessoa em sofrimento não vê o óbvio, não enxerga uma saída para o impasse, não vê, por exemplo, que todo o seu sofrimento é *puramente imaginário*. Em face dessa convicção coletiva, ela não pode usar sua maneira fóbica habitual de *repudiar* o terapeuta quando não puder manipulá-lo. De alguma maneira, a confiança no coletivo parece ser maior do que a confiança no terapeuta, apesar de toda a assim chamada confiança na transferência. (Perls, 1966, p. 7)

Perls menciona uma outra vantagem dos *workshops*. Nos *workshops* o terapeuta pode facilitar o desenvolvimento individual conduzindo experimentos coletivos – conversando, fazendo jogos de afastamento experimentais, aprendendo a entender o ambiente etc. O indivíduo pode experimentar e entender como ele consegue obter determinadas respostas do grupo. O grupo aprende a diferença entre solicitude e suporte verdadeiro. Além disso, observando a manipulação dos outros no grupo ajuda o auto-reconhecimento dos outros membros do grupo.

Perls resume essa abordagem de grupos dizendo:

Em outras palavras, em contraste com os tipos usuais de encontros grupais, eu faço a maior parte do trabalho da sessão em terapias individuais ou conduzindo experimentos de massa. Com freqüência, interfiro se o grupo fizer jogos opinativos, interpretativos ou encontros puramente verbais, *sem qualquer substância experimental*, mas eu abandono a interferência assim que algo genuíno acontece. (Perls, 1966, p. 9)

Perls afirma claramente estar disposto para o trabalho em grupo – mas sem forçar (isto pode ser constatado a partir dos seus próprios comentários de grupo). O resto do grupo olha e está envolvido em autoterapia silenciosa, quando a díade paciente-terapeuta está trabalhando. Perls é agressivo em seu trabalho individual dentro do grupo, mas ele não força o indivíduo a participar. Freqüentemente, o paciente é visto tentando forçar Perls, sem que perceba. Isto é seguido por uma das manobras terapêuticas de Perls.

Um encontro, em que um ou ambos participantes estejam manipulando, tem utilidade experimental, mas não para catarse. Qualquer encontro Eu-Tu genuíno, necessariamente, envolve substância experimental, isto é, descoberta. Num encontro genuíno ambas as partes estão por acontecer e ninguém sabe o resultado.

Para resumir: os *workshops* consistem de terapia um a um, experimentos grupais e encontro – os três baseados em experiência.

## Regras

Na montagem de encontros experimentais, os Gestalt-terapeutas impõem regras severas (Kempler, 1965, 1966, 1967, 1968; Levitsky e Perls, 1969; Simkin).

### *De pessoa para pessoa*

A comunicação, numa relação Eu-Tu, deve envolver envio e recebimento direto. O Gestalt-terapeuta irá perguntar com freqüência: "Para quem você está falando isto?". Em outras palavras, cada mensagem é transformada numa afirmação de uma pessoa específica para uma pessoa específica. Cada afirmação geral é transformada num encontro específico, como no seguinte exemplo:

> Numa terapia grupal, um estudante universitário intelectualizado avisa, de repente, para ninguém em particular que: "Eu tenho dificuldade em me relacionar com as pessoas". No silêncio que se seguiu, ele olha rapidamente para a atraente enfermeira co-terapeuta.
> T: "Com quem *daqui* você tem problemas para se relacionar?".
> Ele consegue dizer o nome da enfermeira como a principal suspeita, e perde bons cinco minutos explorando sua mistura de atração, frustração e raiva, focalizando essa mulher bonita, mas inacessível. (Enright, 1970a, p. 3)

A contrapartida de falar diretamente para uma pessoa é o escutar ativo, em oposição a ouvir passivamente. Escutar, como um ato de uma pessoa, e não a recepção passiva de um estímulo, é enfatizado no encontro da Gestalt-terapia. Espera-se que cada pessoa assuma a responsabilidade por suas afirmações, por dirigi-las a outra pessoa (Eu-Tu) e por escutar ativamente os outros.

### *Fofocando*

Freqüentemente, é feita uma regra específica contra a fofoca. Fofocar é "falar a respeito de um indivíduo que está presente e que poderia muito bem ter a palavra a ele diretamente dirigida" (Levitsky e Perls, 1969, p. 7; ver também Kempler, 1965, pp. 65 e ss.). Embora isso pareça bem simples, o uso dessa técnica, em geral, produzia um efeito dramático. A confrontação direta mobiliza afeto e vivacidade de experiência, em contraste com a pálida dissipação da fofoca (Enright, 1970a). Quando se discute a respeito de uma pessoa ausente, o Gestalt-terapeuta irá tentar levantar um diálogo experiencial direto, fazendo o paciente imaginar e representar uma conversa direta com a pessoa e suprindo o seu *continuum* de *awareness*.

*Perguntas*
Embora as perguntas sejam ostensivamente pedidos de informação diretos, observações cuidadosas revelaram que elas raramente são isto. As perguntas em geral são afirmações disfarçadas ou exigências de suporte de outrem. Na Gestalt-terapia os pacientes são solicitados a transformar as perguntas numa afirmação que começa com "Eu" (Enright, 1970a; Levitsky e Perls, 1969). Esse procedimento é uma extensão do relacionamento Eu-Tu, considerando que a comunicação é feita de maneira direta, honesta e aberta. É concretizando, no sentido de o paciente ser encorajado a ser assertivo e auto-suportivo.

*Semântica*
A regra de pergunta-resposta é uma das diversas manobras que visam ajudar o paciente a descobrir o efeito que sua escolha de palavras tem sobre o seu pensamento. O esclarecimento semântico pode ser usado como veículo para melhorar a observação e levar a novas atitudes e perspectivas. A escolha de palavras é freqüentemente habitual, sem que os pacientes o percebam. Ao explicar as operações e as conseqüências das diferentes palavras, as distinções não notadas anteriormente podem constituir-se em foco para o paciente. O encontro de Gestalt-terapia exige clarificação semântica: por exemplo, a distinção entre um efeito e cognição. Para descobrir os efeitos benéficos de expressar seus sentimentos, o paciente precisa descobrir a diferença entre sentimentos e vários processos cognitivos. Eu *sinto*, referindo-se ao universo afetivo (Eu sinto uma emoção) em distinção do eu *sinto* referente ao universo cognitivo (Eu imagino, infiro, penso, acredito etc.).

Um trabalho de aumento da *awareness* da linguagem do paciente tem sido um foco da Gestalt-terapia desde o primeiro livro de Perls, no qual ele menciona duas ferramentas que foram úteis em sua busca por um aperfeiçoamento da psicanálise tradicional: "holismo" (concepção de campo) e "semântica" (significado do significado) (Perls, 1947, p. 7). Perls reconheceu que "ainda estamos tentando fazer o impossível: integrar personalidades com a ajuda de linguagem não-integrativa" (Perls, 1948, p. 567). Assim, o paciente é treinado a discriminar e a rotular de uma forma que torna claros e concretos os referenciais de qualquer palavra. Se um paciente diz "Não consigo fazer", o Gestaltterapeuta poderá pedir-lhe que experimente dizer "Não vou fazer" (Levitsky e Perls, 1969, p. 5). Conceitos vagos, globais e dualistas são transformados em concretos, específicos e unitários.

Mas é um bom exemplo de uma palavra que constrói uma dupla mensagem numa afirmação. Na afirmação "Eu te amo, mas estou com raiva de você", as palavras depois do *mas* negam as palavras antes dele. *E* é uma conjunção que pode representar melhor a realidade experiencial. Se a pessoa experiencia simultaneamente dois fatos, amor e raiva, uma comunicação mais precisa seria: "Eu te amo e estou com raiva de você".

Uma transação semântica com importância especial nos encontros de Gestat-terapia é a tradução da linguagem *isto* para dentro da linguagem Eu-Tu. *Isto* é uma forma de expressão despersonalizada que obscurece a atividade do agente e do objeto da ação. É comum nos referirmos ao nosso corpo e a nossos atos e comportamentos na linguagem "isto".

Este assunto lida com a semântica da responsabilidade (Levitsky e Perls). Os neuróticos freqüentemente projetam sua iniciativa e responsabilidade e se vêem num papel passivo: pensamentos lhes ocorrem ou são atingidos por um pensamento etc. O paciente não quer se identificar com algumas de suas atividades; ele alienou algumas das funções do seu ego (Perls, 1948, p. 583). "Se sua linguagem for reorganizada de uma linguagem 'isto' para uma linguagem 'Eu', uma integração considerável pode ocorrer com este único ajuste". (Perls, 1948, p. 583)

O que você sente nos seus olhos?
Eles estão piscando.

O que a sua mão está fazendo?
Ela está tremendo.

O que você está experienciando na garganta?
Ela está engasgada.

O que você escuta na sua voz?
Ela está soluçando.

Com o simples – aparentemente mecânico – expediente da mudança da linguagem "isto" para a linguagem "eu" aprendemos a nos identificar mais intimamente com o comportamento específico em questão e a assumir responsabilidade por ele.

Em vez de "ela está tremendo", "eu estou tremendo". Em vez de "ela está engasgada", "eu estou engasgado". Avançando uma etapa, em vez de "eu estou engasgado", "eu estou me engasgando". (Levitsky e Perls, 1969, p. 4)

Outro importante procedimento semântico que a Gestalt-terapia ajuda as pessoas a descobrir é o que Simkin chama de *por que-andar-em-círculos* (Simkin, p. 3; ver também Enright, 1970a, p. 4). A palavra *por que*, como muitas questões, exige que quem responde se justifique. Quem responde freqüentemente começa a sua defesa (ou seu contra-ataque) com a palavra "porque". Tudo depois do "porque" é uma racionalização, uma razão pensada para justificar-se. "Eu o fiz porque você me fez". "Eu o fiz porque não consegui me controlar". Esta rodada de justificativas é contrária ao espírito do encontro, porque evita a auto-responsabilidade, é manipulativa e envolve especulação sobre antecedentes históricos e fatores causais.

Muitos pacientes têm um diálogo interno no qual se envolvem no carrossel do por que dos por quês. Quando as pessoas tomam consciência de um aspecto do seu *self*, que não se encaixa com o seu ideal intelectual escolhido, procuram motivos para o seu comportamento (Simkin, p. 3). Quando encontram um motivo, continuam a comportar-se como anteriormente, agora tendo um motivo.

Em terapia, perguntar por que leva à construção-de-redoma, à especulação, à historicidade e à ênfase sobre a causalidade à custa da análise funcional. Isso afasta dos processos que estão sustentando o comportamento agora. A fuga do aqui-e-agora é freqüente em psicoterapeutas com orientação psicanalítica, e em muitos pacientes e suas famílias.

O Gestalt-terapeuta classifica as palavras *porque, devido, mas, isto* e *não posso* como "palavrões". Quando estas palavras são usadas, o terapeuta pode chamar a atenção para elas. Assim, em determinado comportamento, o uso de certas palavras pode ser trazido para a *awareness*. Por exemplo, o terapeuta pode assoviar toda vez que esses "palavrões" forem utilizados (o assovio de Simkin). Note que não é o caso de se estar fazendo aqui mudança por mudança de vocabulário, isolado de outros procedimentos. De maneira simples, chamar a atenção para a linguagem é uma outra técnica experimental para o paciente fazer descobertas.

*Jogos de Gestalt-terapia*

Princípios e técnicas podem tornar-se mais concretos discutindo-se técnicas ou jogos específicos usados em Gestalt-terapia. Esses jogos são usados em terapias individuais e grupais com a finalidade de descoberta e de sensibilização. A Gestalt-terapia não defende o fim de jogos, mas uma consciência deles, de maneira que a pessoa consiga escolher os jogos e os parceiros com quem quer jogar, que complementem os seus próprios (Levitsky e Perls, 1969, pp. 8-9). A seguir, apresentamos alguns jogos experimentais Gestalt-terapêuticos. Esta seção se baseia principalmente em Levitsky e Perls, 1969, pp. 9-15).

*Jogos de diálogo*

Quando uma divisão é observada em uma pessoa, o Gestalt-terapeuta sugere ao paciente que experimente cada parte do conflito alternadamente e tente um diálogo. Isto pode ser feito com qualquer divisão, como, por exemplo: agressivo *versus* passivo, ou com outra pessoa que é significativa, mas está ausente. No último caso, o paciente finge que a pessoa está presente e está respondendo ao diálogo. Com freqüência, desenvolve-se um diálogo entre partes do corpo, tal como a mão direita e a esquerda.

Ocorre freqüentemente um conflito entre o indivíduo como *topdog*\* (Perls, 1965; Shostrom, 1967; Simkin) e como *underdog*. *Topdog* é o valentão, autoritário, moralista. Afirmações típicas do *topdog*: "Eu (você) deveria". "Eu (você) preciso". "Por que você (eu) não...?" A maioria das pessoas se identifica com o seu *topdog*. O *underdog* controla por passividade. O *underdog* concorda da boca para fora, dá desculpas e continua evitando ser bem-sucedido. O esquema diagnóstico terapêutico de Shostrom (1967) dos tipos de manipuladores é derivado da descoberta original de Perls do conflito entre *underdog* e *topdog*.

---

\* *Topdog* e *underdog* têm sido traduzidos na literatura brasileira por "manipulador ativo" e "manipulador passivo" (como em Polster, E. & Pastern, M., *Gestalt-terapia integrada*, Belo horizonte, Interlivros, 1979, p. 71) ou como "dominador" e "dominado" (como em Fagan, J. e Shepherd, I. L., *Gestalt-terapia: teoria, técnicas e aplicações*, Rio de Janeiro, Zahar Editores, 1977, p. 28). Optamos, neste livro, por deixar em inglês, uma vez que, na última década, o termo se consagrou entre os profissionais de Gestalt-terapia. Yontef usa a forma *Top dog* e *Under dog*, mas optamos por manter a forma original adotada por Perls em *Gestalt-terapia explicada*, Summus, São Paulo, 1977. (N. do R. T.)

Na Gestalt-terapia, esse conflito pode transformar-se num diálogo aberto entre as várias partes do paciente, em geral começando com a análise semântica de palavras e frases tais como: "porque-devido", "sim, mas...", "não consigo", "Tentarei..."

*Ronda completa*
Enquanto um trabalho individual é realizado no grupo, um assunto que envolve outros membros do grupo, com freqüência, costuma surgir. O paciente pode ficar preocupado imaginando o que os outros membros do grupo estarão pensando, ou ter um sentimento em relação aos outros. O terapeuta pode sugerir que o paciente faça uma comunicação do assunto a cada pessoa do grupo. Encontros autênticos e espontâneos desenvolvidos durante uma ronda completa são tratados como qualquer outro encontro.

*Situações incompletas*
Qualquer gestalt incompleta é um assunto pendente que exige resolução. Normalmente, isso assume a forma de sentimentos não-resolvidos, expressos de maneira incompleta. Os pacientes são encorajados a experimentar resolver as pendências que até então não haviam sido resolvidas. Quando o assunto é um sentimento não-expresso com relação a um membro do grupo, solicita-se que o paciente os expresse diretamente. Os Gestalt-terapeutas descobriram que ressentimentos são os sentimentos não-expressos mais freqüentes e significativos, e são lidados com um jogo no qual a comunicação é limitada a afirmações que começam com a frase: "Eu tenho ressentimento de..."

*O jogo "Eu assumo a responsabilidade"*
A Gestalt-terapia considera todo comportamento, sentimento, pressentimento e pensamento como atos que uma pessoa manifesta. O paciente em geral desconsidera ou aliena esses atos usando a linguagem *isto,* a voz passiva etc. Uma técnica é pedir ao paciente que repita após cada afirmação "...e eu assumo a responsabilidade por isto".

*Jogos projetivos*
Quando o paciente imagina que outra pessoa tem um certo sentimento ou uma característica, pede-se a ele para conferir se é projeção, e que experimente/experiencie a si mesmo com aquele sentimento ou característica. Com freqüência, o paciente descobre que,

de fato, ele tem o mesmo sentimento que imagina ver nos outros e que apresenta e rejeita a mesma característica que rejeita nos outros. Um outro jogo é brincar de projeção. Quando um paciente faz uma afirmação caracterizando outrem, pedimos a ele que desempenhe o papel da pessoa assim caracterizada.

*O jogo dos opostos*
Quando o terapeuta verifica que o comportamento do paciente pode ser o oposto de um impulso latente, ele pode pedir ao paciente para desempenhar o papel oposto do que ele vinha fazendo. Se o paciente se manifesta de forma agradável, pode-se pedir a ele que desempenhe um papel desagradável e não-cooperativo.

*O ritmo de contato e de afastamento*
O afastamento do contato aqui-e-agora é tratado experimentalmente; o paciente não é exortado a não se afastar, mas a ter consciência de quando se afasta e quando permanece em contato. Um paciente ou um grupo de pacientes às vezes é requisitado a fechar os olhos e afastar-se. Permanecendo com o *continuum* de *awareness*, o(s) paciente(s) relata(m) sua(s) experiência(s). O trabalho continua com a volta do paciente ao aqui-e-agora, tendo atendido sua necessidade de afastamento, e sendo atraído para o próprio processo de atenção.

*Os jogos de ensaio*
A reação de um paciente ao grupo é em si uma rica fonte de material terapêutico. O paciente que teme expor seus sentimentos ao grupo é encorajado a relatar seus sentimentos e o que ele imagina a respeito de revelar seus sentimentos. Um fenômeno freqüente é o ensaio interno de um papel social que irá acontecer. Medo de palco é um medo de que o papel não seja bem desempenhado. A consciência (*awareness*) de estar ensaiando seu papel, a incapacidade de escutar enquanto o outro é o centro das atenções, e a interferência com a espontaneidade podem ser exacerbados por jogos grupais de relatar a consciência, de ensaiar e compartilhar os ensaios. Os fenômenos relacionados, como censura, são lidados de maneira semelhante (Enright, 1970b).

*O jogo do exagero*
Pequenos gestos e movimentos podem substituir e bloquear a *awareness* de processos afetivos. Os Gestalt-terapeutas observam

movimentos corporais e os relatam. Um jogo ou experimento é pedir ao paciente para repetir ou exagerar um movimento. Isto aumenta a percepção de um importante meio de bloqueio de *awareness* (ver Enright, 1970b, p. 6; Levitsky e Perls, 1969, p. 13). Um exemplo a esse respeito foi anteriormente citado (o homem inibido tamborilando os dedos).

*O jogo "Posso lhe oferecer uma sentença?"*
Quando o terapeuta infere uma mensagem não emitida ou clara, ele pode moldá-la numa sentença e pedir ao paciente para dizê-la em voz alta. Repeti-la, em resumo, para experimentá-la e verificar se serve.

*Os jogos "Claro" e "É óbvio que"*
Em geral, os pacientes não usam e não confiam em seus sentidos. Como conseqüência, não percebem o óbvio e procuram suporte para suas comunicações. Para o primeiro, em geral fazemos o paciente elaborar sentenças que começam com "É óbvio que..." A procura de suporte para nossas afirmações pode ser lidada experimentalmente fazendo o paciente acrescentar no final de cada sentença: "..., claro".

*"Você consegue permanecer com este sentimento?"*
Nos relatos de *awareness*, os pacientes fogem rapidamente dos sentimentos frustrantes disfóricos. O terapeuta pede que permaneçam com esses sentimentos, para ficarem com o *continuum* de *awareness*. Tolerar essa dor psíquica é uma necessidade para superar o impasse (Perls, 1966, p. 7; 1965, p. 4).

*Trabalho com sonhos*
A Gestalt-terapia tem seu próprio método de lidar com os sonhos; eles são usados para integrar e não são interpretados. Perls considera o sonho uma mensagem existencial e não a realização de um desejo. É uma mensagem dizendo como está a vida da pessoa e como atingir os seus sentidos – para acordar e ocupar o seu lugar na vida. Perls não vê o terapeuta como aquele que sabe mais do que o paciente a respeito do significado dos sonhos (Perls, 1965 p. 7; ver também Enright, 1970a, p. 14).

Perls deixa a pessoa encenar seu sonho. Como ele considera cada parte do sonho uma projeção, cada fragmento do sonho (pessoa, suporte ou humor) é considerado uma parte alienada da pessoa. A pessoa assume cada parte – e um encontro se segue entre as partes divididas do *self*. Um encontro desse tipo, em geral, leva à integração.

Uma mulher dominadora e inquieta sonha estar descendo por uma trilha tortuosa, numa floresta de árvores altas e retas. Quando ela se *torna* uma dessas árvores, fica mais serena e profundamente enraizada. Trazendo esses sentimentos para sua vida atual, ela então experiencia tanto a falta deles quanto a possibilidade de vivenciá-los. *Tornando-se* a trilha tortuosa, seus olhos se enchem de lágrimas e ela experiencia mais intensamente a tortuosidade de sua própria vida; novamente, vê a possibilidade de endireitar-se se ela assim escolher.

*Casais*

A Gestalt-terapia é muito eficaz para terapia de casais e familiar (Enright, 1970a; Kempler, 1965, 1966, 1967, 1968; Levitsky e Perls, 1969). A família como um todo, assim como cada membro da família, individualmente, vem para a terapia com situações incompletas, *awareness* incompleta, ressentimentos não-expressos. As mesmas técnicas que se aplicam aos outros grupos de Gestalt-terapia se aplicam às famílias. *Workshops* com casais têm tido bastante sucesso. Os parceiros no casamento freqüentemente descobrem que não se relacionam com seu cônjuge como tal, mas com um conceito idealizado de cônjuge.

Os jogos terapêuticos de casais são um prolongamento dos jogos já discutidos. Como exemplo, solicita-se que os parceiros olhem um para o rosto do outro e, alternadamente, elaborem frases que comecem com: "Eu tenho raiva de você porque...". Isso pode ser seguido por "O que eu gosto em você é...". Outras possibilidades são: "Eu te chateio fazendo...". "Eu concordo com tudo que...". Descobertas podem ser feitas com frases que comecem com: "Eu vejo...". A ênfase é o aqui-e-agora – Eu e Tu, e a descoberta dos mecanismos usados para evitar a experiência imediata. O trabalho com casais em Gestalt-terapia enfatiza a descoberta dos bloqueios para atingir a *awareness* da natureza do encontro atual.

Walter Kempler, discutido anteriormente, obtém resultados excelentes trabalhando com a família inteira, e enfatizando a comunicação dos próprios sentimentos do terapeuta como a principal ferramenta terapêutica.

## Discussão

A literatura de terapia comportamental tende a limitar os padrões de alternativas para modificação do comportamento, de um lado, e o modelo médico do outro. A Gestalt-terapia é, certamente, uma terceira alternativa, e a primeira escola existencialista a desenvolver um modelo de psicoterapia que evita os erros inerentes aos modelos médicos, sobre os quais se baseia a prática da psicoterapia psicodinamicamente orientada. Além disso, é um dos poucos modelos de psicoterapia experiencial que enfatiza a observação comportamental e a experimentação.

A Gestalt-terapia e a terapia comportamental possuem aquilo que falta ao clínico comum: uma ênfase no comportamento aqui-e-agora observável. Ambas rejeitam o conceito de inconsciente e as noções de causalidade etiológica inferida, e as substituem por observação do comportamento. A Gestalt-terapia compartilha com os positivistas lógicos e os comportamentalistas radicais uma preferência pela análise funcional sobre a causal. Embora ambas preconizem a experimentação, além da verificação das inferências com obervações comportamentais, a Gestalt-terapia não enfatiza a quantificação. Ambas apontam, também, para as conseqüências indesejáveis, que resultam de procurar causas para o paciente ser presumidamente incapaz de ser responsável por seu próprio comportamento, isto é, a noção de que o paciente tem uma doença.

Entretanto, a Gestalt-terapia compartilha com a maioria dos clínicos a preocupação com *awareness*, embora preferindo o modelo fenomenológico-existencial ao modelo psicodinâmico de inconsciente. A preocupação da Gestalt-terapia com a *awareness* não sacrifica o papel do psicólogo, de observador do comportamento. As articulações fenomenológicas do paciente são compatíveis com sua informação sensorial, enquanto o psicólogo adiciona à sua própria informação sensorial sua observação e experimentação. Os experimentos de *awareness* dirigida são uma alternativa tanto para o processo de cura quanto para o de condicionamento. O indivíduo descobre como ser responsável por escolher ele próprio o seu comportamento – a usar integralmente suas faculdades de *awareness*.

Tanto a terapia comportamental quanto a Gestalt-terapia são baseadas em ciências comportamentais. As diferenças podem ser percebidas observando-se como elas funcionariam num exemplo hipotético, porém não incomum. Quando um terapeuta comportamental vê uma mãe que tem um filho com explosões de mau humor, é provável que ele indique um regime de comportamentos que acabe descondicionando a interação mãe-filho, que sustenta as variações de humor. Um Gestalt-terapeuta focaria a atenção na *awareness* da mãe para as ações da criança, para o que a criança sente, e como a mãe, refugiando-se no(s) *deveria(s)*, permite passivamente que a criança a manipule. O psicólogo estaria familiarizado com resultados de experiências da psicologia experimental lidando com o assunto. Assim, a Gestalt-terapia iria ajudar a mãe a crescer para se tornar uma pessoa mais completa e competente. Ela tem uma probabilidade maior de abandonar os comportamentos com os quais estava envolvida e que sustentavam as variações de humor e, simultaneamente, adquirir uma perspectiva que se dissemine por toda a sua vida (e, indiretamente, para a criança).

## História

*Ego, Hunger and Agression*, o primeiro trabalho publicado de Perls, foi escrito em 1941-2. Com o subtítulo *A revision of Freuds theory and method* (Uma revisão da teoria e do método de Freud), ele representa uma ponte entre sua prática psicanalítica ortodoxa anterior e sua prática sistemática da Gestalt-terapia (Perls, 1947, introdução à edição de 1966). Embora ocorressem modificações em trabalhos posteriores, muitas das atitudes básicas de Perls podem ser observadas neste trabalho pioneiro.

Quando este trabalho foi escrito, muitas revisões da teoria de Freud estavam ocorrendo, incluindo as idéias de Horney, Fromm e Sullivan. Entretanto, essas revisões ainda estavam dentro do modelo médico tradicional, psicodinâmico. Naquela ocasião, os psicólogos experimentais estavam ignorando, rejeitando ou traduzindo psicanálise, mas ainda não haviam oferecido nenhuma alternativa clínica geral. O behaviorismo, o gestaltismo, a fenomenologia, o existencialismo, a psicologia ideográfica ainda não haviam desenvolvido uma alternativa clínica concreta à psicanálise.

Embora Perls tenha sido fortemente influenciado pela psicanálise, pelo existencialismo-fenomenológico e pelo behaviorismo-operacionalismo, ele usou uma versão expandida da psicologia da Gestalt como estrutura do seu trabalho. Perls usou a abordagem holística-semântica. Perls parecia considerar a semântica (significado do significado) a especificação dos referenciais comportamentais concretos para toda a terminologia. Ele conclamou a:

> Um espurgo sem piedade de todas as idéias meramente hipotéticas; especialmente aquelas hipóteses que se tornaram convicções rígidas e estáticas, e na mente de alguns se tornaram teorias um tanto quanto elásticas [...] (Perls, 1947, edição de 1966, "Prefácio")

Por holismo (concepção de campo) Perls referia-se ao ser total maior do que a soma das partes, a unidade do organismo humano e a unidade do campo organismo/ambiente total/inteiro. Ele considerava a Gestalt-terapia como uma correção do erro da psicanálise de tratar os eventos psicológicos como fatos isolados separados do organismo, e por basear sua teoria em associações e não no holismo. Isso também diferencia a Gestalt-terapia da maioria das teorias comportamentais.

Perls considerava que sua teoria de psicoterapia era teoricamente simples, embora de prática difícil (1947, p. 185). Por intermédio do aprendizado social as pessoas perdiam a *percepção de si próprias* e podiam reconquistá-la aprendendo psicoterapia. O reaprendizado não era um processo intelectual, podia ser considerado semelhante à ioga, embora Perls tivesse notado que a ioga tinha o objetivo de aquietar o organismo e a Gestalt-terapia procurava "despertar o organismo para uma vida mais completa" (Perls, 1947, p. 186). Ele incluiu em seu livro uma seção de exercícios posteriormente expandida para formar o seu sistema de Gestalt-terapia (Perls *et al.*, 1951).

É irônico que muitas das idéias atualmente vigentes foram articuladas e/ou operacionalizadas por Perls, e ele raramente recebe o crédito na literatura. Ele é cronologicamente um pioneiro do modelo de psicoterapia existencial-fenomenológica (Prefácio da edição de 1966 de *Ego, Hunger and Agression*), e a Gestalt-terapia ainda é o único modelo que combina isto a uma orientação exclusiva em direção ao concreto, e na direção das realidades comportamentais aqui-e-agora. Muitas de suas abordagens tornaram-se populares nos últimos dez-quinze anos sob várias terminologias, mostrando graus variáveis de influência direta de Perls. Em contraste com a ausência de reconhecimento literário, Perls teve grande influência onde ele ou os seus alunos realizaram demonstrações de Gestalt-terapia.

Embora *Gestalt Therapy* (1951) continue sendo o trabalho mais completo de Perls, muitos outros têm surgido. No início deste trabalho alguns desdobramentos foram discutidos sem a identificação de sua origem recente. Na introdução da edição de 1966 de *Ego, Hunger and Agression* (1947), Perls discute alguns desses desdobramentos recentes, como "romper o impasse, o ponto do *status quo* no qual a terapia comum parece ficar presa", e a visão de que, exceto para casos emergenciais, a terapia individual está obsoleta e a terapia do tipo *workshop* seria uma modalidade muito mais eficaz.

Nesta mesma introdução, Perls avaliou a extensão da aceitação das idéias que ele discutia no campo da saúde mental. Ele afirmou que a teoria da *awareness* – sob os nomes, grupos de sensibilização ou treinamento de sensibilização e *t-groups* – havia sido amplamente aceita. A importância da expressão não-verbal, espontânea, também havia sido progressivamente aceita. E "no *setting* ou enquadre terapêutico, a ênfase começa a mudar da situação divã fóbico (chamado de objetivo), para o encontro de um terapeuta humano não com um caso, mas com outro ser humano". Ele sugere que existe uma aceitação crescente dos conceitos da realidade aqui-e-agora, do organismo-como-um-todo, da predominância da necessidade mais urgente e do tratamento das situações psicológicas em relação ao organismo inteiro, em vez de fatos separados do organismo.

Outras idéias de Perls receberam menos atenção. Ele afirma que:

> O significado da agressão como força biológica da relação entre agressão e assimilação, da natureza simbólica do Ego, da atitude fóbica na neurose e da unidade organismo/ambiente está longe de ser entendido. (Perls, 1947, "Introdução" à edição de 1966)

Ele também observa que embora haja uma tendência de aumento na utilização de grupos e *workshops*, estes são geralmente vistos como mais econômicos, em vez de mais eficazes. Na prática clínica cotidiana, a importância do equilíbrio entre suporte e frustração não parece suficientemente enfatizada.

## Comparação de Modelos

A distinção teórica entre Gestalt-terapia, modificação comportamental e psicanálise é clara. Na modificação comportamental, o comportamento do paciente é modificado diretamente pela manipulação de estímulos ambientais. Na teoria psicanalítica, o comportamento é causado por motivação inconsciente, que se torna manifesta na relação de transferência. Pela análise da transferência, a repressão é removida e o que era inconsciente se torna consciente. Na Gestalt-terapia o paciente aprende a usar integralmente seus sentidos internos e externos para conseguir ser auto-responsável e auto-suportivo. A Gestalt-terapia ajuda o paciente a reconquistar esse estado, a consciência do processo de *awareness*. A modificação comportamental condiciona usando controle de estímulos; a psicanálise cura por meio de conversas a respeito, e descobrindo as causas das doenças mentais (O Problema); a Gestalt-terapia propicia a autopercepção por meio de experimentos de *awareness* dirigidos no aqui-e-agora.

Outros modelos de psicoterapia também são alternativas para a modificação comportamental e para a psicanálise. Na última década ocorreu um crescimento de alternativas da terceira força. Novos modelos de psicoterapia foram oferecidos por Rogers (pós-1960), Bach, Berne, Schutz, Satir, Frankl, Glasser, Ellis e outros. É necessária uma análise cuidadosa para distinguir as diferenças verdadeiras das semânticas entre essas escolas, a psicoterapia psicodinâmica e a modificação comportamental. E também é necessária uma análise cuidadosa para distinguir as semelhanças e diferenças entre a Gestalt-terapia e as outras escolas da terceira força.

A terceira força geralmente vê o relacionamento terapêutico como um relacionamento direto entre seres humanos, isto é, Eu-Tu é preferível a um relacionamento médico-paciente ou manipulador-manipulado. Todos alegam ser holísticos, interacionais e existenciais. Em todas, o terapeuta é mais ativo do que na psicoterapia psicodinamicamente orientada. Todos usam modalidades grupais, tais como grupos de encontro, grupos de família, treinamento de sensibilização, consciência sensorial etc. Todos são otimistas e enfatizam atingir o potencial do homem.

A diferença entre as terapias psicodinâmica e da terceira força pode ser ilusória. Na psicoterapia psicodinâmica e na maioria das terapias da terceira força postula-se que a mudança resulta de falar sobre a vida do paciente visando ao aumento da compreensão. Em ambos, o paciente atinge maior auto-aceitação com o aumento da compreensão. As principais diferenças parecem ser a atividade do terapeuta, a atitude otimista *versus* a pessimista e a preferência por discussão de circunstâncias da vida atual à discussão da infância.

A Gestalt-terapia é nominalmente uma terapia da terceira força. Quando se observa o comportamento de terapeutas e pacientes na psicoterapia, as terapias da terceira força parecem semelhantes entre si e bem diferentes da psicanálise ou da modificação comportamental. Shostrom (1967) discute as *terapias concretizantes* de uma maneira que enfatiza as semelhanças. Essa revisão irá apresentar as maneiras que tornam a Gestalt-terapia singular em relação às outras terapias da terceira força. A singularidade da Gestalt-terapia está em sua distinção cada vez mais acentuada das psicoterapias psicodinamicamente orientadas.

*1. Holismo e multidimensionalidade*

Embora muitos terapeutas se declarem holísticos, muitos são de fato unidimensionais (Perls, 1948, p. 579). Perls afirma que apenas uma psicoterapia abrangente pode ser integrativa e somente um terapeuta com visão abrangente pode reconhecer e resolver problemas fundamentais. Em geral, os terapeutas têm pontos cegos, áreas que não irão enxergar, e evitarão a assimilação de *insights* de escolas que enfatizam tais áreas. Os pacientes que são ambivalentes quanto à mudança procuram terapeutas cujo ponto cego está na área de suas dificuldades. Quanto mais abrangente for a visão biopsicossocial, maior será a probabilidade de se conseguir apontar uma dificuldade qualquer, num treinamento de terapeuta ou ajudando um paciente. A Gestalt-terapia considera todo o campo biopsicossocial, incluindo o organismo/ambiente, como importante. A Gestalt-terapia utiliza ativamente variáveis fisiológicas, sociológicas, cognitivas e motivacionais. Nenhuma dimensão relevante foi excluída da teoria básica.

*2. "Agora" e o mecanismo de mudança*

A noção moderna de enfatizar as circunstâncias da vida atual do paciente é, em certo sentido, o *agora*, em contraste com a noção freudiana de *então*. Entretanto, na Gestalt-terapia agora é um conceito funcional referente a atos praticados *neste momento*. Quando está rememorando as atividades de ontem à noite, agora, a pessoa está recordando, ontem à noite é então. Ao discutir um encontro ocorrido há cinco minutos, o encontro foi então. A experiência dos comportamentos e sentimentos aqui-e-agora imediatos é desvalorizada pela recordação do passado. Essa ênfase no imediatismo, na experiência crua, levou a uma explicação dos processos de mudança diferente da maioria dos outros modelos psicoterapêuticos.

A maioria dos terapeutas acredita que a mudança ocorre em virtude de um aumento do conhecimento, do *insight* ou da *awareness*.

Eles se diferenciam pela maneira como definem conhecimento, e sobre qual conhecimento é necessário. Na Gestalt-terapia, o conhecimento não equivale àquilo que é em voz alta verbalizado ou para si mesmo. Autores psicodinâmicos discutem essa distinção em termos de *insight* real e *insight* intelectual. O tipo de conhecimento que a Gestalt-terapia ensina é o da maneira pela qual uma pessoa desvia sua atenção dos dados sensoriais primários imediatos da experiência. O mecanismo pelo qual o indivíduo opera a substituição de um assunto de preocupação emocional pelo aqui-e-agora ativo é um objeto especial da experimentação da Gestalt-terapia. É pela volta da percepção desse mecanismo anteriormente fora da *awareness* que o paciente da Gestalt-terapia pode analisar os processos pelos quais ele mantém um comportamento insatisfatório e adquire os instrumentos para aumentar a *awareness* de maneira independente no futuro.

Nas terapias de Rogers, Bach, Berne, Glasser, Ellis e Satir, o conteúdo, o Problema, a análise da interação social e a discussão de circunstâncias da vida são enfatizados. Isto é diferente da ênfase da Gestalt-terapia no *Agora*. Na Gestalt-terapia *falar-a-respeito*, como é feito em algumas terapias da terceira força, é tabu. Em seu lugar a Gestalt-terapia usa a experimentação.

## 3. Psicoterapia como experimentação

A Gestalt-terapia é experimental no sentido verdadeiro do termo; ela é o experienciar a si, ou experimentando para ver se quer adotar um comportamento – "o próprio vivenciar um evento ou eventos" (Perls *et al.*, 1951, p. 15). Esta ênfase pode ser observada no encontro existencial. A Gestalt-terapia compartilha com outras psicoterapias existenciais a crença na relação terapêutica Eu-Tu-aqui-e-agora.

Mas esse encontro é usado na Gestalt-terapia para experimentar com a vida e para descobrir. Na Gestalt-terapia, utiliza-se o desempenho de papéis não para praticar um comportamento novo, mas para ensinar o paciente a discriminar qual comportamento atende às suas necessidades. Na Gestalt-terapia esse relacionamento não é curativo; aprender a descobrir é curativo. A experimentação é mais do que uma técnica – é uma atitude inerente em toda a Gestalt-terapia. A Gestalt-terapia poderia ser denominada de processo de experimentação ideográfico com a *awareness* dirigida para o *continuum* de *awareness*.

Este foco experimental é exclusivo da Gestalt-terapia. Ela é influenciada por religiões orientais, especialmente pelo taoísmo e pelo zen-budismo, e por experimentações fenomenológicas. Sem esta ênfase, e as técnicas que ela propiciou, as atitudes que serão discutidas a seguir no item 4 não poderiam ser mantidas. A alternativa à experimentação aqui-e-agora é o recondicionamento – seja de maneira aberta e sistemática como na modificação comportamental, ou de maneira disfarçada como na maioria das psicoterapias. Embora a Gestalt-terapia freqüentemente termine por descobrir os mesmos processos que são descobertos nos pacientes das outras psicoterapias da terceira força, o ponto de chegada é o *processo* da descoberta, não a descoberta em si.

O que leva a mudanças na Gestalt-terapia não é tanto o aumento geral da *awareness*, mas a capacidade aumentada de perceber (*be aware*). Alguns exercícios usados por Schutz, no Western Behavior Research Institute, em La Jolla, parecem aumentar a *awareness*, mas o fazem freqüentemente sem focar o mecanismo pelo qual as pessoas costumam evitar o reconhecimento de experiências desagradáveis.

Virgínia Satir (1964) ajuda cada indivíduo de uma família a identificar sentimentos e ideações sobre *self* – os outros, e o que os outros pensam sobre o *self*, que está sob os sentimentos. Linhas de comunicação são rastreadas até o início do casamento. Entretanto, o processo pelo qual o paciente focaliza o passado em vez de suas preocupações atuais, e evita a *awareness* dos seus próprios sentimentos, prestando atenção às expectativas dos outros e não às suas, não é enfatizado.

Rogers acredita que o encontro entre um terapeuta com respeito incondicional e um paciente resultará em mudanças. Esse encontro e o conversar-a-respeito resulta em técnicas psicoterápicas diferentes da Gestalt-terapia, embora haja afinidades filosóficas entre os dois sistemas. Ambos usam encontro e objetivam crescimento positivo. A Gestalt-terapia não conversa a respeito; a Gestalt-terapia experimenta descobrir como, *neste exato momento*, alguém está manipulando e evitando adquirir consciência da manipulação.

*4. O lugar da escala de valores do terapeuta*

O único *deveria* (moral) aceito pelo Gestalt-terapeuta é o de que o paciente deve estar *aware*. Cada pessoa deve contatar novos elementos no ambiente e decidir o que é nutritivo e deve ser assimilado, e o que é tóxico e deve ser evitado. Essa discriminação se altera conforme a mudança da necessidade dominante. A Gestalt-terapia não tem a visão do comportamento que seria mais aceitável para determinada pessoa ou ocasião. Bach (1962) indica uma disposição de inculcar alguns valores.

Onde o paciente tem uma escolha de comportamentos, a Gestalt-terapia trabalha para aumentar a *awareness* do paciente para os antecedentes, as reações organísmicas, as conseqüências dos comportamentos, e assim por diante. Medos e mitos podem ser experienciados na segurança da situação terapêutica, de maneira que o paciente possa decidir por si só o que é nutritivo e o que é tóxico. Contrariamente à abordagem de Ellis, o paciente e não o terapeuta decide o que é irracional para ele. Por exemplo, muitos pacientes aderem ao mito de que relatar verbalmente sentimentos negativos é perigoso. Pela experimentação da expressão verbal direta, de emoções negativas, o paciente pode descobrir que há situações em que tal comportamento é bem compensador. Não somente isto, mas ele pode descobrir o preço que está pagando, evitando expressar tais sentimentos.

Na Gestalt-terapia a moralidade é baseada nas necessidades organísmicas (Perls, 1953-4). Em contraste, o ajuste ao grupo, o compromisso com a harmonia grupal e a cooperação são *deverias* implícitos e/ou explícitos em muitas psicoterapias da terceira força, como a dos grupos de sensibilização. Em Gestalt-terapia o terapeuta ou o grupo não fazem pressão para que esses objetivos sejam atingidos, pois a agressão – normalmente considerada oposta a eles – é considerada uma força biológica natural. Quando o paciente adquire consciência (*awareness*) das maneiras que ele pode expressar ou reprimir sua agressão, da diferença entre agressão e aniquilamento e das conseqüências do seu comportamento, o Gestalt-terapeuta acredita que o paciente é capaz de fazer suas próprias escolhas.

Perls é explícito em considerar que as pessoas são capazes de auto-estruturação e não são frágeis, necessitando de proteção de uma realidade interna ou externa. E ele também não acredita que as pessoas precisem dele como um ditador que força mudanças. Eliminando força, ele também elimina grande parte da necessidade de proteger os pacientes do processo terapêutico. O paciente já possui mecanismos para evitar informações inassimiláveis, e o paciente é o seu melhor juiz no que diz respeito a qual informação lhe é útil. Quando ocorre um uso exagerado de pressão grupal, a proteção de alguns pacientes pode ser parte das atividades necessárias do terapeuta. Faz sentido que os que insistem que as pessoas necessitam de confrontação social do tipo pressão também presumem que as pessoas necessitam da proteção do terapeuta. Muitos dos que usam técnicas de confrontação tendem a presumir que o progresso de uma psicoterapia deve esperar pelo desenvolvimento de um relacionamento cuidadoso.

Por outro lado, na Gestalt-terapia o paciente é capaz de aprender já no primeiro encontro experimental. Isso contrasta com as abordagens de Bach, Berne, Satir e Schutz. Satir considera a manutenção do sistema, do sistema familiar, de importância fundamental. Tanto Bach quanto Schutz têm normas definidas que procuram aplicar. Bach coloca regras para a briga conjugal; existem maneiras boas e más de resolver diferenças pessoais. Tanto Bach quanto Schutz recomendam, sem restrições, que os pacientes compartilhem seus segredos com o grupo e/ou seus cônjuges, na terapia de casal.

Em contraste, a Gestalt-terapia tem um jogo ou técnica diferente para lidar com os segredos: o jogo "Eu tenho um segredo" (Levitsky e Perls, 1969, p. 11). Pede-se ao paciente para pensar num segredo. "Ele recebe instruções para *não* compartilhar esse segredo, mas imaginar (projetar) como acredita que os outros reagiriam a ele (Levitsky e Perls, 1969, p. 11). A técnica pode ser expandida, fazendo com que cada um se vanglorie de seu segredo terrível, e trabalhando sobre a vinculação inconsciente do segredo como conquista. O conhecimento da culpa, da vergonha e dos mecanismos de evitar a *awareness* traz vantagens diferentes das advindas do conselho geral de Schutz e de Bach para compartilhar segredos. Um exemplo semelhante é o objetivo de Berne, o de não jogar. Na Gestalt-terapia o objetivo é a *awareness*, para que o paciente possa escolher.

*5. Violência e aniquilamento*

Schutz permite e encoraja a prática de violência, na qual as pessoas apresentam tais impulsos. Embora a Gestalt-terapia encoraje a agressão, a violência é vista como uma tentativa de aniquilamento. Os *workshops* de Gestalt-terapia, em contraste com os *workshops* schutzianos, não são violentos. Comportamentos que tentam aniquilar ou machucar terceiros evitam experimentar os próprios sentimentos disfóricos. Exteriorizar a raiva em violência é a antítese da experiência aumentada, da expressão direta dos sentimentos e do relacionamento Eu-Tu. A Gestalt-terapia aceita a agressão e o conflito como forças biopsicossociais naturais e encoraja experimentar permanecer mais tempo com os sentimentos negativos e expressando-os diretamente em relatos verbais (Enright, 1970a; Perls, 1947, 1948, 1953-4; Perls *et al.*, 1951; Simkin).

*6. Treinamento clínico*

Embora a Gestalt-terapia tenha sugestões de modificações para o treinamento de psicólogos clínicos (Enright, 1970), semelhantes àquelas oferecidas por Rogers (1956), a Gestalt-terapia não defende o abandono do treinamento clínico profissional. O psicólogo clinicamente treinado toma consciência (*aware*) da amplitude da psicopatologia e dos limites humanos. Embora as contribuições dos psicólogos sem treinamento clínico sejam de grande valia para a psicologia clínica, eles não estão qualificados para praticar a psicoterapia. A Gestalt-terapia deplora esse desdobramento. Algumas psicoterapias inovadoras receberam grande atenção pública, e há relatos de que alguns *workshops* tenham causado reações de desadaptações psicológicas e sociais. Rogers acredita que isso é resultado da falta de treinamento clínico profissional de alguns terapeutas, sobre os potenciais terapêuticos humanos e a conseqüente falta de consciência das limitações humanas. Naturalmente, o treinamento profissional inclui muitas disciplinas: psicologia, enfermagem, assistência social etc. O uso de assistentes não-profissionais é um assunto completamente diferente.

*7. Amplitude de aplicabilidade*
A literatura da Gestalt-terapia não esclareceu com exatidão a abrangência patológica, sua aplicabilidade e quais modificações ou técnicas adicionais são necessárias para psicóticos, psicopatas, crianças e outros. Mas a Gestalt-terapia é uma teoria clínica, e foi desenvolvida por psicólogos clínicos para uma ampla variedade de pacientes. Os detalhes ainda estão sendo trabalhados. Isso contrasta com o treinamento de sensibilização que foi desenvolvido por psicólogos não-clínicos para ser usado com homens de negócios. A necessidade de trabalho adicional a esse respeito será discutida a seguir.

*8. Técnicas* per se
Convém notar que a Gestalt-terapia tem muitas técnicas únicas, algumas das quais já foram discutidas. Essas técnicas podem ser usadas em diferentes contextos, embora com alterações de significado. De maneira semelhante, técnicas de várias escolas podem ser usadas dentro do contexto da Gestalt-terapia. O autor considera, por exemplo, que com pacientes psicóticos hospitalizados as técnicas de psicodrama num enfoque gestáltico são mais eficazes do que as técnicas de diálogo usadas em Gestalt-terapia.

## Críticas

Existem áreas carentes na Gestalt-terapia que serão discutidas nesta seção. Em geral, essas áreas apontam para um potencial não-explorado pela Gestalt-terapia. Como este artigo não faz diretamente a revisão da teoria de personalidade e aprendizagem da Gestalt-terapia, ou apresenta pontos de vista sobre pesquisa básica, algumas críticas não serão discutidas.

Como não estamos discutindo as implicações da Gestalt-terapia na pesquisa básica, as áreas de precisão das definições e pesquisas de validação não são relevantes. Erik Berne defende a posicão de que definições operacionais são impossíveis (Berne, 1964). Tendo em vista a ampla pesquisa de Rogers e seus colaboradores, isto é difícil de sustentar. Nos escritos de Perls, não há nenhuma exigência de formas de validação mais exatas; ele simplesmente preferiu não gastar seu tempo com esse tipo de pesquisa.

Perls não oferece evidência estatística quantificada de que a Gestalt-terapia funciona. Ele comenta o assunto:

"Onde está a sua prova?" Nossa resposta padronizada será que não apresentamos nada que você *não possa verificar por si mesmo em termos do seu próprio comportamento*, mas se a sua estrutura psicológica é a do experimentalista, conforme nós retratamos, isto não irá satisfazê-lo, e você irá clamar por alguma "evidência objetiva" do tipo verbal, *antes* de tentar dar um único passo não-verbal do procedimento. (Perls, *et. al.*, 1951, p. 7)

Perls estabeleceu uma série de experimentos, com instruções que podem ser usadas para verificar a utilidade da Gestalt-terapia, e ele inclui uma amostra representativa dos comentários de indivíduos que se submeteram a tais experimentos; eles são claros e podem ser reproduzidos por qualquer leitor interessado.

Embora existam falhas no sistema (Levitsky e Perls, 1969, p. 9; Polster, 1966, p. 6), há uma ênfase para separar conhecimento de ignorância. A Gestalt-terapia apresenta idéias num enfoque molar, mas com uma preocupação por detalhes moleculares. Embora Perls não ofereça medidas objetivas dos seus termos, suas discussões enfatizam preferência pela observação concreta, e a precedência da experiência concreta sobre a inferência e a especulação. Nesse sentido, a Gestalt-terapia é uma teoria empírica.

Ainda que Perls também coloque à disposição demonstrações ao vivo e reproduções (filmes, gravações e diversos exemplos de caso são apresentados na literatura da Gestalt-terapia: Kempler, 1965, 1966, 1967, 1968; Perls, 1948; Laura Perls, 1956; Polster, 1957; Simkin, 1962), há um número insuficiente de histórias de caso detalhadas e sistemáticas. Os mais detalhados são os de Laura Perls (1956).

Se pesquisas objetivas e técnicas de validação quantificadas são necessárias em determinada área no início de uma investigação, isso pode limitar-se a uma temática estéril e estreita. A limitação temática de uma ciência tem utilidade duvidosa. A temática da Gestalt-terapia parece ser importante. Cobre novas áreas, explora novas premissas, mas sacrificou a verificação exata pelo valor da psicoterapia de experimentação ideográfica. Perls não comete o erro de presumir que ele tem respostas; ao contrário, reconhece imediatamente o estado de ignorância desse campo (Perls, 1948). Ademais, a Gestalt-terapia não se proclama a única a ter uma abordagem válida (Enright, 1970b). O ônus da prova é maior para aqueles que definem a psicologia excluindo do campo as abordagens diferentes.

Perls criou um tesouro em *insights* e procedimentos que podem ser explorados em psicoterapia por psicólogos com inclinações experimentalistas. Mas poucos Gestalt-terapeutas se empenharam em levar a efeito as possibilidades de pesquisa da Gestalt-terapia (para uma exceção, ver Shostrom 1966a, 1966b, 1967). Seria útil se a literatura fosse revista, e as previsões experimentais e as expectativas clínicas que podiam ser esperadas da Gestalt-terapia fossem explicitadas, mesmo que essa pesquisa não se mostrasse imediatamente promissora.

Na Gestalt-terapia, muito e deixado para o julgamento individual do clínico. É deixado um espaço para considerar o estilo e a personalidade do terapeuta, dentro dos limites da responsabilidade profissional (Polster, 1966, pp. 4-5). Mesmo a questão da modificação de teorias e técnicas, que precisam ser adaptadas para os diferentes grupos diagnósticos de pacientes, não foi formulada pela literatura da Gestalt-terapia. O autor sabe de discussões informais e de experiência pessoal que a Gestalt-terapia tem sido utilizada para diferentes grupos de pacientes, mas que os resultados não são relatados na literatura. É especialmente importante que os limites de aplicação da Gestalt-terapia sejam delineados.

De forma similar, grande parte da responsabilidade é deixada ao paciente. O trabalho básico da psicoterapia é efetuado pelo paciente e o Gestalt-terapeuta funciona como guia e catalisador. A função do terapeuta é apresentar observações e experimentos que retratem de maneira clara e dramática o campo de percepção que está sendo estudado. A omissão pode ser a causa de um insucesso clínico atribuível ao terapeuta (Perls, 1948). No entanto, o trabalho básico da descoberta, e a utilização da descoberta, é responsabilidade do paciente. A aprovação de Perls à experiência de cada leitor é incomum. É bem diferente da exigência da psicanálise, que cada crítica seja analisada, e do ponto de vista da modificação comportamental de adesão incondicional ao critério de medida experimental. O argumento psicanalítico, *ad hominem, aceita corroboração apenas dentro do sistema. O tempo e as despesas necessárias para a análise tornam inaceitável esse argumento. A experimentação da Gestalt-terapia pode ser tentada a partir do Gestalt Therapy* (Perls et al., 1951) ou de *workshops* de fim de semana. Esta exposição temporal é comparável à exigida para experienciar uma abordagem diferente da qual estamos acostumados. É necessária uma atitude crítica e aberta, mas não é preciso ter fé no sistema para testar a Gestalt-terapia. É uma observação do autor que a Gestalt-terapia é freqüentemente experienciada e apreciada apenas depois de um encontro com um Gestalt-terapeuta; um único encontro, freqüentemente, torna disponível ao participante uma perspectiva indisponível ao observador não-participante.

Aqui também está colocada uma questão de valor que não pode ser respondida por experimentos laboratoriais. Uma prova objetiva de sucesso técnico não consegue responder à seguinte questão de valor: É desejável que o clínico controle o comportamento do paciente? Afinal essa questão é decidida pelo indivíduo. Reconhecendo isso, o Gestalt-terapeuta oferece a Gestalt-terapia e deixa o indivíduo decidir se ela é útil *para ele.*

Perls criou uma terapia que é exclusivamente orientada para o comportamento aqui-e-agora, sem a exclusão das variáveis de *awareness* e sem condicionar esse comportamento. Ela aplica atitudes existenciais num sistema de psicoterapia único e valida o sistema de maneira única. O autor aceitou a oferta e o desafio de Perls de verificar por si próprio a Gestalt-terapia e considerou o sistema pessoal e profissionalmente entusiasmante, criativo e útil. A cada um é deixada a decisão a respeito do potencial que a Gestalt-terapia lhe oferece, se justifica a experimentação pessoal, a aplicação psicoterápica ou seu uso com pesquisa básica.

# 3

## TENDÊNCIAS RECENTES EM GESTALT-TERAPIA NOS ESTADOS UNIDOS E O QUE PRECISAMOS APRENDER

*Comentário*

*No dia 29 de junho de 1989 fui convidado para proferir uma palestra na Terceira Conferência Britânica de Gestalt-terapia, em Nottingham, Inglaterra, sobre o tema tendências atuais em Gestalt-terapia nos Estados Unidos. Este trabalho é uma adaptação dessa palestra. Aqui, discuto o que acredito termos aprendido, começando com uma revisão do desenvolvimento da Gestalt-terapia nos Estados Unidos, seus avanços, e alguns dos aspectos infelizes ou "erros".*

**Introdução
Como sabemos o que funciona?**

Nos quarenta anos de história da Gestalt-terapia nos Estados Unidos ocorreram muitas evoluções úteis e empolgantes, mas também, muitos erros, "furos", conceituações e evoluções equivocadas se desenvolveram. Infelizmente, parece ter ocorrido em outros países uma repetição dos enganos que cometemos nos Estados Unidos. Parece ter havido uma propensão à redescoberta da roda em países nos quais a Gestalt-terapia teve início posterior, repetindo de maneira entusiasmada os erros que cometemos na década de 1960. Isso foi freqüentemente promovido, encorajado, fortalecido e disponibilizado por americanos residentes em outros países, que usam um modelo de Gestalt-terapia que foi superado em muito nos Estados Unidos. Espero que, compartilhando de nossa experiência atual, a curva do aprendizado possa ser abreviada em outros lugares. Porém, como ponto positivo, alguns países já estão evitando certos erros que cometemos. Tenho-me referido a erros e enganos. Mas como sabemos o que é um erro?

Para mim, o teste de nossa teoria acontece na prática de uma terapia em andamento, com "pacientes reais". "Pacientes reais" refere-se às pessoas que procuram o psicoterapeuta em busca de terapia em vez de treinamento. Minha função profissional primária é o tratamento de tais pessoas. Outras atividades, tais como o treinamento de terapeutas, palestras ou demonstrações, são secundárias. Trabalhar com outros terapeutas em *workshops* ou grupos de treinamento é útil, mas qualquer coisa que aconteça nesse contexto somente será um teste secundário de eficácia da prática baseada em nossa teoria.

Considero a eficácia de um treinamento no quanto ele ajuda ou não a prática de terapia. Nossos dados primários vêm do trabalho com contato e *awareness* que ocorre em psicoterapia.

É óbvio que uma maneira de testarmos o que dizemos e fazemos é a pesquisa. Infelizmente, não fazemos muita pesquisa em Gestalt-terapia, seja ela formal ou informal. E também não fazemos muita análise filosófica. Fazemos bastante uma análise do tipo "isto me parece bom", sem dados reais, sem explicação fenomenológica, sem análise filosófica ou debate intelectual. Mesmo nossas apresentações de material clínico são econômicas, pobres em quantidade, esparsas em detalhes e, freqüentemente, meras referências à descrição clínica.

Apresentar sabedoria clínica e pensamento próprios, sem submetê-los ao teste da pesquisa, do debate, da explicação fenomenológica detalhada ou da análise filosófica, se presta à idealização de autoridades, liderança por carisma e substituição da lógica e articulação do apresentador, em vez de nos dedicarmos a uma cuidadosa exploração fenomenológica baseada na experiência vivenciada, testada ao longo do tempo e refinada pelo crucial diálogo. Avançar idéias sem o suporte de boa teoria, baseada em boa pesquisa e boa análise teórica, não é boa fenomenologia.

## Background I: Os Primeiros Anos

*Reação contra a psicanálise clássica*

A Gestalt-terapia começou como uma reação contra a rigidez da psicanálise clássica por parte de terapeutas treinados em psicanálise clássica. Atualmente, é difícil imaginar quão rígida a psicanálise havia se tornado. Quando eu estava em treinamento para me tornar um assistente social psiquiátrico, em 1962, ocorriam debates sérios nas clínicas em que eu treinava e trabalhava com relação à permissão para apertar a mão do paciente que queria me cumprimentar na sala de espera, ou se isto poderia interferir indevidamente no desenvolvimento adequado da transferência. Parte desse tipo de rigidez ainda pode ser observada em algumas das escolas psicanalíticas mais recentes. Por exemplo, eu me recordo, lendo um dos livros de Heinz Kohut (na década de 1970), no qual ele discutia o caso de uma psicanálise que fora irremediavelmente perdida após centenas de horas de trabalho, meramente porque o analista deixou o paciente descobrir que ele era um católico romano.

A Gestalt-terapia também reagiu contra a teoria da mudança psicanalítica, que era pessimista em relação às possibilidades de crescimento e tinha um sentido limitado quanto às opções disponíveis.

A ênfase psicanalítica na transferência, em vez de fixar-se no próprio relacionamento, foi acompanhada por uma ênfase paralela na interpretação, na experiência real, quer do terapeuta, quer do paciente. As realidades do relacionamento presente eram apenas consideradas por meio de interpretações de transferência. E o trabalho terapêutico utilizava principalmente a transferência como indício de origens no passado para algum comportamento atual do paciente. Quando o terapeuta formulava uma inferência a respeito de como o comportamento atual, conforme evidenciado pela transferência, fora causado por situações do passado, isto era interpretado pelo paciente, freqüentemente, como se as inferências fossem fatos (M. V. Miller, 1988).

Todo o conceito do papel do terapeuta foi radicalmente modificado pelos primeiros Gestalt-terapeutas. A teoria da mudança psicanalítica exigia que o terapeuta limitasse as revelações pessoais ou qualquer outra manifestação ostensiva que revelasse sua pessoa. O consultório deveria ser decorado de maneira neutra, sem fotografias de familiares ou recordações pessoais que maculassem a página em branco e provocassem a transferência.

O analista tinha de praticar as regras da neutralidade e da abstinência, e não podia desviar-se dela, tomando partido em conflitos, e não tinha permissão para gratificar qualquer desejo do paciente. Qualquer dessas atitudes era vista como uma distorção da transferência e uma interferência no trabalho da análise. Acreditava-se que o analista conseguiria manter uma posição verdadeiramente neutra e, como se isso fosse possível, mantendo-se "neutro", não afetasse a transferência.

A teoria da mudança psicanalítica também exigia passividade por parte do paciente. A regra básica era a de compartilhar todas as associações sem censura. (Obviamente, em geral era ignorado que esta regra não era neutra, mas tomava partido contra a resistência.)

Um bom trabalho analítico deste modelo não incluía um enfoque fenomenológico. Todo o comportamento ativo do paciente durante a sessão, ou a realização de mudanças em sua vida antes que o terapeuta tivesse considerado o assunto devidamente trabalhado, era considerado atuação e resistência ao trabalho analítico.

Um dos aspectos básicos da psicanálise, que foi mudado pelo movimento da Gestalt-terapia, é que a psicanálise era teórica/direcionada e não baseada primariamente em experiência factual. E o que direcionava os psicanalistas era a teoria pulsional, cujas determinantes da personalidade eram consideradas em grande parte predeterminadas, não sociais ou existenciais. Por exemplo, o complexo de castração ocorria universalmente em todas as pessoas e em todas as culturas por causa das pulsões básicas, com as quais toda pessoa nasce.

*A revolução da Gestalt-terapia: atenção para as possibilidades*

A Gestalt-terapia não apenas reagiu à psicanálise, mas iniciou uma revolução, que estava firmemente enraizada na crença básica do poder das capacidades humanas.

*O poder da awareness e da presença*

No novo modelo, o paciente e o terapeuta crescem por estarem ativamente presentes e engajados, tanto nas sessões de terapia quanto no mundo em geral.

A Gestalt-terapia enfatizava o que as pessoas sabiam e o que podiam aprender, focando sua capacidade de percepção (*awareness*). Uma nova metodologia foi criada, que não se baseava naquilo que as pessoas não sabiam e nem podiam saber (o inconsciente não podia ser conhecido, a não ser pela análise e pela interpretação da transferência em psicanálise).

*O poder da experimentação*
A Gestalt-terapia baseava-se no poder da experimentação, tentando algo novo e permitindo que a *awareness* emergisse do novo comportamento experimental. Em vez de uma metodologia limitada à associação livre e à análise da transferência, a Gestalt-terapia deu espaço para uma metodologia mais poderosa. Por estarem livres de rígidas restrições teoricamente impostas, os Gestalt-terapeutas e seus pacientes podiam tentar um novo comportamento e testá-lo com seus próprios processos de *awareness*.

As alternativas para a utilização dessas atitudes de experimentação eram a atitude psicanalítica de tratar o comportamento novo como atuação, e a atitude comportamentalista de controle do comportamento usando os princípios do reforço. A atitude experimental sustenta um modo de funcionamento mais ativo pelo terapeuta e pelo paciente, sem transformar o terapeuta num modificador de comportamento ou o paciente ser acusado de atuação (*acting-out*).

*O poder do aqui-e-agora*
A revolução da Gestalt-terapia foi uma parte essencial de um movimento, no qual o aqui-e-agora momentâneo era o ponto focal para um trabalho de *awareness*, de contato e de criação de novas soluções. As idéias de campo do século XX ainda não haviam produzido um impacto importante na terapia quando os Gestalt-terapeutas, parcialmente sob as influências da psicologia da Gestalt e da de Lewin, as tornaram uma parte central da maneira de pensar da Gestalt-terapia. "O que você está (ou percebe estar) fazendo neste exato momento, e como você o está fazendo?" substituiu o "Por que você fez isto?" como o protótipo de pergunta.

Alguns descreveram a Gestalt-terapia como "Eu e Tu, Aqui-e-Agora, O Que e Como". Foi revolucionário no cenário terapêutico daquela época, que terapeutas e pacientes se relacionassem com base no que estava sendo de fato experienciado, realizado ou necessitado naquele exato momento. O descritivo, o processo, a ênfase de campo sobre o que e o como, em vez de uma ênfase especulativa sobre causalidades mecanicistas, também era uma novidade na psicologia daquela época.

*Dois estilos*
Emergiram duas tendências contrastantes, ou estilos, na Gestalt-terapia que ainda vigoram. Uma, é a abordagem catártica, teatral, em

que se acentua mais a técnica do que o envolvimento pessoa-a-pessoa. Eu às vezes a chamo de terapia "oba-oba". O outro estilo é uma abordagem laboriosa, pessoa-a-pessoa, orientada para o contato. Cada uma delas existe de forma embrionária, pelo menos desde meados da década de 1960. Ambas as tendências foram pioneiras. Uma tomou a dianteira, ou pelo menos se tornou um exemplo precoce das muitas terapias manipuladoras que surgiram na década de 1980. A outra foi pioneira de uma ênfase dialógica aplicada à teoria da mudança paradoxal, que também floresceu na década passada.

Conheci um dos estilos de Gestalt-terapia em 1964, quando Perls deu seu curso anual de treinamento no Metropolitan State Hospital, em Norwalk, Califórnia. Ele foi levado para lá por Arnold Beisser, atualmente membro da faculdade do Gestalt Therapy Institute de Los Angeles (GTILA), então diretor de treinamento psiquiátrico daquele hospital.

Perls era teatral, chocante, narcisista. Ele tanto cativava quanto irava as pessoas. Ele provocou reações nos funcionários da psiquiatria, nos residentes em treinamento, e também em pacientes psicóticos que nenhuma outra pessoa havia conseguido contatar.

Perls considerava a Gestalt-terapia uma psicoterapia séria, baseada na teoria exposta por Perls, Hefferline e Goodman (1951). Ele viajou pelo país demonstrando a Gestalt-terapia. Mas, livre da influência do grupo de Gestalt-terapia de New York City, as suas tendências de se exibir, sua busca de empolgação, suas suspeitas de que seus pacientes queriam fazê-lo de bobo e seu *background* teatral, tudo veio à tona. Quando ele percebeu que estava inadvertidamente encorajando um estilo de Gestalt-terapia que era mais um "ligue-se" do que boa terapia, já era tarde demais para compatibilizar a imagem popular da Gestalt-terapia com a teoria básica. No final, ele se pronunciou contra a atitude "ligue-se" e a confusão disto com a Gestalt-terapia.

Quando vi Perls fui atraído pelas possibilidades da filosofia que ele discutia. Pessoalmente, não o achava agradável e nutria por ele apenas uma pequena admiração. Mas considerei as possibilidades intrigantes.

Quando trabalhei com Jim Simkin experienciei algo diferente, um estilo ou tendência bem distinto. Achei que ele era pessoalmente cuidadoso com os outros, de fácil contato, direto e objetivo. Ele enfatizava uma atitude de "sem deveria(s)" e "há espaço suficiente", que foi decisivo para o meu crescimento (Simkin, 1974). Ele foi um exemplo da ênfase da Gestalt-terapia para o terapeuta demonstrar sua preocupação por meio de uma presença ativa, e confrontava de maneira assertiva a realidade presente do paciente. Ele enfatizava as temáticas existenciais, como a do direito à posse das próprias escolhas e comportamentos, a responsabilidade pela auto-regulação e a experimentação para descobrir as possibilidades. Embora seu estilo não fosse dialógico, pelos padrões modernos, ele desconfiava dos conceitos de empatia e inclusão, e, definitivamente, não era teatral, catártico ou técnico-orientado.

## Background II: Revoluções Contrastantes (1950 e 1965) – Duas Revoluções e Dois Tempos Diferentes

*1947 a 1951: rebelião contra o autoritarismo*
O início da Gestalt-terapia ocorreu após a Segunda Guerra Mundial, na era da reação contra o autoritarismo. Ela foi formada por pessoas com atitude agressiva e ideologia revolucionária, que tentaram criar uma teoria política e social completa. O grupo foi marcado por confrontos intelectuais, políticos e pessoais. Ninguém estava livre disto, nem mesmo Perls, que foi confrontado e criticado por sua falta de disposição para discutir teoricamente ou entrar em diálogo pessoal.

Como era um grupo politicamente agressivo e revolucionário, em rebelião contra práticas sociais rígidas, não é surpresa que também se rebelasse contra a rigidez em psicanálise. Eles eram ligados a analistas como Harry Stack Sullivan e Erich Fromm, que estavam começando a dar ênfase ao ego em vez de ao *id*, e à interação social em vez de à teoria pulsional.

Entretanto, os primeiros grupos da Gestalt-terapia foram além da reforma da psicanálise, pois alteraram a própria base da psicanálise quando enfatizaram a supremacia do contato de realidade sobre a transferência, da presença ativa sobre a tela em branco; do diálogo e enfoque fenomenológico sobre a associação livre e a interpretação; da teoria de campo sobre a teoria mecanicista; e do processo teórico sobre as dicotomias newtonianas e aristotélicas.

*Década de 1960*
Na década de 1960, um novo modelo de Gestalt-terapia espalhou-se pelo mundo. As principais influências desse modelo foram Fritz Perls, o Instituto Esalen e o cenário político e social dessa década nos Estados Unidos.

A década de 60 foi a era do "tudo bem", da escola livre e da ausência de organização. Este foi um movimento rebelde, mas ingênuo. Havia uma fé ingênua na bondade e na inteligência não-cultivadas. Eles eram antiintelectuais, antiorganizacão e antiestrutura. No movimento da década de 1960, havia pouco espaço para confrontos intelectuais. O movimento era rebelde e revolucionário, mas sem um modelo pós-revolucionário, e ignorava até mesmo suas próprias raízes.

Em 1950, a teoria da Gestalt-terapia era em parte uma teoria política do antiautoritarismo, uma teoria de Anarquia política. Em 1965, a Gestalt-terapia fazia parte de um movimento maior, que era anarquista, com *a* minúsculo. Era contra a organização, mas sem uma teoria política verdadeira apoiando a Anarquia.

*De onde deriva o significado*

Na teoria da Gestalt-terapia o significado é uma configuração contra um fundo, a figura de interesse aqui-e-agora contra um contexto ou *background* mais geral.

Os Gestalt-terapeutas de 1950 sabiam da importância do *background* quando tratavam de um paciente? A maioria tinha boa formação clínica, além de filosófica, e praticava e se submetia a terapias individuais prolongadas, usando muitas vezes até mesmo o divã.

No movimento de meados da década de 1960, o contexto histórico era negligenciado ou mesmo dispensado. Por exemplo, a história do desenvolvimento de um paciente era freqüentemente ignorada. E muitos falavam como se o conhecimento da história do paciente fosse totalmente desnecessário.

Na década de 1980, aprendemos a fazer uma síntese entre a figura do aqui-e-agora e o contexto histórico. Aprendemos que é importante ter consciência do *background* histórico. A teoria e a terapia tornaram-se mais eficazes, mas não tão simples quanto anteriormente.

*O estilo "oba-oba"*

A atitude antiteórica da década de 1960 possibilitou o desenvolvimento do estilo terapêutico "oba-oba", que muitos vieram a identificar como Gestalt-terapia. Até o final da década de 1960, a Gestalt-terapia desenvolveu essa abordagem teatral e catarticamente orientada. Ela era arrogante, dramática, simplista, prometendo transformações rápidas. Esta atitude contrastava com o movimento inicial da Gestalt-terapia e estava embebida com a rebeldia ingênua e antiintelectual da década de 1960.

Muitos começaram a igualar a Gestalt-terapia com as pirotecnias bombásticas e confrontações abrasivas desse estilo. Como Perls, este estilo de terapia chamava a atenção das pessoas e fazia as coisas acontecerem rapidamente. Os terapeutas, demonstrando-a, conseguiam efeitos dramáticos. Terapeutas carismáticos, que usavam esse estilo, empregavam técnicas e grupos de encontro para emocionar as pessoas, com uma fé ingênua de que a longo prazo isso resultaria em crescimento. (Veremos que, posteriormente, aprendemos melhor.)

A terapia "oba-oba" trocou a exploração terapêutica cuidadosa por truques. Esta orientação de transformações rápidas e de "se ligar" era marcadamente contrária às longas terapias dos Gestalt-terapeutas pioneiros, e até mesmo contrastava com a prática desenvolvida pelos habilidosos Gestalt-terapeutas durante a década de 1960.

Os pacientes das terapias do tipo ação rápida freqüentemente desenvolviam ou exacerbavam resistência contrafóbica. Pacientes tímidos eram encorajados a se tornar expressivos, mesmo que se tornassem atrevidos e estridentes. Sem o devido respeito pela personalidade da pessoa como um todo, e sem respeitar a resistência da pessoa e a necessidade de avançar por meio das resistências, via conscientização e assimilação, os resultados freqüentemente eram inflexíveis, inautênticos e não-integrados.

Nesta era, muitos (tanto os críticos quanto os defensores) confundiam Gestalt-terapia com grupos de encontro. Enquanto a teoria da Gestalt-terapia era fenomenológica e enfatizava bom contato, muitos grupos usavam pressão, confrontação e tirania grupal em nome da "Gestalt-terapia". Enquanto a cuidadosa abordagem da Gestalt-terapia baseava-se em "sem deveria(s)", esses grupos usavam pressão grupal e outros esforços programáticos para alinhar os pacientes aos objetivos do grupo, como, por exemplo, a expressão de raiva, de cooperação ou de contato físico. Naturalmente, tanto o terapeuta quanto o paciente tendiam a perceber essas novas normas como mais liberadoras do que as antigas, sem considerar que introjeções são introjeções.

### O "É" versus "Fazer o paciente dar o próximo passo"

A metodologia predominante da Gestalt-terapia é centrada na teoria paradoxal da mudança, que significa estar em contato com o que é, com quem somos, permitindo que o crescimento se desenvolva naturalmente. A abordagem "oba-oba" enfatiza a modificação de comportamento e faz o paciente dar o próximo passo.

Existe uma diferença entre acentuar o auto-suporte, que capacita o próximo passo do crescimento, e a atitude de modificação de comportamento de levar o paciente até lá. Na gestalt de modificação de comportamento rompe-se a resistência; na Gestalt-terapia fenomenológica a ênfase é no trabalho de *awareness*, isto é, o contato com o que é. Esta útima abordagem dá suporte ao crescimento do paciente e ao surgimento do próximo passo, em vez de o próximo passo ser apontado pelo terapeuta.

O coração da Gestalt-terapia está na teoria paradoxal da mudança. Nessa abordagem, a resistência é reconhecida, aceita, identificada e entendida. Ela não é entendida como algo indesejável, mas é simplesmente entendida. O trabalho de *awareness* neste modelo integra os pólos de impulsos e de resistência. A resistência não é rompida ou evitada.

O auto-suporte é acentuado para que o paciente possa prosseguir para qualquer próximo passo, compatível com aquela pessoa, em seu espaço de vida. O terapeuta não centra seu trabalho em fazer com que o paciente dê o próximo passo, conforme sua conceitualização.

*Estilo de liderança carismática*

Na psicanálise, o psicanalista passivo interpretava para o paciente passivo. A gestalt iniciou o engajamento ativo do terapeuta e do paciente. Infelizmente, por causa do estilo teatral desenvolvido e praticado na década de 1960, ele foi marcado pelo terapeuta liderando pelo carisma, em vez de por contato dialógico e enfoque fenomenológico.

O estilo "oba-oba" foi um meio natural para os terapeutas que tinham necessidade de ser carismáticos. Esse estilo dava preferência ao drama sobre substância "experiência/clímax" e crescimento, que preencheu as necessidades narcísicas do terapeuta, em vez de as necessidades terapêuticas do paciente. Em benefício de quem essas técnicas dramáticas foram usadas? Acredito que, freqüentemente, para a glorificação do terapeuta.

Jim Simkin apresentava o contraste do guru e do terapeuta. O guru fazia com que os que trabalhavam com ele o amassem, enquanto o terapeuta amava aqueles com os quais trabalhava. Ele queria que o terapeuta fizesse um contato honesto, direto, claro, baseado em consideração e respeito pela autonomia, auto-suporte e capacidade de percepção do paciente.

Os primeiros Gestalt-terapeutas conheciam bem as lições da psicanálise, a respeito da importância do relacionamento terapêutico presente e do fenômeno da transferência e da contratransferência. Sua teoria e sua prática consideram esses fenômenos de maneira assimilada. Entretanto, na década de 1960 e início da de 70, isso foi muitas vezes omitido pela caracterização excessivamente simplificada do sistema da Gestalt-terapia. Como discutiremos a seguir, ultimamente aprendemos (ou reaprendemos) nos Estados Unidos a importância do diálogo e do relacionamento e de seguir a experiência imediata do paciente.

O estilo de liderança carismático não colhia os benefícios da sabedoria dos pacientes, da interação ou do que surgia do diálogo. A modéstia ou os dados não perturbavam. Muito pouca atenção foi prestada, neste estilo, para com os dados de observação que não se adequavam às expectativas do terapeuta. Não houve busca de dados de longo prazo pelos praticantes deste estilo, exceto talvez na busca de histórias corroborativas da excelência de seu trabalho. O que funciona? Com que tipo de paciente? Quais são os perigos? Quais são os resultados negativos? Na grandiosidade narcisística, da qual fomos todos herdeiros em algum nível, fomos cegos. Como éramos especiais!

Estão surgindo evidências de que a terapia baseada em técnica, carisma e catarse não funciona tão bem quanto os defensores carismáticos acreditavam. A Gestalt-terapia abriu o mundo da terapia para novas possibilidades. Mas a versão carismática parecia melhor do que era. Pessoas se machucaram de maneiras óbvias e sutis.

*Tudo bem*

O ambiente da década de 1960, especialmente na Gestalt-terapia, permitiu o florescimento de tais distorções. A evitação de teoria, especialmente a do conflito intelectual, incentivou a ausência de clareza de pensamento e mostrou afinidade com a atitude "tudo bem".

As histórias de horror foram abundantes na década de 1960 e isto era previsível. Havia tanta hipersimplificação, além de uma fé ingênua, que encorajava qualquer um a pensar que podia fazer terapia. Havia desculpas e racionalizações embutidas nesta atitude. Era como se bastasse que o momento da terapia fosse dramático, empolgante, uma "experiência clímax". Os líderes carismáticos não precisavam conhecer história assim como também não precisavam saber o resultado de suas intervenções.

A teoria da Gestalt-terapia era sofisticada sobre a questão da responsabilidade pelo nosso próprio comportamento. Mas o dogma de clichê simplificou-a de maneira exagerada e insistiu que os pacientes eram responsáveis por suas próprias vidas, inclusive por suas próprias terapias. E, segundo esse clichê, o terapeuta não era considerado igualmente responsável pelo resultado da terapia. Se a terapia não funcionava ou se o *workshop* fosse intenso demais para o paciente, a racionalização era de que o paciente simplesmente iria para casa e seria responsável por descobrir de que tipo de ajuda necessitava. Isso em termos de clichê. Porém, muitas pessoas se pronunciaram sobre a temática da responsabilidade do terapeuta, inclusive Frederick Perls, Laura Perls, Walter Kempler, Jim Simkin e outros.

Uma das minhas histórias de horror favoritas: eu me lembro de Jim Simkin dando um *workshop* de treinamento num fim de semana em Tucson, no Arizona. Um terapeuta sem treinamento anterior ou sem experiência em Gestalt-terapia veio para o *workshop*. Não trabalhou nenhuma vez e, se não me falha a memória, perdeu a última parte, na manhã de domingo. Na segunda-feira pela manhã, ele se declarou um Gestalt-terapeuta.

Alguns exemplos são menos óbvios do que este. Muitas pessoas fizeram treinamento em *workshops*, sem supervisão sistemática ou entendimento teórico; elas praticaram gestalt sem saber o que elas não sabiam. As mais agressivas eram até desrespeitosas para com aqueles que se posicionavam por treinamento mais rigoroso, teoria mais rigorosa etc. Algumas mal sabiam como fazer algo chamado Gestalt-terapia, não conheciam a teoria e, com o passar do tempo, se consideraram capazes de treinar outras pessoas em Gestalt-terapia. De alguma maneira, praticar por algum tempo, embora sem nenhuma evidência especial de competência ou de entendimento da teoria, as habilitava (elas assim acreditavam) a dar treinamento e até a criar institutos.

*Literatura da Gestalt-terapia*

No início da década de 1950, a literatura de Gestalt-terapia era escassa, mas havia um grande interesse na produção de teoria. Havia *Gestalt Therapy* e *Ego, Hunger and Agression*, o excelente artigo escrito por Perls em 1947 e alguns outros menos importantes. Mas o diálogo intelectual continuava, e havia respeito por teoria. Havia interesse por pensamentos de boa qualidade em vez de teoria supersimplificada, comercialismo, ou quaisquerismos e introjeções.

De 1950 a 1972 não houve progressos na literatura de Gestalt-terapia. Em 1969, quando escrevi meu primeiro trabalho, uma revisão da teoria e prática da Gestalt-terapia, além da literatura pré-1951, havia apenas alguns poucos artigos introdutórios não-publicados e colocados informalmente em circulação, e uma esparsa tradição oral de ensinamento da teoria Gestalt (por exemplo, o trabalho de Isadore From).

Na década de 1960, a atitude para com a teoria mudou. Houve uma perda de interesse pela teoria, coerente com a atitude antiintelectual da década: "Perca sua cabeça e descubra seus sentidos". Também havia uma crescente inabilidade para a teoria, isto é, mais pessoas na Gestalt-terapia sem formação, treinamento ou temperamento para conduzir uma boa análise teórica ou continuar um diálogo intelectual, o que foi uma infelicidade. Se não havia uma literatura rica de Gestalt-terapia, eu encontrei uma rica literatura nas fontes que fluíam para dentro da Gestalt-terapia, como, por exemplo, Martin Buber, a Psicologia da Gestalt, o existencialismo, a fenomenologia, o Zen etc.

A deterioração final da era, com relação à teoria, veio com os clichês e pôsteres. Perls e outros contribuíram para essa deterioração. O pôster da Oração Gestalt talvez tenha sido o pior deles. Quando Perls percebeu que estava contribuindo para a degeneração da Gestalt-terapia, o dano já estava feito.

### *Background* III: A década de 1970
### Recobrando a Sobriedade e Repensando Tudo

*Do "Ligue-se" para o "Sintonize-se"*

Na década de 1970, o movimento de psicologia humanística começou a descobrir que a catarse não era suficiente e que havia uma reação contra a atitude "ligue-se" da década de 1960. Muitos dos que ingenuamente acreditavam que a Gestalt-terapia era simples e reduziram-na ao "oba-oba", agora descobriram a espiritualidade e um novo interesse pelas questões transpessoais. Da mesma maneira que distorceram a Gestalt-terapia numa terapia que cobrava dos pacientes a externalização de seus sentimentos, agora focalizavam o lado interior. Usando diversas formas de meditação podiam-se ouvir "Gestalt-terapeutas" falando de chacras, de percepção extrasensorial, da cura pelo massageamento da aura e similares.

Mas essa abordagem não era abrangente; ainda era Gestalt-terapia, mas sem o enfoque da Gestalt-terapia. Nem a teoria nem a prática eram devidamente pensadas. Eles entravam em sintonia sem nenhum entendimento de Gestalt-terapia. Muitos a abandonaram sem entendê-la, e entraram em novos universos de pensamento e prática, simplificando demasiadamente e sem um enfoque abrangente. Por exemplo, muitos foram influenciados pelo budismo, mas o distorceram e o simplificaram tanto quanto o fizeram com a Gestalt-terapia. Na década de 1970 a ênfase espiritual estava na salvação individual. Não havia síntese com a teoria fundamental da Gestalt-terapia. (Espero que estejamos nos saindo melhor agora.) Na Gestalt-terapia, obviamente, *self*, *awareness* e *espiritualidade* são relacionais. Espiritualidade e *awareness* não são vistas como emanando do interior, mas do diálogo no campo indivíduo/ambiente.

Na sua adoção de uma ênfase do tipo protestante, no indivíduo e sua salvação, a atitude de entrar em sintonia tratou o indivíduo isolado do seu campo acrescido de seus relacionamentos. A idéia da descoberta da sabedoria, voltando a *awareness* para dentro, em direção a si mesmo, separa o indivíduo do ambiente e separa a *awareness* (interior) do contato. Isto é uma distorção muito séria da teoria Gestalt em mais de uma maneira, inclusive pela perda da noção vital da Gestalt, de que todos e tudo são inerentemente relacionais. A noção de espiritualidade da Gestalt-terapia estaria mais próxima da de Martin Buber, na qual não há *Eu* isolado do *Eu-Tu* ou do *Eu-Isto*, no qual o diálogo entre Deus e o homem depende do diálogo pessoa-a-pessoa, e o diálogo pessoa-a-pessoa só pode existir no contexto do diálogo entre a humanidade e Deus.

Esta abordagem da década de 1970 deixa de enfatizar outro aspecto importante da teoria Gestalt: ela praticamente não tinha nenhuma idéia de responsabilidade social. Era essencialmente individualista e narcisista. Essa mudança na teoria começou com a atitude "Eu cuido do que é meu, você do que é seu", da década de 1960. Na década de 1970 essa atitude era chamada de espiritual.

E isso poderia ser visto nos relacionamentos da comunidade. Podia-se encontrar a pessoa centrada que conseguia dizer *Eu*, que tinha uma aura energética, que parecia carismática e espiritual, mas que não prestava atenção às necessidades dos outros ou do grupo. Essas pessoas não faziam nenhum trabalho que não fosse entusiasmante para si própria. Você poderia querer cantar hinos com elas, mas não iria querer compartilhar uma cozinha com nenhuma delas.

*Repensando o assunto: além de Fritz*
Na década de 1970, muitas pessoas, e Laura Perls era apenas uma delas, manifestaram-se para deixar claro que o estilo de Perls era

apenas um dos estilos da Gestalt-terapia. Não foi o único estilo que Perls adotou em sua vida e, certamente, não era o único estilo legítimo da Gestalt-terapia. E alguns deixaram claro que a sua teorização de clichê não era representativa da teoria da Gestalt. Alguns, especialmente Isadore From, estavam ensinando teoria de acordo com os princípios de Paul Goodman (conforme escrito em *Gestalt Therapy*). De alguma maneira a comunidade profissional nunca captou inteiramente essa mensagem. Por quê? Podemos apenas especular. Pessoas como Laura Perls e Isadore não eram escritores prolíficos, e também não eram tão teatrais quanto Perls. Elas se manifestaram num período posterior, quando as demonstrações teatrais de Perls e de seus imitadores já havia criado uma impressão indelével sobre o público profissional e leigo. E eles não estavam na grande crista da onda social, como estavam os Gestalt-terapeutas "oba-oba" na década de 1960.

É uma dessas ironias da história, que quanto mais bem fundamentada e cuidadosamente pensada fosse uma posição, menos atenção ela recebia. Por outro lado, as reiterações, os esclarecimentos e os desenvolvimentos dessas pessoas levaram a um desenvolvimento posterior da Gestalt-terapia na década de 1980.

*Literatura na década de 1970*
De 1972 em diante, o período de seca na literatura de gestalt foi aliviado, e mais literatura foi produzida. Muito dela no nível introdutório. Conquanto isto às vezes fosse um avanço em relação à prosa difícil do *Gestalt Therapy*, essa literatura logo se tornou repetitiva. E muito dela nem mesmo lidava bem com a teoria básica da Gestalt-terapia, apresentando-a de maneira imprecisa.

A teoria básica não era bem tratada, assim como pouca atenção era dirigida para a adequação entre método, filosofia e técnica. Havia uma insuficiência de discussão clínica autêntica, e continua havendo uma séria necessidade de mais discussão clínica geral, mais sofisticada, e também de bom material sobre casos clínicos.

## O que é Gestalt-terapia?

*Por que a questão surgiu*
Na década de 1970 foi dada mais atenção à questão "O que é Gestalt-terapia?". Essa questão surgiu por causa da proliferação de estilos e do crescimento da popularidade da Gestalt-terapia como mo-

vimento. Simultaneamente, ocorreu um grande declínio na compreensão da teoria da Gestalt-terapia por muitos dos seus praticantes. Os abusos contra a Gestalt-terapia tornaram-se mais evidentes. Conforme a popularidade da terapia crescia, e suas palestras teóricas e organização na comunidade não aumentavam, muitas pessoas com pouca formação profissional e treinamento praticaram muita Gestalt-terapia ruim. Surgiram muitas terapias do tipo-Gestalt, inclusive as infames "Gestalt-terapia e... mais alguma outra coisa".

No final da década, muitas das inovações da Gestalt-terapia foram incorporadas à prática de psicoterapia em geral. Muitas terapias se moveram na direção da Gestalt-terapia. A psicanálise tornou-se mais experiencial, com o advento das Relações Objetais e da Psicologia do *Self*. A modificação comportamental encaminhou-se para a terapia do comportamento cognitivo, afastando-se do que restou da noção comportamentalista de caixa preta.

A velha e simples imagem da psicanálise e da Gestalt-terapia descrita acima tornou-se cada vez mais insustentável. Novas terapias, tais como a terapia familiar estrutural e a terapia ericsoniana, apresentaram alternativas ativas à velha opção entre psicanálise ou modificação comportamental.

## Gestalt-terapia definida como técnicas especificadas

A literatura profissional está repleta de descrições da Gestalt-terapia em termos de técnicas ou de práticas específicas. Enquanto para alguns isso parece a própria antítese da Gestalt-terapia, outros Gestalt-terapeutas a definiram em termos de técnicas. Isso se tornou o dogma, e é assim que eles treinaram novos Gestalt-terapeutas. O treinamento em Gestalt-terapia, neste modelo, era o treinamento das técnicas, e a terapia tornou-se a aplicação dessas técnicas. Assim, as técnicas específicas espontâneas usadas por Perls tornaram-se dogmas: a cadeira vazia, o socar almofadas, o "coloque-o em palavras". Essa definição de Gestalt-terapia está até mesmo implícita nos artigos que recomendam não usar estas técnicas com determinados pacientes, como se essa fosse uma modificação excepcional da Gestalt-terapia.

Essa abordagem mostra uma falta de entendimento do significado de psicoterapia e indica uma falta de profundidade e de flexibilidade. Nesta abordagem tornar-se emotivo substitui a compreensão verdadeira, e a catarse substitui criatividade verdadeira. Definida assim, a Gestalt-terapia é apenas mais uma forma de modificação comportamental, que não apresenta a responsabilidade e a honestidade da modificação comportamental.

## Isto é Gestalt-terapia

Toda vez que a Gestalt-terapia é definida de uma maneira que a iguala com determinada linha, ela sofre uma degradação paralela. Qualquer estilo que esteja sendo usado como modelo se transforma, então, em "isto é Gestalt-terapia". Naturalmente, a Gestalt-terapia é uma filosofia e metodologia geral, e é aplicada numa grande diversidade de estilos, com uma grande variedade de pacientes, numa grande variedade de modalidades e ambientações. Não obstante, a literatura está repleta de artigos nos quais o autor confunde as suas próprias sínteses, conclusões e experiência clínica com Gestalt-terapia.

Como pôde a Gestalt-terapia ser reduzida a um de seus estilos? Acredito que isso ocorreu por falta de pensamentos e de teorizações claras. Se você não conhece uma teoria geral e seus professores não a apresentam, se você assiste a uma Gestalt-terapia sendo praticada em grupos no estilo um a um, é natural presumir que terapia de grupo gestáltica significa fazer terapia um a um, num contexto grupal. Quando eu fiz Gestalt-terapia em ambiente hospitalar com esquizofrênicos agudos e crônicos, na década de 1960, não usei a técnica da cadeira vazia. Era adequado ao contexto e aos pacientes fazer bastante trabalho de grupo, usando psicodrama, vendo casais, reuniões interdisciplinares etc. Aquilo era Gestalt-terapia, naquele contexto, tal como praticada por mim. Sem clareza teórica eu poderia dizer "Isto é Gestalt-terapia" ou poderia mostrar como esta era uma das muitas maneiras de aplicar a atitude gestáltica.

## O que os Gestalt-terapeutas fazem

Muitas pessoas boas consideram os argumentos a respeito do alcance da Gestalt-terapia como aborrecedores, inúteis ou até mesmo perigosos. Elas preferem focalizar aquilo que as pessoas fazem, em vez de focalizar-se na crença, no dogma ou na fidelidade. Essas pessoas querem tomar uma posição que não é a da redução da Gestalt-terapia a técnicas ou dogmas, mas é um entendimento flexível quanto ao que os Gestalt-terapeutas fazem. Eu simpatizo com essa atitude. Uma maneira de consegui-lo é definir a Gestalt-terapia como "o que os Gestalt-terapeutas fazem". Eu não simpatizo com esta definição.

Lamentavelmente, existem charlatões, incompetentes, impostores e estúpidos desorientados fazendo terapia, e alguns deles se denominam Gestalt-terapeutas. Como não temos um mecanismo para certificar Gestalt-terapeutas, e aqueles que definem a Gestalt-terapia como "o que os Gestalt-terapeutas fazem" não iriam querer tal mecanismo, estaríamos dizendo o que estes terapeutas incompetentes estão fazendo, daí reduzindo a Gestalt-terapia ao seu mínimo denominador de competência.

Além disso, essa definição presume que o argumento seja verdadeiro mesmo que não tenha sido provado. Uma boa Gestalt-terapia é fazer o que é necessário, de acordo com um modelo nítido. Não é um cheque em branco para seguir seu impulso e chamá-lo de Gestalt-terapia. Gestalt-terapia não é uma permissão para ser impetuoso.

Gestalt-terapia é liberdade para fazer terapia com espontaneidade, vivacidade e criatividade. Mas também exige responsabilidade. Responsabilidade de saber o que você está fazendo, de definir o que você está fazendo e ser compartilhado, para que os efeitos possam ser estudados. Responsabilidade de saber o que funciona, buscar as melhores opções. Responsabilidade é melhorar a terapia.

Tudo isso significa mais especificidade sobre o que a Gestalt-terapia é, do que: "Gestalt-terapia é aquilo que o Gestalt-terapeuta faz".

### A década de 1980: O que aprendemos?
### Mudança dos Tempos (Estados Unidos)

*Mudanças sociais gerais*

Nos Estados Unidos, a década de 1980 foi um lugar, e um tempo, muito diferente das décadas de 1960 e 70. Esta é a era do *yuppie*. Uma busca incessante de respostas fáceis continuou por esta década. Na década de 1980, o narcisismo geral foi exuberante, freqüentemente sem as armadilhas espirituais da década de 1970.

Há uma confiança crescente na tecnologia, com um declínio concomitante na confiança da interação pessoa-a-pessoa. As famílias vêem TV sem conversar entre si. Há um declínio na ética do trabalho, e um declínio em comprometimentos.

*Mudanças na psicoterapia*

A psicoterapia tornou-se cada vez mais sofisticada.

Por um lado, houve um aumento na crença e na confiança em soluções tecnológicas. Esta é uma face importante do contexto atual da Gestalt-terapia: nesta era de tecnologia e terapia por procedimentos, há um aumento na necessidade de abordagens que enfatizam valores pessoa-a-pessoa. Acredito que, enquanto a Gestalt-terapia do diálogo e da fenomenologia é mais necessária hoje do que jamais fora anteriormente, há muito menos necessidade de "Gestalt-terapia mágica", isto é, terapia orientada por procedimentos. O que é necessário no campo da psicoterapia são abordagens baseadas nos princípios mais importantes do diálogo, da consciência fenomenológica e da teoria de campo (processo).

*Psicanálise*
Em geral, a psicanálise tornou-se menos orientada para a teoria pulsional e mais perto da experiência básica. Ela se tornou menos rígida, mais orientada para o interpessoal. É uma alternativa à Gestalt-terapia, mais poderosa do que a psicanálise clássica jamais fora, e está mais próxima da verdadeira intenção da Gestalt-terapia do que as abordagens "oba-oba" que se autodenominam Gestalt-terapia.

Mesmo assim, a psicanálise não é a resposta. Ainda lhe falta muito do que a Gestalt-terapia tem para oferecer. Ela não tem nem uma teoria da consciência nem uma metodologia que aproveita ao máximo o poder do enfoque fenomenológico e da experimentação. Ela não tem uma teoria que integra verdadeiramente o interpessoal e o intrapsíquico. Ela não tem um conceito de papel do terapeuta que possa englobar de verdade as variações que são claramente necessárias quando se trabalha com tipos diversificados de pacientes. Por exemplo, alguns psicanalistas se afastaram da posição psicanalítica ao trabalhar com pacientes *borderline* e se aproximaram da abordagem dialógica. Eles têm de encontrar justificativas especiais para isso, o que é rotineiramente compreendido dentro da teoria e da prática da Gestalt-terapia. E, por fim, eles não possuem uma teoria do relacionamento terapêutico que seja adequada às mudanças que estão fazendo. Eles estão se aproximando da Gestalt-terapia e necessitam de algo equivalente ao enfoque abrangente da Gestalt-terapia.

*Pesquisa*
Houve um crescimento na base de conhecimento da psicoterapia em geral.

As pesquisas mostram que o efeito da psicoterapia é geralmente positivo. Isto é menos exuberante do que poderia ser, porque os bons resultados são contrabalançados por psicoterapias ineficazes ou danosas de alguns terapeutas (Bergin e Suinn, 1975; Lambert, 1989). A média entre boa terapia e bons terapeutas com práticas terapêuticas danosas e terapeutas fracos resulta ligeiramente benéfica para a psicoterapia como um todo, e não numa grande eficácia terapêutica. Yalom ilustra isso em seu livro sobre grupos de encontro (Lieberman *et al.*, 1973). Um Gestalt-terapeuta foi bastante eficiente e obteve resultados muito benéficos, sem desistências. Esse grupo foi eficiente na "ênfase da experienciação como valor dominante, um valor que reflete o tema de muitas ideologias de encontro, mas que mostrou um incremento significativo somente neste grupo" (Lieberman *et al.*, p. 126). Os membros desse grupo também disseram que o contexto grupal oferecia mais oportunidades para a comunicação aberta entre seus membros.

Por outro lado, um outro Gestalt-terapeuta fazia uso de um estilo de liderança carismática forte, abrasivo, agressivamente estimulante e estava no grupo estatístico que tinha o maior número de desistência (Lieberman *et al.*, p. 126). Os membros desse grupo tinham um baixo sentimento de auto-estima, eram menos tolerantes consigo mesmos, e viam o ambiente da mesma maneira. "O interessante é que a despeito da alta estimulação e da orientação aqui-e-agora [deste grupo]..., os participantes diminuíram a valoração da experimentação e se tornaram muito mais auto-orientados e crescimento-orientados" (Lieberman *et al.*, p. 126).

Nitidamente, a maneira como o terapeuta trabalha resulta em ampla variedade de resultados, desde o bastante terapêutico até o precipitador de crise psicótica. E o rótulo usado pelo terapeuta, por exemplo, o Gestalt-terapeuta, não indica intrinsecamente a qualidade da terapia.

É natural que certas práticas ou atitudes funcionem melhor com determinados tipos de paciente. Há diferentes perigos com diferentes tipos de paciente. Ficou claro quão complexo é, e quais os fatores que precisam ser considerados para compatibilizar o terapeuta, a abordagem, o paciente, o tipo de paciente, o tipo de terapia, a personalidade e a compatibilidade entre a formação do terapeuta e o paciente etc. Por exemplo, trabalhar a *awareness* dos processos cognitivos negativistas dos depressivos parece ser em geral mais eficaz do que enfatizar principalmente a catarse. Isso é verdade tanto para a Gestalt-terapia quanto para qualquer outro tipo de terapia.

*Aumento da experiência clínica em Gestalt-terapia*
   Os Gestalt-terapeutas têm mais experiência como tal do que tinham há décadas. Nós aprendemos por experiência, fazendo Gestalt-

terapia, e com nossas próprias terapias pessoais. Tenho praticado Gestalt-terapia por mais de 24 anos, dezenove dos quais em psicoterapias de longo prazo, e no mesmo local. A minha prática e a minha compreensão foram temperadas por essa experiência, vendo padrões de longo prazo se desvendando, e como são afetados pelas diferentes intervenções, atitudes, compatibilização de paciente e terapeuta, e assim por diante. Eu também aprendi, tratando gerações sucessivas de uma mesma famíla, e com terapias pessoais durante esses anos. E, nisso, sou bem típico em vez de singular.

Uma das coisas que aprendemos é o reconhecimento mais claro de padrões, ou seja, reconhecemos diferentes tipos de pacientes, como lidar com eles e quais os perigos. Por exemplo, como já dissemos em outra parte deste livro, aprendemos muito como trabalhar com *borderlines* e desordens de caráter narcisísticas, isto é, com indicações terapêuticas e perigos.

De maneira geral, a importância da empatia e da sintonia cresceu na minha mente, com o passar dos anos, como resultado desses vários fatores.

## Algumas Lições Óbvias

*Não há respostas fáceis*
Clichês são geralmente errados (dizer "sempre" errados seria outro clichê impreciso). A procura por respostas fáceis, não querer ou ser incapaz de repensar as afirmações antes de aceitá-las, usá-las ou efetuá-las parece incompatível com o crescimento individual ou com o crescimento de um sistema terapêutico.

*Precisamos do processo de produção de boa teoria*
Kurt Lewin disse que "nada é tão prático quanto a boa teoria". Sem boa teoria, estamos sem boa direção geral. Boa teoria é clara, consistente e faz diferença.

Boa teoria é um processo de teorização, não permanente, ou tipocoisa e não-dogmático. É o processo de se tornar claro e consistente. É o reconhecimento das fraquezas e dos aspectos incompletos. É um processo constante de transformação, teste, desafio e melhora.

Precisamos de diálogo intelectual. A verdade surge da luta entre idéias conflitantes, inclusive de *feedback* honesto e competente. Idéias não-expressas ou que não foram objeto de comentário por outros não são confiáveis. Idéias profissionais que não são apresentadas num fórum, no qual são debatidas e destruídas por colegas, não são confiáveis. Precisamos honrar nossos colegas desafiando suas afirmações clínicas e teóricas. Precisamos de teoria que seja verificável. Somente desta maneira poderemos descobrir o que é útil ou verdadeiro, e o que funciona e o que não.

*Precisamos de conhecimentos profissionais vindos de fora da Gestalt-terapia*
Aprendemos que precisamos de diagnóstico e de descrições de caso de outras perspectivas. Precisamos de informações tecnológicas sobre possibilidades de tratamento. (Discutiremos esse aspecto relativo ao trabalho clínico na seção de aplicações deste volume.)

E precisamos do estímulo da análise teórica e das discussões filosóficas com pessoas de várias perspectivas. Por exemplo, nos últimos anos houve uma série de artigos no *The Journal of Humanistic Psychology* sobre problemas teóricos com a teoria da auto-atualização, que poderia ser importante e estimulante para o desenvolvimento da teoria da Gestalt-terapia e que pode apresentar uma abertura para uma contribuição da Gestalt-terapia (Geller, 1982, 1984; Ginsburg, 1984).

*Sem atalhos no treinamento de bons terapeutas*
Não há atalhos no treinamento de bons terapeutas. Com atalhos, as pessoas nem ficam sabendo o que estão perdendo. Eu me recordo, há muitos anos, dando o primeiro curso abrangente de teoria no Gestalt Therapy Institute, de Los Angeles. Nesse curso eu tinha estagiários com diversos níveis de experiência. Eu estava discutindo como aplicar a Gestalt-terapia no tratamento da esquizofrenia. Uma das estagiárias mais adiantadas, uma psicoterapeuta licenciada, que parecia estar se saindo bem no grupo de treinamento experiencial, nem mesmo sabia o que era um esquizofrênico. Ela havia tomado demasiados atalhos. Como é que ela saberia que estava vendo um esquizofrênico, quanto mais tratá-lo, se ela não sabia o que era esquizofrenia?

*Necessidade de literatura melhor*
Aprendemos da maneira mais difícil que somente popularidade ou demonstrações são uma base de suporte insuficiente para um desenvolvimento continuado da Gestalt-terapia. Eu acredito que

manter e ajudar a prosperar a Gestalt-terapia exige uma boa literatura e um bom diálogo na comunidade gestáltica, assim como mais material de qualidade para público fora da comunidade gestáltica.

Onde isto não se desenvolveu, a Gestalt-terapia ficou em situação difícil depois de um ápice de popularidade. Quando a onda de popularidade refluir, quando novas idéias e tecnologias forem apresentadas, a Gestalt-terapia esmaecerá proporcionalmente à ausência de base de apoio, que incluem: teoria, diálogo e palestras para a comunidade profissional em geral.

*Necessidade de lidar melhor com nossa própria teoria raiz*
A teoria básica ainda está mais bem exposta em Perls, Hefferline e Goodman. Isto precisa ser entendido e formar a base do trabalho futuro. Não precisamos concordar com tudo em *Gestalt Therapy*, mas um diálogo teórico precisa levar em conta essa análise de maneira muito competente. Precisamos usá-lo mais em treinamento, construção teórica e diálogo. E, a partir daí, precisamos ir mais além.

Quando discutimos conceitos (à parte), precisamos discutir o relacionamento do conceito ou parte, ao todo, e isso exige a análise do *Gestalt Therapy*.

## A Teoria Paradoxal da Mudança

*O que é a teoria paradoxal da mudança?*
Quanto mais você tenta ser quem não é, mais você permanece o mesmo. Crescimento, incluindo a assimilação da ajuda e do amor de outros, requer auto-suporte. Tentar ser quem não se é, não é auto-suporte.

Um aspecto muito importante do auto-suporte é a identificação com o próprio estado. Identificação com seu próprio estado significa conhecer o próprio estado, isto é, sua experiência, comportamento e situação presente. Como a situação das pessoas muda com o tempo, a identificação com o próprio estado inclui a identificação com o fluxo dos estados, de um para o outro, isto é, ter fé em movimento e transformação.

O auto-suporte deve incluir tanto o autoconhecimento quanto a auto-aceitação. Não podemos nos dar suporte adequadamente sem conhecermos a nós mesmos, nossas necessidades, capacidades, ambiente, obrigações etc. Saber sobre si sem reconhecer que é fruto de escolha e rejeitar-se é uma forma de auto-enganar-se. Sartre discute isso como "má-fé", em que alguém confessa, e no ato de fazer tal confissão se desidentifica com o que foi confessado. Por exemplo, eu faço uma covardia e me confesso covarde. Mas, no ato de confessar ser um covarde, eu me iludo com a crença sutil de que quem confessa não pode ser covarde. É como se o comportamento covarde não tivesse sido escolhido, mas de alguma maneira visitou a pessoa que se confessou.

Quando um terapeuta "lidera" ou "cura" um paciente, na verdade ele está conduzindo ou pressionando o paciente a ser diferente. E quanto mais o paciente é posicionado em direção a um objetivo, mais ele permanecerá fundamentalmente o mesmo. Forçar ou direcionar leva à resistência. Daí, o paciente não só apresenta a resistência ao seu funcionamento organísmico, mas agora também apresenta resistência à intrusão do terapeuta. Essa última resistência é geralmente saudável, embora também iniba trabalhar o estado estático original que precisou de terapia.

Existe outra razão, pela qual a pressão do terapeuta não resulta em movimento verdadeiro. Uma das maneiras de não entrar em contato com a intrusão do terapeuta invasivo é introjetar. O paciente pode conformar-se ou rebelar-se externamente, mas tanto numa atitude como na outra ele provavelmente engolirá inteira a sugestão do terapeuta: "Se eu fosse uma pessoa competente, iria querer fazer o que o terapeuta está sugerindo".

Se a pessoa muda de acordo com o empurrão do terapeuta, não será com base em autonomia e auto-suporte. E a pessoa não terá adquirido as ferramentas da autonomia e do auto-suporte.

O mais importante é que o terapeuta que direciona força, conduz o paciente, transmite a seguinte mensagem: "Você não é suficiente como você é". Essa mensagem induz à vergonha e/ou à culpa. Resumindo, o terapeuta diretivo não promove o auto-suporte do paciente.

Tal terapeuta pode estar agindo com "boas intenções". Isto não melhora em nada a situação. Acredito que, em geral, a ação de conduzir o paciente atende às necessidades do terapeuta e não às do paciente. Observar transformações rápidas pode ser entusiasmante e gratificante, mas isto promove o crescimento do paciente? Eu duvido que a transferência e a idealização produzidas sejam tão enaltecedoras para o paciente quanto o são para o terapeuta. Acho que o paciente é o último a saber que isto é verdade. Forçar pode levar a descobertas, mas geralmente sem ferramentas para fazê-lo sem o terapeuta. No máximo, pode dar ao paciente a capacidade de fazer o que o terapeuta induziu-o a fazer, o que tem um poder de generalização muito limitado.

Há, também, o reverso do paradoxo: quanto mais se procura permanecer o mesmo, tanto mais a pessoa muda em relação ao ambiente em transformação. Como você lida com pacientes estáticos, que tentam permanecer os mesmos e pioram em relação ao ambiente, se não forçar?

O método para lidar com pacientes estáticos, sem forçar e dirigir, é: diálogo, *awareness* e experimentação. Isso exige paciência, e exige que o terapeuta tenha uma atitude de que há "espaço suficiente" no mundo para o paciente, do jeito que ele é, e isso requer fé no crescimento organísmico.

Minha experiência é a de que se não funcionar, forçar também não irá funcionar, exceto, talvez, a curto prazo. Forçar é mais perigoso com pacientes que não mudam facilmente. O caso incomum, em que funciona, provoca relatos entusiasmados para os colegas. É mais provável que forçar venha a criar impasses de relacionamento. Isso quase sempre faz com que o terapeuta não assuma a responsabilidade por sua parte da interação. Se o terapeuta está frustrado por isso, a responsabilidade é dele. Ele deve criar ou descobrir uma abordagem melhor. Os terapeutas também precisam conhecer os limites das técnicas mais avançadas, e, principalmente, ser capazes de monitorar e trabalhar sua própria contratransferência.

*Respeitando o paciente*

Minha visão da Gestalt-terapia baseia-se num relacionamento horizontal. Tanto quanto possível, o terapeuta trata o paciente como um igual (embora com uma diferença de papéis exigida pelo contrato terapêutico).

Isto é igualmente verdade quando se lida com um paciente que o terapeuta chamaria de resistente. A resistência só não é saudável se não for consciente (*awareness*) ou se não fizer parte do ajustamento criativo do organismo. Resistir ao terapeuta ou à Gestalt-terapia pode ser uma reação saudável. Mesmo quando o paciente resiste à sua própria *awareness*, isto pode ser saudável. Nossa atitude na Gestalt-terapia é trazer a resistência à consciência (*awareness*), de maneira que a auto-regulação do paciente seja marcada por contato e *awareness* melhores. Levar a terapia a termo, de maneira integrada e propiciadora de crescimento, exige integração e não o aniquilamento da resistência.

As defesas do paciente necessitam de respeito do terapeuta e não devem ser atacadas ou afagadas. É importante conhecer e saber identificar as defesas ou evitações, para entendê-las e se apossar delas. Nem a tentativa de eliminar nem a de alimentar as resistências têm a possibilidade de ajudar na melhora dos pacientes. O objetivo é fazer o paciente entender as resistências e se encarregar delas com total *awareness*. E isso tem de ser feito no ritmo do paciente.

O paciente sabe melhor. Alguns Gestalt-terapeutas atribuem ao paciente total responsabilidade, poder absoluto para adoecer ou ficar bem, mas daí chamam para si a decisão de empurrar o paciente por intermédio de suas defesas. Parece-me que se os pacientes são tão capazes a ponto de ser responsáveis por si mesmos (suas vidas, suas patologias, suas terapias), então suas resistências também precisam ser respeitadas como algo que eles escolhem, porque preenchem uma necessidade importante.

Historicamente, a Gestalt-terapia tem sido associada à rebelião contra a autoridade e à promoção de inconformismo. Não nos tornamos autoritários quando nos colocamos à disposição como a pessoa que irá decidir que defesas devem ser eliminadas?

Eu não acho que a resposta seja apenas ir devagar com os pacientes. O trabalho de *awareness* precisa ser feito, e o terapeuta que decide ser "compreensivo" e não fazer o trabalho de *awareness* também não está respeitando o paciente e suas escolhas. A resposta está no diálogo e na clareza diagnóstica (ambos serão discutidos posteriormente).

O respeito ao paciente inclui perceber que nível de auto-suporte o paciente é capaz. Isso inclui saber o que o paciente espera do trabalho terapêutico, a sofisticação terapêutica do paciente, a sanidade, a coesão da identidade, da inteligência etc.

Em grupos isso se torna mais complicado, pois o terapeuta tem a responsabilidade de observar, reconhecer e respeitar as necessidades de todos os indivíduos, e do grupo como um todo. O indivíduo que precisa ir mais devagar pode estimular ser forçado pelo restante dos indivíduos de um grupo frustrado. Uma forçada grupal pode ser até pior do que uma forçada do terapeuta. Nessa situação, o grupo precisa aprender a encarar a frustração sem desrespeitar fronteiras, diferenças e autonomia.

O grupo não é seguro se é dominado por uma atitude hostil ou até mesmo insistente da maioria sobre a minoria. Por outro lado, o grupo não é seguro se sentimentos e pensamentos negativos não são expressos. O terapeuta é responsável pela definição das necessidades de segurança e equilíbrio.

*A escolha*
A teoria paradoxal da mudança conflita com a catarse como uma intervenção de qualidade. Ela conflita com o rompimento das defesas e a tentativa de aniquilar resistência, e com o uso de técnicas ou da personalidade do terapeuta para direcionar diretamente o paciente para um resultado previamente determinado ("saúde")
A teoria paradoxal da mudança também entra em choque com a idéia de treinamento simplista de terapeutas. Boa terapia, de acordo com a teoria paradoxal da mudança, exige que o terapeuta tenha um bom entendimento teórico, que esteja pessoalmente centrado, e tenha um bom entendimento clínico.

A continuidade do desenvolvimento da Gestalt-terapia nos Estados Unidos direcionou-se para "além do carisma". A experiência nos ensinou algo sobre o que é essencial na multifacetada teoria da Gestalt-terapia, isto é, uma *awareness* e relacionamento dialógicos baseados no respeito pela experiência pessoal do paciente e no estilo experiencial. Isso exige um bom conhecimento das necessidades e dos padrões clínicos.

O que não é essencial, e na verdade é a antítese de bom treinamento e terapia, é o sistema exibicionista dos terapeutas, e dos terapeutas didáticos, nos quais o carisma domina. A abordagem mais recente exige trabalho duro em vez de carisma. A saúde psicológica e a maximização do crescimento humano, assim como a genialidade, são 90% transpiração e 10% inspiração.

## Relacionamento: Engajamento e Emergência

Aprendemos a substituir a Gestalt-terapia baseada em carisma, teatralidade e catarse pela ênfase no engajamento dialógico do paciente e do terapeuta, e do paciente com outros pacientes nos grupos, e confiar que o crescimento emerge de tal engajamento.

*A dimensão social: relacionamento e eficácia terapêutica*
Na psicologia tem ocorrido um aumento da ênfase sobre o relacionamento. Isso também é verdade para a Gestalt-terapia e faz par-

te do aumento geral da importância da dimensão social na Gestalt-terapia.

A pesquisa de fatores de sucesso terapêutico apontam de maneira consistente para a importância do relacionamento. Na psicanálise há uma ênfase aumentada no relacionamento, mas infelizmente usando ainda uma linguagem que confunde contato com transferência. Na Gestalt-terapia há uma ênfase continuada no relacionamento terapêutico e grupal.

Outro aspecto da importância aumentada da dimensão social em geral, e do relacionamento em particular, é um aumento da ênfase sobre famílias e organizações em Gestalt-terapia. Embora trabalhar com grupos familiares e organizacionais não seja novidade na Gestalt-terapia, muita coisa está acontecendo, sendo escrita, falada, discutida e praticada com maior freqüência e sofisticação jamais ocorrida anteriormente.

Parte do avanço no desenvolvimento da Gestalt-terapia tem sido a apreciação crescente da "cura pelo encontro" de Buber. Curar é a restauração da totalidade. E Buber acreditava que somente com certo tipo de engajamento pessoa-a-pessoa poderia ocorrer a cura.

O engajamento total acontece no aqui-e-agora. Na década de 1960, algumas pessoas, infelizmente, interpretaram o aqui-e-agora de maneira excludente, estreita. Agora, estamos inclinados a compartilhar mais inteiramente a história de vida do paciente e a história de nossa vida como adequados à terapia. O livro de Ervin Polster *Every person's life is worth a novel* é um exemplo dessa ênfase (Polster, 1987).

Mas também existem tendências contrárias na psicologia e na psiquiatria, especialmente no tratamento por procedimentos. Tem ocorrido um aumento da perspectiva tecnológica. A terapia, em geral, voltou-se para uma abordagem mais técnica ou técnica-orientada, buscando um caminho mais rápido. Que técnicas funcionam com pacientes depressivos ou *borderlines*? Livros de receitas terapêuticas, denominados manuais, são usados com mais freqüência em pesquisa psicoterapêutica.

Parece-me interessante que, mesmo com tentativas tão rigorosas de padronização dos procedimentos, a personalidade individual do terapeuta e a qualidade do relacionamento terapêutico ainda acabem com resultados bastante diferentes, com diferentes terapeutas e pareamentos terapeuta-paciente (Lambert, 1989).

Historicamente, a Gestalt-terapia tem estado no campo do humanismo e propiciou uma alternativa ao behaviorismo e às terapias de controle e técnico-orientadas. Nossa ênfase foi trabalhar com as pessoas, não controlá-las ou recondicioná-las. Mas sempre havia uma tensão entre o nosso humanismo, de um lado, e a nossa tecnologia e propensão à liderança carismática, de outro. Muitos questionaram se usar cadeiras vazias, socar almofadas, usar clinicamente a frustração e outros dispositivos semelhantes, seria realmente uma abordagem humanista. Mais recentemente, essa questão é enquadrada em termos de ser consistente com a abordagem dialógica.

Em grande medida, aprendemos a ir além da orientação técnica. E esta é uma grande parte da mensagem deste trabalho. Aprendemos a importância do diálogo e do relacionamento, a teoria paradoxal da mudança, permitindo que a mudança emerja, e não seja perseguida, e a desimportância de técnicas específicas. A despeito de tudo isso, em muitos lugares, ainda há pessoas sendo treinadas, primariamente com técnicas, e no uso de frustração e de pressão, para conseguir levar as pessoas à mudança. Eu acho isto uma distorção da Gestalt-terapia. Isso nunca foi boa teoria de Gestalt-terapia e certamente não o é agora.

Nesta era de movimento em direção a arranjos tecnológicos rápidos, a verdadeitra Gestalt-terapia do humanismo e do diálogo – da teoria paradoxal da mudança – é mais necessária do que nunca. Em terapia familiar, existem sinais de insatisfação com as abordagens familiares mais manipulativas e uma receptividade para abordagens engajamento-orientadas que enfatizam a *awareness* e o diálogo.

Para mim, a essência da Gestalt-terapia é a integração do engajamento pessoa-a-pessoa com competência clínica e técnica geral. E isto é verdade independentemente da linha ou do tipo de paciente.

*Engajamento dialógico – a realidade é relacionar-se*
A visão dialógica da realidade é a de que a toda realidade é relacionar-se. Viver é encontrar-se. A *awareness* é relacional – é a orientação para a fronteira* entre a pessoa e o resto do campo organismo/ambiente. O contato também é obviamente relacional: é o que acontece entre a

---

* Fronteira de contato – *Contact boundary*. Em inglês, duas palavras diferentes designam fronteira: *border* e *boundary*. Enquanto *border* refere-se à fronteira que pode ser transposta (como a fronteira geográfica), *boundary* refere-se à fronteira que não pode ser transposta (como a fronteira de contato). (N. do R. T.)

pessoa e o ambiente. Nosso senso de nós mesmos é relacional (mostrado com clareza no *Gestalt Therapy*). Eu acredito, com Buber, que a espiritualidade também é relacional.

Nós crescemos pelo que acontece entre pessoas, não por olhar interiormente. O interior e o exterior são apenas "elaborações secundárias" ou diferenciações no campo organismo/ambiente. Em *Gestalt Therapy*, Perls, Hefferline e Goodman dizem que o contato é a realidade primária. A pessoa (*self*) é definida em termos das inter-relações entre a pessoa e o resto do campo:

> *Self* é o Sistema de Contatos Atuais e o Agente do Crescimento.
>
> Nós vimos que em qualquer investigação biológica ou sociopsicológica, o tema é sempre um campo organismo/ambiente. Não há *nenhuma* função, de qualquer animal, que seja definível exceto como função de tal campo [...]
> Ao complexo sistema de contatos, necessários para se ajustar no campo difícil, nós chamamos de *self*. *Self* pode ser considerado como na fronteira do organismo, mas a própria fronteira não está isolada do ambiente; ela entra em contato com o ambiente; ela pertence a ambos, ambiente e organismo. (p. 373)

A realização do *self* na Gestalt-terapia, no sentido da relação do aqui-e-agora real entre a pessoa e o outro, é cuidadosamente colocada em contraste com a tentativa de concretizar a auto-imagem. As imagens, incluindo as imagens de si mesmo, são produtos ou representações e não o evento relacional real do existir no mundo humano. Uma das coisas que distinguem a Gestalt-terapia das relações objetais e das outras abordagens psicanalíticas (as novas e as antigas) é que a Gestalt-terapia enfatiza relacionamentos reais em vez de imagens *self*-outros. O lema é: entre em contato com o real. Contate a verdadeira outra pessoa, e também o que é realmente verdade para você como pessoa.

Só existe o Eu do Eu-Tu e do Eu-Isto. Tu, o que acontece no encontro verdadeiro de pessoas como pessoas. Em tais encontros, cada pessoa é tratada como um outro distinto, como um fim em si mesmo. Uma pessoa no diálogo sabe inteiramente e confirma que o outro é uma consciência igualmente especial.

Nos relacionamentos Eu-Isto existe um distanciamento e um espessamento da fronteira. No Eu-Isto algo é objetivado em vez de permitido surgir do engajamento de pessoas como pessoas. No modo Eu-Isto existe premeditação, controle, tratamento das pessoas como meios para um fim. Planejar, discutir, manipular pessoas estão todos no modo Eu-Isto. O terapeuta que usa a sua personalidade para encaminhar o paciente para a saúde opera no modo Eu-Isto. Ninguém existe sem o Eu-Isto. É um modo organismicamente necessário e saudável. Mas há um Eu-Isto no qual a pessoa oscila entre o Eu-Tu e o Eu-Isto. É um Eu-Isto a serviço do Eu-Tu. Em trabalhos anteriores eu às vezes me referi a isto como a "relação Eu-Tu", em contraste com o "momento Eu-Tu". Eu mudei para uma terminologia que deve ser menos confusa: reservar os termos do Eu-Tu para o ápice do momento do encontro, que Buber descreve tão poeticamente no *Eu e Tu* usando o termo dialógico para o relacional mais amplo, que está oscilando entre o Eu-Tu e o Eu-Isto (Hycner, 1985; Jacobs, 1989).

*Características do diálogo*
Em terapia, diálogo significa um relacionamento baseado em engajamento e emergência, em vez de um relacionamento de conduzir o paciente a algum lugar ou retendo a gratificação e a presença, promovendo a neurose de transferência.

*Presença*
Buber descreve o encontro existencial com frases tais como "viver enfrentando", "lutar com" e "brigar com". Isso não significa nem ser agradável e nem brutalmente honesto. Significa encontrar e manter sua posição de uma maneira que mantenha o contato e que seja a prática da inclusão e da confirmação (ver a próxima subseção). Isso significa se transportar até a fronteira com a outra pessoa e não marchar pela fronteira ou controlar a outra pessoa, ou seja, não controlar o que está do outro lado da fronteira.
Buber refere-se à "comunicação genuína e sem reservas" como a característica da presença dialógica. Pessoas inteiramente presentes compartilham significados umas com as outras. Para o terapeuta isso significa compartilhar significado com o paciente. Significado completo inclui desespero, amor, espiritualidade, raiva, alegria, humor, sensualidade. No relacionamento dialógico o terapeuta está presente como pessoa e não se mantém reservado na esfera analítica e nem funciona primariamente como um técnico.
Precisa estar claro para o indivíduo que a comunicação sem reservas se refere à rendição do terapeuta ao diálogo e *não* significa

sem discernimento. Isto se refere a um envolvimento vívido, no qual o terapeuta mostra de maneira regular e apropriada seus próprios sentimentos, experiências etc. A situação e a natureza da outra pessoa é uma parte orgânica do contato dialógico com o outro. Quando alguém se dirige a uma pessoa narcisisticamente vulnerável de maneira dialógica, não se dirige a esta pessoa como se dirigiria a uma pessoa narcisicamente não vulnerável.

Há uma percepção crescente na Gestalt-terapia nos Estados Unidos, de que é teoricamente mais consistente e, com freqüência, mais eficaz dizer aos pacientes como você está sendo afetado, em vez de atuar sobre o sentimento, por meio do uso de técnicas de frustração e outros malabarismos, que podem lidar ativamente com a situação clínica e mostrar algum tipo de presença do terapeuta, mas que evita o diálogo. Posteriormente, neste livro, discutiremos os fatores envolvidos em fazer a discriminação de quando e como fazer isto (e quando não) com diferentes tipos de paciente, por exemplo, com desordens de personalidade narcisistas.

*Confirmação e inclusão*
*As pessoas se tornam self(ves) únicos por meio da confirmação de outras pessoas*

Confirmar: "tornado presente" por outras pessoas. Alguém é confirmado quando outra pessoa "imagina o real", isto é, quando a pessoa se coloca no lugar do outro e imagina, passa por aquilo que a outra pessoa experiencia.

O que é confirmado neste processo é a existência de outra pessoa, como um ser humano com existência própria, com uma alma independente, igualzinha à do percebedor. No nível mais básico é confirmar a existência do outro como uma pessoa independente. O terapeuta confirma que o paciente existe, que o paciente influi e que tem tanto valor quanto qualquer outra pessoa. O paciente não é invisível e nem apenas um objeto das imagens ou dos desejos do outro.

Algumas pessoas descreveram ter olhado para dentro dos olhos de um guru e ter visto o infinito; outras diziam que quando olhavam para os olhos de Buber se viam sendo recebidas. É isso o que os pacientes necessitam de seus terapeutas. O terapeuta responde àquilo que é único no paciente.

Confirmação é mais do que aceitação. Certamente, inclui a mensagem da aceitação, "há espaço suficiente". Teoricamente, e na boa prática, a Gestalt-terapia tem um respeito intrínseco pela diversidade e pelas diferenças. Este é um dos fundamentos da atitude gestáltica. A confirmação também inclui ter certeza da sua vocação. Embora não seja possível haver inclusão e confirmação sem aceitação, junto com inclusão e confirmação também existe a afirmação do potencial. Aceitar as pessoas como elas são não significa desistir da esperança de crescimento. Ao contrário, é precisamente este potencial de crescimento, em direção ao que podemos verdadeiramente ser, que é o coração da confirmação.

*Inclusão é a forma mais elevada de confirmação*
Inclusão é perscrutar a visão do outro, mantendo o sentido de si mesmo. A pessoa que pratica inclusão, por um momento, vê o mundo pelos olhos dos outros, de maneira tão completa quanto possível. E isso não é confluente, visto que a pessoa que pratica inclusão mantém simultaneamente o sentido de si mesma como uma pessoa à parte. Esta é a forma mais elevada de consciência polar do *self* e do outro.
A inclusão é às vezes confundida com identificação e empatia. Identificação não é o sentido de a pessoa intuir uma identidade do *self* e do outro; é uma perda do sentido da diferença. A inclusão consiste, também, em continuar se movendo para dentro da esfera de influência de sentir o ponto de vista do outro, que é o que às vezes queremos dizer com o termo empatia, enquanto mantendo simultaneamente uma *awareness* da própria existência individual, de maneira mais aguda do que se presume com o termo empatia. Inclusão, como o Tu, que emerge quando duas pessoas estão em contato de maneira dialógica, requer graça. A inclusão pode desenvolver-se inteiramente quando a pessoa tem apoio e se projeta para o contato com o outro.

*Inclusão em terapia*
Muitos Gestalt-terapeutas criticaram a empatia pelo perigo da confluência, ou seja, o perigo de confundir o eu e o outro por acreditar que se pode, de fato, experienciar exatamente o que a outra pessoa experiencia. Quando mostrei pela primeira vez um rascunho de um trabalho anterior no qual eu discuti a inclusão na Gestalt-terapia, Jim Simkin perguntou-me: "Esta é a sua maneira de esgueirar a empatia para dentro da Gestalt-terapia?" Mas a inclusão exige a *awareness* da existência em separado, enquanto se oscila até o pólo de

experienciar, tão completamente quanto possível, do ponto de vista do outro.

A prática de inclusão e a perspectiva fenomenológica se encaixam perfeitamente. Na fenomenologia, tudo é reconhecido como sendo visto a partir da perspectiva da *awareness* tempo/espaço de alguém. Do ponto de vista estritamente fenomenológico, a fenomenologia de cada pessoa é igualmente real. Quando se faz terapia num enquadre fenomenológico, é prestada cuidadosa atenção ao processo e à experiência vividos pelo paciente (e, naturalmente, a do terapeuta também). Um foco de atenção especial é dirigido para o que está acontecendo entre o paciente e o terapeuta da perspectiva do paciente.

Enquanto há muito mais do sentido de mutualidade numa terapia dialógica, do que numa terapia analítica ou comportamental, a inclusão não é mútua. Existe um limite de quão mútua é a inclusão na terapia. A maioria dos pacientes não é capaz de praticar inclusão no início da terapia. Eles têm de desenvolver na terapia a capacidade de estar no tipo de contato do qual a prática de inclusão é constituída.

Buber alega que quando o paciente é capaz de praticar inclusão, a terapia termina. Discordo enfaticamente dessa visão. Os pacientes desenvolvem a capacidade de inclusão, e alguns iniciam a terapia com essa capacidade já desenvolvida.

Entretanto, se numa terapia a inclusão é praticada mutuamente com regularidade, não é mais terapia. A tarefa da terapia, sua estrutura e função requerem que, durante a maior parte do tempo, a inclusão seja unilateral. O contrato e a tarefa devem voltar-se para a experiência do paciente, para o seu crescimento.

Para o paciente que já sabe praticar inclusão, o relacionamento terapêutico pode servir como um foro, no qual ele não tem de praticar inclusão, a não ser que seja conveniente para suas necessidades terapêuticas. Neste contexto, eles podem cuidar de si mesmos e receber a atenção do terapeuta e não cuidar do terapeuta. Ademais, por mais hábil que o paciente seja para praticar inclusão, a pessoa não é capaz de se observar tão completamente quanto uma outra pessoa (o terapeuta) pode observá-lo e isso geralmente é muito importante para o crescimento do paciente. Com freqüência, este é o caso dos terapeutas que se submetem à terapia.

### *Diálogo, fenomenologia e avanços psicanalíticos*

Alguns tipos de psicanálise se aproximaram da experiência real dos pacientes, o que constitui um enorme avanço sobre a psicanálise clássica e, certamente, é mais fenomenológico. É um progresso em relação à Gestalt-terapia teatral da década de 1960. Por isso, muitos dos que reduziram a Gestalt-terapia, em suas próprias mentes, a esse estilo particular, direcionaram-se para um dos modos de psicanálise mais novos, como, por exemplo, a psicologia do *self*. Mas há um limite para um enfoque fenomenológico, mesmo para as terapias psicanalíticas mais modernas. Elas ainda vêm da herança da associação livre e interpretação e não expandem a ênfase fenomenológica para poder incluir o treinamento do enfoque ou experimentação fenomenológicos. A fenomenologia experimental ainda não está incluída nas terapias psicanalíticas expandidas.

Também existe um limite para o volume de auto-exposição do terapeuta. Isto é algo que é feito somente algumas vezes, por meio de racionalizações e pedidos de desculpas especiais. Se a terapia de um paciente especial o exigir imprescindivelmente, ela pode ser justificada. Mas a verdadeira força de uma terapia dialógica ainda não foi devidamente apreciada e, por isso, a teoria e o treinamento do analista não preparam para uma operacionalidade ótima, dentro de um contexto dialógico.

Dissemos que se duas pessoas cantam juntas há um diálogo. Na Gestalt-terapia, podemos cantar junto com o paciente. Nós não temos as limitações quanto ao contato, à presença e à criatividade presentes na maioria das outras terapias. Nesse diálogo, podemos cantar, dançar, conversar, emocionar, desenhar, discutir. Nós lutamos e trabalhamos junto com o paciente. Também existe um uso diferente do conceito aqui-e-agora entre a Gestalt-terapia e as terapias psicanalíticas. Isso continua sendo verdade, mesmo para a visão mais liberal e expandida da Gestalt-terapia, que discutimos anteriormente. Chega-se ao aqui-e-agora nas terapias psicanalíticas e na psicanálise por meio do conceito de transferência. Entretanto, na psicanálise os dados da análise da transferência são usados primariamente para explicar o passado, em vez de avançar o diálogo e a fenomenologia experimental do relacionamento presente com o paciente.

Não se pode fazer boa terapia sem lidar de forma competente com o fenômeno da transferência. Também não se pode fazer boa terapia e ignorar assuntos desenvolvimentais. Porém, na Gestalt-terapia lidamos com ambos. Naturalmente, fazemos assim, usando as perspectivas dialógica e fenomenológica que estivemos discutindo, e continuaremos discutindo neste livro.

*Diálogo e alvo*
O diálogo não pode ser buscado. O diálogo emerge entre pessoas que estão em contato.

*O diálogo emerge do entre*
O diálogo é o que emerge quando eu e você nos encontramos em contato de forma autêntica. O diálogo não é você mais eu. Ao contrário, ele emerge da interação. O diálogo é algo que pode acontecer quando duas pessoaas se encontram, e pode acontecer somente se o resultado não for controlado ou determinado por qualquer uma das partes.

"Tentar" transforma a interação em não dialógica. Tentar, no sentido de buscar um resultado e encontrar meios para atingir esse resultado, é manipulação. Obviamente, a manipulação não é ruim. Buber deixou claro que o Eu-Isto é absolutamente necessário para a existência. No *Gestalt Therapy* a manipulação é usada, como a palavra que descreve, o aspecto do comportamento motor da atividade sensorimotora dos organismos. Nitidamente, isso pode ser saudável e importante, e é importante que cada indivíduo possa fazê-lo, e o faça, conforme sua necessidade.

Mas ter um objetivo não é dialógico.

Às vezes, ouvimos as pessoas dizendo que querem usar o diálogo com a finalidade de crescimento. Isto é outro exemplo de manipulação, de se ter objetivo. Isto é usar a outra pessoa e um exemplo de Eu-Isto. É usar a outra pessoa com a finalidade de ser *si mesmo*. A atitude dialógica é o oposto: ser *si mesmo* de modo a encontrar o outro.

Tentar levar o paciente para algum lugar é uma interação Eu-Isto. Quando a Gestalt-terapia usa técnicas para levar o paciente a algum lugar, ela se torna uma forma de modificação de comportamento e não uma terapia dialógica. Isto é verdade, mesmo que o terapeuta esteja tentando, de boa fé, e com clara motivação de cura, levar o paciente à "saúde".

*Contato verdadeiro não é "Feito", "Acontece"*
Cada parte pode trazer sua vontade até a fronteira, até o encontro – mas só até aí. Usar a vontade para controlar não é contato dialógico com o outro, é controlar o outro. Contato para assimilar a outra pessoa, para ser de fato confluente com suas vontades ou imagens, pode ser parte de uma auto-regulação organísmica mas não é contato

dialógico. Na auto-regulação organísmica, que é dialógica, a outra pessoa é contatada e permanece independente, embora alguns de seus aspectos possam ser assimilados para dentro de si. Por exemplo, uma pessoa pode ter um estilo de que eu não gosto. Eu posso aceitá-la com esse estilo, posso aprender algum aspecto de como essa pessoa é, e nesse sentido assimilar algo dela para dentro de mim. Mas isso é muito diferente de manipular para conseguir que esta outra pessoa seja do jeito que eu quero que ela seja.

O contato dialógico começa trazendo a vontade de alguém até a fronteira, e o resto requer graça e uma resposta da outra pessoa. Você prepara, usa sua vontade. Então, acontece ou não.

Isto requer fé ou confiança no que irá acontecer. Requer confiança na existência, e fé de que o *ground* irá sustentar-se e à outra pessoa. Requer fé de que existem recursos, não somente ao alcance do controle das pessoas, mas no resto do campo organismo/ambiente.

*Paradoxo: você não consegue ser você mesmo visando a si mesmo*

Cada pessoa é única, mas somente com o engajamento humano o eu único é confirmado, mantido e desenvolvido. É só no contato do encontro Eu-Tu que a unicidade de cada pessoa se desenvolve. Somente sabendo como somos com outras pessoas e como elas são conosco é que nos tornamos verdadeiramente nós mesmos e nos conhecemos.

Quando a pessoa olha para dentro de si, fica introspectiva, retroflectiva etc., ela não está se engajando com a alteridade. Isto é apontar para o eu. No encontro verdadeiro, o apontar é para o encontro com a alteridade do outro, o encontro do eu e do não-eu.

É por isso que eu não considero a Gestalt-terapia uma psicologia do *self*. Na psicologia do *self* há uma ênfase em apontar para o *self*, e na terapia dialógica há uma ênfase no engajamento e na emergência.

Tornar-se você mesmo ("Eu") acontece ao entrar em relacionamento. Ao se apresentar como você é, outras pessoas podem tratá-lo como Tu. Tratando outra pessoa como Tu, você se torna mais inteiramente você mesmo.

# II

# A TEORIA DA GESTALT-TERAPIA

# 4

# GESTALT-TERAPIA: SUA HERANÇA DA PSICOLOGIA DA GESTALT

*Comentário*

*Este trabalho foi apresentado em agosto de 1981, num simpósio patrocinado pela Society for Gestalt Theory, na International Council of Psychologists Conference. Naquela ocasião, ele foi denominado "Gestalt-terapia: passado, presente e futuro", com o subtítulo: Gestalt-terapia: uma herdeira legítima da Psicologia Gestalt?". Foi publicado em inglês, em 1982, no periódico alemão* Gestalt Theory, *com um breve resumo em alemão, e, também, no idioma servo-croata.*

A Gestalt-terapia começou como uma revisão da psicanálise clássica (Perls, 1947, 1948; Polster, 1975b), e rapidamente tornou-se um sistema abrangente e independente para integrar conhecimentos de origens variadas, em uma metodologia clínica unificada (Perls, Hefferline e Goodman, 1951). Algumas das perspectivas importantes da psicanálise, além de suas preocupações caracterológicas e clínico-desenvolvimentais, foram utilizadas pela Gestalt-terapia, mas num contexto bem diferente da psicanálise então praticada (especialmente como modalidade de tratamento). Na formulação do sistema da Gestalt-terapia, o conceito de gestalt era essencial.

Entretanto, surgiram questionamentos quanto à Gestalt-terapia estar realmente relacionada à Psicologia da Gestalt. Algumas pessoas até mesmo consideram a Gestalt-terapia e a Psicologia da Gestalt contraditórias em aspectos essenciais (Henle, 1978; Sherrill, 1947). É posição do autor que a metodologia básica da Gestalt-terapia é filosófica, se não histórica, diretamente derivada da Psicologia da Gestalt. Emerson e Smith acreditam que "ninguém é capaz de entender bem a Gestalt-terapia sem uma base adequada de Psicologia da Gestalt" (1974, p. 8). Vamos discutir os princípios básicos dessa derivação e também a filosofia existencial usada pela Gestalt-terapia em sua aplicação clínica do método da gestalt.

Existem condições que contribuíram tanto para o afastamento de psicólogos da gestalt da Gestalt-terapia quanto para a Gestalt-terapia ter sido mal interpretada. Um desses fatores foi equiparar, de maneira equivocada, a Gestalt-terapia com Fritz Perls, como se ela fosse "perlsiana". O estilo de Perls, com freqüência, era não-acadêmico e ruidoso. Seu conhecimento e sua compreensão da Psicologia da Gestalt eram limitados. Suas afirmativas populares e a nível de clichê tiveram muita repercussão e foram tratadas como se representassem a Gestalt-terapia. O seu estilo é a antítese de qualquer abordagem acadêmica de boa qualidade, incluindo a abordagem científica cautelosa dos gestaltistas clássicos. Ademais, emitidas sem definições cuidadosas e sem uma perspectiva geral adequada da Gestalt-terapia, algumas dessas afirmativas não apenas parecem discrepantes com relação à Psicologia da Gestalt, como também são intrinsecamente contraditórias.

Nem toda a Gestalt-terapia é perlsiana (Dolliver, 1981; Dubin, 1976). A Gestalt-terapia não foi fundada apenas por Fritz Perls, mas também por Laura Perls (que tinha um bom embasamento em Psicologia da Gestalt), Isadore From, Paul Weisz, Paul Goodman e outros (L. Perls, 1976, 1978; Rosenfeld, 1978). Posteriormente, muitos outros tiveram influência importante, como, por exemplo, Erv e Miriam Polster (1977), James Simkin (1976), Joseph Zinker (1977). Uma quantidade excessiva de publicidade ainda é conferida a Fritz Perls. Além disso, os trabalhos mais populares de Perls receberam maior atenção, em detrimento dos seus e de outros trabalhos mais acadêmicos, que são mais satisfatórios do ponto de vista teórico (por exemplo, Perls, Hefferline e Goodman, 1951).

Outro fator foi a escassez de textos mais avançados sobre Gestalt-terapia, e a ausência de um modelo claro e bem diferenciado de Gestalt-terapia. Se os Gestalt-terapeutas não esclarecem o que é Gestalt-terapia, aqueles que a comparam com outros sistemas terão dificuldade para realizar um trabalho adequado. Atualmente existe, na Gestalt-terapia, uma atenção maior para a construção de modelos, e o seu futuro depende, em grande parte, do sucesso desse esforço (Yontef, 1981a, 1981c).

Este trabalho pretende ser uma sinopse daqueles princípios do sistema de Gestalt-terapia, que derivaram da Psicologia da Gestalt, e uma indicação da relação destes com a Psicologia da Gestalt. Como se trata de uma sinopse, as elaborações se restringirão a um mínimo.

Seria especialmente inapropriado comparar a Gestalt-terapia com a Psicologia da Gestalt de forma intolerante ou compartimentada. Detalhes exatos do que seria semelhante ou diferente entre ambas são menos importantes do que a estrutura como um todo. Esta é a maneira gestalt. O uso de palavras em comum (como, por exemplo, figura/fundo) ou que se diferenciam pela ênfase dada a um aspecto específico do campo (variáveis organísmicas) não são capazes de indicar nenhuma ligação essencial e nenhum divórcio absoluto entre as duas.

Embora pudéssemos adotar os pontos de vista dos gestaltistas da Escola de Berlim (Kofka, Köhler, Wertheimer) como uma ortodoxia, e usá-los para julgar a legitimidade do uso do termo gestalt, seria útil comparar o que os gestaltistas da Escola de Berlim estavam fazendo, em seu contexto, com o que os Gestalt-terapeutas fazem agora. A partir dessa perspectiva, é mais fácil adquirir um *insight* da correlação essencial entre a Gestalt-terapia e a Psiclogia da Gestalt.

A abordagem gestáltica desses dois movimentos é uma forma de teoria de campo fenomenológica. Em sua essência, trata-se de um modo de exploração (Wertheimer, 1983, p. 3). Podemos, neste ponto, adiantar uma discussão que teremos à frente, observando dois aspectos deste método: 1) Ele se baseia em confiar na experiência crua imediata. Isso significa considerar como importantes todos os dados da experiência, objetivos e subjetivos, achados interiores e observações exteriores; 2) Ele busca um *insight* das inter-relações funcionais, que formam a estrutura intrínseca do todo, de qualquer situação em estudo (Köhler, 1969).

Este método contrasta fortemente com os principais modos de pesquisa, para os quais a Psicologia da Gestalt ofereceu uma alternativa (ver Heidbreder, 1933 e Wertheimer, 1945). O introspeccionismo de Wudnt e Titchener não confiava na percepção imediata ("crua"), mas acreditava que esta se baseava num erro. As pessoas deveriam ser treinadas para conhecer a "verdade", pois elas percebem apenas qualidades e atributos (por exemplo, traço, cor, forma) e aprendem a inferir, catalogar e dar forma a objetos significantes. Nós não vemos objetos, como uma mesa ou uma cadeira, precisamos ser ensinados. Os indivíduos que foram objeto de uma pesquisa introspeccionista eram orientados a relatar as qualidades e atributos da percepção "pura". Isso significa que os introspeccionistas não apenas não confiavam na percepção imediata, como também tinham uma perspectiva atomista. A mente, por exemplo, não é um todo, mas a soma de seus conteúdos.

Os behavioristas, com sua teoria de Estímulo–Resposta, também eram atomistas e não confiavam ou descartavam o que os indivíduos pesquisados diziam experimentar (Köhler, 1947, p. 34).*

Num contexto clínico, a Gestalt-terapia enfrentou uma situação semelhante. Os psicanalistas da época (1940) almejavam compreender o paciente por inteiro, mas tinham uma teoria que desconfiava da experiência consciente dos pacientes,** era principalmente dualista, atomista e aristotélica em sua busca de nomena, e vislumbrava um homem motivado por forças aquém do seu controle (Stewart, 1974). Quando os comportamentalistas entraram pela primeira vez no cenário da prática clínica, eles ainda eram atomistas e desdenhavam a experiência. Nenhuma das abordagens acima utilizava o poder da experiência imediata do paciente como instrumento de exploração (isto é, enfoque fenomenológico) e nem aceitavam diferentes tipos de dados (Yontef, 1969, 1976).

A Gestalt-terapia tinha a mesma tarefa da Psicologia da Gestalt, mas num contexto diferente. Wertheimer disse que fazer a mesma coisa num contexto diferente é fazê-lo de maneira diferente (Wertheimer, 1945). A Gestalt-terapia difere em muitos aspectos da Psicologia da Gestalt, não por causa de uma diferença filosófica ou metodológica, mas devido a contextos diferentes. A mesma figura tem significados diferentes como função do fundo (contexto). O contexto clínico tem exigências diferentes das do psicólogo acadêmico efetuando pesquisa básica. Por exemplo, em pesquisa básica o pesquisador determina o que será observado. Em psicoterapia o paciente apresenta seus dados e sua fenomenologia.

Tanto a Gestalt-terapia quanto a Psicologia da Gestalt buscam um *insight* das forças que fornecem a estrutura inerente da situação,

---

\* Atualmente, isso é menos verdadeiro, pois alguns behavioristas enfocam mais o "O" do E-O-R.

\*\* Isso não é mais tão verdadeiro para alguns dos psicanalistas contemporâneos influenciados por Heinz Kohut.

processo ou evento em estudo. Ambas incluem todos os tipos de dados, conforme vão sendo experienciados, e constituem parte significativa da situação contemporânea.

No restante do trabalho, traçamos um esboço do método gestáltico da Psicologia da Gestalt e da Gestalt-terapia, da teoria de campo fenomenológico e, a partir daí, a aplicação desse método no modo Gestalt-terapêutico de psicoterapia existencial.

## Teoria de Campo Fenomenológica

*1. Experiência imediata do percebedor*

Parece haver um único ponto de partida para a psicologia, exatamente como para todas as outras ciências: o mundo como o percebemos, de maneira crua, e sem crítica. (Köhler, 1947, p. 7)

O que é estudado numa abordagem de campo é o fenômeno, que é dado pela experiência, em vez de o nomeno das forças que, presumida ou inferidamente, estão por trás do fenômeno que se apresenta. O método de estudo de um campo é descritivo, e descreve o "o que" e "o como" (estrutura e função). Isto está em contraste com uma abordagem analítica ou classificatória, como a abordagem aristotélica, que enfoca as causalidades da variedade "por que" (Lewin, 1935).

A abordagem de campo gestáltica é fenomenológica (Yontef, 1969, 1976). Ela estuda o "campo" conforme ele é experienciado por uma pessoa, num dado momento. A fenomenologia considera como seu único dado aquilo que é crua e imediatamente experienciado num dado momento (Idhe, 1977; Köhler, 1947; L. Perls, 1976).

Na abordagem de campo, todo fenômeno é considerado legítimo e assunto adequado para investigação. Nenhum fenômeno é considerado casual, nem mesmo eventos extraordinários ou não repetitivos (Köhler, 1947, 1969; Lewin, 1935).

Em termos fenomenológicos qualquer evento pode ser estudado ou experienciado. "Experienciado" não significa apenas ou principalmente "subjetivo" ou "sentido". Isso inclui a experiência "objetiva" ou exterocepção, tanto quanto emoções ou outras experiências "subjetivas". A observação sistemática do comportamento é tão inerente à fenomenologia quanto a clarificação dos sentimentos.* O terapeuta fenomenológico não apenas observa, confia e facilita o progresso da experiência total do paciente, como também presta atenção especial no aspecto da experiência do paciente que está sendo inibido ou negligenciado. Os assuntos que são importantes no presente, e estão fora da *awareness* atual do paciente, são trazidos à *awareness*.

Como a exploração fenomenológica baseia-se em experiência, é absolutamente essencial que aquilo que é experienciado se diferencie de elementos presumidos, aceitos como verdade, aprendidos ou inferidos. Wertheimer refere-se a isto como experiência "não desvirtuada por aprendizado" (Wertheimer, 1945, p. 211). Husserl refere-se a isto como colocação entre parênteses (Idhe, 1977). Durante a investigação fenomenológica, os preconceitos – metafísicos, preconceito a respeito do que se constitui como dados, os valores pessoais – são postos de lado ou "entre parênteses", para permitir que o indivíduo experiencie o que é "dado" na situação, sem contaminação.

Um dos aspectos mais alardeados e menos compreendidos da Gestalt-terapia é sua ênfase no "agora". A teoria de campo fenomenológica localiza a experiência do percebedor no tempo e no espaço – aqui-e-agora. Isso significa que o processo de ter consciência, *aware*, sempre acontece no aqui-e-agora, embora o objeto da *awareness* possa estar no "ali", ou no "então". De acordo com Einstein, na teoria de campo da física moderna não existe ação a distância – aquilo que produz efeito está contemporânea e concretamente presente (Einstein, 1950, 1961; Kofka, 1935; Lewin, 1935). Por exemplo, o paciente que experiencia sentimentos de abandono por parte de sua mãe discute a esse respeito com o terapeuta, em seu consultório. Recordar e sentir acontece no aqui-e-agora da sessão terapêutica, mas o objeto da experiência aconteceu no passado. A ênfase da Gestalt-terapia no presente é uma influência direta da Psicologia da Gestalt (Wallen, 1970).

O que é pertinente ou imediato é relativo a um observador, e não é absoluto. Na teoria de campo de Einstein, o estudo do movimento é relativo a um corpo de referência que é considerado estacionário. Na teoria do campo fenomenológico, a definição de que

---

* Daí a ênfase da Gestalt-terapia sobre comportamento observável não ser "comportamental", sendo, ao contrário, um aspecto inerente de sua fenomenologia.

campo está sendo estudado é definida pela experiência de algum observador. Na escolha do tópico de estudo, algum indivíduo (cientista, objeto de estudo, terapeuta ou paciente) define o assunto e, dentro desse campo, a exploração continua com base naquilo que está sendo experienciado.*
*Resumo*. A abordagem gestáltica é uma abordagem de campo fenomenológica, por seu aspecto de descrever, em vez de presumir ou explicar. A *awareness* imediata é usada para obter *insight* da estrutura básica do campo. Vieses, tais como o viés do introspeccionismo, são colocados entre parênteses. O objetivo da Gestalt-terapia é compatível com a afirmação anterior, no aspecto de a própria *awareness* ser o único objetivo (Simkin, 1974; Yontef, 1969, 1981b). Por exemplo, o comportamento problemático de um paciente e os padrões de reforço associados a estes comportamentos são assuntos adequados a uma investigação fenomenológica por parte do Gestalt-terapeuta. Sugerir uma modificação desse comportamento ou um programa de reforços como um experimento, como maneira de adquirir *insight* (isto é, *awareness*: ver Yontef, 1976 e abaixo), está bem dentro da linha de abordagem fenomenológica.**

Exemplo: o paciente acredita que é impossível gostar dele, a não ser que ele seja perfeito. A exploração desse pensamento é vital para o seu trabalho terapêutico. Sem dúvida, o seu terapeuta, Gestalt-terapeuta ou não, não acredita que isto seja verdade a respeito de seu paciente. A abordagem fenomenológica gestáltica exploraria o tópico, mas não faria a escolha pelo paciente, dizendo que este é um pensamento irracional, e, igualmente, não recondicionaria o paciente. A exploração poderia incluir, mas não se limitaria ao levantamento das experiências históricas relevantes; dialogar com uma pessoa que o rejeita, ou rejeitou, por ser imperfeito; colocar em evidência dados contrários (observação de uma imperfeição no paciente, acompanhada da reação do terapeuta ao fato); explorando o sentimento do paciente

---

* O campo pode ser o da experiência de algum participante num campo organismo/ambiente, por exemplo, um dos participantes num diálogo. Ele pode ser o campo conforme a definição de um terceiro, um observador que se considera fora da interação em estudo. Esse observador externo também faz parte de um campo organismo/ambiente, que inclui a interação que está sendo estudada, o observador "externo" e a interação entre o observador e o observado.

** Uma abordagem dessa natureza pode produzir modificação comportamental e levar a um ganho em *awareness*. Entretanto, o método não é fenomenológico. Ele provavelmente é um exemplo da "caixa-preta" da teoria comportamental.

para com um outro imperfeito e amado; descrevendo o seu *"self* perfeito", imaginar um "genitor bom" que o ama incondicionalmente; fazer uma afirmação confirmando ou se opondo ao pensamento "irracional" e observando suas reações emocionais e corporais.

## 2a. Estrutra inerente

> A premissa básica da Psicologia da Gestalt é que a natureza humana se organiza em padrões ou totalidades que ela é experienciada pelo indivíduo nesses mesmos termos, e que ela só pode ser entendida como função desses padrões ou totalidades dos quais ela é feita. (Perls, 1973, p. 3-4)

É uma crença bem típica e própria da gestalt que a experiência seja estruturada em vez de vir em partes (Wertheimer, 1938, 1945). Isto é um achado de exploração fenomenológica e um suporte necessário para a fé exigida para experimentar, colocar entre parênteses e confiar na experiência. Isto está em harmonia com a noção geral de campo, de que o universo é ordenado e determinado (Einstein, 1950, 1961).

Nós percebemos em totalidades segregadas. Nós vemos objetos se destacando (figura) ou diferenciadas de um fundo, e também internamente diferenciadas em partes. Nós não vemos estímulos isolados como Titchener e alguns dos primeiros comportamentalistas acreditavam. E nem vemos o mundo como uma totalidade, "uma tremenda, estrondosa e imensa confusão" – como diria William James.

Algumas propriedades do todo são emergentes e não inerentes a qualquer parte (Emerson e Smith, 1974). O todo tem qualidades próprias e não é meramente uma soma ou um agregado ("e-somativo") das partes constituintes (Wertheimer, 1938b). Portanto, o todo é maior do que a soma de suas partes. Mais do que isso, o todo é um campo que determina suas partes (Köhler, 1969).

Existem totalidades cujo comportamento não é derivado do comportamento dos seus elementos individuais, mas nos quais os processos das partes são determinados pela natureza intrínseca da totalidade (Wertheimer, 1938, p. 2).

Além disso, o significado é uma parte inerente de uma gestalt, incluindo a gestalt perceptual. Ele não é somatória. Essa visão gestáltica reúne o determinismo mecanicista materialista ao significado idealista do vitalismo (Kofka, 1935; Köhler, 1947). Cada evento tem tanto ordem quanto significado, e é percebido desta maneira.

Forças múltiplas com inter-relacionamento funcional entre si e o todo compõem o campo (O Princípio da *Relatedness* de Lewin). Essas forças oferecem uma estrutura, que não é apenas mecânica, mas no campo é dinâmica e inerente (Kofka, 1935; Köhler, 1947, 1969). Existe uma unidade interior (Wertheimer, 1938). Somente quando existe uma "dependência mútua concreta" entre as partes é que o todo é um todo significativo, em vez de um "simples agrupamento somatório" de partes (Wertheimer, 1938b).

Outro aspecto da perspectiva de campo é que ele não é composto por partes isoladas ou partículas, contornado por espaços vazios e afetado a distância por outras partículas.

Espaço vazio como mero nada geométrico desapareceu da física, sendo subtituído por um sistema de forças e tensões distribuídas de maneira definida... (Kofka 1935, p. 42. Ver também Einstein, 1950, 1961).

Energia é um aspecto do campo total. Uma variação em qualquer parte de tal campo afeta o resto, pois as partículas são partes de um campo de energia contínua. Qualquer mudança "permeia" pelo campo. A ordem não é imposta de forma mecânica, como um canal concreto direciona a água. A ordem está na dinâmica das forças de campo.

Um exemplo da utilidade dessa abordagem pode ser visto com a aplicação do princípio da Pregnância para a solução de problemas. O princípio da Pregnância sustenta que o campo se forma a si mesmo da maneira mais ordenada possível – com tanta limpidez e definição, direção e economia, estabilidade e força quanto as condições globais o permitam. Uma situação que contém um problema, contém também sua solução (Wertheimer, 1945). Desta maneira, na psicoterapia a descrição de uma situação pelo enfoque fenomenológico e pelo diálogo agrega uma solução inerente à situação.

A noção da estrutura do todo é uma chave para o objetivo da Gestalt-terapia. Investigações gestálticas buscam um entendimento das características estruturais do campo. O objetivo é *insight*, clareza estrutural (Köhler, 1947; Wertheimer, 1945). Na fenomenologia husserliana há uma ênfase semelhante (Idhe, 1977).

Esse autor definiu *Awareness* anteriormente, e a discutiu como objetivo da Gestalt-terapia (Yontef, 1976). Eu agora acrescentaria que a *Awareness* que é buscada na psicoterapia procura o *insight* conforme sua definição na Psicologia da Gestalt:

*Insight* é uma formação de padrões do campo perceptual, de tal maneira que as relações significativas são aparentes; é a formação de uma gestalt na qual os fatores relevantes se encaixam com relação ao todo (Köhler citado em Heidbreder, 1933 p. 355).

## 2b. Estrutura do campo e fatores "organísmicos"

Algumas pessoas debateram a relação da Psicologia da Gestalt com a Gestalt-terapia, considerando que a Psicologia da Gestalt acredita que a estrutura do campo é uma função de fatores externos, enquanto a Gestalt-terapia acreditaria que os fatores importantes são os internos, isto é, "organísmicos" (Sherrill, 1974).

Ambos os grupos de gestaltistas concebem situações totais, que incluem as forças internas e externas (Köhler, 1938; Perls *et al.*, 1951). O todo é bipolar, e não dicotomizado ou indiferenciado. Na linguagem da Gestalt-terapia, estudamos o campo organismo/ambiente. O campo como um todo tem forças múltiplas dominantes. As que são enfatizadas dependem da situação real estudada. O que é figura depende da tarefa à mão.

A situação inclui fatores individuais e externos (outras pessoas, a sociedade, forças inanimadas). Quando se estuda o processo das percepções básicas, por exemplo, a percepção de objetos como objetos, a situação é determinada principalmente por uma conexão imediata entre o percebedor como um todo, e o que está "lá fora". A percepção, neste nível, não é primariamente aprendida ou determinada por fatores organísmicos. Uma mesa é prontamente percebida como tal, independentemente de interesses e sentimentos organísmicos. Entretanto, se alguém estudar estímulos ambíguos em pessoas cuja motivação é elevada, por exemplo, indivíduos com fome, é provável que a percepção seja influenciada por seu estado motivacional. Isto é uma função da situação total. Experimentalmente, se estudarmos a interrupção de tarefas e a gestalt incompleta, iremos ver resultados que variam de acordo com a dependência de fatores "organísmicos", tais como quanto o indivíduo está ego-envolvido na tarefa.

Em psicoterapia estamos sempre lidando com situações mais complexas do que as ideais para pesquisa básica. A organização, nesta ou em outra situação com nível semelhante de complexidade, significa que alguns estímulos irão exigir mais energia organísmica do que outros, e que o próprio indivíduo organiza a sua percepção. A situação é controlada por variáveis externas e organísmicas. Sobre esta questão, o que diferencia a Psicologia da Gestalt da Gestalt-terapia é apenas o contexto nas quais elas operam. Por exemplo, Köhler, um psicólogo da gestalt, aborda a organização do seu processo pessoal de *awareness* da mesma maneira que um Gestalt-terapeuta abordaria.*

É universalmente conhecido que os terapeutas em geral, e os Gestalt-terapeutas em particular, trabalham para aumentar a sensibilidade do paciente para o que eles sentem. Não é tão conhecido que a teoria gestáltica da Gestalt-terapia exige uma ênfase igual na sensibilização do paciente à situação externa. *Awareness* própria, sem *awareness* do mundo, é capaz apenas de lidar com parte do campo organismo/ambiente.

Wertheimer (1945) discute a respeito de uma mulher que tem um problema no trabalho. Em princípio ele não consegue compreender bem a situação, pois em seu discurso ela está tão preocupada, que focaliza apenas o seu sentimento e não descreve a situação como um todo. Algumas pessoas acreditam, erroneamente, que a Gestalt-terapia tentaria reproduzir a neurose dessa mulher. A preocupação não produz *insight*.

Por outro lado, há situações clínicas em que o paciente descreve adequadamente a situação externa, mas não conhece suas próprias emoções, vontades, necessidades ou pensamentos. Uma contribuição da Gestalt-terapia é sua aplicação dos *insights* da Psicologia da Gestalt para a *awareness* de processos motivacionais, emocionais e corporais (Wallen, 1970). A exploração gestáltica tem por objetivo a

---

* "[...] o desenvolvimento todo precisa começar com uma imagem pura do mundo. Essa origem é necessária porque não existe nenhuma outra base da qual uma ciência possa se elevar. No meu caso, que pode ser considerado representativo de muitos outros, a imagem pura consiste, neste momento, de um lago azul e uma floresta escura circundando-a, uma grande rocha cinza, dura e fria, a qual escolhi como assento, o papel no qual eu escrevo, um ruído abafado de vento que mal consegue movimentar as árvores, e um cheiro forte característico de barcos e pescaria. Mas existem mais coisas neste mundo: por alguma razão, estou notando agora, embora ele não esteja fundido com o lago azul do presente, um outro lago, de um azul mais pálido, no qual eu me encontrava, há alguns anos, a observar de sua margem, em Illinois. Estou perfeitamente acostumado a vislumbrar milhares de cenários desse tipo, que aparecem quando estou sozinho. E existem mais coisas ainda neste mundo: por exemplo, minha mão e meus dedos em seu movimento suave percorrendo o papel. Agora, quando paro de escrever e olho novamente à minha volta, existe também um sentimento de saúde e vigor. Mas, no instante seguinte, sinto algo como uma pressão obscura em algum lugar do meu interior que tende a se desenvolver num sentimento de estar sendo caçado – Eu prometi entregar este manuscrito em poucos meses" (Köhler, 1947, p. 7).

clareza estrutural (*insight*) e deixa que a deficiência existente determine quais variáveis serão enfocadas.

## 3. Experimentação sistemática

A abordagem fenomenológica de campo utiliza a experimentação sistemática para encontrar uma descrição que seja verdadeira para a estrutura do fenômeno em estudo. Idhe a denomina "método variacional" (Idhe, 1977). A abordagem fenomenológica utiliza a experimentação, em vez de a interpretação como principal instrumento de pesquisa ou terapia. A experimentação capacita a pessoa a perceber por si mesma o que é adequado ou verdadeiro (Simkin, 1974).

Este autor acredita que todas as técnicas da Gestalt-terapia são meios de experimentação. Isso contrasta com experimentar um programa de modificação comportamental. Por exemplo, pedir a alguém para repetir em voz mais alta algo dito em terapia não tem por objetivo, por este critério, alcançar catarse (embora isso possa acontecer), mas auxiliar o aumento da *awareness*. No ato de repetir e gritar o paciente poderia, por exemplo, descobrir o que ele sente, com que intensidade e, também, como ele subjuga o seu sentimento. A intervenção específica é apenas uma parte de uma exploração fenomenológica geral, cujo objetivo é aumentar a de *awareness*.

A experimentação sistemática pode ser usada para estudar qualquer fenômeno que esteja sendo experienciado. O campo é uma unidade de estudo que é definida por um observador. Na Gestalt-terapia, o campo é escolhido por sua relevância clínica. A utilidade do método gestáltico, aplicada desta maneira, é limitada pelo discernimento clínico do Gestalt-terapeuta.

O método fenomenológico de campo faz menção especial de que o observador é parte da situação. Isto envolve três aspectos.

1) Como a pessoa vê é, em parte, função de como a pessoa olha. Olhar "ingenuamente", como defendem os gestaltistas, propicia uma experiência muito diferente da introspecção. Olhar sem preconceito, isto é, com colocação de parênteses, exige disciplina.

2) O observador afeta o objeto de seu estudo. Descobriu-se na física moderna que medir ou observar modificam o evento físico em estudo. O paciente ou o indivíduo que estão sendo observados de alguma maneira são afetados pela observação. Na Gestalt-terapia utili-

za-se o diálogo entre paciente e terapeuta. O ser humano estudado pode relatar sua experiência, e o efeito que estar sendo observado lhe produz.

3) Ninguém consegue ver tudo. Podemos apenas ter clareza sobre que posto de observação está sendo utilizado para descrever qual o aspecto da fenomenologia.

*4. Awareness do processo de awareness*

A abordagem gestáltica coloca uma ênfase especial na compreensão do processo de aquisição de *awareness* ou *insight* (Perls *et al.*, 1951, 1973; Wertheimer, 1945).

*Awareness* proveniente de *insight* é sempre uma gestalt nova, e é por si só curativa (Perls *et al.*, 1951; Yontef, 1976). A formação da gestalt nova, na qual "as relações significativas estão aparentes" e "os fatores relevantes se encaixam com respeito ao todo", é um processo que ocorre naturalmente sem treinamento gestáltico. Quando não ocorre de maneira natural, quando padrões de hábito ou ações realizadas sem autoconsciência *unself-conscious* acabam não trazendo *insight*, um treinamento gestáltico pode usar a exploração fenomenológica para conseguir compreender o processo de *awareness/ insight*.

A habilidade de formar esta nova gestalt oriunda de *insight* é essencial para a auto-regulação organísmica bem-sucedida. Ter consciência *aware* de maneira estruturalmente clara, em vez de estruturalmente cega, é da mais alta importância. Isso significa ter a percepção do *self* e da situação no que diz respeito ao assunto ou tarefa que mais necessita da atenção da consciência (Yontef, 1969, 1976).

Idealmente, o processo de *awareness* tem a qualidade de uma boa gestalt. A figura é nítida e seu relacionamento com o fundo é percebido de maneira clara. A figura oscila de uma maneira apropriada para a situação, refletindo a necessidade dominante ou característica saliente da situação. A figura não é excessivamente fixa ou rígida, nem oscila com rapidez.

Conforme aumenta a sofisticação do indivíduo fenomenológico ou do paciente, a ênfase oscila entre uma *awareness* mais direta (por exemplo, a ênfase sobre algum problema social) para uma *awareness* mais reflexiva, isto é, *awareness* de uma *awareness* direta (Idhe, 1977). A *awareness* reflexiva leva àquela de seu próprio processo geral de *awareness*. Na Gestalt-terapia, esta atitude fenomenológica sofisticada leva a uma visão interior da estrutura do caráter e do padrão com que a *awareness* é evitada.*

Na discussão das aplicações existenciais do método gestáltico veremos como a ênfase fenomenológica na Gestalt-terapia passa do processo de *awareness* para um foco mais abrangente que se concentra na existência da pessoa que percebe como pessoa.

Numa Gestalt-terapia de nível superior, uma porção ou segmento de trabalho é uma figura que está relacionada a um quadro mais amplo como pano de fundo, e que inclui, no mínimo, uma *awareness* mais direta; *awareness* do próprio processo, a estrutura de caráter do paciente, um quadro abrangente da existência do paciente; e a natureza, força e desenvolvimento do relacionamento paciente–terapeuta. O trabalho compartimentado tende a não enxergar a estrutura, e portanto não é produtor de *insight*. Novamente, o discernimento do terapeuta é essencial.

*5. Intencionalidade*

A abordagem fenomenológica é baseada em intencionalidade. *Awareness* é sempre *awareness* de algo. Existe uma correlação ("correlação intencional") entre o perceber e o percebido. A cisão entre sujeito e objeto é unificada entre o perceber e o percebido. A idéia de que a pessoa cria percepção principalmente a partir de sua própria necessidade é contrária à intencionalidade. Por outro lado, não existe mundo exterior *humanamente experienciado* sem uma pessoa percebendo; sem o mundo, eu não saberia, sem "Eu", não existe mundo humanamente concebido.

*A aplicação existencial do método gestáltico*

A Gestalt-terapia emprestou da psicanálise a sensibilidade para certas temáticas desenvolvimentais e caracterológicas. E emprestou, principalmente da psicologia gestáltica, o método fenomenológico de campo. A aplicação do método gestáltico, na Gestalt-terapia, tem sua direção filosófica dada pelo existencialismo. Esta abordagem existen-

---

\* Idhe chama a incorporação da atitude fenomenológica, pela percepção comum, como "ascensão fenomenológica" (Idhe, 1977, p. 128). A pessoa que incorporou a atitude fenomenológica percebe com clareza cada vez maior; é aberta para, e espera encontrar uma variedade de facetas em qualquer situação; e é sensível para o fato de alguém ter clareza ou não da estrutura da situação. Com a ascensão fenomenológica, a pessoa tende a não limitar a experiência da situação a um único e estreito posto de observação.

cial fenomenológica supre a teoria de relacionamento na Gestalt-terapia, e orienta o trabalho de *awareness*.

Gestalt-terapia é uma psicoterapia existencial (Edwards, 1977; Van Dusen, 1968, 1975a, 1975b, 1975c). Como a maioria das abordagens existenciais, baseia-se no método fenomenológico. A Gestalt-terapia moveu o método gestáltico para uma direção existencial, assim como Heidegger, Sartre e outros moveram a abordagem fenomenológica husserliana para uma direção existencial (Idhe, 1977).

A psicologia gestáltica, assim como a fenomenologia de Husserl, é principalmente uma psicologia de conteúdo. A Gestalt-terapia transforma o método gestáltico num sistema psicológico, que é tanto ato-orientada quanto conteúdo-orientada. Numa psicologia de ato, a atenção se volta para a pessoa que percebe e experiencia. Na maneira existencial, o interesse se volta para a estrutura de abertura da pessoa para a correlação intencional, isto é, para a pessoa e como ela depara com o mundo.

A Gestalt-terapia difere da Psicologia da Gestalt no aspecto de que, na Gestalt-terapia, a ênfase oscila da essência para a existência, especialmente a das pessoas individualmente. A realidade da mais alta importância na Gestalt-terapia é a do ser: as pessoas como elas vivem. A Psicologia da Gestalt vê as pessoas como únicas e totais, daí ser especialmente inadequado estudá-las com uma atitude reducionista. Contudo, a ênfase tem estado sobre aspectos tais como percepção ou cognição, em vez de na pessoa *como* pessoa e a totalidade de sua experiência.

A aplicação do método fenomenológico ao estudo da pessoa *como pessoa* e sua existência resultou na descoberta de que, somente por meio do diálogo (com outras pessoas, como pessoas), os humanos se definem *verdadeiramente*. As pessoas existem apenas em constante relação umas com as outras.

Definir a si mesmo *verdadeiramente* é uma das principais chaves para entender a atitude existencial. Explorações fenomenológico-existenciais revelam que as pessoas vivem num contexto de crenças não explicitadas.

Este hábito aprendido de formas de pensamento convencional forma um sedimento que enlameia a experiência imediata do mundo como ele é, e do *self* como ele é (Idhe, 1977). A definição do *self* baseado numa experiência imediata clara e precisa possibilita à pessoa conhecer a sua responsabilidade e saber que escolhas essa mesma pessoa está fazendo. Referimo-nos a isto como autenticidade. Obnubilar a sua percepção do *self* por causa do sedimento é auto-enganação (Sartre, 1966).

A Gestalt-terapia utiliza o campo fenomenológico gestáltico como método exploratório para aumentar o suporte do paciente, para que ele se livre do sedimento e também para tornar mais aguda a *awareness*, de modo que as escolhas acabem sendo efetuadas baseadas em responsabilidade e autenticidade. *Awareness* total e auto-enganação são conceitos antagônicos (Yontef, 1966). A visão gestáltica de percepção oferece um suporte adicional à responsabilidade pessoal. Como o fundo contém muitas figuras possíveis, é o indivíduo quem organiza um complexo campo experiencial para si. Por exemplo, se um assunto que não acabou clama por atenção e assim compete por atenção com outros aspectos do campo, o indivíduo regula qual será o primeiro-plano. "Somente eu consigo sentir meus sentimentos, pensar meus pensamentos, sentir minhas sensações e agir com as minhas ações. Somente eu posso me viver" (Emerson e Smith, 1974, p. 9).

*O relacionamento dialógico*

Diálogo é a forma particular de contato mais apropriada para uma relação psicoterapêutica fenomenológico-existencial. Contato é discutido amplamente na literatura da Gestalt-terapia (F. Perls, 1947, 1973; L. Perls 1976, 1978; Polster & Polster, 1973). Aqui iremos apenas salientar que contato requer um reconhecinmento da outra pessoa. Diálogo, ou seja, a forma de contato Eu-Tu, baseia-se em autenticidade, conforme definida acima. Interpessoalmente, o contato Eu-Tu significa tratar o outro como uma pessoa igualmente capaz de autenticidade, que merece ser tratada como um fim em si e não como um meio para um fim; o que geralmente exige dizer o que se tem intenção de fazer, e ter a intenção de fazer o que se diz.

Todas as relações terapêuticas são construídas a respeito da preocupação com o outro. A receptividade subjacente e a aceitação do relacionamento psicanalítico são expressos por meio de um relacionamento marcado pela regra da abstinência. Na Gestalt-terapia a preocupação, o carinho e a aceitação se manifestam pelo relacionamento dialógico (Jacobs, 1978; L. Perls, 1976, 1978; Rosenfeld, 1978; Simkin, 1974, Yontef, 1969, 1976, 1981a, 1981b, 1981c).

Cinco características marcam esse relacionamento dialógico (ver Yontef, 1981b).

1) *Inclusão*. Significa colocar-se, tanto quanto possível, na experiência do outro, sem julgar, analisar ou interpretar, enquanto retém

simultaneamente um sentido da própria presença, independente e autônoma. Isto é uma aplicação existencial e interpessoal da confiança na experiência imediata, que está no núcleo da fenomenologia. A modificação que Kohut fez na psicanálise para enfatizar a empatia coloca a psicanálise nesta direção. A prática da inclusão fornece um ambiente de segurança para o trabalho fenomenológico do paciente, e, pela comunicação da compreensão da experiência do paciente, ajuda-o a tornar mais aguda a sua auto-*awareness*.

2) *Presença*. O terapeuta expressa o terapeuta, em vez de abster-se de expressar o seu *self*. Com regularidade, critério e discriminação ele expressa suas observações, preferências, sentimentos, experiência pessoal, pensamentos etc., como parte do relacionamento terapêutico. Assim o terapeuta pode compartilhar a sua perspectiva, modelando um relatar fenomenológico, ajudando no aprendizado de confiança do paciente e na experiência imediata para incrementar a *awareness*.

3) *Comprometimento com o diálogo*. O processo de contato é um todo, maior do que a soma das pessoas envolvidas, e ainda maior do que a soma de inclusão e presença. Além de contatar o outro e expressar seu *self*, existe um compromisso e, a rigor, um render-se ao processo interpessoal. Isso significa permitir que o contato aconteça "entre", em vez de controlar o contato e seu resultado. Wertheimer (1945) afirma que encontrar a solução que é inerente à situação exige um desejo e um compromisso para com a verdade da situação, em vez de uma crença ou atitude prévia defendida.

4) *Sem exploração*. Qualquer forma de exploração está na contramão do relacionamento dialógico (Yontef, 1981b). A exploração influencia a experiência do paciente de se ajustar ao objetivo do terapeuta, em vez de proteger a integridade da experiência factual do paciente.

5) *O diálogo é vivido*. O diálogo é algo que é feito, em vez de ser algo de que se fala a respeito. "Vivido" enfatiza o entusiasmo e o imediatismo do fazer. O modo do diálogo pode ser dança, canção, palavras ou qualquer modalidade que expresse e movimente energia entre os participantes. Uma importante contribuição da Gestalt-terapia para a experimentação fenomenológica é a ampliação dos parâmetros, para incluir a explicação da experiência por meio de sua expressão não-verbal. Por exemplo, uma de amor para a pessoa amada, em vez de relato a respeito, pode levar a sentir e demonstrar o amor de forma mais completa do que aquela que não se pode conseguir exclusivamente com palavras.

# Resumo

Quando elaborado de modo adequado, o método básico da Gestalt-terapia pode ser traçado diretamente à teoria fenomenológica de campo da Psicologia da Gestalt. As principais características deste método são: 1) confiança na experiência imediata total, o aqui-e-agora, com os preconceitos colocados entre parênteses; 2) uma busca de *insight* da estrutura inerente ao todo segregado, que é o campo experiencial da percepção; 3) experimentação sistemática para obter uma descrição que é verdadeira em relação à estrutura do fenômeno em estudo; 4) a procura de *insight* do próprio processo de *awareness*; 5) intencionalidade. A relação dos fatores "organísmicos" para o campo total foi discutida.

A aplicação existencial do método gestáltico foi discutida. O método mudou a ênfase do conteúdo para o ato de consciência, da busca da essência para a existência do percebedor.

O trabalho delineou o desenvolvimento de uma atitude existencial que considera as pessoas, tanto inexoravelmente ligadas a outras pessoas como também inevitavelmente confrontadas com a tarefa de discriminar entre o autêntico e o imediato, de um lado, e a auto-enganação, a confusão e o preconceito, de outro.

Também foi discutido o relacionamento dialógico como o tipo de relacionamento psicoterapêutico apropriado para uma terapia fenomenológico-existencial, com suas características de inclusão, presença, compromisso com o diálogo, ausência de exploração como princípio e um diálogo vivido integralmente.

Esses princípios filosóficos formam um enquadre integrador, que é a identidade primária da Gestalt-terapia. Técnicas terapêuticas específicas, linha terapêutica e os clichês costumeiros têm tão pouca importância que poderiam ser eliminados sem diminuir a natureza essencial da Gestalt-terapia. Uma das belas características da Gestalt-terapia é que ela é um enquadre que pode ser aplicado numa rica variedade de estilos. (Melnick, 1980; L. Perls, 1976, 1978; Polster, 1975a; Simkin, 1974; Yontef, 1976, 1981a, 1981b, 1981c; Zinker, 1977). Os princípios podem ser aplicados em qualquer modalidade (individual, grupal, conjunto, *workshop*, familiar) e, com as devidas modificações e precauções profissionais, podem ser aplicados a qualquer grupo diagnóstico. Além disso, podem ser aplicados em processos de grupo, assim como em terapias individualmente orientadas. Esta lista, de maneira nenhuma, esgota todas as possibilidades. O que importa é a integridade geral do método de campo fenomenológico-existencial.

# 5

# INTRODUÇÃO À TEORIA DE CAMPO

*Comentário*

*1991. Este ensaio tem a intenção de ser uma introdução acessível, e traça um panorama de toda a teoria de campo. Muito do que é discutido aqui está elaborado em dois outros trabalhos: "Formas de pensamento em Gestalt-terapia" e "O self na Gestalt-terapia".*

A teoria da Gestalt-terapia baseia-se na teoria de campo, o que não é apenas um acidente histórico. A teoria de campo é o tipo de pensamento científico que melhor funciona com o resto do sistema teórico da Gestalt-terapia. A fenomenologia, o existencialismo dialógico, o ecletismo e a atitude flexível com relação às opções clínicas da Gestalt-terapia têm uma boa compatibilidade com a teoria de campo. Além disso, a teoria de campo é a abordagem teórica que melhor pode incluir as amplas temáticas intelectuais, sociais, culturais, políticas e sociológicas tratadas pela teoria da Gestalt-terapia (especialmente Perls, Hefferline e Goodman, 1951).

Considerando-se a importância da teoria de campo para a teoria da Gestalt-terapia, há uma elaboração muito pequena da teoria de campo na literatura da Gestalt-terapia. Não conheço nenhuma discussão de teoria de campo, na literatura da Gestalt-terapia, que eu possa considerar clara, convincente, consistente, sistemática e abrangente. Em meu trabalho "Modos de Pensamento em Gestalt-terapia", que não faz parte desta edição (1984a e abaixo), discuto alguns aspectos da teoria de campo que foram escritos em resposta a um artigo de Joel

Latner (1983), que está incompleto, mesmo nos aspectos que foram discutidos sem o texto do artigo de Latner. Considero excelente o artigo de Latner e convincente em alguns aspectos da teoria de campo, mas inadequado, pois pode levar a interpretações errôneas em outros aspectos. Neste ensaio não irei repetir os argumentos que apresentei em resposta ao seu artigo. Recomendo ao leitor a leitura agradável da excelente discussão sobre a diferença entre a teoria científica clássica (mecanicista newtoniana) e a teoria pós-moderna (teoria de campo) (Latner, 1983) e ao meu diálogo com ele (citado em parágrafo anterior).

Ler e conversar a respeito da teoria de campo, e entendê-la, talvez seja o aspecto da teoria da Gestalt-terapia mais difícil de discutir. É uma maneira de pensar muito incomum, e é muito abstrata. Sua relação com problemas clínicos é menos clara do que outros aspectos da teoria da Gestalt-terapia.

Escrevi esta introdução à teoria de campo com o intuito de oferecer uma visão geral clara, especialmente para aqueles que consideram as discussões da teoria de campo muito distantes da experiência sensorial e da relevância clínica, ou para os que sofrem de aversão ou medo visceral da natureza abstrata da maioria das discussões a esse respeito.

## Por que Necessitamos de Uma Teoria de Campo?

Por que os terapeutas precisam estudar algo tão abstrato quanto a teoria de campo? A Gestalt-terapia tende a atrair terapeutas, que ficam à vontade com nossa ênfase na experiência concreta factual, na expressão direta das emoções, e assim por diante. Por que não enfocar apenas a experiência sensorial do aqui-e-agora, adicionar um pouco de experiência clínica e deixar por isso mesmo?

A teoria e a prática da Gestalt-terapia estão construídas sobre a importância de adquirir consciência do nosso processo de *awareness*. O processo de nosso pensamento é um aspecto importante. Nós o tratamos em terapia, e precisamos tratá-lo também em nossas teorizações e ensinamentos. Perls, Hefferline e Goodman (1951) discutem a necessidade de interação entre a maneira de pensar e a de estar inserido no mundo. O que alguém pensa a respeito do mundo, incluindo sua orientação filosófica, em parte, é uma função do caráter e vice-versa; o caráter é, em parte, uma função da nossa maneira de pensar. A teoria de campo indica o processo pelo qual pensamos.

Parece-me que Kelly estava certo em acreditar que todas as pessoas têm suas teorias científicas implícitas (Kelly, 1955). Sem um exame intelectual agressivo, o funcionamento individual é colorido por preconceitos, crenças, presunções metafísicas, hábitos lingüísticos, modos de pensar introjetados e outros semelhantes. Apoiamo-nos nessas presunções e elas permeiam nossos contatos e processos de *awareness*, determinam e dão forma aos nossos pensamentos, sentimentos, percepções e ações. Ter clareza dessas é uma das funções da fenomenologia, e é um dos fundamentos da metodologia da Gestalt-terapia. Seria inconsistente, para um sistema que considera *awareness* e assimilação tão importantes, permitir que um tópico tão relevante, como a maneira que pensamos, seja tratado num nível de confluência e de introjeções não-examinadas.

Mas examinar esses processos intelectuais inconscientes não é apenas uma tarefa árdua e difícil, como freqüentemente cria ansiedade e mecanismos para evitá-los. Eu sempre tenho de evitar isto quando escrevo sobre teoria de campo, inclusive ao escrever este trabalho. Foi dito que "uma presunção não contestada de uma postura metafísica fornece um escape bem-vindo para nossas ansiedades" (Bevan, 1991, p. 477).

Infelizmente, o não-exame desses processos deixa em seu lugar inconsistências, preconceitos teóricos e limitações que têm conseqüências não-examinadas. Por exemplo, acredito que a dicotomia entre biológico e social em Perls, Hefferline e Goodman não está de acordo com sua temática holística central (teoria de campo), e não examinar isto teoricamente tem tido como conseqüência a limitação, ou pelo menos a diminuição, da velocidade, do florescimento completo do potencial da Gestalt-terapia.

Não examinar as instâncias teóricas de orientação individualista, confrontativa e dramática de Perls da década de 1960 teve um efeito extremamente danoso no desenvolvimento da Gestalt-terapia. Uma análise de campo observaria o contexto total do trabalho, em especial as relações interpessoais. Uma análise de campo traria a família, os grupos e outros processos sociais para o primeiro plano, moderando o individualismo; observaria como esses processos se desenvolvem no tempo, moderando a orientação dramática e confrontacional, com a vantagem adicional de *awareness* dos efeitos negativos resultantes; e também mostraria uma apreciação maior dos efeitos positivos, de longo prazo, das intervenções mais sutis e suaves.

Acredito que a teoria de campo ilustra o ponto de vista de Lewin, de que não há nada mais prático do que uma boa teoria. A teoria de campo auxilia a focar o que é importante e essencial, e o que é periférico nas nossas ações. Pode ser útil identificar as trivialidades que reduzem a intensidade da preparação para as diferentes maneiras de fazermos e estudarmos as coisas. Acredito que a teoria de campo pode fornecer orientação e posicionamento, por exemplo, na avaliação e na assimilação de idéias, metodologias e novas tecnologias. A teoria de campo pode não apenas suprir orientação intelectual para nossas pesquisas e terapias, como também prover um referencial para se comunicar.

Ademais, eu argumentaria que, como a teoria de campo é uma parte vital da teoria da Gestalt-terapia, sobre a qual a metodologia da Gestalt-terapia é construída, um Gestalt-terapeuta que deseja uma compreensão abrangente de sua abordagem escolhida precisa estudar teoria de campo. Alguns dos conceitos centrais da Gestalt-terapia são difíceis ou impossíveis de entender, sem a atitude teórica de campo. Talvez seja possível levar a prática de Gestalt-terapia apenas com um estudo superficial da teoria de campo, mas é certamente necessária uma compreensão mais profunda para realizar trabalho teórico, de ensino ou treinamento. Acredito que qualquer pessoa que ensine ou escreva sobre teoria da gestalt necessite de um entendimento detalhado da teoria de campo.

Acredito que o ponto de vista da teoria de campo da Gestalt-terapia poderia auxiliar a resolver muitos assuntos da psicologia que estão sem solução por estarem baseados em dicotomias lógicas, pensamento mecanicista e modelos causais simplistas. Enquanto tais modelos funcionam para certos tipos de exploração e dentro de certos parâmetros, tais como os da física newtoniana, que funcionam com precisão dentro dos parâmetros de sua operação, eles não respondem pela amplitude de variação das situações e dados, seja na física ou na psicologia.

A teoria de campo é tida como capaz de englobar a teoria mecanicista newtoniana e responder por fenômenos que a teoria anterior não consegue solucionar de maneira adequada, tornando a teoria de campo mais abrangente. Embora tanto as teorias mecanicistas quanto as teorias de campo possam explicar adequadamente alguns fenômenos na psicologia, a teoria de campo consegue explicar todos os fenômenos que as teorias mecanicistas explicam, mas o contrário não é verdadeiro.

A linguagem da teoria de campo é capaz de descrever fenômenos que podem ser descritos também em linguagem mecanicista. A abordagem da teoria de campo evita alguns dilemas criados pelo pensamento dualista, do modo mecanicista de compreensão. Por exemplo: o indivíduo cria o seu ambiente ou o ambiente cria o indivíduo? No modo mecanicista experimentos podem ser imaginados para estudar esta questão de maneira linear. Mas a questão, como foi posta, cria uma falsa dicotomia que é mais facilmente lidada na teoria de campo. O campo indivíduo/ambiente se cria com a parte individual influenciando o resto do campo, e o resto do campo influenciando o indivíduo. A causalidade circular está em algum lugar entre a causalidade linear do modelo mecanicista e a verdadeira teoria de campo.

O debate sobre a teoria freudiana das pulsões é outro exemplo. Muitos não concordam que ela seja mecanicista, reducionista e dualista. Os que reagem contra ela e não têm os fundamentos de uma teoria de campo, com freqüência rejeitam todos os conceitos de energia física como mecanicista, reducionista e dualista, sem perceber que a energia física é um aspecto necessário de uma teoria holística, e pode muito bem ser contabilizado na teoria de campo, sem pensamentos mecanicistas, reducionistas ou dualistas. De fato, excluir todos os conceitos de energia de uma teoria psicológica é, em si mesmo, dualista e reducionista. Uma perspectiva de teoria de campo pode fornecer suporte teórico para a integração de uma teoria que abrange o corpo, a mente, as emoções, as interações sociais e os aspectos espirituais e transpessoais.

O conceito de *self* da Gestalt-terapia é outro exemplo. Acredito que este seja um conceito muito mais elegante e útil do que se pensa, mas ele só pode ser adequadamente entendido no contexto da teoria de campo. Sem o entendimento sofisticado da teoria de campo, resta-nos uma ou duas atitudes comuns para relacionar com o *self*. Se o *self* for tratado como existente concreto, como um homúnculo interno, então existe um "centro" interior que faz coisas, mas a pessoa ("Eu") não é um agente ativo. Então, algumas pessoas são vistas como tendo "um *self* coeso", e outras como tendo "um *self* cindido", o que atribui existência física concreta a uma abstração.

Por outro lado, se o *self* for definido em termos de processo, teremos um *self*-conceito e não um *self* geral, sem existência tangível. Para o leitor interessado em discussões a esse respeito, recomendo a leitura de Harré (1991) e Robinson (1991). Por exemplo, em 1971, Kohut definiu o *self* como "um baixo nível de abstração" (Kohut, 1971). "Por 'baixo nível de abstração' ele entendeu que as pessoas formam idéias sobre si mesmas, que são generalizações baseadas em experiências particulares" (Wolfe, 1989). Um conceito, sim, mas não existente. A definição da Gestalt-terapia para o *self* tem sido erroneamente interpretada desta maneira (por exemplo, Tobin, 1982).

Perls, Hefferline e Goodman definem o *self* como "o sistema de contatos num dado momento... O *self* é a fronteira de contato em funcionamento; sua atividade é formar figuras e fundos" (Perls, Hefferline e Goodman, 1951, p. 235). Isso enfatiza o *self* emergente, o *self* que é interação contínua no campo organismo/ambiente, e que faz parte do campo. Entretanto, se pensarmos em termos mecanicistas newtonianos, significa que não existiria continuidade do *self* do passado até o presente, e não haveria diferença no funcionamento do *self* entre alguém que, em geral, tem pouca autocoesão e alguém com autocoesão, pois não existe o "*self* real" (Tobin, 1982).

Na teoria de campo, todas as coisas são construídas conforme as condições do campo e os interesses do percebedor. Tudo o que é real é construído desta maneira, independentemente de quão materialmente concreto ou abstrato seja. Alguns estudiosos hoje em dia acreditam que todos os conceitos, memórias etc. não são armazenados e depois lembrados, mas sim reconstruídos (ver discussão em Gergen, 1991, especialmente à p. 26). "Coisas" são fenomenologicamente construídas, tanto de acordo com a situação quanto com as necessidades, memórias de compreensão do passado etc. Sem entender a teoria de campo, a noção da Gestalt-terapia de que o *self* não existe "como instituição fixa", independente do campo organismo/ambiente atual (Perls, Hefferline e Goodman, 1951), é mal interpretada. O *self* é um processo, ele é tão real quanto qualquer outro tangível existente, e é construído no campo organismo/ambiente atual.

A Gestalt-terapia responde tanto pelo conceito do *self* que apresenta coesão, integridade e continuidade no tempo quanto pelo conceito do *self* que é sempre construído, num instante qualquer, em determinado contexto. A teoria de campo capacita a Gestalt-terapia a manter o foco na pessoa, como agente ativo, ter sempre em mente as complexidades das relações de campo no presente, e das mudanças que, inevitavelmente, ocorrem com o passar do tempo e os diferentes contextos e maneiras pelas quais as pessoas constroem os seus *self(ves)*. Esse conceito de *self* da Gestalt-terapia requer elaboração e desenvolvimento adicionais, que ultrapassam o escopo deste artigo.

Algumas pessoas constroem um *self* que tem continuidade e harmonia, e simultaneamente se adaptam com flexibilidade ao campo atual. Pessoas com desordens no *self* não conseguem fazê-lo, e suas construções de *self* não integram harmoniosamente as construções anteriores, além de não terem um sentido de coesão, continuidade, segurança e auto-estima, em especial quando o campo atual está estressado. Em vez disso, seus processos e suas experiências de *self* estão com freqüência fragmentados, estruturados sobre introjeções e auto-imagens negativas fixadas com rigidez; a noção de auto-estima e coesão dessas pessoas é facilmente destruível, pelas forças do campo atual, que se apresentam sem uma união clara e flexível com quem são, e a realidade da situação. Outras pessoas constroem uma noção fixa para o *self*, que não é afetado pelo ambiente, que é sempre o mesmo, independentemente do contexto. Essa gestalt fixa não tem flexibilidade, e tem apenas pequena capacidade de crescimento pela interação no campo.

Há muitos conceitos dinâmicos na Gestalt-terapia que podem ser adequadamente entendidos em termos de teoria de campo. Alguns deles são: campo organismo/ambiente; fronteira; suporte: figura/fundo; relação dialógica; construção fenomenológica de uma percepção, e assim por diante.

## Limitações no Uso da Teoria de Campo

Algumas vezes, a teoria de campo é discutida de maneira a desestimular o interesse.

O que se ouve, com freqüência, é um aspecto tão simplificado da teoria de campo, provavelmente uma vaga referência a Kurt Lewin, continuando com uma mudança de assunto, que as pessoas não vêem o benefício de todo o trabalho. Mas a teoria de campo é mais do que um dispositivo semântico ou apenas qualquer coisa que se refira a um sistema como um todo. É mais do que a topologia de Lewin.

Algumas das melhores discussões da teoria de campo ocorrem indiretamente, quando outras perspectivas teóricas são discutidas. Por exemplo: a fenomenologia, o diálogo e toda a estrutura teórica da *Gestalt-terapia* estão baseados na teoria de campo, e ela se entrelaça com muitos dos aspectos mais importantes e mais difíceis dessas perspectivas. Quando a fenomenologia é inteiramente entendida, os aspectos da teoria de campo também precisam ter sido entendidos.

Francamente, acredito que sou mais claro quando discuto fenomenologia ou Psicologia da Gestalt, mesmo sobre aspectos da teoria de campo, do que quando discuto a teoria de campo diretamente.

Assim, por uma boa noção estratégica, por covardia, preguiça ou ignorância, ensino fenomenologia e diálogo, e, com menos freqüência, discuto diretamente teoria de campo. Isso dá às pessoas uma chance muito pequena de aprender, mesmo com muito esforço, a teoria de campo. Assim, elas podem decidir se o esforço vale a pena, o que me motivou, em parte, a escrever este ensaio.

Às vezes, a teoria de campo parece ser usada como se ela pudesse conferir prestígio a algum ponto de vista. É como se ao dizer que algo está de acordo com os princípios da teoria de campo se transformasse em verdade. Isto atrela, o que quer que estejamos defendendo, ao prestígio da física – e pode, de fato, conferir um prestígio modesto. Eu não gosto do uso da teoria de campo para conferir *status* e prestígio.

A teoria de campo não confere validade. Por exemplo, acredito que a teoria de campo pode oferecer uma razoável racionalização *post hoc* para avaliar o quão místicas ou transpessoais certas idéias podem ser, mas não mais que isso. Mesmo assim, ouvi pessoas usando teoria de campo como se ela pudesse de fato validar experiências transpessoais ou idéias místicas. O que estou dizendo aqui não é um comentário a respeito de experiências transpessoais ou místicas. Ao contrário, estou comentando as limitações do uso da teoria de campo para validação.

Na Gestalt-terapia, a teoria de campo parece ser um ícone religioso, que pode ser invocado para se obter uma resposta positiva e reverenciada. "Campo" é uma "boa palavra". Às vezes, as discussões sobre teoria de campo me lembram duas crianças dizendo: "Não, não, não! Eu sou mais teórico de campo do que você". Ouvi algumas pessoas reagindo assim à análise da teoria de campo de Latner, do trabalho de Polster (Latner, 1983; Polster & Polster, 1973) e rejeitando a validade de sua análise com argumentos do tipo "difícil de agradar", perguntando "e daí?" Isto é infeliz.

As teorias podem oferecer orientação e convencimento, mas não podem provar a verdade ou a falsidade de uma proposição. Uma teoria é meramente uma teoria, uma integração sistemática de idéias. Assim, pode ser útil, reconfortante, estimulante, provocativa, de valor heurístico, e assim por diante. Mas na ciência pós-moderna as teorias não são consideradas nenhum tipo de verdade absoluta. Colocar algo em termos de teoria de campo não o transforma em verdade.

Joel Latner afirma: "Em vez de acreditar que algumas [teorias] são mais verdadeiras do que outras, me parece que algumas têm mais apelo para mim do que outras" (Latner, 1983, p. 85). Teoria de campo é um ponto de vista que tem "um apelo", que eu considero útil, mas que não é uma verdade.

Perls, Hefferline e Goodman (1951) vão além disso quando afirmam que a teoria de campo é "a abordagem original, não distorcida, natural para a vida". Isso implica que a teoria de campo é verdade, e que as outras maneiras de pensar são inerentemente errôneas. Latner contesta esta afirmação (1983, pp. 86-7) e eu concordo com ele. Acredito que é mais consistente dizer que nenhuma teoria é inerentemente verdadeira, ou a melhor em todas as circunstâncias. A teoria de campo é a teoria sobre a qual a Gestalt-terapia se baseia, e tem muitas vantagens. Alguns a consideram mais natural. Esta é a nossa preferência.

Em física, as teorias de campo são essencialmente formulações matemáticas, passíveis de manipulação matemática, de provas matemáticas e, essencialmente, submetidas a verificação empírica ou a falsificação. As formulações verbais oriundas da física são apenas aproximações. A metafísica e a visão de mundo dos físicos (formulações verbais) não mudam em razão de seu trabalho matemático com a teoria de campo.

A teoria de campo indica menos "verdade" ainda na psicologia. Sem a base matemática para a teoria de campo, sem testes empíricos diretos que distinguem afirmações teóricas de campo e outras (ou entre várias apresentações teóricas de campo), não há maneira empírica de decidir entre as formulações.

Alguns entusiastas transformam a teoria de campo num assunto político, apontando para qualquer uso comum da linguagem, como a newtoniana, e, portanto, um rompimento com a teoria da Gestalt-terapia, independentemente do contexto ou do grau de clareza, invalida toda a discussão. Não considero que esta reação automática, sem argumentação, tenha alguma utilidade. Com freqüência, a linguagem newtoniana mais simples comunica com maior clareza. Acredito que a discriminação é necessária.

Num contexto clínico, qualquer linguagem deve ser utilizada para a comunicação com o paciente, que promova o desenvolvimento de uma relação terapêutica baseada em empatia, respeito, compreensão e atenção. Por exemplo, "você não tem ouvidos" não é uma boa formulação teórica de Gestalt-terapia. Ela implica que a audição é propriedade de uma pessoa, em vez de um processo integral do campo organismo/ambiente. Embora ela comunique com clareza, e, portanto, poderia ser útil, ela também soa acusatória e insultante.

"Você não tem ouvidos" mostra que o terapeuta não está pensando nem em teoria de campo nem em termos dialógicos. Essa interpretação é newtoniana e não-dialógica, na presunção que a dificuldade reside apenas dentro do paciente, e não entre o terapeuta e o paciente. A formulação "você não tem ouvidos" reflete uma perspectiva que é restrita, na amplitude das variáveis em que é expressa, e unilateral em sua atribuição de causalidade. O fato de o paciente não escutar não pode estar relacionado com o terapeuta?

Algumas vezes, uma afirmação em linguagem newtoniana comunica com bastante clareza e promove o progresso do relacionamento terapêutico. Uma tentativa nesse sentido, que eu tenho considerado cada vez mais irritante, é a referência à "criança interior". Isso transforma um processo numa coisa, definitivamente não campo-teórica. Mesmo assim, é uma terminologia útil e pode facilitar um laço de empatia entre o terapeuta e o paciente.

Às vezes, quando escuto: "Foi minha criança interior que o fez", isso me parece uma piada de mau gosto, como se dissesse: "Eu não sou responsável, foi minha criança interior que o fez". Quando alguém omite a palavra "interior" e diz "minha criança" se sentiu desta e daquela maneira, e, por um instante, imagino que o paciente está falando de um de seus filhos de verdade, me parece uma piada de mau gosto mesmo. A atitude é de "não sou eu quem tem esse sentimento – não tenho responsabilidade por ele, e nem consigo ter outra opção com a criança interior, isto foi criado no passado por meus pais abusivos". Existem experiências subjetivas muito importantes, que um paciente desses está expressando e que precisam ser escutadas, honradas e esclarecidas. Mas isto pode ser feito pela linguagem de campo: "Eu estava apavorado, solitário, desesperado e não tinha qualquer escolha, exatamente como me sentia quando eu era criança – quando eu realmente não tinha boas opções".

Uma antiga paciente escreveu-me falando de sua experiência terapêutica comigo, lembrando-me do conjunto de imagens metafóricas de linguagem newtoniana que foi extremamente útil para ela e que surgiu durante a terapia.

> Para descrever meu sentimento de isolamento estático, imutável, rígido, absoluto, eu imaginei um feto empalidecido, enfiado num grão de milho de pipoca. (Depois que descobri Guntrip [ela se refere a Guntrip, 1969], o feto estava usando óculos e lendo Guntrip.)

> O feto estava afastado do mundo e não conseguia ouvir ou sentir qualquer coisa além do grão.
> Uma mudança importante, resultante de longos períodos de focalização intensa e mantida em contato, especialmente em nosso relacionamento, foi a emergência da experiência da *solidão*, em oposição ao simples isolamento.
> Como fui capaz de colocar minha solidão em contato com você, com o passar do tempo um broto verde cresceu em cima do grão. Foi um atalho, conectando o meu sentimento isolado, e o nosso contato. Eu sabia que o broto significava que eu jamais iria me sentir tão isolada novamente.
> Posteriormente, com o meu analista, depois de ter passado pela pior depressão de minha vida, o mundo dentro do meu grão evoluiu de, por definição privado e incompartilhável, para ser *por princípio* (e em experiência com ela) compartilhável (passível de ser conhecido por outro).
> Mas a conexão entre os dois mundos (o mundo que vivia e meu mundo grão) veio com o broto.

A linguagem deve se encaixar no contexto, e não é, em si, falsa ou verdadeira. O teste clínico é o que funciona para cada paciente. A facilidade de se apresentar e a articulação predominam sobre a precisão teórica em muitos contextos. Shafer (1976) constrói uma linguagem profunda para processar a psicanálise, mais radical do que a nossa. Mas ele deixa claro que isso é muito importante para a discussão teórica, e que não cria obrigações na situação clínica. O físico de teoria do campo fala a linguagem newtoniana quando se refere a instrumentos, escrivaninhas, almoços, promoções etc.

O sistema teórico newtoniano, mecanicista, funciona bem dentro dos parâmetros de seu propósito. Desde que estejamos lidando com corpos de tamanho moderado, movendo-se vagarosamente pelo espaço, as previsões teóricas newtonianas funcionam bem. Para parte do nosso trabalho como terapeutas, a linguagem mecânica simples pode mesmo ser superior para comunicações simples aos pacientes.

Infelizmente, muitos Gestalt-terapeutas que não usam a linguagem da teoria de campo não percebem o que estão fazendo. Isso significa que eles não estão apenas sendo pragmáticos sobre o uso da linguagem, mas não estão conscientes do conflito teórico, entre sua linguagem da prática, ou sua conversa sobre Gestalt-terapia, e a própria teoria da Gestalt-terapia. Quando essa linguagem imprecisa é usada para dar palestras ou para escrever sobre a teoria de Gestalt-terapia, é desastroso.

## Entendendo a Teoria de Campo

Teoria de campo é uma abordagem para estudar algo, e "campo" é um instrumento básico nesta abordagem. Qualquer coisa pode ser estudada por uma perspectiva de campo – eventos, objetos, organismos ou sistemas. O que faz uma abordagem teórica de campo é que sua filosofia e sua metodologia aderem a certos princípios.

Isso não significa que haja uma teoria de campo verdadeira ou "correta". Há muitas teorias de campo diferentes e igualmente válidas, e não conheço nenhuma reivindicação válida para qualquer das versões da teoria de campo de ser *o* caminho.

O campo é definido fenomenologicamente. A amplitude e a natureza exatas do campo e os métodos usados variam dependendo do investigador e do que está sendo estudado. O campo pode ser tão pequeno e rápido quanto partículas subatômicas, ou tão grande quanto o universo. As forças, em alguns campos, podem ser observadas com os cinco sentidos humanos; em outros, não. O campo pode ser físico, tangível ou intangível. Na Gestalt-terapia estudamos as pessoas em seus campos organismo/ambiente. O ambiente do campo organismo/ambiente pode ser uma escola, um comércio, uma família, um casal, um grupo de treinamento, um indivíduo em seu espaço vital etc.

Nos próximos capítulos, algumas características gerais de teorias de campo serão discutidas. Após esta discussão, o artigo terminará com uma definição formal de teoria de campo e um resumo da discussão. Muitos tópicos deste artigo foram discutidos em detalhes em outros capítulos, tais como o capítulo 6, "Gestalt-terapia fenomenologia clínica" (1976), e o Capítulo 4 "Gestalt-terapia: sua herança da Psicologia da Gestalt" (1982).

As características estão listadas abaixo para orientar o leitor:

*Características do campo*
1. um campo é uma teia sistemática de relacionamentos;
2. um campo é contínuo no espaço e no tempo;
3. tudo é de um campo;
4. os fenômenos são determinados pelo campo todo;
5. o campo é uma fatalidade unitária: tudo no campo afeta todo o resto.

*Atitudes adicionais da teoria de campo*
6. a realidade percebida é configurada pelo relacionamento entre o observador e o observado;

7. o Princípio da contemporaneidade;
8. processo: tudo é tornar-se;
9. *insight* de invariáveis genotípicas.

## Características do Campo

*Um campo é uma teia sistemática de relacionamentos*
Defino campo como: "Uma totalidade de forças mutuamente influenciáveis que, em conjunto, formam uma fatalidade interativa unificada".

A abordagem de campo é holística. O Princípio da Capacidade de se Relacionar, de Lewin, afirma que um evento é sempre o resultado de uma interação entre dois ou mais fatos. Cada fenômeno é estudado no contexto de uma complexa teia de forças inter-relacionadas, que se reúnem no tempo e no espaço, formam uma fatalidade unificada chamada campo, e mudam dinamicamente com o tempo. Ou, como English & English colocam: "Em psicologia, o campo é usado para enfatizar a complexa totalidade de influências interdependentes, nas quais um organismo funciona; a constelação de fatores independentes, que respondem por um evento psicológico" (1958, p. 206).

O campo é interativo, determinado pelas forças atualmente presentes. Essa preferência por interação inclui uma relutância ou desconfiança simples em relação a uma causalidade linear unidirecional, pois essas explanações lineares não respondem muito bem à complexidade de múltiplos fatores e influências que ocorrem na interação. As explanações lineares simples envolvem dificuldades adicionais que serão discutidas a seguir, como, por exemplo, não enfatizarem a contemporaneidade, e, com freqüência, sugerem "ação-a-distância".

Recentemente, uma pessoa que trabalha na área de prestação de serviços de assistência médica disse-me que quando determinado auxiliar estava de plantão parecia que tudo dava errado. Como explicamos isto? Há numerosas variáveis, e cada uma delas poderia ser formulada com uma explicação linear simples. O prestador de serviços é mulher, e o auxiliar é homem. Gênero é um fator determinante? A mulher é dominadora ou, talvez, ela se permita ser repetidamente vitimizada? Podem-se formular diversas interpretações psicodinâmicas. Um fator adicional é que a mulher é médica. Há algum problema de dificuldade de relacionamento do auxiliar com os médicos? Com autoridade? Ou com mulheres? Dificuldades da médica com homens? Além disso, a médica é negra, e o auxiliar é hispânico. Fatores de relações culturais e raciais parecem estar envolvidos. Um exame mais detalhado da estrutura da institutição poderia revelar fatores estruturais tornando tais conflitos mais prováveis. Por exemplo, a médica foi contratada recentemente. Como esta estrutura e o seu pessoal recebem novos médicos? Como este auxiliar, malpago e que sustenta uma família, se sente em relação a um médico que ganha mais?

Para uma compreensão adequada da situação, é preciso relacionar uma série de fatores: psicodinâmicos individuais de duas pessoas, fatores estruturais e políticos das relações entre os funcionários, relações culturais e raciais, e assim por diante. Se eu usasse apenas um mapa cognitivo, que envolvesse a causalidade simples entre a infância desta mulher e sua dificuldade atual, eu seria simplista e inadequado. Se eu reduzisse isto a uma interpretação simples, como as mulheres ou os negros, ou as mulheres negras são tratadas, os fatores de funcionamento caracterológico dos indivíduos envolvidos ficariam de fora. Se eu reduzisse isto a um problema da estrutura da instituição, não seria adequado. Mas todos estes fatores estão bastante envolvidos nesta situação.

*Os relacionamentos são onipresentes*

O relacionamento é inerente à existência, da forma como nós conhecemos. Do ponto de vista de uma teoria de campo, tudo o que existe consiste de uma teia de relacionamentos. Um campo é uma teia de relacionamentos e existe num contexto de teias de relacionamentos ainda maior. Conhecer também é um relacionamento entre percebedor e percebido – como iremos discutir no Capítulo 6. Nós percebemos coisas nos relacionamentos, como o que queremos conhecer, o que acreditamos, o contexto do evento sendo observado, a história, as nossas necessidades, as influências lingüísticas, e assim por diante.

Perls, Hefferline e Goodman delineiam a noção básica da Gestalt-terapia de que contato-relacionamento é a primeira realidade (fenomenologicamente), e o organismo não tem significado separado do seu ambiente (e o ambiente fenomenológico tem significado apenas conforme percebido pelo percebedor).

"A existência precede a essência." Existência é relacionamento no mundo. Isso contrasta tanto com o idealismo platônico quanto com a categorização lógica aristotélica, na qual uma essência inerente precede a existência. Existencialmente, não há natureza absoluta.

Não podem haver traços humanos sem consciência e existência humanas, e não pode haver consciência exceto como um relacionamento do campo organismo/ambiente. A linguagem e os conceitos são aprendidos ou criados como progresso social; eles não são essências absolutas.

Quando eu estava no colegial, aprendemos um modelo de como o mundo físico está organizado no nível subatômico, que era mecanicista e que não enfatizava o relacionamento. O modelo era uma miniatura do sistema solar, com elétrons circulando em torno do núcleo, como os planetas circulam em torno do Sol. O núcleo e os elétrons eram retratados como sólidos; cada coisa isolada em sua própria posição — com espaço entre elas. No espaço vazio entre essas partículas descontínuas, de algum maneira, uma ordem foi criada. Naturalmente, as partículas eram movimentadas por algum tipo de energia (eletromagnética, análoga à força gravitacional no nível astronômico) que eram de matéria diferente das partículas. Um modelo bem newtoniano.

Entretanto, os físicos que estudam o mundo subatômico agora não o vêem desta maneira. Os elétrons e a energia não são de material diferente, as partículas "sólidas" são intensas concentrações de energia (que são ondas ou partículas, dependendo de como são observadas), toda a estrutura funciona por meio das relações entre as concentrações de energia. Os efeitos são causados por ondulações pelo espaço e pelo tempo do campo.

*O relacionamento é inerente, dinâmico e organizado*

A teia de qualquer fenômeno natural é uma fatalidade organizada integrada. Existe diferenciação entre o que está fora e o que está dentro de uma teia de relacionamentos. Existe uma organização dinâmica na teia de relacionamentos. As estrelas estão em relacionamento gravitacional, e o sistema é organizado e integrado. O estado de organização da teia muda no tempo, algumas vezes desintegrando (entropia), outras transformando-se em *Gestalten* melhores (*prägnantz*).

Os psicólogos da gestalt deram muita importância ao fato de, nas relações de campo, a organização do campo ser inerente, e não devido a um "arranjo especial". A organização natural do campo é como um rio encontrando o seu curso natural, pela interação com outras forças da natureza, em oposição a caminhos concretos, sendo adicionadas à água, para forçar a água na direção de caminhos rígidos predeterminados. Quando há problemas ou disfunções na organização do

campo, as soluções também estão presentes nas dinâmicas do campo (Wertheimer, 1945).
Uma boa teoria esclarece a estrutura inerente do campo. A teoria, em si, é um campo, e uma boa teoria é desenvolvida, buscando as forças naturais que lhe são inerentes e que revelam *insight* da estrutura inerente do campo de estudo, em vez de somar arbitrariamente fatores explanatórios ou utilizar dados que não têm relacionamento inerente com a teoria.

Os campos são sempre compostos por fatores múltiplos, com inter-relações complexas, múltiplas e diferenciadas. Em teoria de campo, uma teia de relacionamentos é sempre determinada por uma multiplicidade de variáveis determinantes, com uma organização sistêmica inerente do todo, que é vital para a compreensão do fenômeno em estudo. Inevitavelmente existem fatores contextuais cruciais, que são parte inerente do pensar em termos de campo, uma vez que estão contidos na lógica aristotélica ou no pensamento newtoniano.

Talvez, o significado disto possa ser entendido, em contraste com a atitude dos estruturalistas como Wundt. Ele via psicologia como fragmentar conteúdos mentais em elementos, para em seguida encontrar as leis de conexão. Esta era uma abordagem da química mental, que enfatizava elementos e associações e não enfatizava o todo dinâmico (Mesiak e Sexton, 1966, p. 80). Esta abordagem química mental era como o universo mecanicamente determinado de Newton, na qual a totalidade pode ser desmontada (como um relógio), e montada novamente. Para o estruturalista, a totalidade é exatamente a soma das partes, que o observador poderia conhecer integralmente, sem afetar o que está sendo estudado.

## Um Campo é Contínuo no Espaço e no Tempo

"Campo" e "forças" têm conotação de dinâmica, de movimento e de energia (Mesiak e Sexton, 1966, p. 354). Este deriva, literalmente (em física), e, por analogia (em psicologia), do estudo de campos eletromagnéticos e do tratamento do tempo na teoria de relatividade (English & English, 1958, p. 207). Usando-se a abordagem de campo pensa-se em sobreviver, movimentar, mudar a interação energética no tempo. As forças do campo são totais, e se desenvolvem no tempo.

"Campo: Algo que existe no espaços e no tempo, em oposição a uma partícula que existe apenas em um ponto no tempo" (Hawking,

1988, p. 184). O campo está ocupando o lugar que foi dos pontos materiais na física newtoniana (Einstein, 1950, p. 74).

Lewin aponta que na psicologia "Como na física, o agrupamento de eventos e objetos em [...] dicotomias lógicas está sendo substituído pelo agrupamento com a ajuda de conceitos seriados, que permitem variação contínua, devido, em parte, simplesmente à maior experiência e ao reconhecimento de que etapas de transição estão sempre presentes" (1938, p. 22). De certa maneira o campo vê o mundo como um *continuum* (Einstein, 1961, p. 55) em vez de dicotomias.

Até a introdução do conceito de campo, no século XIX, a descrição da natureza era em termos de coisas,

[...] independentes, perceptíveis, pedaços distinguíveis de matéria, cada um num determinado lugar, num determinado tempo, e movendo-se à custa de sua "energia própria" ou sob a influência que cada um exerce sobre o outro. O conceito de campo, por outro lado, afirmava que a mais fundamental descrição do mundo material deveria, ao contrário, ser definida em termos de continuidade – da mesma maneira que se percebe a distribuição das ondas na superfície de águas turbulentas. (Sachs, 1973, p. 5)

Sob a lente da teoria de campo, o movimento substitui a estática, os eventos substituem as coisas, a continuidade substitui a descontinuidade.

### Tudo É De-um-Campo

[...] objetos não são independentes de forças físicas mas adquirem sua qualidade de objeto, do organismo que reage a elas [...] (English & English, 1958, p. 207)

Objetos e organismos existem apenas como parte de um campo fenomenologicamente determinado, e têm significado apenas como interação num desses campos. Lewin afirma que "qualquer manifestação de energia por uma pessoa... tem de ser definida em termos do campo todo" (English & English, 1958, p. 206). Isto inclui tanto a influência da pessoa sobre o resto do campo quanto as influências do resto do campo sobre a pessoa. Este é um aspecto crucial da teoria de campo, que é idêntico ao da fenomenologia (especialmente, que realidade é uma construção fenomenológica do observador e do observado) e a visão dialógica de que "Eu" é apenas do "Eu-Tu" ou do "Eu-Isto".*

Ser *de um campo* não é apenas estar *num* campo. "Num campo" define o organismo ou o objeto em termos absolutos, isto é, fora do campo, e então adiciona o campo para obter contexto. Uma pessoa tem uma existência (forma, essência) independente do campo, e está conceitualmente colocada nele. Não há nada que a visão de-um-campo considere como "não de-um-campo".

Uma pessoa e um ambiente são de um campo, o campo ambiental/organísmico. As pessoas são deste campo, e são as forças organizadoras e determinantes do campo. O campo psicológico não existe independente das pessoas; as pessoas não existem sem esse campo. Este não é o caso de um simples relacionamento entre um indivíduo independente e o ambiente externo. O indivíduo é definido, num dado momento, apenas pelo campo do qual faz parte, e o campo só pode ser definido pela experiência, ou do ponto de vista de alguém.

A distinção entre "de-um-campo" e "em-um-campo" é freqüentemente perdida. Mesmo a definição de English & English de campo e teoria de campo não distinguiu claramente entre "em um campo" e "de um campo". Eles definem campo como:

1) Uma área que tem fronteiras ao ser usada em psicologia, tanto o campo (área) quanto a fronteira podem ser usados metaforicamente. Por exemplo, quando falamos de regras que estabelecem fronteiras para a ação, referimos-nos não somente ao lugar físico, mas ao tipo de ação permitido. "Campo" também se refere a 2) O espaço inteiro dentro do qual opera um conjunto de forças. (p. 206).

É como se English & English considerassem o campo como meramente um receptáculo vazio para eventos e coisas.

---

\* Corresponde à relação "*I-it*", postulada por Martin Buber, em oposição à relação "*I-thou*". Na impossibilidade de traduzir literalmente o pronome pessoal *it*, julgamos o emprego do pronome demonstrativo isto o mais adequado para designar a objetificação da relação. (N. do E.)

## Não de-um-Campo

A idéia de que um organismo pode existir apenas num campo é o ponto de vista da teoria de campo, e não um fato objetivo. Existem alternativas ao ponto de vista de-um-campo. Para esclarecer esse aspecto, farei uma crítica a dois outros pontos de vista, que ainda podem ser encontrados na psicologia.

*Pensamento aristotélico* versus *pensamento galiléico*
Lewin contrasta a visão (galiléica) de campo com a classificação lógica aristotélica (Lewin, 1938). No sistema aristotélico, cada coisa tem uma essência ou virtude, e a essência é a primeira causa e o objetivo-fim teleológico da existência dessa coisa. A coisa é determinada por sua essência (forma), não pelo campo de forças da qual ela é parte. Os sistemas platônicos também têm esta característica, e a maioria dos sistemas de classificação psicológica tem esta mesma lógica.

*Exemplo.* O paciente está irado com o terapeuta, que o confrontou com a interpretação de que o paciente é parcialmente responsável por uma interação infeliz de sua vida. O terapeuta pensa: este paciente está aborrecido por causa de uma desordem narcísica de personalidade. Numa descrição teórica de campo pode ser que no campo de interação entre o terapeuta e o paciente, o paciente tivesse experienciado o terapeuta como desatencioso ou incompreensivo para com a sua experiência subjetiva, e que, com a experiência de falta de compreensão do paciente, seu sentimento de autocoesão foi rompido e sentimentos de ira emergiram. É a esta propensão do rompimento da autocoesão, que a terminologia de desordem de personalidade narcísica se refere.

Ambas as caracterizações podem ser verdadeiras, e não necessariamente contraditórias, mas o ponto de vista é muito diferente e tem conseqüências diferentes. A visão de campo olha para as forças de relacionamento atuais, e a abordagem classificatória olha para a essência do paciente, independentemente da interação atual. Na abordagem classificatória, os fatores contextuais não são considerados nem inerentes, e nem são necessários para a compreensão.

Como o sistema aristotélico é uma abordagem classificatória, poderia ser estudado o freqüente e o invariável. Além disso, só o freqüente e o invariável eram considerados legais. Você conhece a essência de algo pela classe a que esta pertence. Quando você conhecia a essência de um objeto, você conhecia a classe à qual este pertencia, e essa era a explanação do objeto. Como você conhecia a classe?

Você conhecia a classe pelos objetos que a compreendiam. Obviamente, isto era circular.

Na abordagem "de-um-campo", cada evento é único, ordenado, e pode ser estudado. Malcolm Parlett o denomina "Princípio da Singularidade" (1990). Na teoria de campo qualquer evento pode ser estudado, pois pode ser observado, medido etc., sem precisar haver grande número de repetições para a classificação.

O sistema aristotélico tendia à "classificação em termos de valores", especialmente dicotomias carregadas de valor, absolutas: bom e mau, céu e terra, e assim por diante (Lewin, 1938, pp. 3-4). Para Aristóteles, a órbita dos planetas deve ser circular, pois o movimento circular é melhor. Isto para ele parecia dedutivamente verdadeiro, pois a Terra girava ao redor do Sol.

Essas classificações de valor e dicotomias podem ser comparadas com polaridades dialéticas que são "do campo", fatalidades diferenciadas e unificadas, tais como *yin* e *yang*. Os pólos positivo e negativo de um campo elétrico não são dicotomias carregadas de valor, mas pertencem a uma fatalidade unificadora. O conhecimento dessas polaridades dialéticas vem da interação descritiva no campo, não primariamente de dedução.

*Ciência natural mecanicista*

A abordagem da ciência natural clássica ("moderna"), como, por exemplo, a física newtoniana, também não olha para eventos como sendo de-um-campo. Na física newtoniana os objetos e os eventos estão no espaço vazio. "No enfoque da física clássica, o conceito de campo aparecia como um conceito auxiliar, nos casos em que a matéria era tratada como um *continuum*" (Einstein, 1960, p. 144). Neste sistema dualista, o espaço e os objetos são pólos opostos, um vazio, e o outro, sólido.

Os eventos "no campo" em ciência mecanicista são descontínuos, não de uma fatalidade. Podia-se atribuir a uma estrela o poder de influenciar o movimento de um planeta, quando nenhum meio que intervém conduzindo uma força é mostrado. Influências ou efeitos podem acontecer a distância na física clássica. O tempo que leva para a luz transmitir uma informação de uma coisa a outra e criar um efeito, o tempo de se mover de um meio contínuo não precisava ser levado em conta no sistema newtoniano (Sachs, 1973).

Uma pessoa poderia tentar expandir esse ponto de vista da ciência natural e olhar para os múltiplos fatores interagindo e dizer que o objeto está num campo. Mas esse conceito de um objeto e espaço serem de matérias diferentes, essa dicotomia de espaço vazio e massa preenchida não é teoria de campo. "De-um-campo" refere-se a tudo do campo, da organização dinâmica do campo. Na teoria de campo tudo é feito dessas forças. Na física, desde Einstein, massa e energia são da mesma matéria, e não constituem uma dicotomia. Eles podem ser convertidos uns nos outros. A massa, quando observada a partir da física subatômica, pode ser entendida como padrões organizados de energia.

Há, na psicologia, uma tradição histórica de forte endosso desse ponto de vista newtoniano. A abordagem da química mental dos estruturalistas, tais como Wundt e Titchener, foram excelentes exemplos e, em alguma medida, todas as afirmações positivistas, lineares, de causalidade e as controvérsias da psicologia são do mesmo paradigma. O paradigma que vai além da mecânica newtoniana, tanto na física quanto na psicologia, é notavelmente semelhante na atitude, como, por exemplo, entre a teoria de campo de Einstein e a Psicologia da Gestalt (por exemplo, Latner, 1983).

## Os fenômenos são determinados pelo campo todo

Lewin: O comportamento é uma função do campo, do qual ele é parte; uma análise de campo começa com situações como um todo. Experienciar também é uma função do campo do qual ele é parte. Todos os movimentos de qualquer parte são determinados pelo campo todo. "[...] as propriedades de fenômenos relacionados são 'derivadas por' ou 'dependentes do' campo total dos quais eles são, àquele tempo, uma parte" (English & English, p. 206). O campo organismo/ambiente determina a pessoa. Obviamente, esta é uma das maneiras de expressar o princípio da Psicologia da Gestalt de que o todo determina as partes. Parlett o denominou de: O Princípio da Organização: O "significado deriva de olhar para a situação total, a totalidade dos fatos coexistentes" (1990).

O progresso de um paciente é uma função do campo todo. Não é determinado apenas pela força e determinação do paciente, mas pela habilidade do terapeuta, pela relação entre o terapeuta e o paciente, pelos fatores de organização dos provedores (clínica, hospital, seguros etc.), pela família e pelos amigos que fazem parte do espaço vital do paciente, e assim por diante. Estou pensando agora numa paciente, que permaneceu em grupo, além das duas semanas preliminares costumeiras, porque do seu campo fazia parte um terapeuta, antigo paciente meu, que sugeriu que ela esticasse um pouco esta fase. Ela o fez e a terapia foi muito bem-sucedida. Também estou pensando em um paciente *borderline*, que se internou no hospital, contra o meu conselho, somente porque ele queria comparecer diversas vezes por semana e o seu seguro-saúde apenas o fazia com internação. Eu temia que a força regressiva do hospital fosse muito sedutora para o meu paciente. Na verdade, acabou sendo, pois ele passou muitos anos subseqüentes em hospitais. Os pacientes são parte de, e determinados por campos totais complexos, e ignoramos tais forças até que estejamos em grande perigo.

Este princípio se aplica a *workshops* de treinamento de Gestalt-terapia. A qualidade do treinamento depende de uma multiplicidade de fatores, inclusive de processos grupais. Algumas vezes, os líderes de grupo de *workshops* enfatizam o trabalho um a um, logo no início, e dão pouca atenção para os indivíduos como parte do grupo. Isto ignora boa parte do campo, e ensina aos que estão sendo treinados a também não prestarem atenção ao que, de fato, está acontecendo no campo.

Quando os fatores de segurança recebem atenção empática logo no início do grupo, o trabalho um a um subseqüente é de qualidade diferente de quando o líder faz trabalho um a um prematuramente no *workshop* e mostra pouca atenção e sensibilidade para o grupo como um todo. O campo total determina as partes. Posteriormente, alguns treinandos acabam apresentando dificuldades no grupo, como conseqüência de não terem tido tempo para lidar com o seu posicionamento dentro do grupo. Um aspecto prematuro, em trabalho individual, valoriza quem está preparado para aceitar esse risco, e desvaloriza os que não estão tão preparados. Se o grupo valoriza o trabalho dos treinandos que estão preparados para trabalhar cedo, aqueles que precisam observar, ficar na retaguarda, que estão ansiosos, que temem vergonha e humilhação e precisam de ajuda para encontrar o seu papel no grupo, acabam não construindo a estrutura interna ou interpessoal para realizar seu trabalho posterior no grupo. O resultado pode ser um trabalho individual intenso, com aqueles que sabem focalizar rapidamente o trabalho com o líder, que realça as qualidades carismáticas do terapeuta, à custa de necessidades individuais e grupais, e que prejudica o desenvolvimento geral do grupo e o treinamento e desenvolvimento pessoal de muitos de seus membros. Tal abordagem preenche as necessidades narcísicas do terapeuta, e não as necessidades do grupo.

Quando o líder ajuda o grupo a entender a ansiedade, o medo, a vergonha, a culpa, que os participantes freqüentemente sentem no começo do grupo, é mais provável que cada pessoa venha a sentir-se bem recebida, aceita, compreendida e segura no grupo. Isto também serve de modelo para os treinandos em seu trabalho posterior com os pacientes. Quando essa interação não ocorre logo no início do *workshop*, quando existe uma valorização da franqueza e da aceitação de risco, e não dos processos autoprotetores, o grupo se torna inseguro. Em tais circunstâncias, algumas pessoas irão aumentar suas atitudes defensivas, tornando-se alvo de interpretações negativas pelo líder e/ou pelo resto do grupo. Na minha experiência, os líderes que apressam o trabalho individual e não respeitam as necessidades de segurança no início dos *workshops*, com freqüência, não conseguem nem reconhecer um problema, quanto mais sua contribuição para o problema. Infelizmente, os participantes que experienciam tal atitude grupal também não têm consciência de quanto do sofrimento deles é causado pela maneira que o líder estrutura o grupo, em vez de sua própria inadequação.

Quando faço um *workshop* com duração entre cinco e nove dias, o tempo dispensado aos sentimentos, com relação a fazer parte do grupo nos dois ou três primeiros dias, resulta em grandes benefícios, no que se refere à coesão grupal, à terapia no contexto do treinamento e ao próprio treinamento. Quando isto não acontece, no final, a coesão do grupo não é tão grande, a participação ativa dos membros do grupo é prejudicada, a profundidade do trabalho individual e a compreensão teórica no fim do *workshop* são superficiais, o carinho, a satisfação e o entusiasmo são menores, e os problemas de discórdia e as dificuldades estruturais aumentam. Quando faço parte de um grupo para treinamento, percebo que quando o primeiro terapeuta toma o devido tempo e demonstra respeito pelas diferenças de personalidades, sentimentos, medos e papéis no grupo, o trabalho dos terapeutas posteriores se desenvolve muito melhor. Contrariamente, quando o primeiro terapeuta não o faz, surgem mais problemas no desenvolvimento da coesão e da segurança do grupo, com defesas entre os membros do grupo e outras dificuldades.

## O campo é uma totalidade unitária: tudo no campo afeta todo o resto

A propriedade essencial de um campo é seu aspecto dinâmico. Num campo dinâmico existe interação entre todas as suas partes, de maneira que, como Kurt Lewin afirma, "o estado de qualquer parte desse campo depende de todas as outras" (Misiak e Sexton, 1966,

p. 355). Num campo de energia, todas as partes se inter-relacionam, e uma alteração em qualquer parte do campo ondula através do campo. Este é um dos aspectos necessários para usar a palavra "campo". De fato: "Num nível superficial, o leitor pode considerar que a teoria de campo significa uma ênfase sobre a inter-relatividade de uma situação presente, sobre a totalidade de influências que determinam esse comportamento" (English & English, 1958, p. 207).

A totalidade unificada pode e precisa ser diferenciada em partes para poder ser dinamicamente entendida. Ela é uma unidade sistêmica, sem adição de elementos.

Talvez um exemplo mais claro, em psicologia, seja a família. Quando algo acontece com um membro de uma família, de algum modo, todos são afetados. Quando uma pessoa na família muda, todos são afetados. Com freqüência, a família como um todo tem uma necessidade que está incorporada em um membro da família, por exemplo, o paciente estigmatizado. Todos na família são afetados por isso. Se o paciente estigmatizado mudasse e não apresentasse mais a patologia da família, o sistema mudaria; por exemplo, um outro membro da família pode começar a apresentar a patologia.

Outro exemplo é a área de política organizacional e estrutura. Freqüentemente, pequenas mudanças têm efeitos enormes, porque tudo no campo é afetado de maneira imprevisível. Em anos recentes, a teoria do caos, um tipo de teoria de campo, tratava desse tipo de resultados imprevisíveis das pequenas mudanças. Quando as pessoas encarregadas de planejamento fazem mudanças sem considerar adequadamente os efeitos em todos os aspectos do campo, podem ocorrer interrupções de funcionamento desastrosas, negativas e, provavelmente, evitáveis.

## Outras características da teoria de campo

*A realidade percebida é configurada pelo relacionamento entre o observador e o observado*

Do ponto de vista da teoria de campo, nenhum campo pode ser definido separadamente do tempo, espaço e *awareness* (inclusive os modos de observação e medidas) do observador. Nada é absoluto e não existe esta coisa de "objetivo".

Num trabalho anterior (ver o Capítulo 4, "Gestalt-terapia: sua herança da Psicologia da Gestalt", 1982) observei que: 1) "A forma como uma pessoa vê, depende em parte de como essa pessoa olha"; 2) "O observador afeta o objeto de seu estudo". Lynne Jacobs acrescenta: "O observado afeta também o observador, pois existem as observações do observado, da observação, do observador!!!" (Comunicação pessoal, agosto, 1991); 3) "Ninguém consegue ver tudo. A pessoa só pode ter clareza sobre a posição de observação que está sendo usada para descrever quais aspectos do fenômeno". Esta é uma visão pós-moderna, que nega as simples presunções newtonianas a respeito de estar separado da natureza e ser capaz de medi-la objetivamente.

O que olhamos, como olhamos e o contexto de nossa observação determinam o que observamos. Nos primórdios da física moderna acreditava-se que alguns fenômenos ocorriam em ondas, outros, em partículas. Na física pós-moderna foi descoberto que o mesmo fenômeno pode ser visto como onda ou partícula, dependendo do modo de observação. Isto aborreceu bastante algumas das maiores mentes da física. Parece que a realidade não é objetiva nem absoluta.

Observando a partir das distâncias astronômicas da teoria da relatividade, podemos ver que mesmo a "simples" questão da contemporaneidade, e do que acontece primeiro no tempo, é relativo à posição da pessoa. Você sabe que duas coisas acontecem ao mesmo tempo quando as ondas luminosas dos dois eventos atingem algum ponto arbitrário (os olhos do observador), ao mesmo tempo. Mude o ângulo de observação, e os eventos não serão exatamente contemporâneos.

Uma conseqüência interessante dessa unificação de tempo e espaço é que não foi mais possível falar de simultaneidade absoluta. Poderíamos concluir que, se dois eventos parecem ocorrer simultaneamente para um observador, eles não pareceriam simultâneos para outros observadores que estivessem em movimento com relação ao primeiro observador. Isto, naturalmente, é devido ao tempo, que se tornou uma entidade subjetiva, uma medida que dependia da condição de movimento de quem estava se referindo a ele (Sachs, 1973, p. 50).

Sabemos qual de dois eventos acontece antes, pois suas ondas luminosas atingem antes um observador. Imagine que o evento 1 aconteça antes do evento 2, na posição de observação, com um observador no fim do universo. A posição tempo/espaço do evento 1 é mais próxima ou anterior para esse observador. Mas se existe um observador exatamente do lado oposto do universo, as ondas luminosas do evento 2 parecem ocorrer antes ou mais próximas a este segundo observador. Qual está correto? É relativo ao observador. Não há tempo absoluto, não há realidade absoluta.

Não apenas a maneira de olharmos determina o que vemos, mas, com freqüência, o próprio ato de observação ativa altera o que observamos. Isto pode ser visto mais claramente na física subatômica, na qual a luz dos instrumentos de medida afeta o fenômeno que está sendo estudado, de maneira que há um limite para a medição simultânea de posição e movimento do fenômeno. Ao colocar energia para medir um fenômeno, você afeta o outro.

Em psicologia é claro que o observador afeta a observação. Existe um enorme número de evidências do "viés do observador", no qual ligeiras modificações no palavreado das instruções ou na conduta do instrutor alteram o efeito recebido. O mais interessante é que mesmo ratos parecem comportar-se de maneira diferente em relação às expectativas do experimentador. As pessoas que passam por testes têm desempenho diferente dependendo das características de quem os aplica. Por exemplo, membros de grupos minoritários, em geral, apresentam melhor desempenho se quem aplica o teste faz parte do mesmo grupo minoritário. Mesmo assim, os resultados são com freqüência relatados como se fossem medidas objetivas, cuja existência não é afetada pelo observador ou pelo aplicador do teste.

*O princípio da contemporaneidade*
O centro de tempo, de nós mesmos como eventos ou temporoespaciais humanos conscientes, é o presente. Não existe outra realidade que não o presente. (Perls, 1947, p. 81)

O princípio da contemporaneidade de Lewin afirma que qualquer coisa que tenha um efeito está presente no aqui-e-agora ou, em outras palavras, somente fatos presentes podem produzir comportamento e experiência. A ênfase no aqui-e-agora tem sido uma parte tão realçada da Gestalt-terapia, que é familiar a todos os Gestalt-terapeutas.

Na teoria da Gestalt-terapia, a contemporaneidade é definida em termos da fenomenologia de uma pessoa, no aqui-e-agora experienciados. Desde o início, a teoria da Gestalt-terapia enfatizou o aqui-e-agora como o ponto central do fluxo de tempo, do passado para o futuro. O "agora" não é considerado estático ou absoluto. A *awareness* é um evento sensorial, que ocorre aqui-e-agora, mas inclui recordar e antecipar. Perder-se em qualquer zona de tempo, perder o fluxo do tempo, perder a *awareness* da função presente, sempre foi considerada uma distorção na *awareness* e, com freqüência, tem um papel a desempenhar nas disfunções psicológicas. É bom método Gestalt-terapêutico falar sobre o passado, quando falar sobre o passado é a figura de interesse no presente, e parte do funcionamento ativo atual. Não falar do passado, quando isto é necessário no presente, é tão disfuncional quanto falar do passado para evitar algum aspecto do presente. A teoria da contemporaneidade da Gestalt-terapia em grande parte permaneceu inalterada desde o início.

Algumas vezes, o conceito aqui-e-agora da teoria da Gestalt-terapia foi e é distorcido na prática ou na discussão sobre a teoria. Na formulação teórica, o passado e o futuro, o que aconteceu e o que está sendo previsto, aquilo que do passado não se encerrou no presente, e o que é desejado no futuro, são todos partes do aqui-e-agora. Isto foi freqüentemente distorcido num conceito hedonista, em que nada, exceto a excitação do momento, era importante. Embora nem o hedonismo nem a concepção estática do aqui-e-agora tenham jamais sido boa teoria de Gestalt-terapia, eram assim considerados, e essa distorção sustentou o estilo "oba-oba" de Gestalt-terapia. Discuti a esse respeito em meu primeiro trabalho sobre Gestalt-terapia em 1969. (Capítulo 2 – "Uma revisão da prática da Gestalt-terapia", p. 68).

Recentemente, venho discutindo a necessidade de um sentido de contemporaneidade ampliado (ver Capítulo 3 – "Tendências recentes em Gestalt-terapia nos Estados Unidos e o que precisamos aprender", 1991, p. 116).

A contemporaneidade é uma das temáticas que aparecem nas teorias de campo em geral. Na física, desde Einstein, não pode haver uma declaração significativa de fenômeno físico sem a especificação de tempo e lugar. Para estudar um evento, sejam os eventos subatômicos da mecânica quântica ou os movimentos celestiais da teoria da relatividade, o evento precisa ser posicionado no tempo e no espaço. É a medida de um evento, numa sucessão de eventos de tempo e espaço, que define o movimento.

Uma das marcas da legitimidade da teoria da relatividade, e da maioria da física do século XX é a idéia de que não pode haver ação a distância, isto é, que a conexão entre causa e efeito deve ter alguma conexão de tempo e espaço. A simples causalidade linear, na qual algo no campo atual é determinado sem uma força presente nesse campo, por algo no passado, não é mais aceita na teoria de campo pós-moderna. Quando um elemento exerce uma força sobre outro, acredita-se, agora, que, em vez do conceito newtoniano de ação a distância, existe um "campo de forças potenciais que preenche todo o espaço de maneira contínua" (Sachs, 1973, p. 7).

As forças de energia, que compõem um campo, interagem no presente. Não existe ação a distância, assim como não existe energia movimentando as coisas que não seja a energia do campo. Isto é virtualmente o mesmo que o Princípio da Contemporaneidade de Lewin. Na psicologia, se o passado, a genética, a sociedade influem, então as forças têm de estar presentes no campo contemporâneo. Os efeitos acontecem quando os fenômenos tocam uns aos outros, quando interagem no mesmo tempo e lugar. Quando alguém toma consciência de forças que estão fora de um campo definido e que afetam o processo em estudo, então a fronteira ou a definição do campo particular são ampliadas para abranger um território maior. O novo campo ampliado tem todas as propriedades de qualquer campo, isto é, pertencer a uma totalidade; tudo no campo afeta todo o resto, o desenvolvimento com o passar do tempo etc.

*Exemplo.* Considere pacientes *borderlines* que culpam seus pais por seu estado atual, criando uma atmosfera amarga, considerando-se vítimas, querendo vingança. Explorações desenvolvimentais revelam infâncias abusivas. Mas como o passado causa o presente? Ele é transportado adiante na forma de: crenças, processos emocionais não resolvidos que se renovam constantemente, postura corporal, estados afetivos intensos, que são mantidos em ebulição em vez de ser completados, imagens do *self* que estão na forma de *Gestalten* fixas etc. Todos esses são processos realizados pelos pacientes. À medida que, no presente, o paciente faz diferente, o passado não irá mais criar disfunções. O poder de saúde e patologia estão no campo atual, embora as forças tenham-se iniciado em algum campo anterior.

## Processo: tudo é vir a ser

Com freqüência, diz-se que a Gestalt-terapia é uma terapia de processo. Assim, processo é um aspecto central e necessário da teoria de campo. Mas o que é processo?

Tudo e todos se movem e vêm a ser. Na orientação de um processo, tudo é energia (movimento, ação); tudo é estruturado pelas forças dinâmicas do campo e se move pelo tempo e pelo espaço. Assim como o campo trata o fenômeno como uma totalidade contínua e não como partículas discretas, considera o campo como em movimento, em vez de estático.

Parlett: "O Princípio do Processo em Transformação refere-se ao fato de a experiência ser provisória, em vez de permanente. Nada é fixo e estático de maneira absoluta" (Parlett, 1990). É interessante que o universo agora é considerado expandido ou contraído. Tudo muda. Mesmo o que parece estático está se transformando no tempo.

*Processo do ponto de vista da física*
Talvez fosse útil começar nossa discussão do conceito de processo com a área relativamente simples da física.

A física estuda os fenômenos conforme eles mudam de posição no tempo e no espaço. O que está ocorrendo na física é processo, isto é, movimento no tempo e pelo espaço. O movimento é meramente estar em um ponto no tempo um, em outro espaço no tempo dois, em outro no tempo três, e assim por diante. O movimento é definido em termos de tempo e espaço; tempo e espaço têm significado em referência ao movimento por meio deles.

O ponto de vista pós-moderno, na física, aceita que todo processo físico está localizado tanto no tempo quanto no espaço, e está em movimento em relação ao ponto de referência do observador. O próprio ato de medir requer movimento. Por exemplo, o movimento de ondas luminosas para medir um fenômeno físico e voltar ao observador para registro.

A física lida com massa e energia. Na física newtoniana estes eram considerados de matéria diferente. A massa era inerte e movimentada pela energia. Desde Einstein este não é mais o caso. A matéria sólida é composta subatomicamente de energia, pode ser convertida em energia e exerce influência energética sobre outros corpos.

Massa é uma quantidade de matéria. A palavra de origem latina, *massa*, "aquilo que adere junto como massa de farinha", e a palavra grega *maza*, "um bolo de cevada". Em física, "é a quantidade de matéria num corpo, medido em sua relação com a inércia; para determinado corpo a massa é determinada, dividindo o peso do corpo pela aceleração por causa da gravidade". Assim, o significado de massa envolve energia e movimento (*Webster*, 1962, p. 1107).

Energia refere-se à força potencial ou capacidade de ação ou um efeito produtor de força. Ela vem de radicais gregos e latinos que se referem a: ação, operação, ativo, funcionando. Na física, refere-se à "capacidade para realizar trabalho ou superar resistência" (*Webster*, 1962, p. 601).

*Webster* (p. 601) também diz o seguinte sobre energia: "À energia está associada a idéia de atividade; à força, a de capacidade; ao vigor, a de saúde". Quando a energia e a força são definidas desta maneira, a noção psicológica de força (Lewin, por exemplo) e energia são desmistificadas e despidas da metapsicologia experiencialmente distante (Lynne Jacobs, comunicação pessoal, agosto, 1991).

*Processo na teoria da Gestalt-terapia*

Na teoria de campo da Gestalt-terapia, tudo é considerado energia, e o movimento de um campo (nossa área: o campo organismo/ambiente). Tudo é ação e está no processo de vir a ser, no processo de evoluir e transformar. É disso que trata nossa tradução de substantivos em verbos. Qualquer fenômeno pode ser considerado do ponto de vista de processo. Mesmo os conceitos reificados da psicanálise freudiana podem ser colocados numa linguagem de processo radical (ver Shafer, 1976). Na Gestalt-terapia, para tratar de teoria há uma preferência por linguagem de processo, descrevendo fenômenos clínicos em termos de proceso e usando intervenções que enfatizam o desenvolvimento no tempo e espaço (expressar emoções em vez de apenas falar sobre elas, usar intervenções com movimento, experimentando fazer algo diferente, fé no desenvolvimento, que é parte da teoria paradoxal da mudança, e asssim por diante).

A orientação processual confia no que emerge, na gestalt emergente, em vez de confiar em conceitos estáticos, fixos.

O dicionário *Webster* (1960, p. 1434) lista diversas definições de processo. As cinco primeiras nos interessam. Eu enfatizei uma definição – a mais aplicável para a nossa discussão.

1. prosseguir ou ir adiante; percurso progressivo; tendência; progresso; procedimento;
2. a trajetória de ser feito: principalmente em processo;
3. transcorrer, como de tempo;
4. *um desenvolvimento contínuo envolvendo muitas mudanças; como o processo de digestão;*
5. um método particular de fazer algo, geralmente envolvendo um número de etapas ou operações.

Todas essas definições têm em comum a movimentação seqüencial por tempo e espaço. Uma orientação processual contrasta com aquela que enfatiza a estrutura imutável, isto é, olhar para determinado ponto no tempo e não levar em conta a marcha dos eventos pelo tempo. Na orientação estática, a pessoa olha para *Gestalten* fixas, em vez de examinar a emergência de *Gestalten* nesse tempo, nessa seqüência de interações e sua rendição à próxima gestalt. O processo foca na dimensão tempo. A dialética, um outro aspecto da teoria da Gestalt-terapia, é um processo variável – descreve o desenvolvimento no tempo.

Processo é:
uma mudança ou uma transformação em um objeto ou organismo, na qual uma qualidade consistente ou uma direção podem ser discernidas. Um processo é sempre, em algum sentido, ativo; algo está acontecendo. Ele contrasta com a *estrutura* ou a forma de organização daquilo que muda, cuja estrutra é concebida para ser relativamente estática, a despeito da mudança processual.

(*English e English*, 1958, p. 410)

Como em outras áreas de nossa discussão, novamente, aqui, encontramos semelhanças entre a teoria de campo da gestalt e outras teorias de campo, como a física, por exemplo. Não somente as coisas mudam, mas existe uma ordem para a mudança. Processo é um desenvolvimento contínuo, e não ao acaso. Um dos progressos recentes mais excitantes da física é a teoria do caos. Mas mesmo no campo caótico e imprevisível da teoria do caos estão encontrando uma ordem subjacente.

A crença em uma mudança inevitável, e a relacionada a uma ordem subjacente, é importante para a nossa metodologia terapêutica. Sabemos que as coisas mudam com ou sem a nossa intervenção. Algumas vezes, as coisas mudarão para pior sem a nossa intervenção ou se o paciente não experienciar uma nova ação. Enquanto uma nova ação envolve riscos, o mesmo acontece com mudanças que vêm de funcionamento repetitivo. Podemos clarificar a *awareness* atual sabendo que as coisas mudam – que uma coisa leva a outra – e que uma *awareness* clara pode ser uma parte útil desta mudança.

A teoria paradoxal da mudança e a nossa orientação de processo apóiam uma ação que seja experimental, levando a mudanças que não podem ser previstas com precisão. Naturalmente, qualquer terapeuta experimentado e competente (ou cientista) tem algum pensamento dirigindo o experimento, então, existe ordem, não apenas num sentido essencial, mas também dirigindo a intervenção original. É óbvio que todos os terapeutas intervêm sem saber precisamente o resultado final da intervenção, mas valemo-nos de nossa teoria de processo para deixar claro que não conhecemos o futuro; e, também, para dirigir nosso presente.

## Gestalt-terapia como uma psicologia do ato: uma breve história

Voltando no tempo, muitos dos caminhos que levam à Gestalt-terapia convergem para Franz Brentano (*Psychology from an empirical standpoint*, 1874 – Psicologia partindo de um ponto de vista empírico). Fenomenologia, existencialismo, Psicologia da Gestalt e teoria de campo foram todos profundamente influenciados pela psicologia do ato de Brentano.

Parte de uma orientação processual é distinguir ato de conteúdo, e enfatizar, preferencialmente, o ato ao conteúdo. A abordagem fenomenológica define a realidade, de acordo com o ato do percebedor, percebendo o percebido. Enfocar o perceber, medir, reagir, assumir a responsabilidade (comparar com ser responsável) são todos ato-orientados.

A distinção entre ato e conteúdo e o início da psicologia do ato remontam a Brentano. Para ele, a psicologia era o estudo dos atos psicológicos. Ele fez a distinção entre o ato de escutar e o que era ouvido (conteúdo). Brentano falou de atos de ideação, de julgamento e de amor-ódio, todos eles dirigidos "intencionalmente" a algum objeto. Esta foi a origem da construção fenomenológica da realidade pelo percebedor e pelo percebido. E é o pano de fundo filosófico para o princípio da Gestalt-terapia, de que a consciência é sempre de algo. Além de ter sido uma influência importante para a incorporação, pela teoria de campo na psicologia, do pensar em termos de processo.

Brentano trouxe para a psicologia uma influência aristotélica que foi muito importante na formação do processo, psicologia do ato da Gestalt-terapia. A psicologia do ato de Brentano e seu afastamento do dualismo cartesiano, distanciando-se das influências platônicas de Descartes, foi devida, em parte, por sua forte influência aristotélica, de sua formação no pensamento escolástico (Misiak e Sexton, 1966, p. 89). Como Lewin apontou, a teoria de campo é, em parte, um movimento de afastamento da classificação aristotélica (Lewin, 1938); a teoria de campo também é fortemente influenciada pelo pensamento aristotélico. O conceito da unidade do campo organismo/ambiente e outros conceitos da Gestalt-terapia dependem desta influência aristotélica mediada por Brentano. Portanto, faremos uma pequena incursão em um aspecto do pensamento aristotélico.

A filosofia de Aristóteles foi uma síntese do materialismo (Demócrito) e do idealismo (Platão). Sua filosofia tinha mais bases racionais e empíricas do que o idealismo de seu mentor (Platão). Embora mais empiricamente baseada, "A tradição aristotélica ainda afirmava que uma pessoa poderia deduzir todas as leis que governam o universo, exclusivamente com o pensamento: não era necessário conferir com a observação" (Hawking, 1988, p. 15).

Importante para a Gestalt-terapia, o hilomorfismo de Aristóteles tomou a unidade do homem, a unidade do espírito e da matéria como ponto de partida – diferente de Platão (Misiak e Sexton, 1966, p. 7). Aristóteles distinguia dois princípios que, em conjunto, formavam uma totalidade ou uma substância. Potência e ato, matéria e forma, eram combinadas para formar uma única substância.

Se o leitor substituir "gestalt" por "forma", pode ficar mais claro como esta influência Brentano-mediada chegou até a Gestalt-terapia. Para Aristóteles, forma (gestalt) é a fonte de todas as propriedades e determina as características. A forma mais alta é a forma humana, pois apenas os humanos conseguem pensar (ver Shapiro, 1990, sobre qualificação de espécies). Aplicando isso ao ser humano: a alma humana é a forma do homem; seu corpo é a matéria.

Perls, Hefferline e Goodman (1951) discutem o conceito aristotélico de ato e de como isto é importante na unificação do campo organismo/ambiente. Para Perls, Hefferline e Goodman, o ato unifica o objeto e a biologia da percepção. "O *insight* preciso e econômico de Aristóteles: 'em ato', no perceber, o objeto e o órgão são iguais" (Perls, Hefferline e Goodman, 1951, p. 229). A ausência de água e desejo de água são o mesmo ato (Perls *et al.*, 1951, p. 260).

> Cada ato de contato é uma totalidade de *awareness*, resposta motora e sentimento – uma cooperação dos sistemas sensorial, muscular e vegetativo – e o contatar acontece na superfície-fronteira *dentro* do campo do organismo/ambiente.
> Dizemos de maneira inusitada, em vez de "na fronteira entre o organismo e o ambiente", porque a definição de um animal envolve seu ambiente: não tem sentido definir respiração pulmo-

nar sem ar [...] a definição de um organismo é a definição do campo organismo/ambiente; e a fronteira de contato é [...] o órgão específico da *awareness* da nova situação do campo [...] Tudo isto tem, essencialmente, a finalidade de simplificar a organização do campo organismo/ambiente para completar suas situações incompletas [...]
Como fronteira de interação, sua sensibilidade, resposta motora e sentimento estão voltados tanto para a parte-ambiente quanto para a parte-organismo. Neurologicamente, ela tem receptores e proprioceptores. Mas em ato, em contato, ocorre um movimento inteiro único, desencadeador de percepção e colorido por sentimento. Não é que o sentimento do *self*, de estar com sede, por exemplo, serve de sinal, que é notado e referido para o departamento de percepção de água, mas que no mesmo ato, a água ocorre como intensamente-desejável-ida-ao-encontro, ou a ausência de água é ausente-irritante-problemática. (Perls, Hefferline e Goodman, 1951, pp. 258-60)

## *Insight* de invariáveis genotípicas

A maioria das teorias de campo presume que os fenômenos sejam ordenados (como discutido anteriormente) e tenham uma metodologia para descobrir mais a respeito desta ordem. Iremos discutir isso sob dois tópicos: 1) *insight* e metodologia; e 2) natureza da legalidade.

*Natureza do saber e definição de* insight

Ouvi muitos Gestalt-terapeutas falarem de *insight* como se o termo fosse estranho à Gestalt-terapia, um termo psicanalítico e sinônimo da orientação de uma busca intelectualizada e interpretativa da causalidade do presente no passado. Isso funciona como um espantalho, pois a maioria dos teóricos psicanalíticos diria que o *insight* ao qual estão se referindo é um *insight* de sentimento ou emocional, que está baseado no relacionamento entre analista e paciente. Esse espantalho não é apenas uma caracterização supersimplista, imprecisa e improdutiva do pensamento psicanalítico, como também não é uma boa compreensão da teoria da gestalt.

*Insight* é um conceito necessário para entender a teoria da Gestalt-terapia e a Psicologia da Gestalt. Quando o *insight* é definido, como o é na Psicologia da Gestalt, então, ele é o objetivo, na Gestalt-terapia. Ele é o Ah!, a *awareness* integrativa simultânea das partes e do inteiro. Isto está implícito em Perls, Hefferline e Goodman, embora não seja explicado. Discuto esse Ah! em "Fenomenologia Clínica" (Capítulo 6, 1976); embora não use a palavra *insight* naquele artigo anterior, ele está explicitamente discutido em "Gestalt-terapia: sua herança da Psicologia da Gestalt" (Capítulo 4, 1982).

"*Insight* é uma formação de padrão do campo perceptual, de uma maneira tal que as relações significativas se tornam aparentes; é uma formação de gestalt na qual os fatores relevantes se encaixam em relação ao todo" (Heidbreder, 1933, p. 355, de Kohler).

*Insight* é uma forma de *awareness*, na qual ocorre uma percepção da estrutura do todo. O ponto crucial da discussão da organização do campo é que este é o objetivo do trabalho de *awareness* – ter *awareness* de como este campo é organizado. O campo tem estrutura. O *insight* está integralmente ligado ao conhecimento dessa estrutura.

O *insight* psicológico é sentir também o significado, a intenção emocional da organização do campo organismo/ambiente. Isto inclui a pessoa conhecer suas próprias emoções, necessidades, motivações, comportamentos, mas, em princípio, não é olhar para dentro de si; é conhecer o *self* e o outro, incluindo o campo inteiro. O *insight* compreende perceber o processo de *awareness* e a estrutura de caráter próprios, que inclui a identificação das *Gestalten* fixas, transferidas de campos com outros tempos e espaços, em vez de as recém-percebidas no campo atual.

O *insight* no universo psicológico inclui saber as coisas pelas quais a pessoa é responsável, aceitar a sua própria parte no campo e saber que foi uma opção. É conhecer o efeito das próprias escolhas. É também saber as coisas pelas quais não se é responsável, repudiar o que não é seu, e saber o que não foi escolhido. O *insight*, em psicoterapia, não é somente *awareness* casual, mas uma compreensão sentida e precisa da organização do campo que é relevante para as temáticas interpessoais e caracterológicas do paciente.

O método fenomenológico fornece diretrizes para introduzir *insight* na organização do campo (ver Idhe, 1977; Spinelli, 1989). Discuto o método fenomenológico em outros trabalhos capítulos deste livro (ver Capítulos 3 e 6). Aqui irei apenas listar cinco características do método fenomenológico:

1. colocar os modos de pensamento costumeiros entre parênteses;

2. procurar as características estruturais do campo (*insight*);
3. usar experimentação sistemática (método variacional);
4. transformar em *awareness* explícita o assunto da *awareness* reflexiva;
5. prestar atenção à correlação intencional do experienciador, do experienciando e do experienciado.

*Natureza da legalidade*

O *insight* exige que primeiro as manifestações fenotípicas ou contexto-específicas sejam fenomenologicamente clarificadas, e as invariáveis genotípicas sejam identificadas. Isso significa tomar aquilo que aparece primeiro em sua *awareness* e relacioná-lo a uma compreensão mais geral do que é invariável na situação. Isso significa, também, que o que parece ser invariável num contexto particular está relacionado com invariáveis em situações e contextos.

Lewin afirma que a abordagem de campo, a abordagem do que chamamos de ciência pós-moderna, é um método construtivo concreto. Ela exige, de maneira inflexível, uma compreensão individual de cada caso. Nenhuma manifestação pode ser dispensada porque não é regular ou freqüente, porque é uma "ilusão", e assim por diante. Nem é suficiente apenas dar nome à classe à qual ela pertence. Uma alucinação auditiva não fica adequadamente explicada etiquetando-a e colocando-a na categoria de sintomas de esquizofrenia.

É essa atitude que permite que os dados experimentais sejam válidos. Descobrir o que acontece num caso teórico é um dado válido, independentemente de acontecer ou não na natureza. A ciência, na abordagem de campo, não é uma questão de contagem de freqüência, mas entender exatamente como as forças do campo se formam juntas.

Quando possível, são usadas coordenadas que se aplicam a todos os casos, independentemente de que objeto está sendo estudado. É óbvio que isso é mais fácil na física, na qual o objeto de estudo está relacionado ao movimento de objetos físicos. Em física isso significa que se você pode medir um objeto (altura, largura, profundidade), e seu movimento no espaço e no tempo, pode descobrir as leis naturais. As generalizações devem ser verdadeiras para todos os observadores, e devem considerar a posição do observador. Na física newtoniana, só o espaço era relativo ao observador, mas na física pós-moderna a perspectiva de tempo do observador também precisa fazer parte da equação. A lei precisa valer para todos os lugares, levando em conta a perspectiva tempo/espaço de todos os observadores.

Em física, a teoria de campo vai além da descrição. A descrição é necessária e importante. Mas dados simples não são suficientes para indicar quais as leis genotípicas, comparadas com as manifestações fenotípicas. Se queremos leis que são tanto fiéis ao contexto quanto de validade mais geral, algo além da mera descrição é necessário. As leis genotípicas são verdadeiras em múltiplos contextos e explicam as diferenças entre as várias manifestações fenotípicas.

Na física, a percepção sensorial é ampliada pela instrumentação e pela matemática. Muitos dos fenômenos estudados não estão no domínio da experiência comum ou diretamente disponíveis aos sentidos humanos. A experiência humana não expandida por instrumentação pode ser insuficiente para um estudo de física pós-moderna, no entanto, justamente esta experiência humana é o objeto de estudos psicológicos. Numa psicologia teórica de campo, a descrição é ampliada com fenomenologia e diálogo. Diferentemente da física, podemos conversar com o objeto de estudo e descobrir o que eles experienciam. Os estudos psicológicos que usam questionários e experimentos, mas não perguntam a respeito da experiência de seus indivíduos, não aproveitam essa ampliação fenomenológica.

Uma outra maneira de obter validação genotípica é estudar a manifestação fenotípica em um contexto cultural, e, então, estudá-la entrecruzando culturas. Uma compreensão genuinamente obtida de *insight* teria a rica descrição do detalhe do fenômeno em uma cultura, incluindo a posição do fenômeno na cultura geral e o *insight* daquilo que variaria e o que permaneceria invariável no entrecruzamento cultural. O fenômeno ocorre em todas as culturas e, em caso positivo, desempenha o mesmo papel em cada cultura?

A compreensão mais completa de uma visão científica teórica de campo deve explicar não somente o caso individual, mas, também, deve procurar o *insight* de exatamente *como* a lei funciona, não apenas que funciona, de maneira que as leis que tenham utilidade geral possam ser feitas. O fenótipo, isto é, a aparência geral de um fenômeno, não é totalmente compreendido até que seus princípios possam ser vistos da posição do genótipo, a lei mais geral, da qual ela é uma ilustração específica.

Na literatura psicológica recente existem aqueles que, agora, estão defendendo leis que sejam limitadas ao contexto histórico e cultural concreto. Outros defendem ou oferecem descobertas gerais na forma de leis gerais. Uma compreensão completa da teoria de campo encontra uma saída para este debate. Entender a manifestação cultural específica somente é completa quando vista como parte de um campo mais amplo; as leis gerais são válidas uma vez que estão especificamente relacionadas às realidades concretas múltiplas de tempo, lugar, pessoa, cultura etc.

Essa mesma sofisticação é útil na compreensão da diferença que, às vezes, se nota entre aceitação e confirmação. A aceitação é, às vezes, definida como aceitar a pessoa como ela é. A confirmação aceita a pessoa como ela é, e também confirma o potencial vital e de crescimento da existência dessa pessoa. Isto é exatamente paralelo à situação genótipo/fenótipo. A pessoa manifesta um "fenótipo (a maneira exata como o paciente se encontra, num contexto aqui-e-agora), mas esta não é a única manifestação possível do "genótipo" (a variedade de maneiras autênticas que a pessoa é capaz de ser). Simplificando, a confirmação significa aceitar uma pessoa, mas não apenas uma manifestação única da pessoa.

**Definição de teoria de campo**

Agora podemos estar prontos para a minha definição, um tanto quanto densa de teoria de campo. De certa forma, ela poderia servir de sinopse para o trabalho todo.

> Teoria de campo é um enfoque ou ponto de vista para examinar e elucidar eventos, experienciações, objetos, organismos e sistemas, que são partes significativas de uma totalidade conhecível de forças mutuamente influenciáveis, que, em conjunto, formam uma fatalidade unificada interativa contínua (campo), em vez de classificá-las de acordo com a natureza inata ou analisá-las com a finalidade de obter aspectos separáveis e fatalidades formativas e somáveis. A identidade e a qualidade de qualquer evento, objeto ou organismo desse tipo apenas o é, em-um-campo contemporâneo, e somente pode ser conhecida, por meio de uma configuração, formada por uma interação mutuamente influenciável entre percebedor e percebido.

De diferentes maneiras, e em diferentes graus, as teorias de campo tendem a fazer as seguintes presunções sobre campo:

1. um campo é uma teia sistemática de relacionamentos;
2. um campo é contínuo no espaço e no tempo;
3. tudo é de-um-campo;
4. os fenômenos são determinados pelo campo todo;
5. o campo é uma fatalidade unitária: tudo afeta todo o resto no campo.

De maneiras diferentes e em diferentes graus, as teorias de campo apresentam quatro atitudes adicionais:

6. a realidade percebida é configurada pelo relacionamento entre o observador e o observado;
7. o princípio da contemporaneidade;
8. processo: tudo é vir a ser;
9. o *insight* das invariáveis genotípicas.

**Resumo**

A teoria de campo é uma atitude que permeia a Gestalt-terapia. Ela é o ímã que atrai a bússola da Gestalt-terapia. A teoria de campo é a visão do mundo científico que integra os diversos frutos das várias fontes da Gestalt-terapia. A teoria de campo torna possíveis os conceitos de organização dinâmica, tais como fronteira de contato, *self* como processo etc. Ela é o cimento cognitivo que mantém unido o sistema da Gestalt-terapia.

Existem muitas teorias de campo, e não há maneira absoluta de dizer que uma é melhor do que a outra. Tudo, na teoria de campo, refere-se a tempo, espaço e *awareness* fenomenológica do observador.

A teoria de campo é um arcabouço para o estudo de qualquer evento, experiência, objeto, organismo ou sistema. Ela enfatiza a totalidade das forças, que, em conjunto, formam uma totalidade integrada, e determina as partes do campo. As pessoas e os eventos existem apenas como sendo "de-um-campo" e o significado é alcançado somente pelas relações no campo. Só os fatos presentes no campo têm influência no campo.

Na abordagem de campo da Gestalt-terapia tudo é visto como em termos de mover-se e vir a ser. Nada é estático. Somente algumas coisas se movimentam e mudam vagarosamente em relação a outros processos, que se movem e mudam mais rapidamente.

As teorias de campo tentam adquirir *insight* de como o campo opera, e, exatamente, como as forças no campo se encaixam em uma estrutura total.

A realidade não é nem objetiva, nem arbitrária, mas é conjunta e contemporaneamente configurada pelo "que existe ali" e o organismo percebedor.

A teoria de campo é uma maneira de pensar, que é uma parte necessária e central da teoria geral e da metodologia da Gestalt-terapia, e que tem um grande potencial de contribuição, para o avanço do desenvolvimento da teoria e da prática da Gestalt-terapia.

# 6

# GESTALT-TERAPIA: FENOMENOLOGIA CLÍNICA

*Comentário*

*Este trabalho foi escrito em 1976, como uma introdução à Gestalt-terapia para o* Modern Therapies, *no qual retrato a Gestalt-terapia em termos de* awareness *e fenomenologia. Além de seu valor como introdução, ele tem sido útil a Gestalt-terapeutas e estagiários para uma discussão inicial de* awareness *e fenomenologia. Em 1979, foi publicado no* The Gestalt Journal, *e traduzido em diversos idiomas, inclusive o francês e o servo-croata.*

A Psicologia da Gestalt foi uma abordagem fenomenológica experimental, baseada no enfoque conceitual do holismo, chamada de teoria de campo (um paralelo próximo à teoria de campo da física). Enquanto a Gestalt-terapia (GT) desenvolveu-se da psicanálise (Freud, Reich, Horney, Rank etc.) e foi fortemente influenciada pelo existencialismo (Buber, Tillich, Sartre), a estrutura holística e fenomenológica subjacente da GT é uma derivação clínica da Psicologia da Gestalt. Nem a Psicologia da Gestalt nem a vinculação com a GT são adequadamente entendidas pela maioria dos Gestalt-terapeutas e não foram adequadamente discutidas na literatura da GT. Infelizmente, este assunto muito importante deverá ser reservado para um trabalho mais técnico (ver Perls, 1973).

A palavra *gestalt* (plural: *Gestalten*) refere-se à forma, à configuração ou ao todo, à entidade estrutural, àquilo que faz do todo uma unidade diferente da mera soma das partes. A natureza é ordenada, e é organizada em totalidades significativas. Dessas totalidades, as figuras emergem em relação à um fundo, e essa relação entre figura e fundo é significada.

Uma boa gestalt é clara, e a relação figura/fundo reage a e é energizada pelos padrões mutantes das necessidades imediatas da pessoa. A boa gestalt não é rígida demais e imutável, nem promove uma transformação rápida e tênue. A *awareness* que cura forma uma gestalt clara com a figura organizada e energizada pela necessidade dominante da pessoa a cada momento.

O comportamento e a experiência são mais do que um somatório de partes distintas. O comportamento e a experiência de uma pessoa formam unidades ou totalidades, organizadas em torno do destaque emergente ou da figura que é espontaneamente energizada e recebe uma valência positiva ou negativa, dependendo da necessidade dominante da pessoa. Quando uma necessidade é atendida, a gestalt que ela organizou se torna completa e não comanda mais a energia organísmica. Quando a formação e a destruição da gestalt está bloqueada ou enrijecida, as necessidade não são reconhecidas nem expressas. Necessidades não atendidas formam *Gestalten* incompletas, exigindo atenção e interferindo na formação de novas *Gestalten*.

"Levanto os olhos dos meus escritos, percebendo que estou com sede e penso em ir beber água. Vou para a cozinha, encho um copo com água, esvazio-o e volto para a minha escrivaninha. Percebo que o quarto em que estou escrevendo está fresco e ensolarado; os gatos estão brincando e o trânsito está passando do lado de fora. Tudo isso foi tão verdade há alguns minutos, como o é agora, mas, até então, eu não os havia notado. Naquela ocasião, os ignorei, dando atenção, primeiramente, ao déficit de líquido em meu corpo e, depois, para a torneira de água e meu sistema manipulativo organizado em torno da água. Há muitas possibilidades em meu ambiente, mas eu me organizei em torno da minha sede, em detrimento de outras possibilidades. Eu não estava estimulado positivamente e ao acaso pelo campo; ao contrário, os meus sentidos se organizaram em torno da sede" (Latner, pp. 17-8).

Por meio desse sistema gestalt, os seres humanos se auto-regulam de maneiras ordenadas e significativas. Essa auto-regulação depende de dois processos interligados: a *awareness* sensorial e o uso da agressão (em GT a agressão é uma força, uma energia vital sem sobretons moralistas positivos ou negativos).

Para sobreviver, a pessoa tem de trocar energia com o ambiente (respirar, comer, tocar) e ainda manter-se como uma entidade, de alguma maneira, distinta. A pessoa organismicamente auto-regulada escolhe e colhe para si aquela parte de tudo o que ela encontra, que irá ingerir e rejeitar. Ela ingere o que lhe é nutritivo e rejeita o que lhe é tóxico, usando sua *awareness* para discriminar, e sua agressão para: destruir ou desestruturar estímulos novos, estranhos ao organismo (literalmente "desestruturar"), integrar as partes nutritivas do *self* (assimilar) e rejeitar ou excretar o inútil. Ingerir qualquer partícula inteira sem esse processo de assimilação é introjeção. Por exemplo, uma criança que engole um grão de milho inteiro sem des-estruturá-lo, sem mastigá-lo, tem um introjeto, um objeto estranho em seu trato gastrointestinal. Ele aparece, imutável, em suas fezes, e nenhuma nutrição é extraída. Assim, também, crenças, regras, auto-imagens, definição de papéis etc. são freqüentemente engolidos inteiros (introjetados) e depois formam a base do "caráter", o comportamento repetitivo e rígido que não responde a uma necessidade presente. Induzir os pacientes a aceitar qualquer objetivo extrínseco sem *awareness* e assimilação inibem o crescimento.

## O que é *awareness*?

Awareness *é uma forma de experienciar. É o processo de estar em contato vigilante com o evento mais importante do campo indivíduo/ambiente, com total apoio sensorimotor, emocional, cognitivo e energético.* Um *continuum* e sem interrupção de *awareness* leva a um Ah!, a uma percepção imediata da unidade óbvia de elementos díspares no campo. A *awareness* é sempre acompanhada de formação de gestalt. Totalidades significativas novas são criadas por contato de *aware*. A *awareness* é, em si, a integração de um problema.

O entendimento da GT depende da compreensão do conceito GT de *awareness*; sugiro então uma nova leitura atenta do parágrafo anterior e dos corolários a seguir. Cada corolário refere-se particularmente à *awareness* no contexto da pessoa inteira, em seu espaço de vida. Enquanto qualquer criatura viva tem alguma *awareness*, algum meio de experienciar o mundo e nele se orientar, as pessoas têm uma capacidade especial de sobreviver com *awareness* parcial. Por exemplo, um neurótico pode pensar na sua situação atual sem conhecer ou perceber seus sentimentos, ou pode expressar emoções fisicamente sem conhecimento cognitivo. Essas duas formas de *awareness* humana são incompletas, e não a *awareness* que procuramos na GT.

*Corolário um:* A awareness *é eficaz apenas quando fundamentada e energizada pela necessidade atual dominante do organismo.* Sem isso, o organismo (pessoa ou animal) está *aware*, mas não onde a nutrição ou a toxicidade são mais agudas *para ele*. E sem energia, entusiasmo e emocionalismo do organismo sendo investido na figura emergente, a figura não tem significado, poder ou impacto. Exemplo: um homem está com uma pessoa, mas está preocupado com a entrevista que irá acontecer em seguida. Ele não está *aware* do que ele precisa desse encontro, então reduz o entusiasmo e o significado do contato com a pessoa.

*Corolário dois:* A awareness *não está completa sem conhecer diretamente a realidade da situação, e como se está na situação.* À medida que a situação, interna ou externa, é negada, a *awareness* é distorcida. A pessoa que reconhece verbalmente sua situação, mas realmente não a VÊ, não a CONHECE ou não REAGE a ela, não está *aware* e nem em contato pleno. A pessoa que meio-que-sabe do seu comportamento, mas realmente não o CONHECE de maneira física, em forma de sentimento, isto é, *o que* ela faz, *como* o faz, que alternativas tem e ESCOLHE ser como é, não está *aware*.

A *awareness* é acompanhada por *aceitação,* isto é, o processo de conhecimento do próprio controle, a escolha e a responsabilidade pelo próprio sentimento, e pelo comportamento (literalmente: resposta-habilidade, habilidade de responder, de ser o agente primário na determinação do próprio comportamento). Sem isso a pessoa pode estar vigilante para a própria experiência e espaço de vida, mas não para discriminar o poder que tem e o que não tem. Assim, uma *awareness* funcionalmente completa equivale a responsabilidade – quando estou totalmente *aware*, naquele instante estou resposta-hábil, e não consigo ser responsável sem estar *aware*.

Dizer "eu sou" ou "eu sei" com a crença de que não foi uma escolha, ou acreditar que a maneira que eu sou desaparece com encantamentos verbais é auto-enganação ou má-fé (Sartre). A *awareness* deve incluir auto-aceitação e verdadeiro auto-reconhecimento. O ato de reconhecimento de como "eu sou" não significa transcender a coisa sendo reconhecida. Não obstante, as pessoas freqüentemente estão conscientes de algo a respeito de si mesmas com uma sutil atitude de estar acima da coisa sendo ostensivamente reconhecida. Estar "consciente" da própria situação, com uma atitude de auto-rejeição, é uma falsa aceitação. É afirmar ambos: "Eu sou" e, ao mesmo tempo: negando o "Eu sou" dizendo como se fosse a observação de uma outra pessoa que, de fato, diz: "Eu era daquela maneira, mas agora que estou confessando, quem confessa (eu) não é daquela maneira". Esta não é uma maneira direta de *se* conhecer, mas uma maneira de não se conhecer realmente. É ao mesmo tempo saber *a respeito* de si e uma negação de si. De modo semelhante, meramente saber da existência de um problema, sem saber direta, íntima e claramente o que está sendo feito e como está sendo feito para propiciar a criação e a perpetuação da situação, não é *awareness*.

*Corolário três:* A awareness *é sempre aqui-e-agora e está sempre mudando, evoluindo e se transcendendo.*

A *awareness* é sensorial, não mágica: ela existe. Tudo o que existe o é no aqui-e-agora. O passado existe AGORA como memória, arrependimento, tensão corporal etc. O futuro não existe exceto AGORA, como fantasia, esperanças etc. Na GT enfatizamos *awareness* no sentido de saber o que estou FAZENDO, AGORA, na situação que É, e não confundindo este É com o que era, poderia ser ou deveria ser. Adotamos a nossa postura de *awareness* do que é, energizando a figura de atenção de acordo com nosso interesse atual e com nossas preocupações mais importantes.

O ato da *awareness* é sempre aqui-e-agora, embora o conteúdo da *awareness* possa estar distante. Para SABER que "agora estou lembrando" é bem diferente de embarcar em recordações sem *awareness*. A *awareness* é experienciar e saber o que estou fazendo agora (e como).

O agora muda a cada momento. A *awareness* é um novo reunir-se e exclui a visão de um mundo imutável (caráter fixo). A *awareness* não pode ser estática, mas é um processo de orientação que se renova a cada instante. A "awareness" que é estática é uma representação abstrata da *awareness* fluida, que é sentida. Confiamos mais na *awareness* em evolução do que em qualquer idéia abstrata, preestabelecida.

## Fenomenologia Gestáltica
## e a Teoria Paradoxal da Mudança

GT é uma terapia existencial (ver seção "Humanismo e Tecnologia", p. 221). O termo "fenomenologia" veio a ser associado a qualquer abordagem que enfatiza variáveis subjetivas ou de consciência, em vez de variáveis objetivas ou comportamentais. A GT se utiliza da fenomenologia com uma conotação mais técnica: a GT criou uma terapia estruturada numa metodologia existencial operacional.

Fenomenologia é uma busca de entendimento, baseada no que é óbvio ou revelado pela situação, e não na interpretação do observador. Os fenomenólogos referem-se a isto como "dado". A fenomenologia trabalha entrando experiencialmente na situação e permitindo que a *awareness* sensorial descubra o que é óbvio/dado. Isso exige disciplina, especialmente perceber o que é presente, o que É, sem excluir nenhum dado *a priori*.

A atitude fenomenológica é reconhecer e colocar entre parênteses (colocar de lado) idéias preconcebidas sobre o que é relevante. Uma observação fenomenológica integra tanto o comportamento observado quanto relatos pessoais, experienciais. A exploração fenomenológica objetiva uma descrição cada vez mais clara e detalhada do que É; e desenfatizar o que seria, poderia ser, pode ser e foi.

Com freqüência, as pessoas não conseguem perceber e nem ver o que está diante delas. Imaginam, argumentam, perdem-se em devaneios. A diferença entre essa percepção filtrada e uma percepção aguda e imediata da situação atual pode ser mais bem apreciada por aqueles que lutaram por uma resposta esotérica e encontraram em seu lugar a alegria de um simples e óbvio Ah!

No começo da terapia, em geral, os pacientes não conseguem dizer aquilo que querem, e não querem dizer o que acabam dizendo, porque não estão *aware*. Perderam o sentido de quem são, e de quem deve viver suas vidas. Perderam o sentido do: Isto é o que *eu* estou pensando, sentindo, fazendo. Perguntam por que, pedem uma cura ou uma explicação antes que *eles* observem, descrevam e tentem saber *o que* estão fazendo e *como*. Por esta razão, tentam explicar ou justificar algo cuja existência precisa não lhes é clara. Perdem o óbvio.

Os pacientes mantêm essa falta de clareza por dois processos relacionados: pensando sem integrar o sensorial e o afetivo, *e* usando sua agressão mais contra si mesmos do que para contato e assimilação. Suas *Gestalten* comportamentais acabam sendo formadas, mais em razão desses dois hábitos caracterológicos rígidos, do que pela necessidade atual (ver seção "O neurótico", p. 223). É preciso tentar novos modos de experienciar e de usar a energia psicobiológica. O paciente precisa ver, fazer, lidar e aprender. A sessão terapêutica propicia situações que são suficientemente seguras para permitir a experimentação, e desafiadoras para serem realistas. Chamamos isto, na GT, de "emergência segura". Se o terapeuta é solícito demais, o paciente não precisa fazer nada, se o terapeuta enfatiza o conteúdo verbal (por que, por causa de), o paciente pode pensar sem experienciar ou sentir. Se o paciente somente repete na terapia os processos que já usa, como, por exemplo, ficar obcecado (analisar, antecipar, perguntar por que) e ficar passivo e não criativo ("diga-me o que fazer"), provavelmente irá fazer pouco progresso.

A GT está baseada no aprendizado do uso dos sentidos do paciente para explorar por si mesmo e aprender a encontrar as soluções para seus problemas. Ensinamos ao paciente o processo de ficar *aware* daquilo que ele está fazendo, e como está fazendo, em vez de falar sobre o conteúdo, ou seja, como ele deveria ser ou por que ele é do jeito que é. Damos ao paciente um instrumento – no sentido de lhe ensinarmos a cozinhar em vez de lhe dar uma refeição.

Tradicionalmente, a terapia é conteúdo-orientada, no sentido de que na sessão terapêutica a ênfase está, de fato, no conteúdo do que é falado-a-respeito. A GT é processo-orientada, pois a ênfase está na *awareness* de como o paciente está evoluindo em busca de entendimento. Fazemos mais do que falar-a-respeito, "trabalhamos". O trabalho refere-se à experimentação fenomenológica, incluindo exercícios de *awareness* dirigida. Os exercícios não têm a mera função de fazer o paciente perceber algo, mas de se tornar *aware*, de como conseguir ficar *aware* e, como corolário, ficar *aware* de como evitam ficar *aware*.

Na terapia verbal tradicional e na terapia comportamental há um objetivo extrínseco: o paciente não está bem, assim como está. Freqüentemente, é feito um acordo entre o terapeuta e o paciente. O terapeuta é o agente da mudança, e o paciente chega a um estado ideal (objetivo-conteúdo), tentando ser o que ele não é. Na GT, acredita-se que a mudança ocorre antes, conhecendo-se claramente e aceitando o que é dado: quem você é e como você é. Nosso único objetivo é aprender e usar esse processo de *awareness*.

A teoria da mudança da GT (A Teoria Paradoxal da Mudança, Beisser, 1970) afirma:

> [...] *esta mudança ocorre quando a pessoa se torna o que ela é, e não quando ela tenta se tornar o que não é.* A mudança não ocorre por meio de uma tentativa coercitiva do indivíduo ou de qualquer outra pessoa em mudá-lo, mas acontece se a pessoa faz o esforço, e leva o tempo necessário, para ser o que é –

estando integralmente de posse de suas posições atuais. Pela rejeição do papel de agente da mudança, a tornamos mudança ordenada e significativamente possível.

O Gestalt-terapeuta rejeita o papel de "transformador", pois sua estratégia é a de encorajar, e insistir para que o paciente *seja* o que *é*. Ele acredita que a mudança não ocorre por "tentativa", coerção, persuasão, *insight*, interpretação ou qualquer outra possibilidade. Ao contrário, a mudança pode ocorrer quando o paciente abandona, ao menos naquele momento, o que ele gostaria de se tornar, e tenta ser o que é. A premissa é que é necessário estar com os pés firmemente plantados em um lugar para poder dar um passo, e que é difícil ou impossível dar um passo sem essa base firme de sustentação de apoio.

A pessoa que quer mudanças procura a terapia, e está em conflito com pelo menos duas facções intrapsíquicas. Ela está constantemente se movendo entre o que "deveria ser" e o que pensa que "é", nunca se identificando totalmente com nenhuma das duas. O Gestalt-terapeuta pede à pessoa que assuma totalmente os seus papéis, quaisquer que eles sejam, para depois mudar para outro.

O paciente vem à terapia porque deseja ser mudado. Muitas terapias aceitam isto como um objetivo terapêutico legítimo, e se empenham de várias maneiras para tentar mudá-lo, estabelecendo o que Perls chamava de dicotomia *topdog/underdog*. O terapeuta que procura ajudar o paciente abandonou a posição igualitária e tornou-se um especialista, com o paciente desempenhando o papel da pessoa desamparada, e ainda assim o seu objetivo é que ele e o paciente se tornem iguais. O Gestalt-terapeuta acredita que a dicotomia *topdog/underdog* já existe dentro do paciente, com uma parte tentando mudar a outra e que o terapeuta deve evitar ficar preso a um desses papéis. Ele tenta evitar esta armadilha, encorajando o paciente a aceitá-los, como seus.

Se o paciente tentar deixar de ser o que não é, mesmo por um momento, pode experienciar o que é. Para *investir em* e *explorar* o que alguém *é*, para suportar a realidade de seu próprio modo de ser no mundo, deixa a pessoa centrada e com suporte para crescer por meio da *awareness* e da escolha. A *awareness* desenvolve-se pelo contato e pela experimentação baseados em: querer conhecer o que se precisa; ter vontade para explorar a confusão, o conflito e as dúvidas que acompanham a pesquisa do dado; e vontade de assumir a responsabilidade para encontrar ou criar novas soluções. "O homem transcende a si mesmo apenas por sua verdadeira natureza, não por ambição e por objetivos artificiais" (Perls, 1973, p. 49).

## Humanismo e Tecnologia

O trabalho fenomenológico da GT é feito por meio de um relacionamento baseado no modelo existencial do *Eu* e *Tu-Aqui-e-Agora*, de Martin Buber. De acordo com este modelo, a pessoa se envolve total e completamente com a pessoa ou com a tarefa à mão, ambas tratadas como Tu, um fim em si mesmo, não um "isto", coisa ou meio para um fim. Um relacionamento se desenvolve quando duas pessoas, cada uma com sua existência própria e necessidades pessoais, contatam uma a outra reconhecendo e permitindo as diferenças entre elas.

Cada um é responsável por si, por sua parte do diálogo. Isso significa que cada um é responsável por se permitir influenciar o outro, ou permitir ser influenciado, se a energia é trocada. Se ambos permitem, o encontro pode ser como uma dança, com um ritmo de contato e afastamento. Então, é possível haver o conectar e o separar, em vez de isolamento (perda de contato) ou confluência (fusão ou perda da distinção).

Para acontecer essa dança, ambos devem poder se auto-regular sem ser dominados, salvos ou suprimidos. Cada um regula a si em resposta à dança do outro, sem tentar coreografar a dança do outro. Isso exige uma confiança no que poderia acontecer, caso o conteúdo rígido de uma interação for relaxado, em favor do que emerge. Isso também requer confiança de que o outro pode se regular e apoiar-se frente a um diálogo honesto.

Em GT, somos tanto humanísticos quanto tecnológicos. Existe uma tecnologia e ela está imbricada numa matriz, na qual *ambas as pessoas trabalham juntas* para experimentar, a fim de aumentar a capacidade do paciente de experienciar por conta própria. O trabalho pode enfocar uma tarefa, como desvendar um problema do paciente ou talvez até a própria relação. O trabalho, estruturado ou desfocado, unifica a percepção sensorial, o sentimento e o pensamento, num *continuum* de *awareness* no agora.

Deixamos que cada pessoa se regule a si mesma sem permitir que o seu modo de auto-regulação seja substituído por um objetivo extrínseco nosso. Observamos quando o paciente se rejeita, perde a fé em si mesmo e quer que tomemos o comando. Mas acreditamos no caráter ordeiro e significativo do comportamento do paciente e em sua capacidade de lidar com a vida. Não usamos métodos verbais ou de recondicionamento para manipular o paciente a viver um ideal, nem mesmo o ideal Eu-Tu.

Entretanto, podemos fazer mais do que recusar o contrato "modifique-me". Temos um arsenal de tecnologia fenomenológica para usar. Podemos sugerir uma maneira, pela qual o paciente possa arriscar-se a fazer algo novo, que poderia levá-lo à nova experiência. Nosso objetivo é a *awareness* da estrutura/função de qualquer comportamento disfuncional, e usamos a nossa tecnologia fenomenológica com esse propósito.

Cada intervenção terapêutica da GT é baseada em ver e sentir. Às vezes, simplesmente compartilhamos o que vemos (*feedback*) ou o que sentimos (explicitação). Nosso ver e sentir faz surgir algo que torna o paciente *aware*. Valorizamos tanto a criação tecnológica quanto a explicitação, ou quando damos *feedback*. As técnicas surgem do diálogo entre Eu-Tu, o que pode exigir intervenção tecnológica. Por exemplo: o paciente fala sem olhar para o terapeuta. O diálogo foi interrompido porque o paciente está falando, mas com ninguém em particular. Um diálogo real, agora, iria exigir uma resposta forte do terapeuta. Possibilidades: 1) "Você não está olhando para mim"; 2) "Estou me sentindo excluído"; 3) "Eu sugiro um experimento: pare de falar e fique apenas olhando para mim para ver o que acontece".

Assim, a GT combina o trabalho verbal com tarefas dadas ao paciente. Isto é muito poderoso, assim como as novas terapias derivadas de Masters e Johnson. Essas terapias são muito variadas, e dependem da criatividade e da imaginação do paciente e do terapeuta. Abrangem o trabalho de prescrutar o mundo externo, de gostar do próprio corpo, dos diálogos de polaridade (em voz alta ou escrevendo), das modalidades expressivas (sonhos, arte, movimento, poesia), *ad infinitum*. Isto, às vezes, é confundido com truques usados para "ficar numa boa", catarse ou atalhos para a cura. Na GT, essas tarefas estão imbricadas na relação Eu-Tu, e são usadas para continuar a ser exploradas pela díade paciente-terapeuta, para a solução de problemas, e para o crescimento do paciente por meio de *awareness*.

As tarefas dão algo novo para o paciente, um modo novo que pode ser experienciado. Repetindo: o foco não é apenas qualquer forma de experienciação ou qualquer tipo de *awareness*, mas a *awareness* necessária para a auto-regulação, especialmente *awareness* do próprio processo de *awareness*.

Com freqüência, o paciente tem uma noção preconcebida de que fazendo terapia e apenas conversando a mudança virá automaticamente. Ele reage à sugestão de tentar um experimento com confusão, relutância e temor. À medida que o trabalho vai produzindo um conhecimento novo, cargas de entusiasmo autêntico, mudanças autênticas, os pacientes passam a reagir de maneira diferente. Às vezes os pacientes realmente percebem as gloriosas possibilidades e anseiam por mais – ou contestam esses "truques", quando ficam realmente amedrontados com um método que produz claridade sobre o que eles estão fazendo, sua necessidade de mudança e mais do que tudo pela perspectiva de mudança verdadeira.

Perceba que, mesmo que esta abordagem procure o óbvio, a superfície, ela está longe de ser "superficial". Na terapia tradicional, a estrutura real da vida do paciente somente poderia ser entendida indo-se linearmente para um local longínquo (tempo passado ou muito "profundo") onde acreditava-se estar localizadas as determinantes (causalidade linear). Mas de acordo com a teoria de campo, todas as forças que influenciam estão presentes e acabam não influindo, se removidas do tempo e do espaço. O treinamento de *awareness* vai para a própria estrutura/função das forças aqui-e-agora, que estão regulando a existência do paciente. Isto se torna mais óbvio à medida que a terapia vai atingindo suas últimas etapas e os processos mais simples vão sendo captados pelo paciente em forma de *awareness*. Outras forças fundamentais, que estão presentes, poderosas e que anteriormente eram evitadas pelo paciente também se tornam óbvias.

Isto só é eficaz no aqui-e-agora, sem a exclusão de qualquer parte do campo. Começar com a suposição de que qualquer parte do campo não é importante (violando princípios fenomenológicos) pode excluir o acesso ao resíduo aqui-e-agora da experiência passada que está disponível. Por exemplo, em linguagem corporal ou suposições que não são explicitadas. Ser puramente verbal e tentar estar no aqui-e-agora traria muitas perdas para ser eficaz, assim também como ser puramente não-verbal.

## O Neurótico

O neurótico não se permite ser *aware* de, aceitar e permitir às suas necessidades verdadeiras organizar seu comportamento. Em vez de permitir que seu entusiasmo vá total e criativamente para cada necessidade, ele se interrompe: ele usa uma parte de sua energia contra si mesmo, e outra para controlar a parte do terapeuta no diálogo. Ele precisa fazer isso porque precisa de um "guru" para consertá-lo. O neurótico não consegue abraçar inteiramente o Eu-Tu, pois seu caráter é rígido, seu auto-suporte é reduzido e ele normalmente acredita que é incapaz de superar o seu padrão de comportamento repetitivo e insatisfatório.

Ele tenta fundir-se com o terapeuta, drenar parte de sua energia, em vez de permitir que sua própria energia se desenvolva. A percepção de suas próprias fronteiras é fraca, pois ele rejeita a *awareness* de aspectos de si (projeção) e aceita coisas estranhas como se fossem ele próprio (introjeção). Desta maneira, o neurótico perde a *awareness* do É.

Então, o neurótico está dividido, tem *awareness* reduzida e é auto-rejeitador. O processo unitário de rejeitar aspectos e dividir-se pode ser mantido apenas à custa da restrição da *awareness*. Com *awareness* completa e continuada as partes rejeitadas poderiam ser contatadas e, com o passar do tempo, integradas.

Essa auto-rejeição e a ausência de *awareness* reduzem o auto-suporte imediatamente disponível para o neurótico. Ele passa a acreditar que não pode ser auto-regulado e auto-suportado e, portanto, precisa manipular os outros para lhe dizer como ele tem de ser, ou então se força a viver de acordo com regras rígidas ("caráter"), que ele ingeriu sem assimilar. Ele tenta ser auto-suficiente ou dependente, mas não usa seu auto-suporte para um contato nutritivo ou afastamento. Assim, o neurótico controla a si e aos outros como coisas, e se permite ser controlado.

Desta maneira, o neurótico transforma a situação terapêutica na repetição de uma situação antiga: alguém lhe diz como ser, e ele resiste ou concorda. Se o terapeuta acredita que ele sabe o que é melhor para o paciente, o problema aumenta. Mesmo se o paciente muda, ele o faz sem aprender a regular-se. Nem isto e nem a batalha por um ideal do terapeuta e sua resistência pelo paciente são satisfatórios. O que se procura não é a adoção deste ou daquele comportamento, mas a *awareness* do comportamento do paciente pelo paciente, de modo que ele possa usar a sua força para auto-sustentar-se ao invés de se interromper.

Embora muitos pacientes venham para ser mudados e não desejarem ser como são, tampouco querem passar por mudanças verdadeiras. Eles querem que o terapeuta o faça por eles, que melhorem o seu desempenho, no mesmo jogo antigo. Resistem ao crescimento e investem energia no fracasso do terapeuta. Esta última motivação está praticamente fora do alcance da *awareness* de pacientes iniciantes.

O problema não é que o paciente manipule, ou gerencie o seu meio, mas ele manipula os outros para permanecer um aleijão mais confortavelmente, em vez de manipular baseado em auto-suporte, num relacionamento de dar/receber, e de contato/afastamento com o seu ambiente. O terapeuta precisa aceitar as verdadeiras necessidades do paciente e dar-lhe atenção próxima, exclusiva e sem exigências, e, ao mesmo tempo, frustrar as sutis manipulações neuróticas e forçá-lo, assim, a "direcionar todas as suas habilidades manipulativas na direção da satisfação das suas necessidades verdadeiras" (Perls, 1973, p. 108).

> [...] se o terapeuta se contém [...] ele priva o campo de seu principal instrumento, sua intuição e sua sensibilidade para com os processos em andamento do paciente. Ele precisa, então, aprender a trabalhar com simpatia e, ao mesmo tempo, com frustração. Esses dois elementos podem parecer incompletos, mas a arte do terapeuta é fundi-los em um instrumento eficaz. Ele precisa ser cruel para ser gentil. Ele precisa ter uma *awareness* relacional da situação total, e precisa ter contato com o campo total – tanto de suas próprias necessidades quanto de suas reações às manipulações do paciente e das necessidades e reações do paciente para com o terapeuta. E deve sentir-se à vontade para expressá-las. (Perls, 1973, p. 105)

Para trabalhar com o neurótico fazemos contato e compartilhamos nossas observações, nossas reações afetivas e nossas habilidades criativo-artísticas. Damos ao paciente um *feedback*, mesmo que ele tenha decidido que não é relevante (linguagem corporal) ou demasiadamente doloroso para reconhecer (como ele se comporta). Compartilhamos com o paciente nossa experiência, inclusive nossas reações emocionais. Recusamo-nos a dirigir a vida do paciente, mas dirigimos exercícios e experimentos para aumentar a *awareness*.

O Gestalt-terapeuta indica, com o seu interesse, os comportamento e as palavras com as quais se preocupa, entende e irá escutar. Esse apoio "verdadeiro" é significativo para muitos pacientes. Observadores da GT, que não tiveram um encontro íntimo e diádico com um Gestalt-terapeuta, às vezes sentem falta da intensidade e do calor humano do "verdadeiro" apoio oferecido pela maioria dos Gestalt-terapeutas, enquanto simultânea e "friamente" recusam-se a dirigir ou a ser responsáveis pelo paciente.

Algumas vezes, o nosso contato frustra o paciente. Por exemplo, o paciente pode procurar nossa aprovação ou reprovação. Geralmente recusamos. Dessa maneira, o paciente que está procurando aprovação ou reprovação pode deparar com um terapeuta intensamente envolvido pelo contato visual ou por atitude geral, mas não encontra indícios de aprovação ou reprovação. Um olhar intenso, direto, do terapeuta pode ser desconcertante para tal paciente. Este é um exemplo do uso clínico da frustração. Dar indícios sutis de aprovação pode ser uma forma de condicionamento que reforça a luta do paciente para impressionar o terapeuta em vez de expressar-se.

Considere um paciente obsessivo, que experimenta o mundo apenas de modo cognitivo e não arrisca nada novo. Ele diz para si mesmo como tem de ser, e responde: "Sim, mas...", "não posso" ou "talvez na próxima vez". Ele teme uma sugestão para experimentar um novo modo de experienciar e acata-a como uma ordem; reage a uma afirmação descritiva, não avaliativa, como um julgamento ou avaliação. Em vez de trabalhar com a descrição ou seguir a sugestão de experimentar, ele diz o mesmo "sim, mas..." que ele joga consigo mesmo, e o faz com o terapeuta. Não devemos reforçar isto.

Valorizamos a auto-regulação organísmica e a experimentação, e esses valores dirigem as nossas intervenções. O paciente precisa explorar, para aprender por si próprio como escolher, e que modo de experienciação lhe serve em cada situação. Essa *awareness* como instrumento contrasta com a *awareness* como conteúdo (*insight*), que acompanha a cura analítica e a modificação do comportamento, sem o treinamento de *awareness* da modificação comportamental.

Não temos nenhuma afirmação do tipo "você deveria" para o paciente. Ele pode perguntar: "Sem deveria(s)? Você quer dizer que eu não devo ter deveria(as)?". Não. O paciente decide se deve ou não ter deverias, e o terapeuta descreve. "Você quer dizer que eu posso fazer o que eu quiser e tudo bem?" Novamente, um erro de conceito. Qualquer coisa que o paciente fizer não significa que está tudo bem". Existem conseqüências morais, econômicas, sociais e legais. *Eu não sanciono o "cuidando do seu próprio nariz" e nem peço a sua sanção para o "cuidando do meu próprio nariz"*. Eu assumo a responsabilidade por minhas escolhas, e insisto para que você assuma as suas. Eu ajudo o paciente a ver, experimentar e validar seus próprios comportamentos e avaliá-los. Na GT, este é o verdadeiro significado do "cuidando do próprio nariz", experienciando o mundo por si mesmo (experimentar testar, sentir), fazendo suas próprias escolhas e descobrindo se tem suporte suficiente.

## Avaliação e Maturidade

A GT é bem-sucedida quando o paciente é capaz de se autoregular por um processo de formação e destruição de *Gestalten* que, clara e espontaneamente dão forma ao seu comportamento e *awareness*, em totalidades/unidades, que são organizadas e energizadas pela sua necessidade dominante. Uma pessoa assim irá "ficar *aware*" – ter as características da *awareness* discutidas acima –, estar em contato com o evento mais importante no seu espaço de vida, ter um entusiasmo que flui para o seu comportamento, ser responsável, autoregulador, e capaz de arriscar novas explorações.

Assim, definimos maturidade como um processo contínuo, em vez de alcançar um estado ideal. A pessoa madura engaja-se neste processo. Dizendo de outra maneira, está engajada no processo de *Ajustamento Criativo*. *Ajustamento Criativo* é um relacionamento entre a pessoa e o meio no qual a pessoa responsável 1) contata, reconhece e lida com seu espaço de vida; e 2) assume a responsabilidade pela criação das condições que conduzirão ao seu próprio bem-estar. "Ajustamento" sem "criativo" poderia referir-se a niilismo disfuncional. O comportamento individual é maduro apenas no contexto de lidar com o ambiente. E lidar ou ajustar sem o indivíduo ser o responsável pela criação das condições condutoras da satisfação de suas necessidades e valores mais básicos também não preenche esta definição. Trabalhar, gostar, asseverar, ceder etc. são maduros desde que sejam parte do *Ajustamento Criativo*.

O sucesso na GT é medido por quão claramente o paciente consegue experienciar e julgar por si próprio, em vez de apoiar-se em qualquer medida extrínseca de ajuste. Esperamos que o paciente aprenda a experienciar por conta própria, o quanto qualquer processo, inclusive a GT, satisfaz ou frustra suas necessidades importantes. Isso significa que ele precisa conhecer o que precisa, quer, prefere, e ser responsável por seus próprios valores, julgamentos e escolhas.

Essa maturidade e *awareness* confirmam de maneira válida e confiável o sucesso da GT apenas quando eles estão clara e obviamente manifestos, tanto para o paciente quanto para o terapeuta. O sucesso é medido tanto pelo comportamento visível exteriormente quanto por experienciação interna. O paciente precisa sentir diferente: ele precisa sentir sua clareza, seu entusiasmo, seu bem-estar, sua capacidade de explorar etc. aumentados. Deve haver uma congruência óbvia entre a experiência do paciente e a observação do terapeuta a respeito do comportamento explícito do paciente. Toda *awareness* interna deve ser acompanhada por uma manifestação externa, isto é, o sentimento de uma vivacidade maior do paciente deve aparecer em mudanças psicológicas observáveis. A ausência dessa evidência clara de sucesso, manifesta tanto para o paciente quanto para o terapeuta, indica a necessidade de explicação adicional por exploração fenomenológica adicional.

## Comparação de Modelos de Psicoterapia

Os fundamentos das terapias verbais tradicionais ainda são majoritariamente psicanalíticos. Nem o comportamento nem a experiência do paciente são objetos de confiança, pois ambos são considerados determinados por causas "reais" escondidas, inferidas e não observáveis – motivações inconscientes. O que restou ao paciente é um inconsciente indisponível e uma consciência que não tem poder nem pode ser confiada. (A aceitação das causas longínquas do comportamento atual de alguém, em geral, é referida como *insight*.) O conceito de inconsciente é substituído na GT pelo conceito de *awareness* da mutabilidade figura/fundo, no qual certos fenômenos não são contatados por causa de um distúrbio na formação de figura/fundo ou porque a pessoa está em contato com outros fenômenos (ver Perls, 1973, p. 54). Mas o dado está disponível e o paciente pode ser direta e imediatamente ensinado a lhe dar atenção. Ele não está indisponível. A *awareness* em GT é vista como o integrador criativo e poderoso que pode abranger o que anteriormente era imperceptível, inconsciente.

Na psicoterapia tradicional, a crença na motivação inconsciente do comportamento deixa o paciente dependente das interpretações do terapeuta e não de suas próprias explorações da *awareness*. O terapeuta sabe, e o paciente, ou melhora aprendendo o que o terapeuta já sabe, ou tem o suporte "suportado" do terapeuta, até que esteja com o ego suficientemente forte para ouvir o que o terapeuta tem a dizer.

O que o terapeuta "sabe" são interpretações, especulações de que eventos do passado tenham causado o comportamento atual. Este modelo de causalidade linear reduz a importância das forças do aqui-e-agora que estão sustentando estruturalmente o comportamento e estão disponíveis para a exploração pelos sentidos do paciente. O aqui-e-agora é atingido apenas com a transferência, e, mesmo assim, somente para interpretar as distorções do paciente.

Tudo isto eleva a posição do terapeuta à custa do paciente; ela torna inútil os meios de orientação do paciente: sua própria percepção do que vê e do que acha a respeito. Isto é funcionalmente o mesmo que dizer que o paciente não é responsavel por si e não pode se conhecer; ao contrário, ele tem uma doença ou disfunção que o terapeuta irá curar ou eliminar. Mesmo aqueles que, ostensivamente, rejeitam o modelo médico, freqüentemente têm a mesma atitude na prática. Esta é a própria atitude que o modelo Eu e Tu da GT reage contra: a presunção de que o paciente é menos que um Tu.

Existe uma divisão entre essas terapias verbais e os modelos mais ativos, tais como a modificação comportamental. Esta nova "terceira força" alega ser uma alternativa. Infelizmente, muitas das "novas" psicoterapias são meras atualizações das curas verbais ou da cura do recondicionamento. Muitas das novas terapias alegam ser existenciais, mas não possuem metodologia existencial; e não são fenomenológicas. Com freqüência, são apenas a tradicional conversa-terapia com uma linguagem diferente (conteúdo novo) e uma ligeira oscilação metodológica (mais ativas).

Nas "novas" terapias verbais, o terapeuta ainda atua como o agente da mudança, acreditando que sabe melhor do que o paciente como ele deve ser. Eles encaram a tarefa do paciente como o aprendizado do que já sabem (conteúdo), em vez de aprender um processo. Daí, muitos serem fracos, tanto humanística quanto tecnologicamente e, com certeza, não integram os dois. Também lhes falta: a visão fenomenológica da *awareness*, confiando mais em suas análises; uma teoria de causalidade para substituir o modelo de causalidade linear fora de moda; uma teoria de assimilação adequada para explicar um ego que tem uma existência diferente do somatório dos impulsos do id e de reforços externos.

As terapias mais ativas da terceira força também não são fenomenológicas. Grupos de encontro que usam truques para produzir uma expressão emocional desejada ou "ligação", terapias corporais visando produzir o corpo ideal, terapias que visam produzir gritos primais, todas têm com o comportamentalismo dois fatores que os diferenciam da GT (e de qualquer fenomenologia): 1) enfatizam o comportamento exterior *e* desenfatizam *o mundo conforme visto pelo paciente*; 2) objetivo de controlar este comportamento, à custa do treinamento do tipo de *awareness*, que resulta em auto-regulação organísmica. Se o objetivo é a expressividade emocional, então o grupo conduz o paciente para a emoção, em vez de ensiná-lo a ser *aware* e aceitar seus impulsos para expressar ou não suas emoções. Os comportamentalistas fazem esse recondicionamento de um ponto de vista científico, com ênfase em terminologia clara, técnicas específicas, teoria do aprendizado, dados objetivos etc. Os líderes de grupos de encontro, com freqüência, fazem o seu recondicionamento sem uma base de suporte adequada.

Na GT rejeitamos qualquer divisão entre comportamento e conversa. Para ser fenomenológicos precisamos ter todos os dados – aqueles da consciência do paciente e os que observamos. Integramos a psicologia experiencial à comportamental em um único sistema de psicoterapia, por causa do nosso interesse absoluto no fenômeno da *awareness*, e pelo uso de uma definição mais nova e convincente de *awareness*. Os elementos desta nova definição estão inclusos em muitas definições de *awareness*, mas a maioria dos terapeutas não insiste em incluí-los num conceito unificado.

Trabalhando com a *awareness* aqui-e-agora, e sem deveria(s) pelo terapeuta, o paciente de GT pode começar a aprender imediatamente. Essa mudança é excitante e atemorizante. Algumas pessoas são erroneamente levadas a acreditar que a GT promete crescimento instantâneo ou um caminho fácil. Nada pode estar mais distante da verdade: a GT acredita que o crescimento não pode ser instantâneo. *Awareness* e crescimento podem começar imediatamente, mas crescer é um processo e não um resultado instantâneo de se fazer a coisa certa. Na GT compartilhamos esta estrada, e não tentamos iludir o paciente para fora dela, sendo o seu recondicionador ou o sabe-tudo, pai, mãe ou guru.

Vemos o crescimento surgindo de uma relação Eu-Tu afetuosa, na qual a independência, o valor e a capacidade perceptiva do paciente são respeitadas. Isto é muito semelhante à teoria de Rogers, mas com algumas diferenças marcantes. Rogers iniciou com uma abordagem centrada no cliente, deixando fora a pessoa do terapeuta, e posteriormente defendeu um relacionamento totalmente mútuo entre paciente e terapeuta. Na GT, o relacionamento não é completamente mútuo, mas focado no aprendizado do paciente (este conceito é de Buber). E, na GT, o terapeuta está totalmente incluído: sentimentos negativos, *feedback* da linguagem corporal e sensorial, criatividade (criando maneiras de aumentar a *awareness*), respostas tecnológicas que guiam o trabalho de *awareness* e uma vontade de frustrar o paciente que procura ser ajudado.

A maioria dos pacientes deseja que o terapeuta os cure. Se o terapeuta faz pelo paciente o que o paciente pode fazer por si, se ele é simpático demais, reforça a própria crença do paciente de que ele é incapaz de se regular e sustentar. Se o terapeuta precisa ser útil desta maneira, o paciente continua a ser dependente, neurótico e não descobre o que pode fazer por si. "*Caldo* de galinha é veneno" (Resnick, 1975). Se o terapeuta culpa, induz ou mostra desaprovação ao paciente, o efeito é o mesmo. O terapeuta precisa conectar-se de uma maneira afetuosa ao paciente, como ele é, mas deve evitar "ajudar". O terapeuta precisa trabalhar para restaurar a *awareness* das próprias necessidades do paciente, suas próprias forças, seu potencial de criação de novas maneiras de lidar com o mundo. Resumindo, o terapeuta deve apoiar a expressão pelo paciente, de seu próprio auto-suporte.

## Resumo

A GT é um enfoque totalmente diferente. Não é apenas outra terapia verbal, comportamental, ou outra terapia de encontro. É um enfoque novo, no qual os terapeutas têm de criar seu próprio estilo de trabalho. A GT é mais do que um conjunto de técnicas. Qualquer técnica que facilite a *awareness* e o aprendizado dos instrumentos para se tornar *aware* pode ser usada dentro do sistema – se a atitude GT for adaptada pelo terapeuta, pelo terapeuta-estagiário ou pelo paciente para cada circunstância, com instrumentos experienciais/sensoriais e se houver um entendimento do contexto da GT. A GT tem sido inadequadamente representada pelo brandimento de *slogans* e pela ingenuidade, tanto por parte de alguns críticos quanto por pessoas favoráveis, que trabalham sem uma compreensão adequada. Algumas pessoas até iniciaram "institutos" de GT, ensinaram GT e escreveram livros sem entender a teoria de campo Eu-Tu, a fenomenologia ou mesmo a leitura de literatura GT básica.

Dois aspectos estão sempre presentes em cada evento GT que outros sistemas tratam como contraditórios ou independentes: 1) as necessidades pessoais imediatas dos participantes no diálogo Eu-Tu, Aqui-e-Agora; e, 2) as exigências técnicas do trabalho de *awareness*.

Cada intervenção terapêutica tem ambos os aspectos: cada uma é tanto um evento técnico, com implicações para o trabalho de *awareness* (fenomenologia), quanto um evento humano, expressando as necessidades do terapeuta. O diálogo humanístico e as "técnicas" de *awareness* estão integradas na GT. Aqueles que obtiveram suas teorias gestalt da observação de GT e inferindo o que a teoria deveria ser, com freqüência devem fazer esta confusão. Não se deve escolher entre habilidade técnica e preocupações humanas.

A GT é muito poderosa e, portanto, sujeita a abusos. Isso acaba exigindo muito do Gestalt-terapeuta. Quando ele está trabalhando deve ser suficientemente maduro para estar mais interessado na *awareness* do paciente do que em outras necessidades. Mesclar o trabalho técnico com contato e humanidade exige perspectiva e treinamento em como as próprias respostas pessoais afetam a *awareness* e as necessidades de crescimento do paciente. O *slogan* "quem cuida de mim sou eu" tem sido muito mal usado como pano de fundo de encontros que deixam entusiasmado mas não ensinam o paciente a estar centrado, *aware* e responsável por sua vida no mundo.

Usamos nosso potencial técnico/humano para esclarecer o óbvio por meio da experimentação e da experienciação. Valorizamos o dado bruto imediato da nossa percepção do outro e de nós mesmos na situação, à medida que é experienciada, e permanecemos no *continuum* de *awareness*, não importa quão confuso ou doloroso possa ser, até que a auto-regulação organísmica seja restaurada. Cada elemento é visto como o preenchimento de uma necessidade e está, portanto, autorizado a se tornar primeiro plano (abordado com e comunicado), até que a necessidade seja concretizada e o elemento se torne pano de fundo. Essa auto-regulação organísmica substitui a auto-regulação rígida, artificial. A *awareness* Fresca, contato/exploração Eu-Tu e auto-regulação organísmica são mais estimulantes e poderosas para aumentar o crescimento do que para analisar, condicionar ou falar a respeito.

Permitir aos pacientes descobrir e explorar é especialmente adequado à nossa sociedade moderna com sua ordem social em rápida e constante mutação. Em vez de tentar ser saudável ajustando-se a uma situação, na GT a pessoa aprende a usar a sua própria *awareness* em qualquer situação. Isso exige ir além do efeito placebo, da remissão espontânea, e aprender a estrutura de como o indivíduo pode direcionar seu próprio aprendizado e mudança.

# 7

# GESTALT TERAPIA: UM MÉTODO DIALÓGICO

*Comentário*

*Este artigo, escrito com densidade, circulou primeiramente como um trabalho não-publicado, em 1981, e foi publicado em alemão em 1983. Esta é a sua primeira publicação oficial em inglês. Neste trabalho eu ainda usava o termo "Eu-TU" para me referir ao "momento Eu-Tu", o "Tu" poético de Buber, a "atitude Eu-Tu" e o "relacionamento Eu-Tu". Subseqüentemente, adotei o estilo lingüístico recomendado por Richard Hycner (1985) de usar os termos "Eu-Tu" apenas para referência ao ápice do Tu, e "dialógico" para referir-me à atitude e ao relacionamento. Portanto, neste trabalho, os termos "atitude Eu-Tu" e "relacionamento Eu-Tu" equivalem a "atitude dialógica" e "relacionamento dialógico", aos quais me refiro em trabalhos posteriores. Neste trabalho há muito material que não discuto em outro lugar.*

## Background

A teoria da Gestalt-terapia trata daquilo que faz uma psicoterapia ser boa, e integra idéias, observações e técnicas de diversas fontes. Assim, o leitor irá encontrar muitas coisas que não são exclusivas da Gestalt-terapia.

Um sistema psicoterapêutico completo, explícita ou implicitamente abrange: 1) uma teoria de consciência, inclusive um ponto de vista sobre que tipo de *awareness* ou *insight* é buscado, e a metodologia para atingir esse objetivo; 2) uma atitude ou prescrição sobre o relacionamento terapêutico entre paciente e terapeuta; e 3) uma teoria científica. A Gestalt-terapia pode ser identificada, por sua especial integração de princípios, nessas três áreas. Muitas outras afirmações dos Gestalt-terapeutas não integram a Gestalt-terapia. Por exemplo, o aconselhamento geral para a vida que, com freqüência, surge de um *Zeitgeist* especial (tal como "cuide de seu próprio nariz"), não é importante. Nem qualquer técnica especial (como, por exemplo, socar almofadas, falar com uma cadeira vazia) ou o estilo (terapia um a um em contexto grupal) são importantes (L. Perls, 1978). O importante é: o que faz uma psicoterapia ser boa.

## Gestalt-terapia Definida

Três princípios definem a Gestalt-terapia. Qualquer terapia regulada por eles não se distingue da Gestalt-terapia, independentemente de rótulos, do estilo ou da técnica do terapeuta; nenhuma terapia que transgrida um desses três princípios é Gestalt-terapia. E, qualquer um deles adequada e completamente entendidos, engloba os outros dois.

Princípio Um: A Gestalt-terapia é fenomenológica; o seu *único* objetivo é a *awareness* e a sua metodologia é a da *awareness*. (Ver Yontef, 1976).

Princípio Dois: A Gestalt-terapia baseia-se totalmente no existencialismo dialógico, isto é, no processo de contato/afastamento Eu-Tu.

Princípio Três: O fundamento conceitual da Gestalt-terapia ou a visão de mundo gestáltica baseiam-se no holismo e na teoria de campo.

Nossa tecnologia de *awareness* é baseada em fenomenologia. A teoria científica da Gestalt-terapia é a teoria de campo, que é importante para o entendimento de diversos conceitos-chave: "agora", "processo", "polaridade". Entretanto, este tópico será abordado num outro trabalho. Neste trabalho discutiremos o Princípio Dois e sua relação com o princípio Um.

## Por que um Trabalho sobre Diálogo?

O que é diálogo? O significado comum é conversar juntos. Um diálogo existencial é o que acontece quando duas pessoas se encontram *como pessoas*, em que cada pessoa é "impactada por" e "responde ao" outro, Eu e Tu. Não é uma seqüência de monólogos preparados. É uma forma de contato especializada. É neste último sentido que o termo é usado em Gestalt-terapia. O Diálogo Existencial refere-se ao comportamento que compreende o relacionamento Eu-Tu (Friedman, 1976b). O Diálogo na Gestalt-terapia foi ampliado para incluir um encontro entre duas pessoas como pessoas, mesmo sem palavras, como, por exemplo, usando gestos e sons não-verbais. Um pianista poderia dialogar com uma orquestra. Dois dançarinos podem dialogar sem palavras.

Desde o seu início, a Gestalt-terapia enfatizou o tratamento usando a presença ativa do terapeuta como seu instrumento principal. Isto foi um afastamento do papel tradicional do terapeuta, que era passivo, com a interpretação sendo a única forma de contato terapeuta-para-paciente. O diálogo Eu-Tu está para a Gestalt-terapia assim como a Neurose de Transferência está para a psicanálise. Assim, enquanto os objetivos da psicanálise tradicional e da Gestalt-terapia são semelhantes, a metodologia é diferente.

Embora a linguagem usada nos primórdios da literatura da Gestalt-terapia tenha sido diferente da deste trabalho, e imprecisa, ela era uma forma pioneira de terapia por diálogo. Às vezes isto era abordado sem referência direta à palavra "diálogo". (Enright, 1975; Kempler, 1965, 1966, 1967, 1968, 1973; F. Perls, 1947, pp. 82, 88, 185; F. Perls et al., 1951, pp. xi-x, 88; Polster, 1966; Polster e Polster, 1973; Shostrom, 1967; Simkin, 1962, 1976, Yontef, 1969, 1976). Existia uma falta de elaboração teórica, como ocorria com diversos conceitos da Gestalt-terapia. Na prática, a Gestalt-terapia mostrou a presença do terapeuta, que é o início do tratamento por diálogo. Com freqüência, faltava a esta presença a diretriz de uma explicação teórica clara. Obviamente, sem especificidade, a prestação de contas é reduzida.

A primeira parte deste trabalho irá discutir os conceitos que são o pano de fundo para o entendimento do diálogo na psicoterapia. A segunda parte irá discutir as características da relação Eu-Tu.

*Fenomenologia e* awareness

A literatura da Gestalt-terapia enfatizou o Princípio Um, a metodologia do aumento da consciência. Numerosos artigos discutem a abordagem da Gestalt-terapia em termos do objetivo da *awareness* e das técnicas (exercícios e experimentos) que são utilizados no trabalho de *awareness* (Hatcher e Himelstein, eds., 1976; F. Perls, 1948,

1947, 1951, 1973; L. Perls, 1956; Polster e Polster, 1973; Zinker, 1977). Esta literatura há muito precisava de uma discussão mais técnica da própria *awareness*. *Gestalt Therapy: Clinical Phenomenology* (Gestalt-terapia: fenomenologia clínica) (1976) iniciou tal discussão. Aqui fazemos um pequeno resumo, como *background* para nossa discussão do Princípio Dois.

*Awareness* é uma forma de experienciar. É o processo de estar em contato atento com o evento mais importante do campo indivíduo/ambiente com apoio energético, cognitivo, emocional e sensorimotor totais. Um *continuum* constante e ininterrupto de *awareness* leva a um *Ah!*, a uma percepção imediata da unidade óbvia entre elementos díspares no campo. Novas totalidades significativas são criadas por contato *aware*. Portanto, a *awareness* em si mesma é uma integração de um problema.

Corolário Um: A *awareness* é eficaz apenas quando baseada na, e energizada pela necessidade dominante atual do organismo.

Corolário Dois: A *awareness* não se completa sem o conhecimento direto da realidade da situação e de como se está na situação. A *awareness* é acompanhada por "aceitação" – o processo do conhecimento de nosso controle sobre, a escolha da e a responsabilidade pelo próprio comportamento e sentimentos.

Corolário Três: A *awareness* é sempre Aqui-e-agora, e está sempre mudando, evoluindo e se transcendendo. A *awareness* é sensorial.

Os indivíduos se auto-regulam ou por hábito (regulação abaixo do limiar de *awareness*) ou por escolha consciente: *awareness* é o meio pelo qual o indivíduo consegue se regular por escolha. Fenomenologia é o método que a Gestalt-terapia usa para aprender a respeito do processo de *awareness*. Nosso objetivo é aprender o suficiente para que a *awareness* possa se desenvolver para a Auto-Regulação Organísmica.

*Fenomenologia* é a busca da compreensão, baseada no que é óbvio ou revelado pela situação (que inclui tanto o organismo quanto o ambiente), em vez da interpretação do observador. Os fenomenológicos referem-se a isto como "dado". A fenomenologia trabalha entrando na situação experiencialmente e permitindo que a *awareness* sensorial descubra o que é óbvio/dado.

Isto exige disciplina, especialmente a percepção do que está presente, o que É, sem a exclusão antecipada de nenhum dado.

A atitude fenomenológica é reconhecer e pôr entre parênteses (pôr de lado) idéias preconcebidas sobre o que é relevante. Uma descrição fenomenológica integra tanto o comportamento observado quanto os relatos pessoais e experienciais. A exploração fenomenológica objetiva uma descrição detalhada, cada vez mais clara, do que *É*, e não enfatiza o que seria, poderia ser, foi e pode ser.

As pessoas, freqüentemente, não conseguem ver nem perceber o que está diante delas. Elas imaginam, discutem, perdem-se em devaneios. A diferença entre esta percepção filtrada e uma percepção imediata da situação atual, captada com todo o corpo, pode ser mais bem compreendida por aqueles que lutaram por uma resposta esotérica e encontraram no seu lugar a alegria de um simples e óbvio *Ah!*

A fenomenologia da Gestalt-terapia experimental, em parte herdada da Psicologia da Gestalt, utiliza a experimentação para explicitar.

*Contatando*
Entrar em contato é o aspecto básico do princípio Dois. Contatar é todo o processo de reconhecer o *Self* e o *Outro* pela movimentação em direção a conectar-se/fundir-se, e também por separação/afastamento. O contato é o processo básico do relacionamento. Ele proporciona a verificação da diferença entre o *self* e o outro (Polster e Polster, 1973; F. Perls, 1948, 1973; L. Perls, 1978). Assim, entrar em contato compreende quatro aspectos: 1) conectar; 2) separar; 3) mover; e 4) *awareness*. A *awareness* é exigida para reconhecer/verificar diferenças. Reconhecer o outro exige *awareness*, tanto do *self* quanto do outro.

Embora o termo contato se refira ao processo de união e separação, ele é usado sem precisão de maneira danosa, para se referir apenas ao aspecto de união de todo o processo. Usamos o termo contato, aqui, da mesma forma que é usado corriqueiramente na Gestalt-terapia, e poderia ser descrito, com maior precisão, como o processo de contato/afastamento.

A pessoa existe num campo indivíduo/ambiente. O campo se diferencia pelas fronteiras. Essas fronteiras não são entidades, mas processos. Uma fronteira é um processo de separação e ligação. A fronteira, diferenciando uma pessoa daquilo que a cerca, é chamada de Fronteira de Ego. Ao se diferenciar (Eu) do que é não-Eu, o indivíduo ingere nutrição e excreta o excesso. O processo de contato é o "órgão do encontro" (Perls *et al.*, 1951), o engajamento com o ambiente.

Fronteiras eficazes são permeáveis e permitem transações entre o organismo e o meio. Uma fronteira fechada equivale a uma parede, na qual o organismo se fecha para o exterior (isolamento) e tenta ser auto-suficiente, nutrir a si mesmo. Uma fronteira que é aberta demais ameaça a existência autônoma do organismo, via a perda da identidade independente (confluência/fusão). Uma fronteira eficaz exige permeabilidade suficiente para permitir o acesso da nutrição, e impermeabilidade suficiente para manter a autonomia e deixar o que é tóxico fora. Fronteiras eficazes são suficientemente flexíveis para ir de um grau de abertura/fechamento a outro. A regulação da fronteira, entre extremos polares de fusão e isolamento, exige *awareness*.

O processo de contato é o "trabalho que resulta em assimilação e crescimento"; é "a formação de uma figura de interesse contra um fundo ou contexto do campo organismo/ambiente "(Perls *et al.*, 1951, pp. 230-1). Jacobs observa: "Duas características essenciais do contato ficam implícitas por esta definição. Primeiro, o contato leva inevitavelmente à vida e ao crescimento. Segundo, o contato abrange o comportamento que estabelece um *relacionamento* com a figura de interesse; a pessoa precisa mover-se, indo em direção a, ou afastando-se desta figura" (Jacobs, 1978, p. 28).

Isolamento é ausência de contato por não haver união. É o oposto polar da confluência, com sua ausência de contato por causa da falta de separação. Contatar é o movimento entre união e separação (ver Figura 1).

Quando uma pessoa contata, ela se une, e mantém a sua existência independente, sua autonomia. Quando duas pessoas contatam uma à outra, elas se unem (até se fundem temporariamente) e mantêm as suas identidades em separado. Enquanto uma pessoa consegue se unir e se separar de uma entidade que não responde (algo inanima-

Figura 1

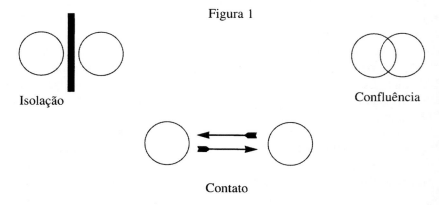

Isolação

Confluência

Contato

do, ou uma pessoa que não contata), o contato humano totalmente desenvolvido é um processo mútuo de duas pessoas separadas movendo-se em ritmo de união e separação.

O relacionamento Dialógico é uma forma especializada desse contatar mútuo. No contato Dialógico, a figura de interesse de ambas é a interação com a outra pessoa como pessoa. Com movimento a pessoa mostra parte de si, de acordo com o que é adequado às suas necessidades e às exigências da situação. Outros aspectos ficam em segundo plano. À medida que a situação vai mudando, parte do segundo plano torna-se relevante e é compartilhada. Assim, com um movimento em direção ao, e afastando-se do outro, ocorre um compartilhar, no tempo, de diferentes aspectos do *self*. Sem movimento, alguns aspectos do *self* tornam-se um segundo plano fixo, não ficam disponíveis e, por isso, ficam isolados. Assim, a união também se torna fixa. Isto se torna um hábito, ao invés de um processo vivo. Sem movimento não há *awareness*, apenas hábito.

O isolado se afasta da fronteira crônica e habitualmente não se une com o ambiente, ao contrário, ele tem um muro de proteção entre si e o exterior (ver Figura 1). Não existe fenomenologicamente o "outro", não existe o "outro" de quem se diferenciar. Mas, sem haver algum tipo de relação, sem haver o "outro", a pessoa não pode se diferenciar ou existir – não pode ser uma pessoa definida e se sentir viva. Para conseguir este isolamento e ainda assim viver, a pessoa se divide e tem relacionamentos entre partes de si (retroflexão). Introspecção e falar sozinho são procedimentos de isolamento desse tipo. As pessoas que se engajam neste processo sempre têm um relacionamento fantasioso para substituir o contato externo. Estão usualmente em confluência com algum "eles" introjetado. Há um desejo por, e medo de confluência. A auto-suficiência é um aspecto do isolamento e não é um objetivo da Gestalt-terapia. O trabalho de *awareness* da Gestalt-terapia aumenta a auto-sustentação – que inclui a ação da pessoa, para conseguir a nutrição do ambiente, nutrição esta necessária para a manutenção e para o crescimento do organismo.

Confluência é a ausência de distinção entre *self* e outro, é submeter-se à indiferenciação. Obediência/subordinação patológica das preferências de uma pessoa para as de outra são uma forma de confluência. Confluência é a perda da identidade independente de alguém. Como processo temporário, é a culminação do processo de ligação, e uma perda do processo de afastamento ou isolamento. O orgasmo pode ser visto como confluência.

Quando o aspecto de separação do contato mútuo é perdido, o *momento* da confluência também é perdido e ocorre uma fusão NÓS – uma perda de fronteira de ego. Mas assim como a pessoa que se isola preenche seus pensamentos com confluência, a pessoa que está sendo confluente pensa tanto com medo como com desejo de solidão. Para manter a confluência, as forças que a colocariam em perigo, que poderiam impelir à *awareness* da separação ou a uma brecha (por exemplo, a ira explícita), precisam ser isoladas, repudiadas, projetadas. A pessoa se agarra e depende do Outro para a exclusão que possibilita ser e manter uma existência independente. A pessoa confluente não experiencia a auto-sustentação suficiente que a capacita para um relacionamento autônomo.

Nem a pessoa isolada nem a confluente apreciam as diferenças. O isolado não permite diferenças dentro do muro, vendo apenas confluência como alternativa. A pessoa confluente exige indiferenciação do Outro e vê a alternativa como isolamento. Assim, o meio-campo ou a polaridade de contato e afastamento são perdidos, e a dicotomia, a confluência ou o isolamento tornam-se primeiro plano.

Dois padrões ilustram isto:

1. Duas pessoas estão confluentes uma com a outra, com um muro de isolamento que as separa dos outros (ver Figura 2).

2. Uma pessoa oblitera as suas diferenças do seu outro significativo e adquire confluência. Quando a confluência é ameaçada por diferenciação, autonomia e contato, a pessoa se afasta totalmente, isola-se ou termina o relacionamento.

*Eu-Tu: a base existencial*

A Gestalt-terapia é existencial em dois sentidos. Num sentido geral (1966; Kaufman, 1956; Sartre, 1946), enfatiza os aspectos humanos, atuais, da existência de cada paciente, tanto na sua vida em

Figura 2

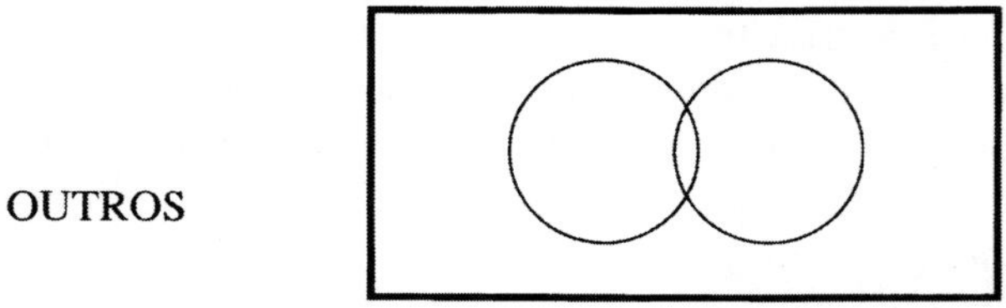

geral como a cada momento da sessão terapêutica (Van Dusen, 1960). Como considera-se que existem forças controladoras, o paciente pode, com *awareness*, escolher e controlar sua existência.* Quando se acredita que há uma "essência" a ser encontrada, como na teoria do pulsional e do determinismo psíquico da psicanálise clássica, a existência e a escolha ficam desenfatizadas, a essência (por exemplo, os impulsos imutáveis) passa a ser vista como causal, e o organismo como um todo tem pouco potencial para transcender o poder determinante de sua essência.

O segundo sentido no qual a Gestalt-terapia é existencial referese à sua atitude especial para com o relacionar-se, que é uma característica que dá à Gestalt-terapia sua feição (Simkin, 1976). No nível filosófico ele é chamado de Existencialismo Dialógico. No nível de relacionamento pode ser igualmente chamado Diálogo Eu-Tu, Encontro ou Encontro Existencial. Martin Buber é um proponente eloqüente e persuasivo do Existencialismo Dialógico (Friedman, 1976a, 1976b).

A literatura da Gestalt-terapia discute contato sem deixar suficientemente claro que é o tipo de contato específico discutido por Buber, necessário para uma relação terapêutica bem-sucedida. Eu-Tu, como uma forma especial mútua de encontro inter-humano, é, talvez, a forma de contato mais profundamente desenvolvida (Jacobs, 1978). Este é o meio de relacionamento por meio do qual a *awareness* aumenta e o paciente retorna ao seu crescimento. Esta atitude existencial para com o relacionamento e a atitude fenomenológica para com a *consciência* são apenas facetas de uma totalidade única maior (Van Dusen, 1960).

---

* Os humanos não possuem uma existência – eles *são* sua existência. Eles criam sua existência por ação – por estarem-no-mundo. As pessoas são processo – uma pessoa é uma "não-coisa". As pessoas são suas ações e suas experiências. Sartre acreditava que não existe "natureza humana" absoluta. Uma pessoa não é determinada por uma idéia *a priori* ou essência platônica. Os objetos que existem *em* si mesmos (*en soi*) são produzidos por um plano – sua essência. As pessoas existem *para* si mesmas (*pour soi*) e determinam sua própria existência. Entretanto, existe um "núcleo" de uma pessoa que corresponde ao seu "*self* verdadeiro". Isto é, às vezes, referido como uma "essência", mas não deve ser visto como um conceito reificado, estático, absoluto como a essência platônica. Eu uso "núcleo" para significar as crenças, pensamentos, sentimentos, comportamentos, sensações que unificam a pessoa como pessoa, e lhe dão o sentido de "É isto que eu sou em meu coração". Desta maneira, o "núcleo" é o aspecto mais valorizado e vulnerável de uma pessoa. "Núcleo" refere-se a tudo aquilo que é verdade para o *self* como um todo. *Self* é um processo vívido e não uma entidade estática.

O Eu é sempre o Eu do Eu-Tu ou do Eu-Isto. O Eu do Eu-Isto diz "ele", "ela" ou "isto". Não se está dirigindo ao outro *como pessoa*. O "Eu" do "Eu-Tu" diz "você", e a outra pessoa está sendo abordada como pessoa. A atitude do Tu é a de que o outro é digno de respeito, não é tratado como meio para outros fins. Uma pessoa consegue tratar a outra unilateralmente com a atitude Eu-Tu, mas a mais alta forma de Eu-Tu é *entre* duas pessoas, cada uma dizendo "você". Esse "Tu" é o evento relacional ou um "encontro" que capacita o homem a tornar-se inteiro. Na Gestalt-terapia, relacionamo-nos com uma atitude Eu-Tu e com uma esperança de que um Tu mútuo e completo se desenvolva.

Eu-Tu é uma forma de contato. Em isolamento não há contato Eu-Tu, ou qualquer outro. Em confluência não há contato, porque a mesmice elimina qualquer apreciação de diferenças. No Eu-Isto existe um relacionar-se, mas com o outro sendo objeto de manipulação. O outro não está sendo diretamente abordado *como pessoa*. O aspecto pessoal e especialmente humano de outra pessoa ainda não tem permissão de se conectar com a mesma parte de outra pessoa. Isto é um contatar Eu-Isto congelado, que não flui de, ou para Eu-Tu.

Uma pessoa com a atitude Eu-Tu pode dirigir-se a outra pessoa (Eu-Tu), e não tratá-la como um objeto a ser manipulado (Eu-Isto) e ainda assim o Eu-Tu não ser completado, isto é, um Eu e Tu mútuo ainda não desenvolvido. Ou o outro não confia o suficiente, ou ambos têm uma atitude Eu-Tu, mas ainda não há suporte suficiente para um Tu entre, ou seja, não acontece mutualidade. Esse contato também pode ser considerado como um Eu-Isto, no qual um Eu-Tu está latente.

Os terapeutas humanistas e interessados de todas as tendências, com freqüência, relacionam-se com uma mistura de atitude Eu-Tu e Eu-Isto, acreditando que estão estritamente no Eu-Tu. Algumas vezes os terapeutas tratam dos pacientes com uma atitude Eu-Tu, mas não são claros, quanto ao fato de o evento relacional "Tu" ainda não ter ocorrido.

Atitudes diversificadas sobre relacionamento, em psicoterapia, exigem uma metodologia e uma teoria de *awareness* diferente. Por exemplo, um psicanalista poderia presumir que, como a motivação do paciente não analisado é inconsciente, e atualmente indisponível, o paciente não é capaz de auto-regular-se, ser capaz de fazer a melhor escolha do que seja bom para ele. Esse comportamento objetifica o paciente como um Isto. Esta situação exige que o terapeuta se torne uma figura paternal, benevolente, e o tratamento é feito cultivando-se uma neurose de transferência, em vez de Eu-Tu. A tecnologia que corresponde a essa atitude de relacionamento é um intenso uso de interpretação.

As relações *Isto* são verticais e as relações *Tu* são horizontais. Um psicoterapeuta ou um praticante de terapia corporal, que acredita saber melhor do que o paciente quão expressivo e aberto ele deve ser; como o corpo deve parecer para ser ideal; ou, ainda, que ele sabe da existência de uma técnica ou de um dispositivo que deva ser usado pelo paciente; ou acreditar que as sugestões do terapeuta devam ser consideradas diretrizes, também está tratando o paciente como um *Isto*. Um Gestalt-terapeuta que usa o seu carisma ou as técnicas de Gestalt para obter transformações rápidas num paciente, que não estejam baseadas no diálogo, na *awareness* e no auto-suporte do paciente, é outro exemplo de tratamento vertical que alimenta o ego do terapeuta, mais do que a necessidade do paciente. O paciente pode conseguir um bem-estar temporário, mas não aprende o que está fazendo, como ele está fazendo, e como dar suporte a seu próprio crescimento. Os terapeutas que vão ao encontro do paciente, com a crença fixa de que o paciente não é capaz de auto-regular-se sem o terapeuta, não está tratando o outro como uma *pessoa*.

*Regulação "deverística"*

Dos primeiros momentos da vida, os indivíduos enfrentam forças externas socializantes, como, por exemplo, exigências, ideais, modelos etc. Esses padrões externos podem ser rejeitados automaticamente, considerados e integrados/rejeitados, ou aceitos e ingeridos. Esta última possibilidade é introjeção ou ingerir sem assimilar. A regulação deverística é baseada em deveria(s) introjetado(s) e introje*ção*. Deveria(s) são afirmações de "obrigação", que dizem ao indivíduo como regular seu comportamento por padrões externos, isolados de suas necessidades organísmicas ou da avalição de suas prioridades internas. Deveria(s) são entidades fixas e não de processos organísmicos, e lhes falta flexibilidade e reatividade. Uma vez que o indivíduo inicia a regulação deverística, ele gera outros deveria(s), que são impostos ao *self* pelo *self* e não um imperativo do *self* inteiro.

Por outro lado, quando o indivíduo analisa, experimenta o gosto, colhe, escolhe e assimila o julgamento dos outros, que ele acredita, e rejeita o que não lhe serve, está se regulando por Auto-Regulação Organísmica. A auto-regulação organísmica exige capacidade para prescrutar a realidade exterior e suas necessidades, assim como as necessidades internas, os sentimentos e as crenças e, a partir daí, reconhecer holisticamente o que do ambiente lhe serve. "Serve" exige uma conexão entre o *self* interior verdadeiro e o aspecto externo do campo indivíduo/ambiente. Os Gestalt-terapeutas trabalham para uma regulação integrada baseados numa síntese dialética de exigências conflitantes (por exemplo, social e impulsivo) que é chamada de Auto-Regulação Organísmica. Isso transcende a dicotomia pessoa/ambiente.

A regulação baseada em deveria(s) é fixa e inflexível, pois baseia-se numa entidade imutável e não na integração dialética, resultante da consideração das exigências externas e das necessidades internas. O aspecto de uma pessoa que é preparada, em vez de ser reativa à situação atual, é o seu caráter. Algumas vezes a Auto-Regulação Organísmica leva as pessoas a evitar expressar impulsos saudáveis, quando não é seguro fazê-lo em determinada situação. Essa auto-supressão, com freqüência, torna-se um hábito e resulta em conflitos caracterológicos crônicos, rígidos.

A obediência utiliza a introjeção, e é uma forma funcional de lidar quando a pessoa tem pouca maturidade desenvolvimental/suporte para confrontar a pressão ambiental e escolher entre assimilar ou rejeitar. Quando tal obediência torna-se automática e fora da *awareness*, surge um caráter rígido. O caráter é a regulação por hábito, em vez de ser resposta totalmente consciente ao ambiente atual. Obviamente, o caráter é necessário, pois fornece uma base estável para o relacionamento. O indivíduo não consegue regular-se, reagindo com uma *awareness* inteiramente nova, a cada novo aspecto de cada situação. Nem a sociedade poderia existir com tal imprevisibilidade. O que não é governado por *awareness* é governado pelo modo de regulação habitual. É funcional, que a *awareness* se desenvolva quando necessário.

A regulação deverística sempre cria uma divisão dentro da pessoa – ela é inerentemente dualística. Isto é verdade porque ela é baseada em introjeções não assimiladas, isto é, em processos estranhos dentro da pessoa. A resposta neurótica habitual ao(s) deveria(s) ou é rebelião automática habitual ou rebelião automática disfarçada de conformismo. Muitas das respostas caracterologicamente patológicas incluem as atitudes anti-sociais e a divisão completa das forças individuais. Todos os mecanismos dualísticos interpessoais, simultaneamente, constituem problemas de fronteira de ego, visto que a pessoa se relaciona com um aspecto e resiste para se relacionar com outro.

O paciente busca mudança não apenas por um desejo de saúde, mas também por uma postura deverística auto-rejeitante: "Eu deveria me sair melhor". O(s) deveria(s) é(são) freqüentemente resistido(s) com "não farei" disfarçado(s) de "não consigo". (Ele diz para si que não consegue fazer melhor, mas de fato não fará. A sua força é repudiada e o poder saudável da resistência não é reconhecido. O(s) deveria(s) não é(são) examinado(s) pelo valor que tem(têm) ou deixa(m) de ter para a pessoa em sua existência *atual*. O poder repudiado, o "buraco" no paciente, é atribuído ao terapeuta. O paciente que não irá se amar, pode esperar que o terapeuta o ame. Perls sugeriu que um bom barômetro diagnóstico para a localização dos "buracos" no paciente é prestar atenção naquilo que o paciente tenta obter do terapeuta (Robert Resnick, comunicação pessoal). Quando os terapeutas desempenham o papel de agentes da mudança ou salvadores, adotam um dos lados da batalha interna do paciente e, portanto, perdem a possibilidade de verdadeiramente ajudar o paciente a integrar a divisão.

*Auto-Regulação Organísmica*

A Auto-Regulação Organísmica é baseada no reconhecimento da existência de uma gama completa de dados emocionais, mentais e sensoriais, relativos tanto às necessidades interiores quanto às necessidades do meio, e também dos recursos internos e do meio. A Auto-Regulação Organísmica baseia-se na assimilação, em vez de introjetar ou rejeitar, sem consciência suficiente para desenvolver *awareness*. A regulação baseada em reconhecimento e assimilação resulta na capacidade de resposta integrada. A Auto-Regulação Organísmica se baseia em outras coisas, além da *awareness* mental consciente, pois muitos dos processos regulatórios do *self* não estão na *awareness*, em determinado momento. Entretanto, a *awareness* se desenvolve à medida da necessidade, na pessoa Organismicamente Auto-Regulada.

A assimilação exige energia biológica ("agressão" é o termo da gestalt) dirigida pela *awareness*. Esses processos são parte de fronteira do interno/externo. Eles não são nem a imposição de uma regulação deverística externa sobre a pessoa nem a imposição do indivíduo sobre o externo (como no narcisismo patológico ou infantilismo). Ao contrário, uma capacidade de resposta integrada é uma síntese responsável das forças conflitantes reconhecidas e integradas.

Perceba a diferença de conceito entre um indivíduo dicotomizado e o ambiente, e o conceito de um campo indivíduo/ambiente, com o indivíduo e o ambiente como pólos de um todo maior. Um indivíduo conceitualizado sem a idéia de campo usualmente é visto como uma essência inata, imutável, que adere apenas ao organismo (um conceito aristotélico). Na Gestalt-terapia, vemos um potencial de crescimento advindo do campo organismo/ambiente. (A teoria de campo é o contexto conceitual adequado para entender essa distinção.) A mudança por Auto-Regulação Organísmica não é o dasabrochar de uma essência escondida por longo tempo; ao contrário, é algo que se desenvolve e só é conhecido *à medida que vai sendo vivido no mundo*. Um organismo existe apenas num contexto.

A regulação deverística é como uma entidade, ocorre uma vez, e definitivamente. A Auto-Regulação Organísmica é um processo em constante renovação. É essencialmente um processo baseado em *feedback* e ajustamento criativo contínuo. Isto é, um processo biopsicossocial que exige um *continuum* de *awareness* e vigilância constante para novas necessidades e, também, para mudanças de recursos no *self*, no outro e na sociedade.

A Auto-Regulação Organísmica é um processo natural que funciona por meio do processo de contato/retração. Como se trata do reconhecimento do campo inteiro, aspectos diferentes vêm naturalmente para o primeiro plano, conforme a necessidade. A regulação deverística é artificial e funciona pela dicotomização do campo; ela funciona por meio de um processo de confluência e isolamento. A regulação deverística reconhece apenas uma maneira correta.

Polster afirma dois princípios de Gestalt-terapia (Polster e Polster, 1973). Ambos são aspectos da Auto-Regulação Organísmica: 1) o que é, é; 2) uma coisa flui de outra. Realçamos o que é, e acompanhamos o desenvolvimento de sucessivos primeiros planos. Assim a mudança flui a partir do reconhecimento do que "é" em vez de a promoção da "obrigação". Este é o processo central da exploração fenomenológica clínica.

A fé na Auto-Organização Organísmica significa aceitar o paciente em seu estado atual [como ele está "se(r)-ndo"] e também *confirmar* o seu "tornar-se" – o seu potencial inerente de crescer e mudar, da maneira como está se manifestando atualmente, para uma manifestação mais integral do seu potencial.

Há uma distinção crítica entre tentativa de mudança por intermédio da imposição da mudança, tendo de atender ao(s) deveria(s), autojulgando, e a mudança pelo aumento da *awareness* e da autoaceitação, isto é, por um sentimento de reconhecimento de quem se é.

Com esse reconhecimento, podemos nos conhecer e crescer com Auto-Regulação Organísmica, enquanto com a abordagem "agente de mudança" a pessoa se cinde entre forças exigindo adesão a um ideal e forças que resistem. O trabalho dialógico e de *awareness* da Gestalt-terapia é projetado para reforçar a capacidade de Auto-Regulação Organísmica e não para o desenvolvimento de um novo caráter, adaptado a um padrão Gestalt-terapêutico de saúde mental.

*Terapia sem agente de mudança*
Os pacientes vêm à terapia pedindo para mudar, geralmente de maneira deverística e dualista, tentando ser o que não são. O paciente está dividido contra si mesmo e pede que o terapeuta tome partido no conflito intrapsíquico. Muitos terapeutas entram em contratos desse tipo, e existem alguns relatos de êxito. Muita frustração também é relatada. A teoria da mudança da Gestalt-terapia afirma que quanto mais alguém tenta ser o que não é, mais fica igual (Beisser, 1970). O terapeuta que tenta mudanças com uma base dessas opta pela mudança de um aspecto determinado do paciente, à custa do reforço de autodivisão, que inibe a Auto-Regulação Organísmica.

Alguns terapeutas apontam a aceitação como o caminho do crescimento e da cura, e relatam resultados positivos. Outros, especialmente os terapeutas existenciais, falam em aceitação, mas aceitam o papel de agentes da mudança. É possível um terapeuta fazer mais por seu paciente do que aceitá-lo e não ser também um agente de mudança no sentido que estivemos discutindo?

Se o terapeuta define a tarefa terapêutica como realçar a *awareness* do *que é*, por meio de uma relação Eu-Tu, utilizando o enfoque fenomenológico, ele pode aceitar o paciente e acentuar *ativamente* o crescimento sem ser agente de mudança. Por exemplo, o terapeuta pode observar com neutralidade e compartilhar seletivamente das observações, e de como ele foi pessoalmente afetado. Contatar com *awareness* resulta em crescimento.

A psicanálise também enfatiza um relacionamento com aceitação e *insight*. Entretanto, a aceitação na psicanálise funciona por meio de interpretação que não é fenomenológica e adota uma posição psicológica para com o relacionamento, que não é dialógica. Na Gestalt-terapia, acreditamos que o método existencial-fenomenológico é o que melhor facilita a Auto-Regulação Organísmica do paciente e as qualidades de atenção e de empatia precisa do terapeuta. A interpretação da neurose de transferência, como principal instrumento, diminui a responsabilidade do paciente, encoraja a transferência, dificulta o contato pessoa-a-pessoa e pode enrijecer as defesas cognitivas.

A aceitação e a colocação entre parênteses são as bases de qualquer tratamento com diálogo fenomenológico. Na Gestalt-terapia, facilitamos isto usando os *insights* do terapeuta (por exemplo, a compreensão informada psicanaliticamente) *para orientar o foco fenomenológico*, estimulando o desenvolvimento de *insight* sem se tornar agente da mudança.

Exemplo: Um homem ambicioso, durão, nega qualquer vontade de ser cuidado. O terapeuta acredita, por intuição ou por análise teórica, que o paciente tem uma forte vontade de ser cuidado, mas resiste a tomar consciência disso. Pode haver muito pouco comportamento diretamente observado, indicando a necessidade subjacente. Duas intervenções possíveis:

> Intervenção por interpretação: "Você realmente deseja ser cuidado e está negando isto".
> Intervenção da Gestalt-terapia: "Eu gostaria de sugerir um experimento. Imagine que você é um menino pequeno e sua mãe lhe diz: 'Eu te amo de verdade, deixe-me abraçá-lo'. Agora, imagine isto e diga o que você experienciou".

Tanto a intervenção fenomenológica quanto a interpretação são orientadas pelo entendimento do terapeuta, das necessidades e das dinâmicas do paciente. Entretanto, a intervenção da Gestalt-terapia não é interpretativa.

A escolha da ferramenta fenomenológica é orientada pelo entendimento do caráter do paciente. A escolha de um experimento, em vez de uma afirmação verbal mais confrontadora pelo terapeuta, poderia ser orientada pela noção de que este paciente obsessivo-compulsivo, provavelmente, iria querer evitar a *awareness* de seu desejo de dependência, engajando-se numa luta teimosa de poder ou de intelectualização. Se fosse um paciente histérico, o terapeuta poderia enfatizar técnicas cognitivas e de tranqüilização, e desenfatizar técnicas que são "dramáticas", pois o histérico poderia muito bem evitar o conhecimento, pela atuação, ou sendo histriônico, pseudo-hiperemotivo. Exemplo: (*Num grupo: o paciente passeia de pessoa a pessoa de maneira superficial, recebendo atenção sem reconhecer que a está recebendo.*) Terapeuta: "Tente um experimento. Fique em contato com apenas uma pessoa" (*o paciente faz isso*). "Perceba que você não reconheceu o que ele lhe deu."

Por outro lado, se o paciente estivesse deprimido, o terapeuta poderia escolher uma técnica, pedindo que o paciente se levantasse e fizesse algo. Exemplo: Terapeuta: "Levante-se. Agora, imagine que a sua esposa está aqui e expresse-se para ela, sem palavras, usando movimentos".

Sem *awareness* disciplinada, as técnicas são apenas explorações experimentais, o terapeuta torna-se agente da mudança, o paciente não desenvolve confiança em seus próprios instrumentos de focalização da *awareness*, e os experimentos tornam-se uma tentativa de recondicionamento. Por meio do enfoque fenomenológico, o terapeuta pode tanto ensinar quanto permitir que o paciente adquira *insight* lidando com assuntos pendentes do passado, descobrindo maneiras de fortalecer o que agora está a serviço do organismo, e reavaliando traços que estavam e não estão mais na pessoa.

A psicoterapia pode ser mais eficaz em termos de aceitação e *insight* se usar um trabalho de fenomenologia direta no reconhecimento da resistência e da evitação, como, por exemplo, treinando o paciente para ter consciência do processo pelo qual ele evita a *awareness*. Usando-se o enfoque fenomenológico e o diálogo aberto, o paciente pode, de forma semelhante, tomar consciência do seu processo presente de relacionar-se, incluindo a transferência e outras distorções paratáxicas. O processo, nesse contexto, refere-se ao paciente saber apenas o que está fazendo, e como está fazendo. Como na psicanálise, o relacionamento é explicitamente abordado, usando-se o enfoque fenomenológico e o diálogo, em vez de fomentar uma neurose de transferência que é então interpretada pelo terapeuta.

Na Gestalt-terapia focaliza-se o que precisa ser explorado, e não o que precisa ser mudado. O Gestalt-terapeuta delimita e observa o que é importante para a regulação do paciente, acreditando que a *awareness* aumentada e o contato levarão ao crescimento. A exploração experiencial é conduzida de maneira neutra, explicitada, realçando-se o que precisa ser trazido para o primeiro plano para a Auto-Regulação Organísmica no diálogo com o mundo. Esse reconhecimento do que *é* inclui aceitar que o fato de estar infeliz, parado, desatento, frustrado, resistente é. *É,* ponto. A pessoa inteira é observada e aceita. Este é o suporte básico para a restauração ou para o início do diálogo de cada paciente com o mundo.

Objetivar diretamente a mudança, em vez de reconhecer o que é, e a partir daí crescer, viola tanto a atitude fenomenológica quanto a dialógica. A auto-aceitação e a *awareness* integral dão suporte ao crescimento organismicamente determinado. Com freqüência, os pacientes passam de modo prematuro do reconhecimento do "como estou" para "o que posso fazer a respeito". Esta é uma forma de repúdio, pela tentativa de se transformar dualisticamente (Yontef, 1976). Algumas vezes, o paciente acredita *falsamente* que o terapeuta não o aceita como ele é. E, da mesma forma, o terapeuta se ilude acreditando que aceita o paciente como ele é, quando isso não ocorre. O trabalho de exploração deve abranger a forma que o paciente e o terapeuta afetam um ao outro, e como cada *awareness* nova os afeta. Se o trabalho de *awareness* está sendo processado pelo indivíduo, levando a sentimentos de não-confirmação, de depressão etc., o paciente precisa trazer isto para o diálogo com o terapeuta, e o terapeuta deve facilitar uma exploração *de maneira não defensiva*.

Na terapia sem agente de mudança, o terapeuta é um consultor de pesquisa fenomenológica e um facilitador do diálogo. O terapeuta assume a responsabilidade pela ambientação, comporta-se de acordo com o que é mais vital para si, relaciona-se dialogicamente, e o paciente se regula de acordo com suas necessidades, interagindo com o terapeuta e o meio terapêutico. O terapeuta auxilia o paciente a reconhecer sua resposta e sua capacidade de interagir de forma eficaz.

Ser um bom Gestalt-terapeuta depende da superposição das necessidades pessoais do terapeuta e das exigências da tarefa terapêutica do paciente. O terapeuta que tem propensão a expressar-se para o paciente, que sente necessidade de facilitar a autodeterminação e as reações assertivas do paciente ficará mais à vontade na Gestalt-terapia do que o terapeuta que precisa de controle deverístico ou precisa salvar o paciente.

Confiar no processo de Auto-Regulação Organísmica significa não fomentar tratamento por meio de uma transferência terapeuticamente induzida nem acreditar que um relacionamento será perfeito se o terapeuta tiver suficiente empatia por aceitação e congruência. O paciente tem seu próprio sistema de regulação. Um bom relacionamento é construído por ambas as partes, com e por meio da *awareness*, e esse é o âmago do processo na Gestalt-terapia. O direito e o poder de o paciente auto-regular-se limita o terapeuta e significa que o paciente pode fazer algo que o afasta da noção de saúde do terapeuta. Não depende só do terapeuta.

O terapeuta é responsável pela ambientação, por seu contato, pela competência, pela atenção. A vida e o trabalho terapêutico do paciente são de responsabilidade do paciente. Parte da competência do terapeuta é conhecer e reconhecer/confirmar aspectos do paciente, não conhecidos do paciente. Para contatar o núcleo do paciente o terapeuta precisa ter sua própria perspectiva, conhecer a perspectiva do paciente, arriscar, confrontar, enfrentar raiva, usar tecnologia criativa, permitir frustração. O reconhecimento do *é*, no sentido da *awareness*, e no sentido do encontro verdadeiro, é a terapia – é o processo natural de viver e aprender.

### Características da Relação Dialógica

Um relacionamento é um evento que acontece – é um processo. O processo acontece *entre* duas pessoas. O relacionamento é construído no processo de contato e deve preencher as exigências do contato discutidas anteriormente: conectar, separar, movimentar-se e *awareness*. A fim de se relacionar, duas pessoas autodefinidas, separadas, devem conectar-se e reconhecer uma à outra, e também precisam manter suas identidades separadas. Na Gestalt-terapia o relacionamento forma-se em torno da tarefa de realçar a *awareness* necessária para a Auto-Regulação Organísmica. O contato, para o Gestalt-terapeuta, é moldado pela relação Eu-Tu. De todas as formas, o contato do núcleo de uma pessoa com o núcleo de outra que tem o máximo poder de curar as facções guerreando dentro da pessoa.

Tanto a habilidade nas tarefas técnicas quanto as qualidades pessoais do terapeuta são indispensáveis. As qualidades de contato exigidas para a boa terapia foram comentadas por muitos. A maioria concorda que a atenção e a compreensão são exigidas do terapeuta, embora haja pouco acordo sobre o que seja atenção, e como a atenção deve ser diretamente mostrada. Por exemplo, a demonstração de atenção do psicanalista clássico é certamente diferente desta, na terapia clássica rogeriana.

A abordagem dialógica exige que o terapeuta aborde o paciente com carinho, direta, aberta e atenciosamente. Mas à medida que se vai progredindo em direção a mais especificidade, o que é atencioso? Qualquer atenção não tem poder de cura ou é dialógica. Atenção é uma qualidade que pertence a, e é apenas eficaz como parte do processo de contato. É uma qualidade de verdadeiramente ir ao encontro da pessoa *como pessoa*. É mais que um sentimento ou fazer algo pelo paciente – é um processo *entre* pessoas.

Iremos discutir cinco características do contatar no relacionamento dialógico Eu-Tu da Gestalt-terapia.

*1. Inclusão*

*O terapeuta honra a experiência fenomenológica do paciente, entra de maneira respeitosa no mundo fenomenológico do paciente, experienciando-o como ele é, e aceita o paciente como ele é.*
O terapeuta faz contato com o paciente e, ao mesmo tempo, se permite ser afetado por ele e por sua experiência. Ele tenta ver o mundo pelos olhos do paciente. Buber refere-se a um dos elementos do Eu-Tu como inclusão, que é viver no pólo do Outro, na polaridade Eu-Tu, isto é, incluir-se no mundo do paciente (Buber, 1965a, 1965b). Pela prática da inclusão, o terapeuta simultaneamente se relaciona com o paciente e reúne informações sobre ele.

Para entrar no mundo do outro e não desonrá-lo, um terapeuta fenomenológico o coloca entre parênteses, isto é, põe de lado as perspectivas em que ele mesmo vive, as crenças que ele tem sobre o que constituem dados, e aprecia a mesma validade para uma realidade diferente e um conjunto de dados diferentes.

Esta é uma atitude permissiva, na qual o terapeuta entende e aceita a outra pessoa, sem julgar a atitude ou o comportamento do outro, de forma positiva ou negativa.

*2. Presença*

*O Terapeuta mostra o seu verdadeiro self*
Ele respeita o seu verdadeiro *self,* o suficiente para conhecê-lo e mantê-lo enquanto pratica a inclusão, e prefere mostrá-lo a "estar parecendo" – parecendo ser diferente. Um terapeuta que está bastante preocupado e tenta demonstrar neutralidade; está com medo e quer parecer calmo; ou está zangado e quer parecer receptivo e carinhoso, está parecendo em vez de estar presente.

Numa terapia dialógica, o terapeuta mostra sua atenção mais pela honestidade do que por sua constante delicadeza. Ele não somente permite ao paciente ser quem é, como se permite ser quem é como resposta. Isto abrange mais do que aceitação calorosa. O Gestalt-terapeuta também: mostra as próprias dúvidas, expressa limites, raiva e aborrecimento; compartilha suas observações de aspectos do paciente, negados pelo paciente mas observados pelo terapeuta autônomo, e, acima de tudo, tem suficiente perspectiva independente para ter uma noção clara e precisa a respeito do paciente para direcionar o trabalho.

Buber fala de aceitar o outro como ele é, em dado momento, como uma condição necessária, embora não suficiente para uma terapia bem-sucedida. Um terapeuta bem-sucedido também *confirma* a pessoa em seu potencial *mais completo* (Friedman, 1976a, 1976b). Um terapeuta assim trabalha aquém da manifestação atual do paciente, trabalha até atingir a pessoa no qual ele está se transformando. Confirmação significa aceitação, não somente do que o paciente tem consciência, mas também de aspectos de sua existência que são negados/alienados. Isso exige a autonomia e a presença do terapeuta, assim como praticar a inclusão. Um encontro real de pessoas, em geral, envolve dar algo indesejado, como, por exemplo, *feedback* preciso. Essa presença confirmadora às vezes é erroneamente considerada como não aceitação, como uma rejeição do paciente como ele é no momento presente.

*3. Compromisso com o diálogo*
    *O terapeuta dialógico está verdadeiramente comprometido com o diálogo; ele permite ao que está "entre" controlar.*
    A inclusão e a presença são as bases necessárias para o diálogo. Consideradas em conjunto, significa que o terapeuta faz contato de tal maneira que se permite ser afetado pelo paciente (inclusão) e permite ao paciente ser afetado por quem o terapeuta é (presença). Ele observa como o paciente está, em vez de analisar ou dizer o que o paciente deveria fazer, ele vive com empatia no mundo *fenomenológico* do paciente e expressa o seu *self* interior *à medida que vai se mostrando relevante* para a tarefa do paciente.
    O terapeuta faz o seu contato com uma atitude Eu-Tu, em vez de ter espírito de controle, condicionamento, manipulação, exploração do paciente ou outras formas de Eu-Isto. O compromisso com o diálogo significa relacionamento baseado explicitamente no que a pessoa está experienciando, e respeito ao que o outro experiencia.
    Não é possível fazer boa Gestalt-terapia sem a realização de um contato Eu-Tu. Mas fazer contato não estabelece um relacionamento.
    Um relacionamento se desenvolve quando duas pessoas, cada uma com sua existência e necessidades independentes, contatam uma à outra, reconhecendo e permitindo diferenças entre si, o que significa ser mais do que uma combinação de monólogos, mas duas pessoas em trocas significativas.
    Um compromisso com o diálogo significa não somente que cada qual expresse o seu eu interior ao outro, mas também é receptivo à

auto-expressão do outro; significa, especificamente, permitir que o resultado seja determinado pelo Entre, e não controlado por uma das pessoas. O controle solitário, maleável, significa que cada qual é afetado pelo que é diferente no outro, e existe uma permissão "para" e dedicação "ao" processo de diálogo. Esse processo de diálogo é mais valorizado na Gestalt-terapia do que o terapeuta ou o paciente estar no controle.

Conseguimos "fazer" contato por força de vontade e escolha. Mas num sentido mais profundo, é impossível fazer contato. O contato mútuo é uma situação relacional que, *às vezes*, acontece quando duas pessoas vivem a atitude Eu-Tu e fazem contato. Contato mútuo é permitido.

Contraste:

1) "Fazer contato", isto é, a pessoa "estar lá", estar inclinada a fazer contato e trabalhar para estabelecer um relacionamento completo. O terapeuta pode entusiasmar-se, compartilhar e atingir independentemente daquilo que o paciente faz.

E,

2) "Permitir contato" exige duas pessoas, e acontece por um ato de graça, que é mais do que fazer contato.

Quando duas pessoas mostram e expressam seu ser verdadeiro numa atitude de mutualidade Eu-Tu, um fluxo livre de energia afetiva às vezes ocorre entre elas. Isso acontece quando ambas desistem de controlar uma à outra, e permitem que o Tu aconteça. Buber diz que podemos escolher uma atitude amorosa, mas não podemos escolher sentir amor, pois é algo que devemos permitir que aconteça.

Para que essa situação relacional aconteça, os dois lados precisam estar "disponíveis para"; "ter vontade de", e "serem capazes" de sustentar o contato. Normalmente, em terapia, o Contato Mútuo vem após um trabalho preparatório – fazer contato, aprender a enfocar fenomenologicamente, reconhecer resistência. Infelizmente, mesmo quando duas pessoas se permitem ser quem verdadeiramente são, e o ser delas abrange um apoio sincero ao contato, o apoio para o Tu, com fins de Contato Mútuo, pode não existir. Uma parte importante da responsabilidade profissional, ou de outra natureza, é reconhecer quando é assim, e aceitar os limites. Isto faz parte da adesão ao que está entre.

Não há meios de saber, antes do fato, se o Tu irá acontecer. Vivemos vidas separadas, "fazemos contato", temos esperanças. Podemos fazer contato com uma atitude que permite ou torna provável o aprofundamento do diálogo. Mas se tentamos fazer o Tu acontecer, no próprio processo de tentar, estamos tratando a nós mesmos e aos outros como objeto de manipulação e idealização. Como tentar ser afetuoso para fazer o Tu acontecer. Por exemplo: a raiva e a frustração do terapeuta precisam ficar em segredo, escondidas. Se esses processos não podem ser explicitados, tanto quanto o seu amor e delicadeza, o contato é entre dois ideais chamados paciente e terapeuta, em vez de entre duas pessoas como elas são. Às vezes o confronto é necessário na relação Eu-Tu (Buber, 1965a; Jacobs, 1978, p. 105). Depois que as pessoas estão presentes, se mostram e arriscam – então, e somente então, é possível que o Tu se desenvolva.

Muitos terapeutas rompem o Eu-Tu ao defender, aberta ou veladamente, que o paciente adote a sua versão do Eu-Tu. Quando um terapeuta adota sinceridade, atenção, confiança etc., como princípios bons para serem seguidos pelas pessoas, e os utiliza como padrão de saúde – estes "humanistas" impuseram um modelo externo ou critério, uma nova tirania para ajustar as pessoas. Isto é o que anteriormente chamamos de um "deveria". E um deveria humanista continua sendo um deveria. Quando um líder de grupo quer que os pacientes compartilhem de todos os seus segredos íntimos; quando a necessidade de privacidade ou de se retrair não são respeitadas (talvez chamando-a de resistência); quando o intelecto é denegrido; quando as respostas técnicas não são permitidas; quando o terapeuta tenta evitar que o paciente sofra qualquer frustração; ou, em geral, quando ele exige uma mutualidade tão completa, que elimina a diferenciação de papéis entre o terapeuta profissional e o paciente, isto violenta o aspecto permissivo do Eu e Tu.

O objetivo da Gestalt-terapia é somente a *awareness*, e com auto-responsabilidade e escolha. Qualquer ideal ao qual o terapeuta ajuste as pessoas o viola: relacionamento ideal, corpo ideal, fluxo de energia ideal. Isso significa que o paciente pode ser uma boa pessoa, madura, e também pode optar por ser manipulativo, dissimulado, e assim por diante. Mesmo *awareness* total não é um deveria, apenas um instrumento para, ou um processo que a pessoa aprende e usa para sua autorregulação. Não há processo de *awareness* ideal. A Gestalt-terapia ajuda as pessoas a perceberem seu processo de *awareness*, para que elas possam ser responsáveis e escolher seletiva e discriminadamente – e mesmo escolher quando e como perceber sua própria *awareness*.

Diálogo e *awareness* são ambos processos com final em aberto, que estão centrados no presente, em vez de centrados num critério conteúdo-orientado e final fechado. Um compromisso com o processo de Diálogo é compatível com o objetivo da *awareness*, pois o Diálogo leva naturalmente ao aumento da *awareness* e a *awareness* é um aspecto obrigatório do Diálogo. Um comprometimento com o processo de Diálogo não é compatível com a primazia de nenhum outro objetivo. Se a modificação de um comportamento em particular é o objetivo, isto cria uma pressão por mudar o paciente, que é contrário tanto ao Diálogo quanto à exploração fenomenológica. Um terapeuta pode ser Dialógico e explorar fenomenologicamente mais franqueza e expressividade, e também ter esperanças de que o paciente se torne mais franco e expressivo; o terapeuta não pode ser simultaneamente Dialógico e adotar franqueza e expressividade como objetivo primário de suas intervenções.

Para o psicoterapeuta aderir a um compromisso de objetivar o diálogo e o processo, exige uma fé no valor inerente de cada pessoa e em sua capacidade de se auto-regular organismicamente. Entrar em contato sem superproteger, negligenciar ou controlar exige ter como valor ou acreditar em autodeterminação. Fundamentalmente, mostrar o seu *self* e permitir o que está entre, controlar, são formas de rendição baseadas inicialmente na fé, confiando que ela venha a ser reforçada por dados experienciais.

### 4. Não-exploração

*A Gestalt-terapia é um relacionamento não-exploratório, não-manipulativo pessoa-a-pessoa, no qual o terapeuta considera cada pessoa como uma finalidade em si mesma. Embora a mutualidade da terapia não seja total e exista uma diferenciação de tarefa/papel, nenhum sistema de status hierárquico é encorajado ou adotado pelo terapeuta, isto é, o relacionamento é horizontal.*

Quatro formas de exploração podem ser discutidas: A. uma pessoa tratada como meio para um fim; B. desigualdade de linguagem (verticalidade); C. o terapeuta não está realizando o seu trabalho de forma adequada; e D. desatenção para com os limites apropriados.

A. *Uma pessoa tratada como meio para um fim.* O contato Eu-Tu significa não apenas reconhecer e contatar o outro como pessoa, mas também reconhecer que o outro é, como eu mesmo, um fim válido em si mesmo.

O terapeuta como ele é contata o paciente no modo o-paciente-como-fim-em-si-mesmo e *tendo como único objetivo um aumento na awareness*. Quando age de acordo com este modelo inter-humano, uma pessoa se envolve total e intensamente com a pessoa ou com a tarefa a realizar, cada uma tratada como um Tu, um fim em si mesmo e não como um *isto* (coisa ou meio para um fim). Para fazer isso, o terapeuta deve cuidar mais do processo de contato honesto entre pessoas autodeterminantes do que de qualquer outro resultado.\*

Quando uma pessoa é tratada como uma categoria, como um objeto a ser analisado, salvo, transformado, convencido, está sendo tratada como *isto*, como um meio para a satisfação do ego, como algum objetivo externo ou fim (por exemplo, saúde mental, justiça social etc.). A *pessoa* não é contatada. Na Gestalt-terapia tratamos cada pessoa, cada encontro, cada momento como um fim em si mesmo. Se o comportamento da pessoa é consensualmente considerado positivo ou negativo, ou se o encontro leva à "cura", é secundário à ênfase do *é*.

Os terapeutas têm muitos valores, tais como desejo de aprimoramento social. Se durante a terapia a importância desses outros objetivos não for considerada secundária à autodeterminação do paciente, ele é tratado como um isto. Cada pessoa tem capacidade para escolher suas próprias auto-regulações, seus próprios valores. Os Gestalt-terapeutas respeitam que o paciente escolha (e aceitam as conseqüências positivas ou negativas), mesmo que não concordem ou não admirem a escolha. Os valores do terapeuta só têm importância quando compartilhados com o paciente se ocorrerem num contexto de diálogo e de colocação de parênteses, e não com uma atitude de persuasão ou autoridade. A Gestalt-terapia é baseada na crença de que o crescimento individual, a *awareness* e a responsabilidade fluem de tal contato, e que o aprimoramento social é mais bem atendido numa terapia com diálogo Eu-Tu e não "reformando" o paciente.

O terapeuta também não é meramente um meio para um fim, pois ele é uma pessoa. Se ele for um meio para a auto-realização in-

---

\* Mantemos nossa posição de ausência de padrões externos (deveria(s)) aos quais a existência do paciente deve adaptar-se mesmo diante da violência potencial, da invasão dos limites do terapeuta e das psicoses? Sim, embora nossas intervenções sejam alteradas. Nesses casos, antes de tudo, o terapeuta precisa esforçar-se para contatar o paciente não-moralística e não-defensivamente. Isso compreende expressar e insistir sobre seus limites pessoais, suas esperanças, seus desejos e seus sentimentos. Às vezes, isso inclui agir de forma restritiva, tendo de hospitalizar o paciente, arranjar serviços comunitários para ele etc. Em tais ações, o profissional vai além do estreito papel de terapeuta. Embora a filosofia do Diálogo e da Fenomenologia seja uma formação útil, a atitude exata em tais casos é determinada pelo todo da situação, inclusive do contexto social e da totalidade da formação do profissional, não somente de seu papel de psicoterapeuta.

trapsíquica do paciente, o relacionamento pessoa-a-pessoa é reduzido e a amplitude da *awareness* também fica reduzida. O terapeuta e o paciente se percebem com sinceridade, num contato mútuo *aware*.

B. *Desigualdade de linguagem (verticalidade)*. Eckstein afirma que na terapia psicanalítica o paciente e o terapeuta falam linguagens diferentes, ou seja, o paciente associa livremente e o terapeuta analisa (R. Eckstein, palestra, 1978). Na Gestalt-terapia, o paciente e o terapeuta falam a mesma linguagem da experienciação centrada no presente. A abordagem de diferentes linguagens é vertical, e nela o terapeuta faz algo para ou pelo paciente. O relacionamento vertical (Simkin, 1976) é aquele no qual o papel vai além da diferenciação e coloca os participantes num relacionamento hierarquizado. O modelo médico do paciente doente e a intervenção guiada apenas pelo terapeuta é um exemplo de atitude vertical. Os movimentos de proteção ao consumidor e de saúde holística, em parte, são movimentos em direção a relacionamentos horizontais.

Fazer algo para ou por um paciente, que o deixa sem saber como encarregar-se do seu trabalho de crescimento, é sempre vertical e, em geral, psicologicamente explorador. Ele pode sentir-se melhor graças à intervenção condescendente (vertical) do terapeuta, e não saber como isto aconteceu, reforçando, assim, sua crença em sua própria fraqueza por não ser responsável. Assim, aquele que cura adquire poder e *status* à custa do paciente.

O relacionar-se Eu-Tu é horizontal e não-abusivo, e é marcado pelo diálogo e pelo trabalho conjunto, como iguais. O terapeuta assume a responsabilidade pelo estabelecimento do clima para o diálogo e pela facilitação da experimentação fenomenológica do paciente. O diálogo fornece o contexto ou o meio para o crescimento; o "trabalho" de *awareness* fornece a ferramenta ou método para o aguçamento do foco sobre esse crescimento, que o paciente pode utilizar para si. No crescimento por diálogo, o paciente aprende o que *ele* sabe verdadeiramente fazer. Não considero nenhuma terapia que careça dessa enfase dialógica horizontal, de Gestalt-terapia.

Esta abordagem horizontal afeta a maneira como as técnicas são usadas. Levar o paciente a um objetivo com "técnicas de gestalt" é vertical e não Gestalt-terapia. Essa manipulação do paciente muda os *experimentos* para programas e reduz a responsabilidade e o suporte do paciente (L. Perls, 1978). Ela é em parte exploradora, porque o terapeuta aumenta a sua dimensão à custa do paciente (por exemplo, o terapeuta carismático e o paciente agradecido).

A auto-emergência organísmica interna do paciente na *awareness* e no mundo é a cura. O encontro (e não o terapeuta) tem o poder de curar, pois o encontro é o compartilhar do(s) *self(ves)* interior(es). É esse encontro que explica os buracos intrapsíquicos do paciente. No relacionamento vertical, o terapeuta nem compartilha voluntariamente o seu próprio mundo privado nem encoraja o paciente a entrar nele. O *Eu* do terapeuta permanece particular ou escondido e o paciente é explícita ou disfarçadamente levado a uma transferência, e não ao relacionamento Eu-Tu. Os Gestalt-terapeutas mostram e trabalham a *awareness* do relacionamento, à medida que este vai se estabelecendo. A neurose de transferência não é encorajada – os problemas de transferência são minuciosamente explorados e *trabalhados* usando-se o método fenomenológico e dialógico.

No relacionamento da terapia vertical o foco está no paciente e nos seus problemas, em sua patologia e em sua história, e isso tende a ser considerado *à parte do relacionamento em curso* – e o relacionamento de agora acontece *somente* pelos conceitos de transferência e outras distorções do paciente que precisam ser modificadas. Isso coloca o relacionamento real em segundo plano e sem nenhuma profundidade. No relacionamento horizontal, o foco é o estar totalmente lá, um com o outro, vendo, ouvindo e se expressando integralmente de maneira centrada no presente. O diálogo horizontal é a matriz de se chegar ao centro da existência que o paciente está vivendo. Na Gestalt-terapia o Diálogo e a existência atual são o primeiro plano e a transferência é abordada, à medida que vai surgindo e interferindo.

"Sem deveria(s)" é um aspecto da atitude horizontal. Cada parte tem valores, coisas de que gosta e não gosta, necessidades e vontades, e ambos são igualmente autodeterminantes e auto-responsáveis. Um terapeuta deverístico está agindo verticalmente em relação ao paciente. Um terapeuta que intimamente acredita que o paciente é responsável por atender às suas (do terapeuta) necessidades, escapa para a vertical. Um exemplo é um terapeuta que está aborrecido, e o atribui ao paciente ("Você é aborrecido"), e espera que o paciente se torne mais interessante. Um terapeuta pode ser não-explorador e horizontal e expressar as suas vontades quando isso é importante para o trabalho terapêutico. Uma intervenção desse tipo exige cautela por parte do terapeuta e cuidadosa atenção para com a capacidade de suportar do paciente, além da sua (do terapeuta) responsabilidade por suas próprias frustrações.

O relacionamento horizontal estrutura-se na crença de que cada pessoa é responsável por si mesma. Isso significa que cada um é agente primário na determinação de seu próprio comportamento, e é responsável por sua própria psicoterapia – literalmente, "resposta-hábil". Com *awareness*, cada um sabe o que tem valor e o poder que possui. O comprometimento com o diálogo pode surgir do contato entre duas pessoas, exercendo essa autonomia. (Ver o item C com relação à responsabilidade do terapeuta.)

C. *O terapeuta não está realizando o seu trabalho de forma adequada*. O terapeuta tem um contrato implícito com o paciente, e o não cumprimento desse contrato pelo terapeuta é uma forma de exploração. O terapeuta que não faz o seu serviço integralmente, explora o paciente.

A boa psicoterapia exige competência técnica e bom relacionamento. Os diferentes sistemas e estilos de terapia variam quanto ao conceito de bom relacionamento, e quais intervenções técnicas são necessárias. Acredito que um paciente é explorado quando um psicoterapeuta não assume a responsabilidade pela competência, tanto de se relacionar quanto de gerenciar a modalidade técnica, independentemente da escola psicoterápica. Nem a autenticidade nem as habilidades práticas ou a criação de técnicas serão suficientes sem o outro (Buber, 1967, p. 165; Yontef, 1969).

Em seu trabalho, o terapeuta deve incluir um clima propício para o diálogo, praticando a inclusão, mostrando sua presença, seu compromisso com o diálogo, não ser explorador, viver o relacionamento, ser um guia experiencial fenomenológico experimental, e obter um quadro clínico holístico e preciso do caráter do paciente.

Embora a mutualidade e uma atitude horizontal façam parte da perspectiva da Gestalt-terapia, a mutualidade não está completa. Por exemplo, a função do terapeuta é exclusivamente sua. Embora o paciente tenha uma responsabilidade paralela a cada uma das tarefas do terapeuta, isto não diminui a necessidade de o terapeuta realizar seu trabalho, independentemente do comportamento do paciente.

Maurice Friedman refere-se à mutualidade de contato, confiança e inclusão (Palestra e comunicação pessoal, 25 de fevereiro de 1979). Na psicoterapia, a mutualidade da inclusão não é completa (Buber, 1965a, 1965b, 1967, 1970; Jacobs, 1978, pp. 114 e ss.; Simkin, 1976, p. 79). O contrato é focar o paciente. Ademais, em geral o paciente vem para a terapia com menos estrutura para o diálogo e para a *awareness* do que o terapeuta. Por exemplo: no início da terapia o paciente não vê o terapeuta com clareza (Buber, 1965a, 1970).

Se o terapeuta consegue ver o paciente com precisão, ele tem mais capacidade de dar respostas para a situação, isto é, resposta-habilidade. Além disso, se o paciente se esforçar para ver o terapeuta, tão acurada e completamente quanto o terapeuta o vê, seria praticamente impossível trabalhar as distorções transferenciais ou outros pontos-cegos que ele habitualmente carrega consigo.

Um Gestalt-terapeuta está aberto para o encontro, para ter seu comportamento observado pelo paciente, para conversar a respeito de sua vida e de seus sentimentos se o paciente quiser fazê-lo. Mas nosso contrato é o terapeuta usar todos os seus recursos, por um certo período de tempo, para fazer crescer a *awareness* do paciente. Além do paciente, o terapeuta também pode crescer com isto, mas o contrato deve focar o paciente; embora o contexto exija que certas facetas do terapeuta venham para o primeiro plano durante a psicoterapia, não é exigida uma "divisão" entre terapeuta e pessoa na Gestalt-terapia. Uma divisão pode ser mantida por inércia ou por neurose do paciente ou do terapeuta.

Assim, embora os Gestalt-terapeutas tenham uma atitude horizontal, não são completamente mútuos no foco sobre o paciente e o terapeuta. A privacidade do paciente é invadida com questões como: "O que você está experienciando agora?". O foco está no paciente, pois presume-se que é isto que o paciente quer e necessita. Mas o direito de o paciente dizer, e é até desejável que ele o diga em certos momentos, que não quer fazer isto, que ele não quer ser visto, ou prefere focar no terapeuta, é respeitado. Isto não é presumido como resistência. (O terapeuta também é uma pessoa e tem necessidade de privacidade. Na boa Gestalt-terapia isso deve ser abordado direta e abertamente e não transformar um pedido do paciente numa "resistência", numa quebra de tabu ou de um princípio metodológico.)

Como profissional, o terapeuta é responsável por sua aparição para o encontro preparado para chegar até o paciente, para conhecê-lo e ajudá-lo. Ele se prepara para ser capaz de fazer isto, pela maneira com que ele se estrutura antes e durante este encontro. O paciente, em geral, não se prepara para atingir, conhecer e ajudar o terapeuta da mesma maneira. À medida que a terapia prossegue com sucesso, a mutualidade se torna mais completa.

É exploração o terapeuta colocar a responsabilidade (culpa?) no paciente, quando deficiências do terapeuta são *pelo menos* parcialmente responsáveis pelo progresso inadequado.

Nesses casos (em que eu consigo pouca ou nenhuma integração satisfatória), falta-me a habilidade de lhes mostrar de maneira convincente a necessidade de mudança e reorientação, ou eu mesmo sou insuficientemente integrado para perceber a resistência crucial (Fritz Perls, 1948, p. 578).

Até onde tenho consciência, quero que os meus pacientes melhorem. Se eles não melhoram, então tenho de procurar o que não consegui perceber ou não consegui fazê-los perceber no relacionamento em curso (Laura Perls, 1970, p. 126).

Pode ser verdade que se o paciente pudesse ver o terapeuta com nitidez a terapia teria de terminar? Buber achava que sim (Buber, 1967, p. 173). Na Gestalt-terapia descobrimos que quando você muda de uma orientação psicanalítica para uma fenomenológica, e de uma base de transferência para uma base dialógica na terapia, ela freqüentemente fica potencializada, à medida que o paciente vai sendo capaz de se relacionar Eu e Tu. Um crescimento maior ocorre na terapia à medida que o paciente vai ficando menos perturbado e pode contribuir mais.

Na Gestalt-terapia usamos como instrumento o trabalho dialógico e o fenomenológico, que podem voltar-se para outras áreas como ver o terapeuta com nitidez, ver a si com nitidez, incrementar a *awareness*, realizar a escolha do estilo de vida, novas incapacidades que surgem etc. Na psicanálise, sob cuja influência Buber estava quando falava de terapia, uma vez que o conteúdo da infância e da transferência são tratados, não há mais nenhuma tarefa teórica. Isto é um modelo médico, de patologia, em vez de modelo de crescimento ou maturacional.

A atitude de Buber para com a terapia tem dois perigos. Ela tende a presumir que a visão do terapeuta está correta e a do paciente não (Buber, 1970). Somente algumas vezes isto é verdadeiro. E ela também tem o perigo de transformar o Eu e Tu num deveria, num objetivo terapêutico. Nosso objetivo na Gestalt-terapia é a *awareness* – inclusive a *awareness* do Isto, Tu, de como alguém pode e se relaciona de ambas as maneiras, e, portanto, escolher e ser capaz de se relacionar Eu e Tu. Com esse conhecimento, a pessoa pode seguir num aprofundamento do trabalho de *awareness*.

Alguns alegam que se o terapeuta fizesse contato de maneira autêntica, sem adotar artificialmente uma postura vertical (parecendo), ele seria o mesmo fazendo terapia; ou não e se não, o terapeuta está sendo uma "fraude". É verdade que se o indivíduo não adotasse uma fachada de terapeuta a sua estrutura de caráter ficaria à mostra, assim como seus traços "terapêuticos" e "não terapêuticos", dentro e fora da terapia. Mas as pessoas são autenticamente diferentes, em contextos diferentes. Uma pessoa é diferente como amante, professor, terapeuta, pai, réu; terapia não é o mesmo que amizade. De acordo com o pensamento aristotélico, os traços aderem às pessoas independentemente de contexto. De acordo com a teoria de campo, na qual a Gestalt-terapia é construída, os traços são uma função da pessoa e do campo do qual ela faz parte. Sendo um terapeuta, um aspecto disciplinado e atencioso se torna proeminente, de maneira que não acontece em outros contextos. O terapeuta assume a responsabilidade pelo trabalho de crescimento de outra pessoa, que seria ofensivo e invasivo sem o contrato explícito da sessão terapêutica. A auto-exploração e a auto-exposição do paciente não estariam seguras sem os limites do relacionamento terapêutico. A terapia oferece um desafio dentro de limites.

É exploração (inautêntico?) usar truques? Ou, talvez: é exploração não usá-los? Creio que o terapeuta deve colocar todo o seu ser e todos os seus recursos na tarefa da terapia. Recusar uma manobra técnica que enriqueceria o trabalho ou usar um "truque" para evitar o encontro pessoal necessário seria igualmente exploração.

D. *Desatenção para com limites apropriados*. Existem outros limites entre o Gestalt-terapeuta e o paciente numa relação terapêutica profissional inteira. Os comportamentos destrutivos para o relacionamento terapêutico não são tratados com a devida seriedade em nenhum lugar deste trabalho. O terapeuta é responsável pela manutenção de uma atmosfera condutora ao Eu-Tu por ser especialista nas exigências técnicas do diálogo e do trabalho de *awareness*. Alguns comportamentos são excluídos do relacionamento porque são incompatíveis com o diálogo ou com o trabalho de *awareness*, por causa da sensibilidade dos indivíduos envolvidos (uma faceta de qualquer relacionamento genuíno), dos limites de uma das partes ao diálogo ou das limitações éticas ou legais da sociedade em que vivemos.

Por exemplo, os pacientes envergonhados não conseguem prosseguir num trabalho de *awareness* quando enfrentam provocações, brincadeiras e gozações (que eles experienciam como humilhação, e mostram quão absurdos e inadequados eles são). As brincadeiras são um aspecto importante do relacionamento, mas o terapeuta deve ter responsabilidade e procurar não usá-las para aprofundar o sentimento de vergonha do paciente. O diálogo e o trabalho de *awareness*, numa situação dessas, exigem discrição por parte do terapeuta; do contrário, a liberdade e a criatividade do terapeuta tornam-se abusivas.

Uma parte do contrato com o profissional deixa implícito que certas regras externas serão cumpridas. Não cumpri-las é uma forma de exploração. Entre elas estão: a competência, uma base de conhecimento especializado, a devoção ao bem-estar do paciente, e também a adesão a um código de ética e a certos limites consensuais preestabelecidos.

O Princípio 5 dos Padrões Éticos para psicólogos afirma:

5. *Bem-estar do consumidor*

> Os psicólogos têm consciência permanente de suas próprias necessidades e de sua posição inerentemente poderosa diante dos pacientes, a fim de evitar explorar sua confiança e dependência. Os psicólogos farão todo o esforço para evitar relacionamentos duplos com pacientes e/ou relacionamentos que possam diminuir o seu julgamento profissional ou aumentar o risco de exploração dos pacientes. Exemplos de tais relacionamentos duplos incluem o tratamento de empregados, colegas em supervisão, amigos íntimos ou parentes. Intimidades sexuais com pacientes são antiéticas. (Padrões Éticos para Psicólogos, 1977, revisado, American Psychological Association.)

Uma relação comercial interfere na atitude terapêutica entre terapeuta e paciente e complica a amplitude de um relacionamento quando este se aproxima do mundo como um todo. A terapia é uma preparação para a vida, e não seu substituto. Quando o terapeuta também é a outra parte, como o paciente trabalha este relacionamento com o terapeuta?

As relações sexuais entre terapeuta e paciente são, no mínimo, um relacionamento duplo. É contra o Código de Ética da maioria das associações profissionais, e na Califórnia também é contra a lei. Se o terapeuta está autenticamente envolvido em sexo, ele perdeu a sua perspectiva de terapeuta e assume a de amante. O paciente tem o direito de presumir que o terapeuta adere às regras da sua associação de classe ou informa ao paciente do contrário imediatamente. Além disso, o paciente tem o direito de presumir que o profissional continuará agindo desta maneira (especialmente frente à tentação) ou irá interromper a terapia. Tendo em vista a autoridade e o carisma que o paciente transfere para o terapeuta, e no contexto social de exploração sexual entre homens e mulheres, é improvável que um terapeuta pudesse envolver-se sexualmente com um paciente de maneira não-exploradora, menos ainda fazê-lo e ser assim percebido pelo paciente. A percepção do paciente, errônea ou correta, de que o terapeuta está se aproveitando dele, interfere na confiança necessária para conduzir uma terapia.

Por outro lado, se o terapeuta entra num relacionamento sexual porque "é bom para o paciente" ele não está sendo autêntico e, portanto, contrário à atitude dialógica sobre a qual a Gestalt-terapia está fundada. É minha opinião pessoal, que é impossível ser um Gestalt-terapeuta competente com um paciente com quem se está tendo um relacionamento sexual.

É paradoxal que o envolvimento de terapeuta e paciente fora do contexto da terapia possa, por um lado, tornar o relacionamento mais completo, real e mútuo, mas, por outro, a intimidade do Eu-Tu e a profundidade do trabalho de *awareness* é menor, do que se o desenvolvimento do relacionamento em negócios, sexo etc. fosse cortado. A fronteira externa pode facilitar um aprofundamento do relacionamento dentro da fronteira. O crescimento completo de uma planta, às vezes, exige poda ou corte.

*6. Vivendo o relacionamento*

Entrar em contato é viver, em vez de falar sobre vida. É fazer e experienciar em vez de analisar. É ter uma experiência com o paciente no presente. A cura está no viver em diálogo. Os Gestalt-terapeutas deixam emergir todo o entusiasmo resultante do encontro mútuo.

*Entrar em contato é relacionar-ser com a vida e com o imediato – agora.* Relacionar-se é *viver*, em vez de contar histórias. É dançar, representar, realizar, em vez de conduzir uma conversa de quadro-negro sobre dança, representação, realização. Os Gestalt-terapeutas concentram-se mais em experiência do que em conceito. Eles vivem no agora e não analisam o passado. Eles trazem o aspecto inacabado do passado para o agora, com uma diversidade de técnicas que permitem explorá-lo, degustá-lo, representá-lo, vê-lo, em vez de apenas falar sobre ele.

A Gestalt-terapia não tem regras contra revelações pessoais e nem ativismo do terapeuta. No contexto do tratamento por neurose de transferência, expor-se espontaneamente ao paciente, dançando, explodindo de alegria, de raiva ou de ternura é atuação, regressão, indulgência narcísica impulsiva e destruidora da exploração analítica. No contexto da Gestalt-terapia, estas expressões podem ser uma parte vital da intimidade exacerbadora de *awareness* da relação Eu-Tu. As diferentes formas de exploração indicam uma atitude ou uma diretriz para o terapeuta.

É importante distinguir comportamento histérico, regressão, atuação, descompensação psicótica das expressões significativas, vitais e profundas que surgem das profundezas do relacionamento Gestalt-terapêutico. Alguns críticos presumem com arrogância que os Gestalt-terapeutas não conhecem estas diferenças ou, talvez mais precisamente, acreditam que se a histeria ou o narcisismo aparecem num paciente em Gestalt-terapia, o Gestalt-terapeuta está encorajando-os, causando-os ou não sabe distingui-los. Eu também ouvi de Gestalt-terapeutas, atribuindo narcisismo à Gestalt-terapia. Esses comportamentos aparecem em qualquer tipo de psicoterapia.

Um dos meus alunos tinha um paciente que estava vivendo um impasse. O paciente imaginava que estava se afogando – o afeto presente e não reprimido. O paciente sentia-se "louco" e sobrepujado, pois tinha ultrapassado suas contenções habituais. Um supervisor psicanalítico desse estudante considerou a expressão do paciente como descompensação, não vendo que neste caso era uma transição de repressão e de artificialismo para o desabrochar completo da vida.

O relacionamento da Gestalt-terapia é completo, incluindo a maioria dos aspectos da condição humana: sentimento, pensamento, espontaneidade, experimentação de programas, tecnologia, criatividade, luta, amor, frustração, tédio etc. Qualquer omissão é um ponto cego do paciente ou do terapeuta e, como tal, reduz o relacionamento. Se não estamos sintonizados com os comportamentos interpessoal ou intrapessoal, intencional, que estão fora da *awareness* do paciente, reduzimos o relacionamento. Trabalhamos para trazer a *awareness* para onde havia apenas escotomas.

## Resumo

A Gestalt-terapia é um sistema de psicoterapia que combina o diálogo e a fenomenologia numa metodologia clínica unificada. Entender a metodologia exige o entendimento de certos conceitos que foram aqui discutidos: a fenomenologia, a *awareness*, o fazer contato, o relacionamento existencial, a regulação deverística e organísmica e a terapia sem um agente de mudança. Foram discutidas cinco características essenciais da relação dialógica em Gestalt-terapia. É necessária mais elaboração, especialmente dos erros comuns na prática.

# III

# A PRÁTICA DA GESTALT-TERAPIA

# 8

# A APLICAÇÃO DIFERENCIAL DA GESTALT-TERAPIA

*Comentário*

*1990. Este ensaio e o do Capítulo 9 ("Tratando de pessoas com desordens de caráter") foram escritos como uma unidade, especialmente para este livro. Neste primeiro ensaio, discuto o tópico geral de diagnóstico em Gestalt-terapia, por que é necessário, os perigos e como fazê-lo. Ilustro sua utilidade no Capítulo 9 quando discuto o tratamento das desordens de caráter em geral, e o tratamento das desordens de personalidade borderline e narcísicas em particular.*

Algumas pessoas têm a impressão de que a Gestalt-terapia é realizada em encontros episódicos, fragmentados, sem nenhuma consideração por qualquer contexto mais amplo de tempo (história), espaço (família, comunidade, cultura), identidade pessoal do paciente (sentido do *self*, história do desenvolvimento) ou natureza da organização da personalidade caracterológica do indivíduo. Se isto fosse verdade, a Gestalt-terapia seria praticada sem diferenciação quanto à pessoa sendo tratada ou quanto ao contexto em que o tratamento está ocorrendo. Os críticos que acreditam que a Gestalt-terapia seja assim, justificadamente, acham que isto seria uma falha fatal num sistema; alguns Gestalt-terapeutas também têm essa visão da Gestalt-terapia, o que pode parecer uma vantagem em termos de flexibilidade, espontaneidade e atitude humanística.

Para o leitor, que leu os capítulos anteriores, deve estar claro que discordo veementemente dessa caracterização da Gestalt-terapia e, mais ainda, da noção de que tal limitação seria uma vantagem. Acredito que uma metodologia tão pobre limitaria severamente a competência de um terapeuta e a eficácia e a segurança da terapia. Para mim, o máximo de qualidade na prática de Gestalt-terapia exige aplicação diferenciada.

Os assuntos mencionados anteriormente são vitais para a compreensão da amplitude de utilização da Gestalt-terapia e como trabalhar em Gestalt-terapia com pacientes variados e em diversos contextos. Irei discutir o processo diagnóstico com base na minha visão de Gestalt-terapia, e depois irei ilustrá-lo discutindo o tratamento diferencial das desordens de personalidade narcísicas e *borderline*.

**Diagnóstico**

Quero apresentar argumentos a favor do diagnóstico e da avaliação humanísticos. Algumas pessoas consideram o diagnóstico e um relacionamento dialógico humanístico como diametralmente opostos entre si. Minha experiência pessoal tem sido diferente – a de que o diagnóstico ajuda a terapia humanística. Enquanto não consigo esclarecer as questões diagnósticas de um paciente, minha compreensão dele e de sua auto-experiência ficam reduzidas; portanto, a eficácia de minha terapia é severamente reduzida.

Entretanto, a preocupação humanística dos efeitos negativos potenciais do diagnóstico é válida, e estes precisam ser entendidos para derivar uma teoria de avaliação e diagnóstico, e uma prática que seja eficaz, que leve em conta os perigos. O nosso ponto de partida será uma breve visão histórica da progressão da psicanálise clássica.

*Os argumentos contra o diagnóstico*
O *establishment* da psicanálise clássica
Na época do meu treinamento inicial em psicoterapia (1962-64), muitas das clínicas psiquiátricas, sob a influência da psicanálise clássica, tinham a tendência desastrada de enfatizar e debater interpretações teórico-pulsionais e distantes da experiência, além de favorecer diagnósticos de tipo médico não baseados em descrições comportamentais e que pouco contribuíram para a eficácia do tratamento diferencial.

O tratamento, freqüentemente, tinha início com uma prolongada fase de diagnóstico (por exemplo, testes e história psicossocial detalhada) seguida de debate pela equipe sobre o diagnóstico (por exemplo, esquizofrenia tipo paranóide *versus* paranóia). O diagnóstico fazia pouca diferença na abordagem do tratamento, embora fornecesse bastante conteúdo, que se tornava o ponto focal da atenção do terapeuta e a principal fonte de suas interpretações. Parecia que a categorização e os debates diagnósticos recebiam mais atenção do que o contato com o paciente.

A fase diagnóstica prolongada, junto com a Regra Básica da psicanálise, passava aos pacientes a mensagem de que eles supostamente deveriam falar de forma passiva sobre "o problema" ou sobre o passado, enquanto esperavam que o terapeuta lhes dissesse o que tudo aquilo "realmente significava". O terapeuta era a autoridade que elaborava previamente qual era o problema, as causas, o tratamento e o resultado desejado e, então, informava o paciente.

Neste modelo tradicional, o terapeuta ficava numa posição hierarquicamente autoritária, tendo sabedoria e a comunicava ao paciente. Diagnosticar era parte do suporte para manter o terapeuta neste papel. O terapeuta era o especialista que sabia diagnosticar e interpretar. A análise do problema, fatores positivos, objetivos eram território exclusivo do profissional. Havia uma decidida falta de crença na capacidade de o indivíduo escolher e crescer, de reconhecer sua situação pessoal por si próprio.

A experiência imediata do paciente não era respeitada, pois presumia-se que os pacientes mantinham inconsciente o significado e não tinham acesso imediato a ele. O terapeuta tinha acesso à teoria, que tornava coerente o material que emergia na história social e nas sessões de livre associação. Desta maneira, o prolongado estágio diagnóstico fazia parte do sistema hierárquico vertical, no qual o diálogo e a experiência imediata factual do paciente se subordinavam à teoria, ao diagnóstico e à autoridade.

Se as interpretações não criavam compreensão, o paciente estava resistindo. Afinal, as interpretações haviam sido cuidadosamente elaboradas pelos processos de avaliação e de diagnóstico realizados pelo terapeuta. A resistência deveria ser superada pelo terapeuta. Havia pouco espaço para espontaneidade, diversidade, escolha, diálogo ou emergência.

Nesse relacionamento tradicional, o terapeuta mantinha distância e conduta profissional, não gratificava os desejos do paciente, e estaria diversos passos adiante do paciente, considerando cuidadosamente qualquer emissão antes de fazê-la e sem sentir (e certamente sem mostrar) qualquer emoção (pois isto seria contratransferência). O papel do terapeuta neste modelo era diagnosticar e interpretar em vez de contatar. A experiência imediata vivida pelo terapeuta, como a do paciente, não eram enfatizadas, a menos que fossem categorizadas como contratransferência e, então, enfatizadas como algo a ser analisado fora da existência.

A teoria não aconselhava que o paciente ou o terapeuta fossem ativos, ou que o terapeuta mostrasse emoções. O terapeuta não mostrava sentimentos, não fazia afirmações "Eu". Se o terapeuta ou o paciente fossem ativos ou abertamente interativos, isto era considerado "atuação" – não considerado coisa boa de se fazer. Assim, o potencial vital e criativo do terapeuta, do paciente e da relação eram severamente limitados ao invés de encorajados pela teoria e pelas regras da prática daquela época.

Também havia a tendência de tratar a doença e não a pessoa (quanto mais se se relacionasse com a pessoa). O paciente era categorizado e colocado num cubículo. Em termos existenciais, o paciente era tratado como um "isto", uma coisa a ser modificada.

Interpretações teórico-pulsionais, categorização e máscara terapêutica eram parte do panorama metodológico. Esta metodologia terapêutica era consistente com a visão freudiana da natureza humana, na qual o paciente era visto como dominado por pulsões inatas perigosas e regras rígidas de conduta social. O sistema todo baseava-se na falta de confiança no encontro humano e na sua capacidade de crescer. Isto não era consistente com o *Zeitgeist* emergente e com os movimentos terapêuticos que se seguiram.

Reforma dentro da psicanálise

A Gestalt-terapia foi influenciada por aqueles, dentro do movimento psicanalítico, que introduziram uma ênfase social na teoria da personalidade da psicanálise, em vez da ênfase freudiana de pulsões inatas e desenvolvimentos maturacionais preestabelecidos, além de um modelo de envolvimento do terapeuta mais ativo do que o modelo clássico. Esta corrente de desenvolvimento incluiu Rank, Reich, Horney e, na verdade, a maioria dos teóricos neofreudianos. Eles escreveram sobre o potencial de crescimento humano e sobre a importância do relacionamento no crescimento (tanto na formação desenvolvimental do caráter quanto no tratamento).

Entretanto, em geral, eles ainda permaneciam dentro da área de influência da psicanálise e mantiveram intactos quatro dos aspectos represensíveis da psicanálise. Primeiro, mantiveram a teoria psicanalítica da consciência, na qual se acreditava que o pensamento e o comportamento eram determinados por pulsões inconscientes, que não eram nem escolhidas nem estavam prontamente à disposição da *awareness*, exceto pelos prolongados procedimentos psicanalíticos.

Freud explicita de forma clara e absoluta que o inconsciente é inacessível para a consciência sem o método psicanalítico. Essa visão permeia toda a estrutura das obras completas de Freud, e tornou-se uma ênfase central, dentro dos muitos refinamentos posteriores da psicanálise freudiana. (Masek, 1989, p. 275)

É interessante que os conceitos pré-freudianos de inconsciente não tratavam o inconsciente como total ou absolutamente inacessível à percepção da pessoa, mas conceitualizou-o como aquilo que era implícito, e não imediatamente refletido na experiência da pessoa (Masek, 1989, p. 274). Nesse aspecto, o conceito pré-freudiano está muito mais próximo dos conceitos fenomenológicos pós-freudianos, inclusive os da Gestalt-terapia. Mas os reformistas psicanalíticos, com preocupações sociais, não realizaram a mudança de curso revolucionária para uma teoria fenomenológica da *awareness*, na qual acredita-se que tudo o que está fora da *awareness* está diretamente disponível para a *awareness* sensorial.

Em segundo lugar, mantiveram a teoria do relacionamento terapêutico psicanalítico, que enfatizava o estabelecimento, o gerenciamento e a análise da transferência como a técnica central do tratamento. O terceiro aspecto foi a manutenção da ênfase na interpretação como intervenção principal. Isso ligava os dois aspectos anteriores, pois em sua maioria os pontos interpretados eram aspectos inconscientes da transferência.

O debate psicanalítico está com a tendência de questionar o conteúdo da interpretação, mas deixa em seu lugar a ênfase na própria interpretação. Assim, as últimas teorias psicanalíticas desafiam a teoria pulsional como base da interpretação, mas ainda mantêm um foco interpretativo, baseado em transferência, como a essência do tratamento psicanalítico. Mesmo Heinz Kohut afirma que a empatia deve ser seguida por uma etapa de interpretação, se for para a psicanálise ser encerrada (Kohut, 1984).

E, quarto, em sua maioria eles ainda mantiveram o modelo de causalidade linear, mecanicista, no qual se acredita que o presente é determinado de maneira linear por eventos do passado (especialmente eventos da infância).

A reação humanístico-existencial
O movimento humanístico e existencial protestou contra essas tendências. Uma teoria fenomenológica da consciência, uma teoria dialógica de relacionamento e uma teoria de processo de causalidade não-linear formaram o centro das teorias alternativas. Na vanguarda deste movimento estava Carl Rogers; no do movimento de processo grupal, o pessoal dos laboratórios NTL, em Bethel, Maine; e, naturalmente, a Gestalt-terapia.

Em tratamento, a ênfase estava na singularidade do indivíduo, o relacionamento do terapeuta como pessoa, e a pessoa que o paciente era, o aqui-e-agora, fé no vigor e no poder no espírito e consciência humanas e o encorajamento de interações pessoais prazerosas, criatividade e espontaneidade. Provavelmente, Carl Rogers foi o mais lúcido na explicação da natureza do relacionamento (a ligação empática com um terapeuta que está emocionalmente presente como pessoa e mostrando consideração, carinho e congruência positiva incondicional).

No movimento humanista havia uma antipatia marcante em relação aos modelos médicos e psicanalíticos clássicos, à colocação de pessoas em categorias, e redução de pessoas a entidades doentes. A atitude humanística e existencial era a de que tratamos de pessoas inteiras, e sua integridade emerge no contexto do encontro pessoa-a-pessoa.

No movimento humanístico existencial, o relacionamento era horizontal ao invés de vertical, o paciente e o terapeuta trabalhavam em conjunto, como iguais (embora o foco estivesse no paciente pois havia a tarefa terapêutica). A autoridade não estava depositada no profissional ou na teoria; ao contrário, estava com a experiência factual de ambas as partes para com o diálogo terapêutico.

A nova atitude humanística combinava muito bem com o forte comprometimento político e filosófico e a paixão da Gestalt-terapia contra a tirania, as limitações arbitrária ou autoritariamente impostas, rígidas adesões a arranjos estáticos que não respondiam às necessidades atuais e *"Gestalten* fixas". A Gestalt-terapia rejeitou a ênfase diagnóstica da psicanálise clássica junto com a teoria do inconsciente, do relacionamento e da causalidade mecanicista. A visão do terapeuta como a autoridade que resolvia tudo com antecedência, necessitando de um longo processo diagnóstico, para então dizer ao paciente o que era a verdade, foi descartada em favor da crença de que os valores de crescimento, clareza, verdade emergiam para o indivíduo resultantes da interação social – do relacionamento dialógico entre terapeuta e paciente.

Fiquei entusiasmado quando decobri a Gestalt-terapia e sua visão da natureza humana e como tratar as pessoas. A rebelião da Gestalt-terapia contra a categorização, a análise e a colocação de pacientes em cubículos de acordo com crenças apriorísticas teórico-pulsionais foi libertadora para mim. A rebelião contra a interpretação como sustentáculo de um tratamento foi um alívio. E a rebelião contra a teoria do relacionamento profissional, que ditava que a presença do terapeuta fosse mantida afastada e indireta, e que vedava mostrar compaixão ou outras emoções ao paciente acabou me propiciando crescimento.

De todos os sistemas que foram parte de um movimento objetivando uma nova visão de terapia e da pessoa, a Gestalt-terapia me atraiu por seu fundamento integrador, que supria um novo enfoque teórico que acomodava tanto o poder do terapeuta e do paciente como a vitalidade e a criatividade do paciente, e uma atitude de aceitação de assimilar um arsenal diversificado de intervenções técnicas e pessoais.

O tratamento fenomenológico da Gestalt-terapia, da terapia rogeriana e outras foi um afastamento radical da fórmula clássica, na qual o tratamento era o mesmo que interpretação, e interpretação era uma função de diagnóstico e teoria. O sistema antigo estava longe da experiência fenomenológica do paciente (ou do terapeuta). Intervenções (conteúdo, seqüência, momento exato) eram todos banidos pela teoria. Espontaneidade, criatividade e arte em psicoterapia não tinham nenhum apoio.

A nova atitude foi chamada de movimento do potencial humano por um bom motivo. A Gestalt-terapia foi a parte preponderante deste movimento. Ela afirmava que crescimento ocorria quando as pessoas estavam em contato com aqueles ao seu redor. O crescimento é o que emergia do enfoque fenomenológico (que era o contato entre o observador e o observado) e o contato dialógico. O movimento do potencial humano colocou a psicoterapia no segmento de verdade-e-compreensão, em vez de o segmento de cura-doença. Nessa atmosfera volátil, o diagnóstico foi jogado fora junto com a teoria pulsional, com o inconsciente indisponível, com a transferência induzida pelo terapeuta e com a causalidade mecanicista.

*Os argumentos a favor do diagnóstico*
O preconceito contra o diagnóstico foi longe demais?
Algumas vezes, o progresso se move de um extremo para seu oposto antes de encontrar o caminho do meio. Acredito que a rejeição total de diagnóstico foi o caso de ir até a antítese, e este capítulo

é uma breve busca de síntese para um caminho do meio, entre categorização e avaliação, substituindo o contato e o trabalho de *awareness*, por um lado, e jogar fora toda a categorização e avalição, por outro. Escrevi este capítulo, "Os argumentos a favor do diagnóstico", para aqueles da Gestalt-terapia que acreditam que diagnosticar é antiético na atitude Gestalt-terapêutica. Assim, discutirei aqui as vantagens. Para os que já sabem que o diagnóstico é um aspecto importante e necessário para a Gestalt-terapia, este capítulo pode ser dispensável. Depois irei definir diagnóstico e discutir sua natureza.

Não considero a posição contra o diagnóstico como parte integrante da teoria gestalt. Ao contrário, acredito que um bom diagnóstico seja parte integrante e indispensável da Gestalt-terapia.

Um dos aspectos infelizes de se atribuir um viés antidiagnóstico à Gestalt-terapia é que quando os clínicos se convenceram da necessidade de diagnosticar e compartilhar informações sobre a estrutura do caráter e as indicações de tratamento, freqüentemente saíram do enfoque da Gestalt-terapia para outros. O preconceito antidiagnóstico, especialmente como clichê, ou ingênuo, torna a Gestalt-terapia um paraíso para estudantes que desejam tornar seu aprendizado fácil para terapeuta, e torna a Gestalt-terapia um alvo freqüente de desrespeito, desconsideração, polêmicas e críticas.

Isso tem sido um problema por todo o movimento de psicologia humanística. Foi observado que a falta de literatura clínica sobre a aplicação diferencial da terapia rogeriana poderia ter contribuído para o sucesso relativamente maior da psicologia do *self* na década de 1980, apesar de o fato da abordagem empática da psicologia do *self* ser não apenas semelhante à abordagem rogeriana, como pode ter-se originado de um trabalho anterior de Rogers em Chicago (ver discussão em Kahn, 1989). O movimento rogeriano produziu pesquisa de grande qualidade e quantidade, mas sua tendência teórica limitou o desenvolvimento de uma discussão sua, de aplicações diferenciais conforme diagnóstico. Como parênteses, lembro que Rogers tentou mostrar que sua abordagem centrada no paciente, não-modificada, teria sucesso no tratamento de esquizofrênicos hospitalizados. É óbvio que a evidência, clara e corajosamente publicada por Rogers, mostrou o oposto e dá suporte à minha tese (Rogers, 1967).

Os terapeutas categorizam, avaliam e diagnosticam

Diagnosticar pode ser um processo de prestar atenção, respeitosamente, a quem a pessoa é, tanto como um indivíduo único como no que diz respeito às características compartilhadas com outros indivíduos. Categorização, avaliação e diagnóstico são partes indispensáveis do processo de avaliação e todo terapeuta competente o faz. Fazemos discriminações a respeito de padrões gerais, sobre que tipo de pessoa o paciente é, qual o problema central e os principais recursos, a trajetória provável do tratamento, que abordagens têm maior probabilidade de funcionar, os sinais de perigo. Como todos os pacientes são diferentes, nós prestamos atenção e somos afetados pelas diferenças existentes entre eles.

Não podemos evitar diagnosticar. A nossa opção é: fazê-lo de maneira superficial ou não deliberada, ou, ao contrário, de maneira bem-ponderada e com *awareness* completa. O perigo de impor uma crença ou um sistema de valores sobre o paciente piora diagnosticando sem *awareness*. Podemos fazer essas discriminações tendo em mente a mais recente evidência trazida pela pesquisa, ou podemos tentar encontrá-las por nós mesmos sem considerar o que foi aprendido pela profissão.

Isto é verdade para a Gestalt-terapia como para qualquer outra terapia. Michael Vincent Miller afirmou:

> Momentos atuais podem tornar-se fortuitos e descontínuos se não estiverem ancorados numa perspectiva maior, que inclua o passado e o futuro, o que equivale a dizer, uma visão de desenvolvimento humano e uma maneira de entender como as pessoas constroem sua experiência, uma teoria de caráter. (Miller, 1985, p. 53)

Interação entre a Gestalt-terapia e os outros sistemas

Acredito que o material de caso, inclusive as considerações diagnósticas e de tratamento, em conjunto com outros resultados de pesquisa publicados, são bastante relevantes para a Gestalt-terapia. E um material desses da Gestalt-terapia seria bastante útil para o campo. Nos últimos anos, o movimento da literatura psicológica nos Estados Unidos enfatizou a utilização de material de diversos enfoques e não enfatiza a eficácia exclusiva de qualquer escola única de pensamento. Este movimento direcionado para a convergência e para o ecletismo poderia ter boa ajuda da Gestalt-terapia, assim como a Gestalt-terapia é ajudada por ele. Acredito que a Gestalt-terapia ainda seja o melhor enfoque, para a utilização de sabedoria vinda das várias abordagens. Na leitura do trabalho de Les Greenberg pode-se perceber como uma influência da Gestalt-terapia pode ser útil em pesquisa eclética sofisticada (Greenberg, 1986, 1988). Infelizmente o potencial diagnóstico da teoria da Gestalt-terapia não foi mais explorado, e estou satisfeito e entusiasmado com os vários esforços que estão ocorrendo no mundo neste momento. Por enquanto, antes que esses esforços amadureçam e sejam testados, uso qualquer sabedoria diagnóstica disponível. Não me limito ao que já está sendo feito no enfoque da Gestalt-terapia, ou ao que já foi traduzido em termos de Gestalt-terapia. Sou um psicólogo, praticando psicoterapia de uma perspectiva gestalt-terapêutica, mas estou comprometido não apenas com aquilo que foi elaborado na literatura Gestalt-terapêutica. Onde quer que haja material descritivo, baseado em experiência factual que enriqueça minha formação, utilizo-o e o recomendo às pessoas que fazem formação comigo. Discuto como fazê-lo posteriormente neste capítulo.

Usos da categorização, do diagnóstico e da avaliação

Uma boa descrição diagnóstica não é apenas uma categorização, mas traz informação. O uso de linguagem diagnóstica comum facilita a troca de informações e, desta maneira, podemos aprender uns com os outros. O quadro resultante deve conter mais compreensão abrangente orientada para a pessoa, e descrições. Ela permite mais atenção ao assunto da continuidade da identidade pessoal, isto é, além do momento aqui-e-agora. Isto facilita a compreensão da estrutura psicológica do paciente. Ela ajuda no aprendizado do terapeuta e no uso da história clínica e desenvolvimental do paciente em favor do paciente.

O diagnóstico ajuda o terapeuta a ser mais preciso, discriminador e articulado na compreensão das diferentes realidades e particularidades, de cada paciente, e a fazer melhores suposições sobre o que o paciente poderia estar experienciando, como ele poderia reagir a determinada intervenção, que outros comportamentos poderiam acompanhar o que está sendo apresentado durante a terapia, a reconhecer situações-chave desenvolvimentais que precisarão ser trabalhadas etc.

A avaliação e o diagnóstico são processos pelos quais o terapeuta pode fazer discriminações com base no reconhecimento de padrões. Embora as decisões terapêuticas se baseiem em muitos fatores, como: observação, diálogo, resposta emocional do terapeuta, intuição etc., estas decisões são informadas pelas discriminações diagnósticas.

As decisões que precisam ser diagnosticamente informadas incluem: quais pacientes aceitar para tratamento, a indicação do profissional para o paciente em clínicas e hospitais, a escolha da intervenção, o critério para saber se está ocorrendo progresso.

Questões que se apresentam quando se vê um novo paciente: Quais os principais assuntos apresentados? Do que devo cuidar primeiro? Do que o paciente necessita? A história da pessoa tem credibilidade? O paciente está manipulando? Se sim, de que maneira e com qual finalidade? Interrogo sobre a história de desenvolvimento ou fico no aqui-e-agora? Compartilho minha reação emocional, compartilho das observações do comportamento do paciente, faço perguntas a respeito da *awareness* do paciente, ou sugiro um experimento?

É seguro confrontar o paciente? O paciente está são? Há necessidade de indicar exame médico para um possível problema orgânico? O paciente está com idéias suicidas? Por que parece que a minha intervenção está tendo um impacto negativo? O paciente está descompensando ou está entrando num impasse profundo? Ou, talvez, reagindo a uma mágoa narcísica? Por que o paciente não está entendendo o que estou dizendo? É porque ele está "se fazendo de bobo", não tem estrutura para entender uma dificuldade de aprendizado ou não tem inteligência suficiente? Ou, o paciente é hostil, está amedrontado ou, secretamente, está tentando fazer do terapeuta um tolo? Ou, talvez, o terapeuta não esteja sendo claro?

Quais são os padrões vitais deste paciente? O que é provável estar no histórico de desenvolvimento que nos possibilitaria esclarecer o caminho do paciente e o significado de seu comportamento atual?

A compreensão diagnóstica capacita o terapeuta a saber melhor quais intervenções, que seqüência e que ritmo usar para poder relacionar essas experiências com as anteriores no tratamento de pacientes semelhantes ao atual. O diagnóstico alerta o terapeuta com antecedência para precauções a serem tomadas. Por exemplo, um paciente relata um aumento na energia, e, de fato, tem uma energia quase inesgotável. Este é um fenômeno normal, ou melhor que o normal que precisa ser encorajado – ou é o início da fase maníaca de alguém com depressão bipolar e motivo de preocupação?

O diagnóstico também facilita para o terapeuta a compreensão de pessoas que são muito diferentes dele. Pessoas que são semelhantes ao terapeuta são relativamente fáceis para este compreender e dar uma resposta empática, como, por exemplo, terapeutas que passaram por terapia. Mas os pacientes que são bem diferentes exigem mais esforços, e o diagnóstico ajuda. Este facilita uma troca de informações entre os terapeutas e a burilar a percepção do terapeuta. Devemos, nós mesmos, reinventar a roda? Diagnosticar também auxilia a perceber o que não é imediatamente óbvio, em especial as implicações de longo prazo. Veremos isso a seguir, na discussão sobre o tratamento diferencial de desordens de personalidade narcisista, comparadas ao tratamento de pacientes *borderline*.

*Definindo o diagnóstico*
A palavra *diagnóstico* tem origem em duas palavras gregas, que significam "saber" e "por meio de ou entre". Em seu significado mais amplo, refere-se a distinguir ou discriminar. O *Webster* a define como:

O ato ou o processo de decidir a natureza de uma condição doente por intermédio de exame; OU de cuidadosa investigação de fatos para determinar a natureza de algo; OU a decisão ou a opinião resultante de tal exame ou investigação.

Uso o termo diagnóstico nos dois últimos sentidos: cuidadosa investigação dos fatos ou resultado de tal exame, e não limito o termo para o exame de condição doente.
O dicionário de termos psicológicos *English e English* (1958) dá duas definições de diagnóstico:

Identificação de doença ou anormalidade dos sintomas apresentados, e de estudo de sua origem e evolução, OU qualquer classificação de um indivíduo com base em caracteres observados.

Fica claro que, em seu sentido geral, tanto para *Webster* quanto para *English e English*, o diagnóstico deve estar presente sempre que houver uma psicoterapia competente.
Ainda de acordo com *English e English*: um diagnóstico diferencial é uma distinção entre duas condições aparentemente semelhantes, pela busca de um sintoma significativo ou atributo encontrado em apenas uma delas. Por analogia, isto é ampliado de seu uso médico para condições de qualquer natureza. Parece-me que este é o tipo de discriminação que bons terapeutas sempre fazem.

*O diagnóstico pela lente da Gestalt-terapia*
O processo diagnóstico é a busca de significado. Na teoria da Gestalt-terapia, significado é a relação entre figura e fundo.

A invariável figura/fundo
A formação de figura/fundo e o processo de construção de significado é uma invariável no funcionamento humano (Spinelli, 1989). A qualidade deste processo determina a qualidade da consciência de uma pessoa e de sua auto-regulação. A pessoa é auto-regulável, de maneira organísmica, proporcional ao que a figura formada neste processo seja continuamente moldada pela necessidade organísmica dominante da pessoa e do ambiente. Um estudo fenomenológico cuidadoso do processo de formação de significado figura/fundo de uma pessoa gera uma compreensão da organização da personalidade desta pessoa.

Qualquer figura clara e vigorosa é significativa, pois, num dado momento, ela se destaca de maneira significativa contra o pano de fundo da experiência desta pessoa. Entretanto, se a constelação figura/fundo for definida apenas pelo entusiasmo do momento, sem conexão com *Gestalten* mais amplas, isto é um sentido de significado muito estreito. Um sentido restrito de significado torna-se inconseqüente para uma boa terapia. A boa terapia exige um sentido de significado muito mais denso, uma gestalt definida por seu posicionamento na gestalt mais ampla da existência atual, e também aquela do resto do ambiente humano.

À medida que a base fenomenológica de uma pessoa é superficial, nesta mesma medida, o sentido de significado desta pessoa também é superficial. À medida que a figura fenomenológica da pessoa não é nítida, aguda e energética, seu sentido de significado também será reduzido.

O processo figura/fundo em terapia
Na psicoterapia, o que configura para o terapeuta o processo figura/fundo não é apenas um entusiasmo passageiro ou apenas uma necessidade ou um interesse qualquer do terapeuta, mas, sim, uma missão especial, um momento considerável. Para ser eficaz, o terapeuta precisa construir significado, conectando o momento a *Gestalten* mais amplas, o que é vital para a tarefa terapêutica.

Na teoria da Gestalt-terapia, o *self* é sempre uma inter-relação entre a pessoa e o ambiente, uma organização atual do campo organismo/ambiente. A condição própria de uma pessoa somente pode ser entendida como pessoa-em-relacionamento e nunca divorciada do campo organismo/ambiente. Entretanto, enquanto o contexto – por esta razão, o campo organismo/ambiente – muda de momento a momento, cada pessoa tem maneiras características e únicas de se relacionar, que mudam muito pouco com o decorrer do tempo, espaço e contexto, e que a pessoa traz para cada campo novo. Este padrão existencial que é trazido para cada campo inclui: comportar, pressentir, perceber, pensar, sentir, acreditar etc.

Diagnóstico é o processo pelo qual o terapeuta busca *insight* ou significado para a estrutura de caráter e da personalidade do paciente, identificando semelhanças e diferenças dos padrões desse paciente, dos diferentes tipos de pacientes, e delineando uma abordagem de intervenção baseada nesse conhecimento. Este é um processo no qual o terapeuta relaciona o que está emergindo num dado momento a uma gestalt mais ampla, especialmente às invariáveis das interações da pessoa, com múltiplos campos organismo/ambiente, com a finalidade de criar a melhor intervenção psicoterapêutica possível, dadas as circunstâncias globais.

Procuramos entender a pessoa única. Mas é impossível entender a singularidade de uma pessoa se ela não for entendida em comparação com outras pessoas. Se o paciente tem uma desordem de pensamento, o terapeuta não irá entendê-la, a menos que tome conhecimento da desordem e saiba o que é uma desordem do pensamento. E entender uma desordem do pensamento é significativo apenas em comparação aos processos de pensamento de pessoas que não têm uma desordem de pensamento.

Com freqüência, na clínica, precisamos distinguir entre uma depressão vinda da perda de outra pessoa autônoma importante, daquela proveniente do vazio e do colapso que acompanham um insucesso narcisista. No primeiro caso, uma declaração na primeira pessoa pelo terapeuta tem uma boa chance de ser experienciada pelo paciente como um colocar-se à disposição de maneira atenciosa. No segundo, uma declaração na primeira pessoa pelo terapeuta pode muito bem ser considerada por uma pessoa narcisista como uma intromissão, como exigência de reação, resultando em dano narcisista, e se isto ocorrer no início da terapia, pode determinar o seu final prematuro.

A qualquer momento, alguns dos aspectos do padrão geral vigente tornar-se-ão manifestos no campo organismo/ambiente. O diagnóstico não é apenas uma tentativa de obter *insight* do funcionamento da estrutura, como é uma tentativa de fazê-lo nos primeiros estágios do processo do tratamento, para que ele possa trazer subsídios para as atitudes e intervenções do terapeuta. Diagnóstico diferencial é ser capaz de usar manifestações precoces de um padrão, distingui-lo de outros, enquanto o terapeuta ainda consegue modificar a resposta.

Significado, contato e ausência de *awareness*
Existem infinitas possibilidades figura/fundo potenciais, variando de pessoa, biologia, lugar, tempo, cultura etc. Entretanto, é possível haver uma única figura nítida por vez. Na maior parte do tempo, o significado mais amplo está fora da *awareness* focal da pessoa, isto é, o relacionamento de uma figura que é manifesta, e o segundo plano contra o qual o significado poderia ser experienciado mais completamente é mantido fora do primeiro plano. Isto pode ser útil, pois se tivéssemos consciência apenas dos significados mais elementares de *Gestalten* muito amplas, ou de significados muito amplos, acabaríamos perdendo realidades concretas e emergentes mais imediatas. Se víssemos apenas as estrelas, perderíamos o cheiro das rosas e os buracos da estrada.

A Gestalt-terapia trata a *awareness* da pessoa para com o seu processo de *awareness*, de tal maneira, que o que está sendo sistematicamente mantido fora dela possa tornar-se consciente, à medida da necessidade. Para fazer isto com maior eficácia, a figura do terapeuta tem de levar em consideração as *Gestalten* mais amplas, para que a perspectiva do terapeuta não se limite à do paciente. Não estou falando aqui de foco compulsivo, obsessivo e intelectualizado sobre diagnóstico ou significado essencial, mas da riqueza e da sabedoria da orientação do terapeuta.

O diagnóstico, como qualquer forma de significado, não é absoluto; ao contrário, é construído. Essa contrução emerge do contato entre terapeuta e paciente. Na Gestalt-terapia o significado é configurado separada e conjuntamente, tanto pelo terapeuta quanto pelo paciente. A teoria, incluindo a teoria de Gestalt-terapia, o diagnóstico e os resultados de pesquisa podem ajudar a esclarecer qual figura e fundo e qual a relação entre figura e fundo são mais significativas para se concentrar em determinado momento.

Para o paciente, a gestalt do momento deriva seu significado, primariamente, de sua parcela da totalidade, do espectro de sua vida toda. Em terapia, a gestalt do momento deriva seu significado de sua parcela da totalidade maior da terapia inteira, especialmente da relação terapêutica, e, essencialmente, da vida toda do paciente.

Exemplos e discussão

Do encontro entre o terapeuta e o paciente resulta uma figura nítida, que se forma para o terapeuta. Por exemplo, um terapeuta de grupo nota que o participante jovem, masculino, enrubece ligeiramente e prende a respiração quando uma mulher atraente entra na sala.

Qual é a importância disso na terapia? O terapeuta pode fazer um comentário direto da observação? Seria adequado estruturar um experimento de contato entre os membros do grupo, que aproveitasse a proximidade física entre o rapaz e a moça na disposição do grupo? Imagine que se trata de um jovem bem-estruturado, razoavelmente sincero no contato e no trabalho de *awareness* no grupo e disposto a trabalhar sua ansiedade para com mulheres por quem ele se sente atraído. Agora, por um momento, imagine um cenário diferente: o rapaz é uma pessoa frágil, que se magoa com facilidade, que fica paranóide e irado quando ameaçado. Imagine que esse jovem seja homossexual e ambivalente sobre seus sentimentos mistos positivos e negativos com relação a mulheres, e não está pronto para trabalhar seus sentimentos.

Espero que esteja claro para os leitores que essas distinções fariam uma diferença na maneira de intervir do terapeuta.

Outro exemplo: uma terapeuta nota que quando ela diz ao paciente que ele tem alguma responsabilidade pela briga da noite anterior entre ele e a esposa, o paciente não toma conhecimento de sua afirmação. Trata-se de um paciente que é muito orientado para sentimentos de vergonha, culpando a si mesmo e, provavelmente, sentindo-se envergonhado com o terapeuta? Ou o paciente está fazendo com o terapeuta o que fez com a esposa, não reagindo? Ou trata-se de uma pessoa que reage cronicamente sem assumir a responsbilidade e necessita de uma postura bem firme e assertiva do terapeuta? Talvez seja um paciente psicótico, totalmente fora de contato com a realidade.

Novamente, presumo que o leitor pode ver, de pronto, que essas distinções fazem diferença em como o terapeuta responde. A seguir, vamos explorar mais detalhadamente como as distinções diagnósticas fazem diferença significativa no tratamento diferencial de pacientes com desordens de caráter narcísicas e pacientes *borderline*.

Em outro exemplo, o paciente tem tiques nervosos, e se torna o primeiro plano do terapeuta. Isto também precisa ser respondido com discriminação. Trata-se de um paciente narcisisticamente vulnerável, que reagiria com vergonha, perda da confiança, raiva etc. se os tiques fossem apontados? Ou esse é um paciente maleável que reagiria bem a qualquer experimento que explicasse os tiques, mas apenas numa maneira "como se"? É um paciente bizarro, e costumeiramente faz gestos ainda mais dramáticos do que os de hoje? Ou trata-se de um paciente neurótico rígido, que poderia realmente aceitar alguma da energia emocional repudiada, que seria drenada pelos tiques se fosse trabalhada?

Como o terapeuta decide sobre o que responder, e qual sua importância para a terapia? Parte da resposta é: relacionando a figura de atenção aqui-e-agora ao pano de fundo, tanto para o seu significado para a fenomenologia do paciente quanto para o padrão observado da vida do paciente (a fenomenologia do paciente e outros que observam o paciente) como também do que surge entre o relacionamento entre as duas pessoas.

Como chegamos a antecipar o que provavelmente ocorra, e reagimos à medida da nossa compreensão diferencial da pessoa, isto é, o diagnóstico diferencial discriminando como este paciente é semelhante ou diferente de outros, sistematicamente percebemos nossa compreensão e nossa resposta. Então, testamos nossa reação e nossa compreensão do padrão contra a experiência factual que, com o passar do tempo, emerge nas interações clínicas.

*Os Gestalt-terapeutas analisam e diagnosticam?*

Em algumas declarações, tem-se alegado que os Gestalt-terapeutas não analisam nem interpretam. Se esse tipo de alegação refere-se a não fazer interpretação psicanalítica, ela é possivelmente defensável, embora não verdadeira para a maneira que pratico a psicoterapia. Mas qualquer alegação de que os Gestalt-terapeutas não fazem análise ou interpretação é absurda. Qualquer observação acrescenta algo aos dados, de muitas maneiras. A escolha do que observar, o que enfatizar, que significado é extraído da interação entre observador e observado enriquecem os dados. Nossas sugestões de experimentos, observações, tarefas para realizar em casa, nossa resposta emocional, tudo se origina, em parte, dos significados que provêm da interação fenomenológica, inclusive das inferências.

Ao menos quatro fatores tornam uma análise ou uma interpretação consistente com a teoria e a prática de Gestalt-terapia: Primeiro, que as afirmações sejam focadas fenomenologicamente. Isto foi discutido anteriormente, mas, brevemente se refere à colocação entre parênteses, *epoché* etc. Assim, qualquer afirmação precisa de explicação, pela redução fenomenológica, para separar a experiência atual da sedimentação de preconceito.

Segundo, na situação clínica, a exploração dialógica é feita de maneira dialógica. Isso significa que o paciente é encorajado e treinado para tomar parte na experimentação e na elaboração das conclusões. Quando a análise é sobre o paciente, a experiência fenomenologicamente consciente do paciente é o teste de precisão mais importante.

Terceiro, para ser consistente com a teoria da Gestalt-terapia, as conclusões basicamente têm de ser colocadas na linguagem processual de campo. Na situação clínica, e em muitas discussões preliminares, a linguagem ainda pode não ter sido transformada em termos de processo. Uma interpretação em linguagem mecanicista poderia ser: "Você é uma pessoa hostil". Uma interpretação processual poderia ser: "Você está agindo com raiva sem ser direto".

Freqüentemente, o paciente faz uma interpretação mecanicista em vez de processual de campo. Muitas vezes, ouvi as pessoas dizerem que se sentiam vazias, e concluírem com: "Eu não tenho *self*". O paciente está fazendo uma interpretação mecanicista de si. Pensar no *self* como uma coisa que se tem ou não se tem é uma interpretação mecanicista infeliz, que pode causar desespero e afastar o paciente do importante trabalho de crescimento. O processo de experienciar o vazio é um processo do *self*. Recentemente, um paciente ficou falando da doença de seu pai idoso. Ele falava sobre a possível desintegração da "unidade familiar", como se houvesse algo que se transforma em nada com a mudança. Quando ele encarou a unidade familiar em termos de processo, percebeu os comportamentos humanos que a acompanhavam, que esses mudariam com a morte do pai, e que a família não era estática, mas estava sempre em transformação.

Quarto, o que torna uma análise ou uma interpretação consistente com a teoria gestalt é se ela é uma "análise-que-esclarece a estrutura" (Wertheimer, 1945). Algumas análises são tratadas como se fossem somatórios de partes unitárias individuais, como uma fórmula química. A essas análises, os psicólogos da gestalt referiam-se como análises "com somatório", que não levam em conta a estrutura do todo. Numa análise não consistente com a atitude gestáltica, as partes são derivadas de algum viés teórico externo. Como Fuchs o afirma: "Existem dois tipos de análise: num, uma totalidade é subdividida, já conhecida ou presumida pela própria totalidade; no outro, um princípio de divisão arbitrário é imposto sobre o todo" (Fuchs, 1938, p. 354).

Um exemplo: um homem fala sobre seu problema no trabalho com o seu supervisor. Este é autoritário, arbitrário, imprevisível. A distribuição de responsabilidades, a autoridade e a aparência não são racionais nem eqüitativas. O paciente magoa-se facilmente e reage com ira primitiva. O terapeuta trabalha com a reação de transferência do paciente, pois há semelhanças claras entre o chefe e o pai do paciente. O terapeuta interpreta que a reação do paciente é explicada pelo fenômeno da transferência, isto é, causada pela experiência passada com seu pai.

A transferência é apenas uma parte, e precisa ser relacionada ao campo total para ser estruturalmente clara. De *per si*, ela não responde pela multiplicidade dos fatores da situação atual, que seriam necessários obter para uma explicação completa. Uma explicação estruturalmente clara de como o paciente age, sente e percebe a situação atual, de como traz para o primeiro plano crenças e atitudes formadas no passado, de como esse comportamento se encaixa no funcionamento geral do paciente, de como isto é estimulado e reforçado pela estrutura da situação de trabalho, e as personalidades dos que estão nesta situação etc.

Acredito que o diagnóstico na Gestalt-terapia deva ser feito com reconhecimento completo da estrutura do todo. Quando se está lidando com pessoas, significa levar em conta a imagem que elas têm de si mesmas e de sua identidade no tempo, o contexto do significado de sua interação atual, a história de tais interações em vários contextos que formam o pano de fundo do momento atual e semelhantes.

Quando se lida com o diagnóstico, a questão do que é normal ou anormal se coloca. Mencionei em minha discussão da definição de diagnóstico que não estava restringindo seu uso para diagnosticar patologia. Mas quando observamos padrões e decidimos a respeito de intervenções, as questões de normalidade e patologia se impõem.

O desvio de uma norma pode ser subnormal, supranormal ou apenas diferente. E é essencial ter claro qual o critério para o uso do termo anormal. O que é estatisticamente normal para um grupo ou cultura pode ou não ser no contexto de alguma teoria sobre funcionamento humano, ou do ponto de vista do funcionamento organísmico de um indivíduo qualquer. O que é funcional para um indivíduo em determinado contexto ou cultura poderia ser disfuncional em outra.

A Gestalt-terapia tem um conceito de normalidade que não é conteúdo-específica, mas processo-específica. Isto é, a teoria oferece um conceito de normalidade que é culturalmente neutra; ela define normalidade em termos do processo de formação e de destruição figura/fundo campo organismo/meio. Isto deixa muitas questões de filosofia e moralidade sem resposta, mas dá um padrão de normalidade bastante prático para a psicoterapia. Se a relação de uma pessoa com o ambiente é tal que o processo de contato e *awareness* são claros e formam uma boa gestalt, que responde ao que está presente e ao que é necessário na pessoa e no meio, então isto é saúde psicológica.

De uma perspectiva fenomenológica de campo, não há padrões ou culturas absolutamente saudáveis em relação as quais julgar indivíduos ou culturas. Entretanto, podemos observar o funcionamento de uma pessoa e descrevê-lo em termos que deixam evidente se existe claridade de *awareness*, contato, fronteiras, e assim por diante. Isto deixa bastante espaço para alguns indivíduos que são desviantes em "culturas doentes" serem sãos, e para pessoas conformistas, mesmo em culturas saudáveis, serem vistas como não-saudáveis.

O teste do diagnóstico está na fenomenologia do paciente e do terapeuta, e no processo dialógico entre eles. Nenhum teste teórico ou estatístico, nenhuma opinião terapêutica e nenhum critério de resultado predeterminado pode substituir as discriminações emergentes baseadas no enfoque fenomenológico, no diálogo e na auto-regulação autodeterminada do paciente.

O diagnóstico e a avaliação não devem ser equiparados a um número de código na Classificação Internacional de Doenças (DSM, III). Ele pode ser um parágrafo de material descritivo. Diagnóstico é o trabalho que estamos realizando neste capítulo.

Não há duas terapias iguais. Pensamos no relacionamento terapêutico como a relação entre a presença singular do paciente com a presença singular manifesta do terapeuta. Mas existem padrões caracterizadores, que podemos usar para discriminar de que maneira as pessoas são semelhantes ou não. Por pensar nesses termos, e com o passar do tempo, aprendemos pela experiência com esses padrões, que cada experiência única não é totalmente única, e não precisamos reinventar a roda, repetidamente.

*Como avalio e diagnostico?*

Antes de discutir algumas considerações específicas do tratamento diferencial entre pacientes com desordens de personalidade narcísicas e com problemas *borderline*, farei algumas observações gerais sobre como avalio e diagnostico e, ao mesmo tempo, relaciono-me dialogicamente com o paciente.

Primeiro, sempre que possível, inicio qualquer interação clínica centrando-me e pondo-me entre parênteses, de tal maneira que quando estou com o paciente permito que o óbvio (o "dado") forme uma impressão em mim. O que vejo e escuto? Qual é a qualidade e o meio de contato? Como funciona o processo de *awareness* do paciente? O que estou observando e como isto me afeta?

O que vejo e escuto? O padrão corporal e de discurso
Observo a respiração da pessoa, sua postura corporal, seus movimentos e o som da sua voz, a tensão, e qual é o padrão da tensão? Qual é o grau de palidez, a facilidade de movimentos, a vivacidade? Há graça e poder nos movimentos? O tom e o ritmo da voz são naturais ou forçados? É entrecortada, *staccato*? Ou, talvez, gagueja?

Iniciativa
O paciente toma a iniciativa? O paciente me dá oportunidade de tomar a iniciativa? Ele corresponde ou age como se eu fosse irrelevante? Ou, talvez, responde a mim somente, deixando-se de fora como pessoa autônoma?

Coerência da história
Quão coerente é a história do paciente? Um aspecto é conseqüência de outro na narrativa da pessoa? Ela faz sentido, ou me surpreendo perguntando: "O que há de errado com este quadro?". Ela é lógica para os padrões consensuais? A história me deixa confuso, piscando e balançando a cabeça? A história está incompleta, tem "furos?"

Vigor e emocionalidade
Quanta vitalidade o paciente apresenta? A emoção, tanto a qualidade quanto a intensidade, e compatível com a situação ou com a história contada? Qual é a qualidade da energia? Murcha? Totalmente murcha? Como no afastamento psicótico? Ou talvez murcha como em humor deprimido. O ritmo curto e forte da energia é marcado por afastamento retroflexivo rápido? Ou suave, como se fosse tudo ensaiado? A energia parece exagerada, ou a figura se formando e mudando muito rapidamente?

Mudanças durante a sessão de terapia
Como os gestos e outros aspectos não-verbais mudam durante a sessão? Ocorre mudança de qualidade emocional, retroflexões ou latência de resposta no transcorrer da sessão de terapia? Este movimento ocorre de forma linear? O humor do paciente melhora no decorrer da sessão ou, mais provavelmente, muda de acordo com o assunto do momento e o significado que tem para o paciente?

Ouça a história do paciente
A Gestalt-terapia foi parte da reação humanística contra a rotina freqüentemente sem emoção, obsessiva e desvitalizada, para a qual a psicanálise prática evoluiu, como a livre associação (algumas vezes chamada pejorativamente de "livre dissociação" por alguns "sabichões" da Gestalt-terapia) e repetições da história passada e presente. Grupos de Gestalt-terapia, grupos de sensibilização e outros esforços semelhantes descobriram o entusiasmo e a vitalidade das atividades aqui-e-agora. O argumento desta moda nova foi o enfoque da atenção sobre o que era considerado importante pelo paciente, ao invés de perder tempo com o que não era organismicamente envolvente.

Infelizmente, muitos Gestalt-terapeutas, no fim da década de 1960, tratavam qualquer discussão sobre a vida do paciente como fuga da realidade, aqui-e-agora (ver discussão no Capítulo 3 "Tendências recentes na Gestalt-terapia"). Esta posição radical estimulou, tumultuou, provocou paixão e júbilo. E foi esta posição radical e simplista que recebeu maior publicidade e encorajamento. Ela era mais simples do que a posição da Gestalt-terapia, teoricamente mais lógica, que exigia discriminação do que era de fato mais importante para o paciente no momento.

Os Gestalt-terapeutas hábeis não ficaram muito tempo com esta posição radical. A experiência factual, assim como um melhor entendimento das considerações teóricas levaram-nos a seguir o que o diálogo e a preocupação do paciente exigiam. Aqueles que supersimplificaram a teoria da Gestalt-terapia e a trataram com rigidez dogmática, depararam com a escolha entre serem obtusos e seguir o que supostamente eram princípios, técnicas e clichês ortodoxos de Gestalt-terapia, ou rebelar-se contra eles e rejeitar a Gestalt-terapia. Muitos desses migraram para outras terapias, dadas as limitações percebidas. Uma compreensão melhor da teoria da Gestalt-terapia e do papel da teoria (e distinguir isto de verbalização de clichê) evidenciou para muitos de nós que esta escolha entre tudo ou nada era desnecessária.

Recentemente, Erv Polster (1987) deixou clara a importância da história de vida da pessoa e de como trazer à tona o drama desta história.

Acredito que seja impossível fazer psicoterapia de longo prazo, competente e abrangente, sem respeitar a importância da história do paciente. A resposta para o início compulsivo da terapia por meio de uma longa fase diagnóstica e pela reunião de dados da história não é descartar diagnóstico e história, mas, ao contrário, trabalhar com eles à medida que se torna relevante para o trabalho clínico dialógico e fenomenológico.

Como o terapeuta é afetado?

Reajo com interesse ou apatia? Se não sou afetado pelo que o paciente diz, por que não? Sou inafetável? Outros assuntos da minha vida estão interferindo em minha disponibilidade? Ou o paciente não está expressando nenhum material organismicamente relevante para ele? Ou algo organismicamente relevante está sendo expresso, mas com a energia retrofletida e contida? Se fui afetado, de que maneira? O que isto despertou em mim? Reajo com tristeza, compaixão, raiva, alegria? Que memórias, associações, metáforas emergem?

Como o terapeuta é afetado é importante por diversas razões. É importante que os terapeutas tenham consciência de suas próprias reações, para que possam responsabilizar-se por elas, centrar-se e pôr entre parênteses, para prevenir uma contaminação por intervenções inconscientes. Ademais, para ser capaz de entrar em diálogo, conhecer as próprias reações, e quando elas aparecem é absolutamente essencial. Também é importante conhecer as próprias reações por seu valor diagnóstico.

Muitos terapeutas têm a tendência de culpar os pacientes por suas reações. Na psicanálise os conceitos de resistência e identificação projetiva foram algumas vezes usados desta maneira. Infelizmente, isto também ocorreu na Gestalt-terapia. Em ambos os sistemas, uma boa prática exige que os terapeutas assumam a responsabilidade por suas próprias reações emocionais.

Na Gestalt-terapia não consideramos todas as reações emocionais do terapeuta como contratransferência. Uma reação é contratransferência quando é projetada para dentro do campo atual, sem *insight*, e quando é um resíduo de um outro campo, isto é, de outro tempo, pessoa ou lugar. Quando a resposta emocional do terapeuta é feita com *insight* e majoritariamente como reação ao paciente no aqui-e-agora, ela não é transferida. Também pode ser um outro tipo de distorção paratáxica (ou não), e isto pode ser bom, ou não, compartilhar com o paciente. Obviamente, todas essas discriminações dependem de se ter consciência, de como se é afetado, assim como da máscara do paciente.

Permita a formação de uma figura
Quando estou centrado, coloco-me entre parênteses e me permito ser afetado; estou permitindo a formação de uma figura. Eu me permito influenciar pelo óbvio. Isso significa permitir que algo chegue à *awareness*, deixando a figura ficar mais nítida e, desta maneira, por todo o ciclo de formação e destruição de figuras. Isso cria espaço para a reação espontânea, a curiosidade etc., e permite a formação de uma relação entre a interação do aqui-e-agora com um amplo pano de fundo. A figura emergente forma uma resposta espontânea para perguntas como: "Como estou entendendo isto?", "O que me interessa nesta história?", "O que faz isto funcionar?", "O que é importante nisto?".

Padrões durante a sessão e paralelos com a história do paciente
Observar paralelos entre o que está acontecendo na sessão de terapia e a temática ou história na qual o paciente esteja trabalhando é especialmente importante para o tratamento diferencial. Se o paciente está trabalhando um padrão de comportamento que não emerge durante a sessão, por que não? Se emerge durante a sessão, trazê-lo à atenção do paciente freqüentemente provoca surpresa e traz uma nova perspectiva. A *awareness* desta situação ajuda o terapeuta a não participar voluntariamente de um padrão repetitivo de inter-relacionamento do paciente, que tem sido insatisfatório.

Por exemplo, um rapaz de 25 anos queixa-se de ausência de resposta afetiva das moças que namora. À medida que fala da ausência de atenção, do carinho, do entusiasmo, da sensibilidade das mulheres nos relacionamentos, ele soa monótono, intelectualizado. O conteúdo possui bastante racionalização, círculos obsessivos. O que emerge para o terapeuta é uma *awareness* de evitação de sentimentos na interação da sessão, e este foi o indício do que estava acontecendo também nos relacionamentos com mulheres. Isto deu ao terapeuta e ao paciente duas posições de observação do mesmo problema.

Quando o terapeuta compartilhou essas observações, compartilhou suas próprias reações ou sugeriu experimentos, o paciente ficou magoado, cada vez mais defensivo, aflito e incapaz de realizar qualquer trabalho psicológico significativo. E quando o terapeuta escutava com empatia, vagarosamente, fazendo pequenas correlações com afirmações anteriores do paciente, ele melhorou sua sensação de bem-estar, a sinceridade e a profundidade do seu trabalho psicológico aumentaram. Isto foi concomitante com os relatos de bem-estar do paciente, quando seus amigos ou namoradas respondiam atenciosamente aos seus sentimentos.

As observações na sessão foram úteis para acelerar a compreensão de como o paciente era fora da sessão, e os relatos dos padrões fora da sessão ajudaram a acelerar a compreensão do que estava acontecendo na sessão. Às vezes, a clarificação vem da falta de semelhança.

Uma mulher casada, de 37 anos, com duas crianças pequenas, relatava sentimento de segurança durante a intimidade do encontro terapêutico e sentia-se melhor ainda depois das sessões. Nestas ela parecia radiante, tinha um bom senso de humor, era sincera, mostrava uma boa dose de bom senso e fazia seu trabalho exploratório. Por seus relatos, a interação com o marido parecia estúpida (por observações dela e do marido), sombria, rígida, frágil, fechada. Por que a discrepância?

No começo da terapia ela era muito defensiva, mas com o passar do tempo aprendeu que o terapeuta iria responder com atenção, escutaria, não atacaria e seria direto no *feedback*. Em casa, ela experienciava o marido como agressivo, sarcástico, que se isolava, rejeitando demonstrações de carinho e assim por diante. Enquanto no bom contato com o terapeuta ela era capaz de sentir alguma coesão e autoestima, ela se sentia fragmentada, irada e às vezes com sentimentos de pânico quando a situação não era segura. Isso acontecia especialmente com seu marido, e seu relacionamento estava muito contaminado por transferência, de ambos, de experiências desenvolvimentais anteriores com seus próprios pais.

O que torna isto compreensível?

Eu me pergunto o que torna o que está sendo contado para mim ou o que observo acontecendo ser compreensível? Se é importante, o que o torna importante? Nisto a tarefa do terapeuta é semelhante à do pesquisador. Como avalio o que estou observando? Há muitos anos, tratei de um casal que, na época, estava casado havia vinte anos. Naquele tempo, eles tinham um acordo pelo qual ele poderia ter casos com outras mulheres. Agora, ela exigia uma mudança no acordo e ele estava disposto a pedir o divórcio por esta mudança. O que tornou essa mudança tão importante para cada um deles? Na verdade, ela não sinalizava qualquer intenção de modificação do comportamento externo, e ele não tinha a intenção de ter um caso. O que tornou isso tão importante?

Era de importância vital para ele manter o símbolo de sua liberdade, para não se sentir enredado e preso, como havia experienciado com sua mãe sufocante. A mulher ficou cada vez mais insegura sobre sua aparência à medida que ia envelhecendo e queria uma mudança no contrato, como sinal de continuidade do interesse pelo marido.

*Questões do* background *diagnóstico e correlações*
Quando estou trabalhando bem com um paciente, não penso em interpretações, diagnósticos ou teoria. Entretanto, algumas vezes penso sobre esses assuntos, que geralmente ocorrem após as sessões, às vezes antes, e invadem a terapia. Algumas vezes a figura do momento toma conhecimento de assuntos mais abstratos, sem pessoalmente quebrar o meu contato com o paciente. Nestes casos, a figura do momento está sendo espontaneamente informada de modo abstrato do meu *background*. Às vezes, quando não consigo progredir, procuro abordar o que sei a respeito do paciente e de nossa história e, assim, consigo centrar-me.

Os itens a seguir não se constituem uma lista exaustiva, nem mesmo sistemática, mas são algumas indicações de alguns fatores que considero relevantes.

Suporte
Discrimino quanto à organização da personalidade do paciente (psicótico, desordem de caráter, neurótico, "neurótico normal"), fatores étnicos, culturais e biológicos. Da maior importância: a natureza da estrutura de caráter do paciente.

Habilidade para contato
Qual a capacidade de contato atual do paciente?
*Empatia*: Em que medida o paciente é capaz de dar e receber empatia, isto é, a compreensão da realidade fenomenológica de outra pessoa.
*Intimidade*: A habilidade para contato inclui ser sincero, vulnerável e íntimo.

*Diálogo*: Várias formas de habilidade para o diálogo precisam ser avaliadas. Isto inclui a habilidade para negociar, lutar, contemporizar, debater, expressar sua posição e também ouvir a do outro e ficar em contato com a outra pessoa ou com o assunto, quando ele se torna difícil ou frustrante. Algumas vezes, negligenciada, está a saudável e necessária habilidade de abandonar, retirar-se, desistir.

*Agressão*: Em que medida o paciente é capaz de usar a agressão psicobiológica assertivamente, de maneira integradora, que leve em consideração as necessidades e os limites dos outros? A pessoa mostra consideração pelo *self* e pelo outro no uso da agressão? A pessoa tem controle da aplicação da agressão, considera as conseqüências?

*Alegria*: Em que medida o paciente é capaz de ter prazer, brincar, experienciar entusiasmo, sensualidade, sexualidade?

Processo de *awareness*

Uma área de consideração muito importante é a exploração de como funciona o processo de *awareness* da pessoa. Como a pessoa sente, percebe, intui, infere, imagina, deseja? Como flui a consciência, ou como é bloqueada? O que é permitido entrar na *awareness* e o que é mantido fora? Como a *awareness* é evitada? De que maneira?

O processo de *awareness* é muitíssimo importante para formar uma idéia da capacidade da pessoa para auto-suporte e contato de vários tipos.

O processo de formação e de destruição de figura/fundo: de que maneira típica a pessoa se movimenta pelas etapas da formação e de destruição figura/fundo do primeiro plano, do contato, contato final, do pós-contato? A pessoa solta-se o suficiente para permitir a emergência de uma nova figura na *awareness*? Diferentes estímulos podem fazer efeito? Quais são e quais não são permitidos? A pessoa consegue ser estimulada por suas próprias necessidades e as dos que a rodeiam? A pessoa permite que a figura emergente se torne aguda? A pessoa se rende ao contato final, completando espontaneidade e ação unitária? Finalmente, a pessoa vai para a interação pós-contato do *self* diminuído?

*Funcionamento saudável exige que a figura mude de acordo com a necessidade.* Se ela muda excessivamente devagar, a pessoa fica presa, num estado rígido, incapaz de completar a figura, abandonar e seguir para novas figuras. Se muda depressa demais, a figura não aprofunda e isto resulta em superficialidade. A figura muda tão depressa que nada aprofunda, como na histeria? Ou a pessoa mantém a

figura inalterada por tanto tempo que o contato final ou pós-contato é evitado?
*Habilidade de discriminar*: A pessoa discrimina com precisão? Quão finamente? A pessoa discrimina apenas as categorias distintas ou-ou (competente/necessitado; bom/mau; maravilhoso/porcaria?). Ou faz distinções tão sutis e deliberadas que não flui nenhuma ação? A pessoa consegue discriminar entre seus pais e seus outros significativos atuais? A pessoa sabe distinguir entre autoridade legítima e controle autoritário? Entre liberdade e abuso? Entre responsabilidade e culpa? Entre o saboroso, o insípido e o horrível? Entre importância? Entre o possível e o sem esperança?

*Aceitação e sentimento*: A pessoa reconhece suas próprias ações, sentimentos e pensamentos? A pessoa, de fato, sente isto ou apenas observa intelectualmente, ou infere a auto-responsabilidade? Em quais distúrbios de fronteira a pessoa se engaja mais comumente (por exemplo, projeção?).

*Expressando a awareness*: A pessoa informa a energia emocional e o significado associado ao sentimento, ao desejo ou ao pensamento, ou simplesmente a respeito?

Relações pessoais

Qual é a história dos relacionamentos da pessoa? Eles são inevitavelmente breves? Ou talvez o oposto, ela mantém relacionamentos que são insatisfatórios ou mesmo violentos? A pessoa considera as necessidades de seus parceiros e as suas próprias, ou apenas a necessidade de uma pessoa, o *self* ou o outro? Ou talvez não considere a de ninguém? Ela é capaz de conhecer pessoas novas? De ter interações significativas com pessoas conhecidas? A pessoa consegue individualizar-se e ficar estruturada? Consegue mover-se em direção à união amorosa e ficar estruturada? Ela se move entre confluência e afastamento saudáveis, ou fica presa a uma pequena variação ao longo do *continuum* de contato e afastamento?

Trabalho

A pessoa mostra dedicação e compromisso para empreendimentos e realizações apropriados a: idade, formação, inteligência e sistema de valores? A pessoa tem um trabalho que é relativamente satisfatório emocionalmente e adequado para seu sustento? A pessoa é capaz de fazer um sacrifício para o bem de uma causa ou projeto? Sacrifica-se pelo desenvolvimento pessoal? É capaz de reduzir os compromissos e as realizações a fim de equilibrar sua vida? É capaz de mover-se para, e afastar-se do trabalho?

*Questões profissionais adicionais sobre avaliação*
Existem diversas questões de ética e competência que surgem em relação ao diagnóstico. Acredito que não ser sistemático a respeito de diagnóstico equivale a não dar o máximo para fazer uma boa terapia, não preenchendo assim os desígnios da profissão. Para os Gestalt-terapeutas isto implica levar consideração tanto os dados comportamentais quanto os fenomenológicos, pois nenhum dado é sistematicamente descartado.

Diagnosticar por diagnosticar não é um aprimoramento do trabalho terapêutico. Pode ter um valor intelectual, ou pode ser útil para a pesquisa, mas não é útil para a terapia e, de fato, garante que o terapeuta (e talvez o paciente também) irá prestar atenção ao acúmulo de informações, fazendo diagnósticos que irão competir, em vez de aprimorar o tratamento.

No cerne da obrigação profissional por diagnóstico preciso existe algo que também está no cerne da disciplina fenomenológica: saber a diferença entre hipótese e fato. Qual é a fonte de informação? Quanto é conhecido? Quais são os dados e até que ponto eles foram confirmados? Se o terapeuta não tem formação, terapia, disciplina e humildade suficientes para ser preciso quanto ao que é conhecido em geral (a atitude mais moderna) e ao que o terapeuta sabe, ele pode ser levado ao excesso de confiança pelas opiniões do terapeuta ou ser traído pela exigüidade da sabedoria compartilhada pelo terapeuta.

O terapeuta que não tem bom treinamento em pesquisa ou análise filosófica não será capaz de fazê-lo bem. Da mesma maneira, o terapeuta que está por demais engajado em ser narcisicamente inflado não o fará bem e, de fato, pode até estar ativamente procurado, embora com freqüência, de modo inconsciente, é mais adulado do que o adequado.

E, por fim, o diagnóstico é um padrão de reconhecimento sistemático, útil para uma tarefa. Não é a colocação de pessoas em cubículos. Certamente, não é a divisão das pessoas entre boas e más, entre as com ou sem valor, capazes de crescer ou não.

# 9

# TRATANDO PESSOAS COM DESORDENS DE CARÁTER

*Comentário*

*Este artigo, elaborado em 1990, adicionado ao Capítulo 8, "A aplicação diferencial da Gestalt-terapia", foi escrito como um único capítulo para este livro. No Capítulo 8 discutimos o diagnóstico. Neste capítulo, discuto o diagnóstico e o tratamento de desordens de caráter, de forma detalhada e ilustrativa, e as Desordens de personalidade* borderline *e narcísicas*

## Amplitude deste Ensaio

*A intuição não é suficiente*

Acredito que a terapia hoje é melhor do que há vinte anos, e a considero mais eficaz, com menos pacientes sofrendo experiências terapêuticas ineficazes ou danosas. Isto é especialmente verdade para pacientes com desordens de caráter. Por certo, sinto esta melhora em minha prática. Uma parte do meu aperfeiçoamento profissional como terapeuta provém do aprendizado geral da comunidade profissional. Beneficiei-me da experiência compartilhada por clínicos de diversos tipos. Compartilhar experiências faz tanta diferença, que não acredito que os terapeutas possam fazer um bom trabalho seguindo apenas sua intuição, seus sentimentos ou os ensinamentos de um único mentor, e até mesmo tendo a perspectiva de um único sistema. O compartilhar, entre muitos clínicos, é necessário para moderar generalizações e preconceitos, para acrescentar perspectivas múltiplas e para nos possibilitar o aprendizado do tratamento de muito mais pacientes do que qualquer um de nós poderia atender sozinho. Parte do meu aperfeiçoamento como terapeuta vem do meu próprio crescimento e envelhecimento, incluindo cerca de quarenta mil horas fazendo Gestalt-terapia individual, em conjunto ou em grupo, assim como o tempo despendido pensando, ensinando, dando consultorias e escrevendo sobre esta experiência. Quero compartilhar parte do que aprendi.

Neste ensaio, pretendo ilustrar como uma compreensão diferencial da estrutura geral do caráter leva a uma aplicação diferencial da Gestalt-terapia e a um tratamento melhor. Depois de uma discussão geral, veremos o tratamento comparativo das desordens de personalidade *borderline* e narcísicas. Há diversas finalidades em fazê-lo. A mais importante quero ilustrar com certo detalhe: como o diagnóstico diferencial faz a diferença na minha prática de Gestalt-terapia; e mostrar o que é possível por meio do aprimoramento do tratamento pela compreensão diferencial.

Escolhi a comparação entre as desordens de personalidades *borderline* e narcísicas porque elas são comuns na prática clínica, e tenho bastante experiência pessoal no seu tratamento, e o diagnóstico faz uma grande diferença no transcorrer da sua terapia, na escolha da intervenção e na compreensão dos suportes e necessidades do paciente. Sem compreensão adequada, na melhor das hipóteses, o tratamento desses pacientes fica tortuoso, sem foco no que é essencial, sem um sentido do necessário, de seqüência e da hora apropriada para intervir. Com compreensão adequada, o tratamento desses pacientes pode ser bem-sucedido; caso contrário, o tratamento pode piorar os pacientes. Para mim, isso torna a questão mais aguda, e, além disso, sem a perspectiva adequada, a terapia com esses pacientes pode ser perigosa para a saúde mental do terapeuta.

*Não existe intervenção "certa"*

Além de esperar que esta discussão seja útil para os Gestalt-terapeutas praticantes, também espero que o leitor mostre a devida cautela. Às vezes, leio afirmações na literatura psicanalítica dizendo, por exemplo, em resposta a uma situação clínica, que existe "Apenas uma atitude analítica correta" (Kohut). Não existe caminho certo. Não há estilo ou resposta "correta" nem na Gestalt-terapia nem na psicanálise. Não há consenso claro de tratamento de escolha para desordens de caráter, embora muitas pessoas escrevam como se elas tivessem uma verdade consensual. As conclusões neste ensaio também não estão corretas, de modo absoluto. As conclusões são minhas, baseadas na minha experiência de tratar pacientes do tipo que eu atraio, considerando minha personalidade, minhas fraquezas, meus pontos fortes etc.

As discussões gerais das características do paciente e das opções de tratamento precisam ser adaptadas ao contexto particular de cada terapeuta, paciente, sistema terapêutico, modo de terapia, instituto, comunidade etc. Para manter uma integridade holística, qualquer generalização da psicanálise deve ser assimilada, e não introjetada pedaço a pedaço para dentro do sistema da Gestalt-terapia. Por exemplo, em boa parte da discussão na literatura psicanalítica, como o trabalho de Masterson, fala-se de um mínimo de freqüência de tratamento, de três vezes por semana, e até mesmo de seis vezes por semana. A discussão pode presumir dois anos para chegar até a fase intermediária do tratamento (numa estimativa conservadora), o que numa psicanálise dessas significariam trezentas horas de tratamento. Se o tratamento se dá num contexto de uma ou até mesmo duas vezes por semana, as considerações do próprio tratamento precisam ser levadas em conta na assimilação de qualquer proposta.

A freqüência não é a única variável. Na minha opinião, a discussão de Masterson sobre o tratamento de desordens de caráter narcísico e *borderline* é valiosa demais para ser ignorada. Entretanto, Masterson afirma que quando o paciente quer uma resposta emocional do terapeuta, ele está resistindo e atuando. Para Masterson isto é atuação, pois a tarefa do analista é de natureza intelectual (Masterson, 1981, p. 78). Desde que esta atitude é tão contrária à atitude da Gestalt-terapia, obviamente suas descrições do que seja a tarefa terapêutica não podem ser tomadas pela Gestalt-terapia sem enérgica assimilação. De maneira semelhante, Kohut mostra quão diferentes podem ser as atitudes terapêuticas, quando fala de uma análise irremediavelmente perdida porque o terapeuta cometeu um erro, permitindo que o paciente descobrisse que aquele era católico romano.

Acredito que um tratamento Gestalt-terapêutico excelente exige um tipo de compreensão de contexto do paciente, que as discussões psicanalíticas podem ajudar muito, e um autoconhecimento profundo e preciso pelo terapeuta, e também uma boa compreensão teórica e prática do sistema da Gestalt-terapia, inclusive a centralidade do diálogo e o enfoque fenomenológico, e de como isto pode ser vivenciado na terapia.

Faço um esforço para levar em consideração a informação profissional geral, incluindo diagnóstico, psicodinâmica, tratamento de outras perspectivas, estudos do processo e resultado etc. Mas neste ensaio não estou estudando tudo isso de maneira sistemática e explícita. Esta é apenas uma das limitações que precisam ser reconhecidas. Minhas conclusões não são cientificamente testadas. Não estou tampouco estabelecendo critérios operacionais que poderiam levar diretamente a tais estudos. Ademais, muitas distinções sutis e importantes de diagnóstico, contexto desenvolvimental etc. não estão incluídas nesta discussão. Nem todas as desordens de caráter são discutidas. Não estabeleço uma tipologia ou considerações completas de diagnóstico ou tratamento de desordens de caráter. Não estou tentando reproduzir ou resumir a Classificação de Doenças (DSM III), nem traduzi-la para a linguagem da Gestalt-terapia. Isto não é uma exposição de critérios diagnósticos.

É importante que o leitor tenha em mente o que vimos expondo até aqui. Espero que nós, na Gestalt-terapia, consigamos preencher algumas lacunas. Minha intenção aqui é a de preparar para isso, compartilhar a experiência atual com a esperança de que isso acabe sendo testado e sistematizado, de maneira mais completa posteriormente e, por enquanto, que possa ajudar os que, presentemente, estão na linha de fogo.

Quero enfatizar especialmente que a Gestalt-terapia não é, não pode e não deve ser um tipo de terapia de manual ou livro de receitas. Ela exige que o clínico faça contato com a pessoa singular que é o paciente, com uma sinceridade baseada em centrar-se, colocar parênteses, enfocar e dialogar com a pessoa que é o terapeuta. Ela exige arte e diálogo, não aplicação de técnica e dogma. É dentro deste espírito que compartilho minha experiência de tratamento.

Mas podemos aprender de experiências passadas e da experiência dos outros. Fazer terapia artística não significa gerar compreensão ou intervenção, sem referência à sabedoria destilada do campo.

**Sobre a Necessidade de Distinguir Distúrbios de Caráter**

Era a minha vez de trabalhar. Era 1965, e eu estava em Esalen para um *workshop* avançado de treinamento de terapeutas, com Fritz Perls e Jim Simkin. Para este *workshop,* os participantes fizeram um sorteio e teriam de fazer trabalho um a um, diante do grupo, na ordem sorteada.

Na minha hora de trabalhar, alguns membros do grupo estavam com a atenção voltada para a ausência de uma das pessoas, que estava muito infeliz e razoavelmente perturbada. Alguns queriam sair à procura dela. Jim estava aborrecido com o grupo e com a pessoa que faltava. Ele estava com um humor conhecido, inabalavelmente convencido de estar certo. Ele considerava que o membro do grupo estava errado e era responsável por si, e não abria mão da posição. Fritz discordou e disse que este membro específico estava muito doente para ser responsável. Na verdade, da maneira que me recordo do caso, 25 anos depois, o participante poderia ser psicótico.

Fritz reconhecia que pacientes psicóticos necessitavam de intervenções diferentes. Este incidente era um exemplo. Eu havia percebido, num contato anterior com Fritz, que ele distinguia claramente quem confrontava, quem deixava só, e quem abordava de maneira leve. No hospital em que trabalhava e encontrei Fritz, ele mostrou uma extraordinária habilidade para estabelecer contato com pacientes psicóticos, que outros não conseguiam contatar. Entretanto, em *workshops* de demonstração usando sonhos, quando o paciente não mostrava nenhum sinal de vida nos sonhos e acreditava que isso indicava psicose, ele não trabalhava com aquela pessoa. No trabalho clínico, assim como na vida, ele defendia a discriminação. Obviamente, ele não foi sempre bem-sucedido nessas discriminações.

Na Gestalt-terapia da década de 1960, e no começo da de 70, reconheciam-se padrões de momento, e havia pouco reconhecimento de repetição de traço. Mas havia pouca atenção sistemática para a tipologia, exceto em termos muito primitivos das discordâncias entre Jim e Fritz em Esalen. Mas, individualmente, alguns Gestalt-terapeutas, como os que estavam tratando de pacientes psicóticos, sabiam que o diagnóstico e o tratamento diferencial eram necessários e agiam de acordo.

Entretanto, na maioria das práticas clínicas havia (e há) pacientes que não eram psicóticos, e eram mais perturbados e problemáticos do que os neuróticos. Naturalmente, estou falando de desordens de caráter, referidos freqüentemente agora como desordens do *self*. Com freqüência, esses pacientes são frustrantes para o terapeuta, a terapia é problemática e, no passado, o resultado era negativo. Note que isto não era verdade apenas para a Gestalt-terapia, mas em todas as formas de terapia.

A psicanálise clássica tinha o mesmo tipo de dificuldade com o mesmo tipo de paciente. Algumas vezes esses pacientes estariam em análise completa, cinco dias por semana, por sete, dez ou mais anos, e piorando. Ou ter passado por diversos terapeutas, sem melhora e freqüentemente com deterioração. O problema era geral, nas melhores psicoterapias, e não somente na Gestalt-terapia ou na psicanálise. Jerry Greenwald (1973) ilustrou um tipo de reação a tais pacientes. Ele começou a escrever sobre pessoas N (nutritivas) e T (tóxicas). Esta dicotomização rude foi uma das reações à frustração do tratamento de tais pessoas. Esta abordagem era pejorativa e não ajudava a discriminar o nível ou a natureza do distúrbio, ou o que de diferente os terapeutas poderiam fazer. Ela não considerava adequadamente os déficits estruturais de organização psicológica dos pacientes com desordens de caráter. A situação piorava, levando à tentativa de melhorar o resultado por meio da frustração do paciente. Parecia uma atitude lógica, mas não foram realizadas tentativas de verificar se o processo paciente-terapeuta era descrito de maneira precisa, ela não era cotejada com a fenomenologia do paciente, os resultados de longo prazo não foram considerados, e assim por diante.

Muitos pacientes ficaram paranóicos, irados e feridos, e deixavam o *workshop* ou a terapia com tais terapeutas, com suas feridas abertas de uma maneira que não sarava. E, no decorrer da nossa prática, aprendemos alguma coisa.

Existem algumas discriminações óbvias que qualquer clínico responsável e competente faz, por exemplo, se o paciente é psicótico, perigoso para si ou para os outros, precisando de tratamento médico ou pelo menos de consulta médica para descartar um possível problema médico, ou a necessidade de psicofármacos. Um grupo de tais discriminações é saber se a estrutura geral de caráter do paciente é levemente neurótica, severamente neurótica ou de caráter desordenado e, a partir daí, a natureza da própria estrutura dentro desses níveis. Isso precisa ser feito, e se os detalhes não estão elaborados na literatura da Gestalt-terapia, então o Gestalt-terapeuta deve usar qualquer conhecimento profissional disponível. Essa discriminação da qualidade da estrutura geral da personalidade é vital e sempre relevante, independentemente do diagnóstico formal.

O terapeuta precisa saber que o funcionamento dos pacientes com desordens de caráter é facilmente erodido, na maioria dos campos organismo/ambiente em que vivem. A etiologia e o tratamento desses pacientes, com suas fraquezas caracterológicas, não foram adequadamente considerados em teorias de terapia clássica, seja gestalt ou psicanálise clássica. Notando recentemente descrições melhoradas desses pacientes na psicologia do *self* e das relações objetais, alguns Gestalt-terapeutas foram levados a abandonar a beleza da teoria do processo da Gestalt-terapia por um enfoque mecanicista newtoniano. Nesse enfoque, podia-se dizer que esses pacientes tinham um núcleo de *self* fraturado ou danificado. É óbvio que prefiro não conceitualizá-lo como: pessoas "têm" um *self*, mas prefiro a visão processo – eles são eles mesmos, são processos vivos e não coisas que podem ser quebradas e consertadas. Na resposta a Tobin discuto a dificuldade teórica de usar a terminologia mecanicista.

Em termos de processo de campo, o paciente que está sofrendo de uma desordem de caráter não tem e ainda não consegue manter um sentido coeso do *self* por meio de uma sucessão de momentos aqui-e-agora, especialmente em certos tipos de contato interpessoal. É necessário ser mais claro sobre esses pacientes, como tentarei fazer posteriormente neste ensaio, mas não há necessidade de abandonar o referencial do processo de campo fenomenológico e dialógico da Gestalt-terapia.

Independentemente da presença ou da ausência de outros problemas ou sintomas físicos, sociais ou psicológicos, o terapeuta precisa saber se a estrutura de caráter do paciente é coesa, se os processos cognitivos estão intactos e funcionando dentro dos parâmetros normais, se o paciente está orientado no tempo, espaço e pessoa, se ele mente de forma deliberada, se tem uma desordem de pensamento etc.

## Características Gerais das Desordens de Caráter

Os neuróticos mostram *awareness* reduzida, ansiedade elevada, depressão e conflito interno. Mas eles continuam manifestando interesse em, e capacidade para entender a realidade consensual, inclusive a realidade fenomenológica de outros. Eles também mostram uma continuidade de identidade pessoal, pelo menos algum amor-próprio e estima pelos outros e se ajustam criativamente ao seu contexto.

Nas desordens de caráter tudo isto é diferente. Eles não mantêm nem conseguem ter esse tipo de atividade, que depende de coesão pessoal, além de ocorrer na fronteira. Esse distúrbio se dá na aquisição de sentido de coesão e/ou incapacidade de se relacionar num contexto, de maneira que considera contexto como o percebido consensualmente, e/ou incapacidade de fazer contato interpessoal íntimo adequado ou dialógico; isto é, um contato que reconhece realidades fenomenológicas diferentes e permite a emergência, em vez de objetivar e instrumentalizar uma resultante. O terapeuta precisa reconhecer esta situação e alterar sua intervenção de acordo.

Uma desordem de caráter é um nível de organização da personalidade, que é mais perturbada do que o neurótico, e menos do que o psicótico. Na psicose, a própria estrutura de percepção fina, da lógica, da orientação tempo, espaço e pessoa está perturbada. Em contraste, o neurótico mantém a capacidade de percepção, pensamento e auto-reflexão acurados, mesmo sob estresse. Essas funções estão ao menos minimamente intactas na neurose. Nas desordens de caráter, as funções de orientação não estão tão perturbadas quanto na psicose, mas outras funções do ego estão mais perturbadas do que na neurose, inclusive a capacidade de auto-reflexão regular, especialmente em situações de estresse ou de conflito.

Em geral, eles não mantêm a capacidade de auto-observação contínua exigida, a responsabilidade pelo próprio comportamento, o travar contato com outras pessoas quando há diferenças ou conflitos, o lidar com dificuldade com a *awareness* das coisas que são dolorosas ou ameaçadoras, conectar a pessoa que eles são na experiência atual com momentos diferentes (passados ou prováveis), nas quais eles se experienciam de maneira diferente.

Nas desordens de caráter, existe nítida deficiência na capacidade de a pessoa exercer funções de auto-regulação do ego, ser continente, canalizar, assimilar e integrar intensidades variáveis de emoção e desejo, como: consolar, acalmar, centrar-se e dar apoio à sua total absorção pela figura espontânea emergente no campo atual. Eles têm uma dificuldade especial na formação da gestalt que exige levar o *self* e os outros em consideração. De forma típica, esses pacientes são incapazes de manter um sentido de coesão do contexto de quem são, de sentir ao menos um mínimo de nível de confiança contextual, tanto no seu auto-suporte quanto no suporte ambiental futuro possível. Há uma deficiência em sentir, pelo menos uma dose mínima de boa-vontade para com o *self* e os outros, inclusive valência positiva, amor e um sentido saudável, equilibrado de ter direito (também *self* e outro). Com freqüência, suas percepções e cognições não medem adequadamente a situação atual e as possibilidades de ajustamento criativo. Eles têm deficiência da *awareness* centrada no presente, na qual a figura atual se conecta e emerge do passado e se move experimentalmente na direção das possibilidades emergentes, mas não ainda de todo claras, futuras.

Todas as desordens de personalidade apresentam uma dicotomia de funções da personalidade, isto é, ao menos algum *déficit* na capacidade de integrar polaridades em totalidades. O grau e o tipo desta difere dos vários tipos de desordens, que discutiremos a seguir. Alguns exemplos: a integração de expectativa e desapontamento, necessidade e competência, positivo e negativo, distância e proximidade, presente e passado.

Discutirei duas das desordens de caráter mais comuns, e seu tratamento: a desordem de personalidade narcísica e a desordem de personalidade *borderline*, e compararei as necessidades de tratamento. Não farei uma descrição completa de cada desordem, mas apenas o suficiente para facilitar a demonstração da minha opinião sobre a aplicação diferencial na Gestalt-terapia.

O conceito de narcisismo tem uma longa e confusa história na teoria psicoterapêutica. Diferenças teóricas sobre pulsões inatas, progressão desenvolvimental e semelhantes dominaram a discussão psicanalítica. Nesta discussão não irei lidar com essas diferenças. Ao contrário, irei descrever o aparecimento, a fenomenologia e o tratamento desses pacientes pela lente da minha prática.

### Desordens de Personalidade Narcísica

*Descrição*

A imagem popular que vem à mente quando a palavra narcisismo ou narcisista é usada é o retrato de uma pessoa intensamente autocentrada e auto-apaixonada, com um sentido de *self* inflado, que persegue incansavelmente suas próprias necessidades egoístas, sem se preocupar com as outras pessoas. Em alguma medida, este quadro é corroborado pela descrição no DSM III.

A descrição a seguir é uma transcrição da DSM III da Desordem de Personalidade Narcisista:

A. Sentido grandioso de auto-importância ou unicidade.

B. Preocupação com fantasias de sucesso, poder, brilho, beleza ilimitada e amor ideal.

C. Exibicionismo: a pessoa exige atenção e admiração constantes.

D. Indiferença fria ou sentimentos evidentes de ira, inferioridade, vergonha, humilhação ou vazio em resposta a críticas, indiferença dos outros ou derrota.

E. Pelo menos dois dos seguintes:

1) prerrogativas: expectativa de receber favores especiais, sem assunção de responsabilidades recíprocas;

2) exploração interpessoal: aproveitando-se de outros para satisfazer os próprios desejos ou para o auto-engrandecimento; desrespeito pela integridade pessoal e pelos direitos dos outros;

3) relacionamentos que tipicamente alternam entre extremos de superidealização e avaliação;

4) ausência de empatia: incapacidade de reconhecer como os outros se sentem; por exemplo, é incapaz de apreciar o sofrimento de alguém que está seriamente doente.

Surge um quadro aparentemente distinto quando um terapeuta favorável descreve a pessoa narcisista como alguém que é magoado com facilidade, tem baixa auto-estima, é muito dependente de atenção, de aprovação, de respeito e de amor dos outros para manter um sentido de si mesmo. Esta descrição é diferente pelo menos na ênfase, valorizando mais o item D.

Nesta descrição, os narcisicamente perturbados exigem suporte externo para manter qualquer semblante de equilíbrio. Eles têm dificuldade em manter um sentido de identidade segura e coesa no tempo, especialmente em situações difíceis, como, por exemplo, em situações com possibilidades de conflito, competição, falha, privação. Assim, a pessoa narcisista se enche de vergonha e explode em raiva, desespero e/ou pânico e, nessas ocasiões, parece inconsolável, com aparente impossibilidade de contato. Hesitaria chamar isto de amor-próprio.

Os narcisistas consideram-se verdadeiramente superiores ou são inseguros? Este quadro é mesmo conflitivo, ou eles se encaixam num quadro mais abrangente, que engloba as duas descrições? Ou talvez o termo cubra muitos subtipos? Enquanto penso que existem múltiplos tipos de narcisista, também penso que existe um quadro abrangente que compreende a multiplicidade.

A pessoa narcisista é "autocentrada", mas não centrada sobre seu "*self* verdadeiro". O *self* verdadeiro é do campo organismo/ambiente. Como Perls, Hefferline e Goodman (p. 235) dizem:

> Vamos denominar de *self* o sistema de contatos num dado momento [...] O *self* é a fronteira em ação; sua atividade é a formação de figuras e fundos.

Um funcionamento próprio, saudável, não é *self*-centrado, mas *self*-outro-centrado. *Awareness* saudável não é a *awareness* de si mesmo, mas do outro e do *self*.

Os narcisistas são confluentes e campo-dependentes. Eles são muito dependentes de recepção positiva e afável por outros. Enquanto são dependentes do campo, não estão devidamente diferenciados do restante do campo. Eles tratam o ambiente como se ele existisse para lhes dar suporte. Não vêem os outros como verdadeiramente autônomos, independentes, tão valorosos quanto eles, um fim em e com si mesmos? Eles não vêem as necessidades dos outros, como tão importantes quanto as deles, freqüentemente sem perceber nenhuma necessidade do outro.

Se as pessoas narcisistas se sentissem tão bem quanto suas histórias de fachada e se o *self* saudável é *self*-outro orientado, porque elas são tão campo-dependentes e autocentradas? Veremos depois que uma de suas características é o desprezo pelos outros. Por que uma pessoa maravilhosa, segura, necessita desprezar os outros? Por que elas não consideram as necessidades dos outros com mais respeito?

A auto-imagem inflada dos narcisistas os ajuda a evitar a experiência vergonhosa de se esgotar e esvaziar. Quando predomina o padrão de vergonha a figura simpática do narcisista fica mais em evidência. É meu ponto de vista que com o paciente narcisista, tanto o quadro inflado quanto o esvaziado sempre coexistem juntos como dois verdadeiros opostos polares. O paciente esvaziado tem uma auto-imagem grandiosa, consciente ou inconsciente – que é o contexto que torna a experiência esvaziado-compreensível. Assim, também, o quadro esvaziado dá significado à figura grandiosa ou inflada, que é tão tenazmente defendida.

Paul é um psicólogo de 48 anos. Quando ele está com um paciente ou diante de um grupo, seu rosto está vigoroso, com energia, seus olhos claros e brilhantes, expressivos. Ele se move com fluidez e graça. Seu discurso é articulado. Fala com autoridade e grande presença. Muitos dos seus pacientes sentem-se pessoalmente tocados, liderados, inspirados, atendidos. Este não é um belo quadro de contato excelente, e de preocupação com os outros? Nem tudo é o que parece ser. Pois Paul usa a outra pessoa como meio para a sua glorificação. É importante para o sentimento de si mesmo, de Paul, tanto que seus pacientes o adorem quanto que ele os direcione para algum lugar. Esta atitude o impede de ficar completamente satisfeito com um contato horizontal, pois os pacientes são informados do que são, desta sua tarefa e de outras, e Paul recebe sua confirmação.

Fora de sua presença ele se refere aos pacientes ou de maneira depreciativa ou inflada, não horizontal e equilibrada. Freqüentemente, temos a impressão de que a auto-inflação é central para a atitude de Paul. Pacientes bem-sucedidos refletem a grandeza do terapeuta que consegue tratar gente tão bem-sucedida; pacientes aos quais ele se refere pejorativamente refletem o grande terapeuta que ele é, para aceitar tais "bundões" (palavra dele). Quando os pacientes tentam abandonar a terapia antes de ele achá-los prontos para tal, ele os informa de que não conseguirão ser bem-sucedidos sem ele.

Sem que Paul ou o paciente se dêem conta, para Paul o paciente é uma extensão das suas necessidades, não uma fonte independente de Paul. Quando um paciente não concorda com ele, ou se recusa a seguir determinada sugestão, ou deseja parar a terapia antes que Paul acredite que o paciente esteja preparado, uma imagem mais completa de Paul emerge e sua maneira subjacente de não tratar o paciente como pessoa, como um "outro" singular, auto-regulável, se torna clara. A auto-inflação anterior de Paul murcha como um balão perdendo ar. Ele varia em sentir-se deprimido, irado, malévolo, implacável.

Em suas relações sociais observa-se o mesmo padrão inflado-murcho, e o contato que parece interpessoal, mas que de fato disfarça um autocentrismo projetado. Ele está em busca permanente da mulher certa. Para cada nova mulher ele pesa, julga, compara – examina cuidadosamente sua aparência, espiritualidade, inteligência, independência. A maioria de seus relacionamentos amorosos começa com a mulher adorando-o e adulando-o. Às vezes, ele é quem começa. Naturalmente, com o tempo, algum desapontamento inevitável acaba acontecendo. E com o despontamento, Paul decide que ela não é a mulher certa, não "Sra. Certa". Com isto todo brilho dela desaparece, e ela não vale nada para ele. Aos 48 anos, sem nunca ter-se casado, ele começa cada relacionamento novo inflado, convencido de que desta vez será diferente.

Em sua própria terapia, Paul precisa acreditar que seu terapeuta é maravilhoso, o melhor, "muito espiritual". No começo da terapia ele estava muito vulnerável a qualquer sinal de que o terapeuta seria qualquer coisa que não "muito avançado" em todos os aspectos. Conheço muitos pacientes como Paul, que escolhem terapeutas que possam entrar em conluio com o narcisismo do paciente, elogiá-los etc. Descobri que o melhor prognóstico para pacientes narcisistas é daqueles que insistem no respeito à sua experiência e que não insistem na ilusão de que o terapeuta é perfeito (o "melhor") e nem adula o paciente.

Babette é uma enfermeira de quarenta anos. A maior parte do tempo ela está deprimida e se considera maltratada, sem esperança, infeliz, impotente. Além de, sistematicamente, não sentir-se responsável por qualquer das sérias dificuldades que tenha, ela também tem pouco respeito ou compaixão por si mesma. Escolhe homens charmosos e glamourosos, sem considerar sua atenção, honestidade psicológica etc. Ele sempre acaba se mostrando um "bastardo" – o homem poderoso que a arrebatou e a fez sentir-se muito bem, e agora ele a decepciona e a abandona, deixa-a só e murcha.

Babette magoa-se facilmente, chora com facilidade e "expressa raiva". Na verdade, ela mais fica furiosa do que contata o outro com raiva. Na sua terapia, ela exige que o foco esteja apenas na experiência dela, na sua realidade fenomenológica, sem dados novos ou contrariar observações e sentimentos, sem refinamento fenomenológico do seu processo de *awareness* ou experimentação. Quando magoada fica furiosa, mal-humorada e ressentida. Com boas reações empáticas e solidárias da outra pessoa, ela se recupera rapidamente desses incidentes. Entretanto, sem capitulação, desculpa ou concordância de quem a ofendeu, ela não consegue se recuperar bem.

O que chamo de "confluência forçada", ela chama de "compreensão" – e tem pequena capacidade de conceber que sua experiência pode ser real e intensa, mas não uma verdade absoluta. Se ela se sente "como se tivesse sido apunhalada pelas costas", acredita que está incapacitada como se tivesse sido literalmente esfaqueada. Nenhuma outra perspectiva lhe é relevante. Nesse estado de humor, mesmo seus sentimentos anteriores, ou o fato de que ela poderá ver as coisas de maneira diferente amanhã, não são relevantes para ela.

Babette e Paul parecem opostos, mas o seu modo de organização da personalidade é mais semelhante do que diferente. Ele parece estar no topo do mundo e ela parece estar no fundo do poço. Mas no seu coração há uma grandiosidade que ela raramente se permite reconhecer, quanto mais revelar para os outros. Paul se protege de qualquer possível esvaziamento abrupto, que vem junto quando o balão da grandiosidade é furado. Tanto Paul quanto Babette são autocentrados, campo-dependentes, confluentes. Para ambos, a polaridade grandiosidade/esvaziamento é central para a organização de suas personalidades. Entretanto, eles vivem com aspectos diferentes desta polaridade. Teríamos de olhar para o fundo para ver a outra metade da polaridade. Um terapeuta ingênuo poderia surpreender-se com o quão vulnerável Paul é à deflação, isto é, quão frágil é seu auto-suporte, e também se surpreenderia com quanta auto-imagem inflada Babette teria de vivenciar antes de não sentir-se esvaziada.

*Imagem centrada e alienada*
Os pacientes narcisistas estão duplamente alienados. Eles estão alienados de outras pessoas porque são autocentrados, e estão alienados de seu(s) *self(ves)* verdadeiro(s) porque estão centrados em sua auto-imagem em vez de em quem verdadeiramente são, e o que de fato experienciam. Com outras pessoas, também tendem a relacionar-se com a imagem, em vez de com a pessoa. Tipicamente, uma pessoa narcisista estará em contato com quão atraente (ou não), prestigiosa (ou não) a outra pessoa é. O desprezo e a idealização marcam intensamente a lente pela qual o narcisista vê os outros.

Muito do que passa por contato pessoa-a-pessoa e auto-*awareness* nos pacientes com desordem de personalidade narcísica não é contato pessoal, de maneira nenhuma, nem é *awareness* de seus sentimentos mais profundos ou a natureza de como eles se relacionam com as pessoas. O narcisista do tipo carismático pode parecer ter contato fácil no relacionamento interpessoal e o narcisista do tipo depletado pode parecer emocionalmente expressivo, mas nenhum deles está, na realidade, em contato com as outras pessoas.

Além disso, estão freqüentemente alienados do seu passado e sentem vergonha de ser associados com sua pessoa, anterior a seu estado aperfeiçoado. À medida que vão focando sua experiência atual, especialmente em seu modo grandioso, não permitem que a experiência passada faça parte do seu pano de fundo significativo. Além de não se identificarem com quem são, tendem a desprezar quem eram e culpam os outros por quem eram.

É difícil para esses pacientes imaginar estar com outro humor que não o que estão agora, e também lhes é difícil imaginar as experiências emocionais diferentes das outras pessoas. Isto os torna alvos difíceis de empatia, o que também lhes dificulta manter o equilíbrio com o passar do tempo, quando não conseguem manter uma constância emocional, que exige capacidade para imaginar e se identificar com humores e situações diferentes das que estão agora.

*Necessidade de ser especial*
As pessoas com desordens de personalidade narcísicas freqüentemente pensam, sentem e agem como crianças da pré-escola. Elas mostram uma grandiosidade que parece aquela normal em crianças da pré-escola, além de apresentar uma falta de habilidade para considerar as necessidades dos outros, como as observadas em crianças muito novas. Obviamente, o narcisista adulto não é o mesmo que uma criança da pré-escola. O jeito de comportar grandioso e autocentrado de uma criança de três anos é muito diferente do do adulto depletado ou carismático, apresentando-se de maneira semelhante.

Sua visão de si é freqüentemente distorcida – vendo-se como extraordinários (talentosos, brilhantes, e até mesmo extraordinariamente doentes etc.).

Elas precisam ser especiais, acreditam que não precisam fazer esforço para ter direito a produtos ou tratamentos especiais, que, normalmente, são conseguidos por outras pessoas com esforço, risco e aprendizado com o tempo. Isto se alterna com a atitude polar oposta de não ter direito a nada.

Elas são manipuladoras e exploradoras, embora sintam-se vítimas, malcompreendidas ou insuficientemente reconhecidas como as pessoas superiores que são (estrelas, gênios). Falta-lhes empatia, capacidade de ver a vida como o outro a vê. De fato, a outra pessoa se lhes é irrelevante, a não ser como extensão de suas próprias necessidades e fantasias. A vulnerabilidade narcísica, de *per si*, não é suficiente para justificar o diagnóstico de desordem de personalidade narcísica: a incapacidade de reagir com empatia às necessidades e sentimentos dos outros é parte essencial do diagnóstico. É somente nos últimos estágios da terapia que isto realmente muda num paciente com distúrbio de personalidade narcísica.

Esses pacientes, em geral, têm a história de terem sido usados a serviço das necessidades de seus pais, em vez de terem sido vistos como pessoas individuais, cujas necessidades do *self* real são valorizadas. Os pais modelam uma ausência de empatia verdadeira. Mesmo as realizações do paciente narcisista foram usadas para a glorificação dos pais. O verdadeiro *self* de uma criança autônoma é tratado como se ela não estivesse presente. Existem tantas imposições familiares, que as crianças que depois se tornam narcisistas protegem seu verdadeiro *self* vivendo subjetivamente em imagens, em especial as de grandiosidade e idealizações.

## Campo-dependente

As pessoas não existem divorciadas do campo do qual fazem parte. Entretanto, existencialmente, existimos como diferenciação do restante do campo. Enquanto as pessoas dependem do restante do campo físico e psicológico para obtenção de todo tipo de nutrição (comida, amor, respeito, *feedback* etc.), a maioria dos adultos, mesmo os adultos neuróticos, pode manter um sentido de coesão, de segurança e um sentido positivo de si próprio, mesmo quando essas necessidades não estão sendo atendidas.

A pessoa narcisisticamente perturbada é ainda mais dependente do campo do que isto. É normal sentir-se privado quando se *está* privado, mas sem parar de ter respeito e compaixão, além de um continuado sentido claro de si próprio. Mas as pessoas narcisistas sentem muita vergonha e usam algo externo para lhes suprir um sentimento de segurança, coesão e autocarinho. Antes do tratamento lhes falta uma capacidade desenvolvida para se aceitar, nutrir e respeitar como são.

Todas as pessoas precisam de nutrição externa, mas não para substituir seu sentido interno de identidade pessoal, coesão, continuidade no tempo. O neurótico pode relacionar-se com a realidade externa como uma realidade "externa", com e quaisquer viseiras que tenha, mas sempre será uma realidade externa. A desordem de personalidade narcísica trata o exterior como extensão do *self* e de suas necessidades.

Os pacientes narcisistas, com freqüência, sentem-se invisíveis. Quando não são reconhecidos, quando seus sentimentos e necessidades não lhes são espelhadas de volta, sentem-se invisíveis e sua existência psicológica, assim como seu bem-estar, estão ameaçados.

## Os quatro Ds

A terapia exige aprender a fazer, como fazer contato verdadeiro, e aprender a ficar em contato com sua maneira real de ser. Os narcisistas pré-terapia vivem num sistema de confluência e de fantasia em que podem valorizar-se quando suas realizações se equiparam às suas fantasias. Não há aceitação de si mesmos, quando aspectos de sua auto-experiência são discrepantes das fantasias de quem "deveriam" ser. Por exemplo, o sistema narcisista não leva em conta o desenvolvimento no tempo. Assim, de forma típica, os narcisistas sentem um orgulho exagerado do que conseguem fazer, e não supõem que conseguirão aprender o que é difícil. Eles não consideram que lutar é normal, e que deveriam lutar, e não têm sentimentos de confiança e compreensão para consigo mesmos quando passam pelas dores do aprendizado.

Não são somente os narcisistas que têm reações de vergonha em situações de aprendizado. Pessoas orientadas pela vergonha, em geral, tendem a sentir vergonha quando tomam consciência do que ainda não sabem. Isto é verdade embora aquilo que não se sabe pode ser uma deficiência real ou não; e também independe de terem tomado consciência de sua ignorância sozinhos, com comentário de outros ou em situação social.

Mas a dificuldade é muito maior com as desordens de personalidade narcísicas. A pessoa orientada pela vergonha neurótica segue em frente, lidando com estas situações, mantendo um sentido coeso de identidade pessoal no decorrer do tempo, sem a inflação-deflação que marca a desordem de personalidade narcísica, e geralmente é capaz de continuar com suas tarefas cotidianas. Como com qualquer neurótico, o paciente neurótico orientado pela vergonha mantêm a capacidade de auto-reflexão, que é freqüentemente perdida nas desordens de personalidade narcísicas.

Frustração, conflito, fracasso, privação, dificuldade, críticas e sentimentos de vergonha levam as pessoas narcisicamente perturbadas aos quatro Ds: deflação, depleção, depressão e desespero. Elas perdem o sentido de si, o sentido de segurança relativa, o sentido de bem-estar, a coesão estrutural e a estabilidade temporal.

Elas se sentem depletadas, como que vazias por dentro – como se "não tivessem *self*". Sentem-se murchas, sem energia para voar, como um balão sem ar. Elas se sentem deprimidas: o funcionamento energético biopsicossocial retardado, a auto-estima rebaixada, evitando emoções primárias, como, por exemplo, ficar deprimido em vez de sentir sua solidão e tristeza. Sentem desespero, sem manter nenhuma esperança ou fé em outros acontecimentos além dessa crise.

Acredito que a recuperação humana exige contato humano. O narcisista que experiencia os quatro Ds exige ligação empática. Mas o seu sistema de ajuste pré-terapia depende de não tratar o outro como pessoa independente, o que elimina a possibilidade de contato real (diálogo, intimidade). Nem grandiosidade e nem depleção é estar em contato com uma avaliação precisa de como se está. Isso torna a terapia uma coisa muito arriscada para o narcisista e difícil para o terapeuta. A terapia tem um efeito inerentemente confrontativo sobre esses pacientes, mesmo se realizada suave, empática e carinhosamente.

É óbvio que uma terapia eficaz deve trazer ao paciente as exigências do campo organismo/ambiente, compreendendo suas próprias necessidades e capacidades organísmicas, como as necessidades dos outros, os limites etc. Como qualquer aprendizado, isto envolve frustração, conflito, dificuldade. A fim de completar esse processo de maneira bem-sucedida, o paciente narcisista precisa de uma relação terapêutica na qual, por um longo período, o terapeuta sistematicamente toma conhecimento das necessidades do paciente a fim de protegê-lo contra sentimentos insuperáveis de deflação e depleção.

*A gangorra narcísica*

Os narcisicamente perturbados estão presos numa gangorra fenomenológica. Um lado da gangorra é a inflação, e o outro é a deflação. O lado inflado é o pólo da grandiosidade, de ser uma estrela, o sr. Maravilha etc., e freqüentemente vem acompanhado de desprezo, frustração e desvalorização dos outros. O lado deflacionado da gangorra ("Se não sou o máximo sou um lixo") com freqüência manifesta-se como uma criança impotente, perdida, faminta, que sente inveja, ira e vergonha. A grandiosidade ajuda a pessoa a evitar a *awareness* do estado desinflado.

Quando a pessoa se sente ameaçada, quando a bolha da inflação é furada, quando há conflito etc., ela experiencia a mágoa narcísica. Esta é uma mudança de estado imediata e total, experienciada como se sem um processamento psicológico interno, e relativamente duradouro. Todo o sentido de segurança e autovalorização se perde, assim como o sentido de continuidade temporal. Pode não haver acesso fenomenológico para forças que, ao contrário, estariam disponíveis para a pessoa.

É educativo comparar a experiência de vergonha do neurótico com a desordem de personalidade narcísica. A pessoa neurótica orientada para a vergonha pode continuar a refletir e a auto-examinar.

Em resposta a uma experiência negativa, a uma competição ou a um conflito elas em geral perguntam: "O que há de errado comigo?". Nesta experiência neurótica de vergonha a pessoa perde o sentido do amor dos outros por si, querendo esconder-se para não ser vista como pessoa imperfeita que ela se sente agora, mas não perdem completamente o sentido do *self* ou da outra pessoa. Elas não perdem totalmente o sentido da própria individualidade, da discriminação entre o *self* e o outro (embora haja grande dose de introjeção e retroflexão), com freqüência, conseguem lidar com as tarefas do cotidiano (embora talvez prejudicadas pela vergonha) e são capazes de se recuperar. Quando seu desempenho é prejudicado pela reação de vergonha, o neurótico orientado pela vergonha tende a culpar-se, tanto quanto à circunstância e ao outro.

A desordem de personalidade narcísica experiencia uma perda emocional mais globalizada da outra pessoa. Elas podem experienciar isso com grandiosidade defensiva ou, mais freqüentemente, com deflação ou raiva global e repentina. Durante esta fase, não lidam, ou não conseguem lidar com tarefas, têm recuperação muito vagarosa e tendem a responsabilizar seu sofrimento pela maneira de serem tratadas pelos outros, em vez de se considerarem culpadas ou assumirem a responsabilidade por suas próprias inadequações. Nesse estado, podem ser bem cruéis e são capazes de encontrar justificativas para irresponsabilidades, exigências descabidas e comportamentos antiéticos ou ilegais. Consideram qualquer opinião contrária ou tratamento frustrante como totalmente injusto, inútil, ou vingativo.

Mas essas manobras continuam a fazê-las sentir vergonha e um sentimento de diminuição do valor próprio, pois sua autovalorização é tão dependente de como são tratadas pelos outros. Entretanto, como não se dão suporte assumindo a responsabilidade por sua situação, acabam sentindo uma mágoa narcísica. Isto é verdadeiro tanto para o narcisista predominantemente inflado quanto para o esvaziado.

*Resumo dos dois pólos*

| *Inflação (Eu sou grande!)* | *Esvaziamento (Eu sou um lixo!)* |
|---|---|
| Desprezo | Faminto, perdido, criança impotente |
| Destruidor | Invejoso |
| Desvalorização | Vergonha, ira ou pânico |

*Desapontamento*

Um dos *déficits* que mantêm a desordem de personalidade narcísica é a maneira com que o desapontamento é abordado. Os narcisistas, em geral, não têm um sentido de desapontamento assimilável – não experienciam um "estou um pouco chateado". Suas expectativas são infladas; tudo ou nada. Inevitavelmente, a experiência não realiza todas as suas expectativas. Suas expectativas são como uma bolha e qualquer desapontamento rompe a película que mantém a bolha intacta. Quando a bolha estoura, o narcisista inflado mostra desprezo, estraga ou desvaloriza aquilo que o desaponta ou com o que compete. Os narcisistas mostram seu modo infantil faminto, perdido, impotente. Isto é marcado por inveja, vergonha e ira. A inveja é tão danosa quanto o desprezo do modo inflado.

O narcisista assimila ao *self* grandioso-deflacionado, não o *self* como ele é. Qualquer reflexo de carinho, entusiasmo ou segurança que experienciem, não estão associados à vida comum. Eles se identificam com o extraordinário, com o especial. Para eles, comum necessariamente significa maculado, murcho, aborrecido, desinteressante, imprevisível, inseguro, inútil. Quem amaria uma pessoa comum? Aquele que consegue amar e se interessar por uma pessoa comum deve ser ele próprio cheio de defeitos.

Acredito que a pessoa normal tem um carinho, um brilho ou um bom sentimento de si mesma e, com alguma decepção, o sentimento continua, embora um tanto quanto diminuído. Em outras palavras, essas pessoas podem ficar decepcionadas sem mergulhar em vergonha e depleção. Isto é parte do que acontece com o processo de mágoa narcísica. Não existe o meio-termo entre a bolha inflada das expectativas atendidas e a posição caída que não vê valor, graça, importância, e assim por diante. Não é um sistema de continuidades, mas de dicotomias.

Quando ocorrem decepções, sentimentos de aborrecimento, dor, perda, fracasso, a criança aprende um estilo de lidar. Se o pai ou a mãe conseguem carinhosamente dar atenção à criança e permanecem razoavelmente calmos conseguindo "conter" os seus sentimentos, e se permitem sentir aborrecimento enquanto suas emoções são expressas, compreendidas e podem seguir seu rumo de maneira saudável, a criança pode sentir-se compreendida e aliviada, e o afeto negativo pode ser mediado e completado. Como esse processo ocorre num relacionamento com pais empáticos, a criança assimila o processo e aprende a fazê-lo por si. Pacientes narcisicamente perturbados geralmente têm carência desta habilidade de reconhecer, conter e mediar seus sentimentos e de autoconsolar-se.

*Histórico de desenvolvimento*
　　Muito foi escrito sobre o histórico do desenvolvimento dos pacientes narcisistas, mas infelizmente muito pouco dentro da abordagem Gestalt-terapêutica. Mencionarei apenas alguns itens que acompanham a presente discussão. Uma teoria de desenvolvimento ampliada na abordagem gestáltica está à espera de formulação posterior.
　　A experiência precoce da infância de qualquer paciente narcisista com quem trabalhei foi marcada por uma falta de contato autêntico entre ele e seus pais. Entretanto, eles raramente começam a terapia apresentando esta história. Com freqüência, estão focados em preocupações mais atuais, e dirão que sua infância foi boa, maravilhosa, sem nada digno de nota, que suas famílias, e em especial a mãe, realizaram um grande trabalho. Algumas vezes dirão que tiveram um relacionamento incomumente próximo com suas mães. Paul, o paciente que era terapeuta, dizia isto dele e da mãe. Os narcisistas esvaziados dizem não saber como se sentem tão inseguros com a mãe tão boa que tiveram.
　　Um paciente, um profissional brilhante e bonito, no começo do tratamento disse da mãe: "Ela foi a melhor mãezinha do mundo". Depois, na terapia viu-se que ela própria era tão narcisicamente privada, tão autocentrada, tão carente de *insight* que mal conseguia atender às necessidades, mesmo mínimas, dele. Ela bebia em excesso, expunha seus problemas para ele dar suporte, criou a impressão de ser uma mulher que sofria muito tempo de maus-tratos do marido (o pai do meu paciente). Com qualquer confronto ela mergulhava num estado doloroso enorme e inconsolável. Histórias após histórias fizeram o terapeuta perceber, de início, que o comportamento da mãe era ultrajante. O paciente havia introjetado a auto-imagem da mãe e tinha sua própria necessidade de idealizar ao menos um dos pais para manter qualquer sentido de ter uma família ordeira, amorosa.
　　O aspecto mais importante da infância de um narcisista adulto é o de costumeiramente não ter reconhecido nem ter tido um intercâmbio relacional, que levasse em conta o seu *self* verdadeiro, abrangendo sua experiência emocional, suas necessidades, suas habilidades e fraquezas. Começando nos anos de pré-escola, o(s) pai(s) tratava(m) emocionalmente a criança como secundária em relação às suas necessidades. Os sentimentos da criança não eram reconhecidos nem res-

peitados. Elas eram raramente elogiadas por progressos no desenvolvimento, exceto se estes tivessem reflexo na auto-estima dos pais. Elas eram elogiadas em excesso, quando não haviam realizado nada especial, ou seus feitos eram minimizados ou atribuídos aos pais. Resumindo, o paciente nunca era tratado como algo especial.

Uma variação é o jovem que era tratado como tão especial, que nunca poderia ter feito algo de errado. O "jovem príncipe" era excessivamente elogiado por realizações ínfimas. Na verdade, ele nunca merecia um elogio porque não tinha de lutar. Isso resulta na mesma falta de sentido realista de si, como o de não receber nenhum tipo de elogio. Porque, de fato, seu verdadeiro *self* não é reconhecido.

Crianças da pré-escola parecem passar naturalmente por fases de grandiosidade e de idealização. Isso parece ocorrer junto com o processo de desenvolvimento para, ingenuamente, representar segurança e competência. Eu me lembro de minha filha assim que aprendeu a andar, mostrando confiança de que conseguiria andar facilmente em qualquer superfície, e se houvesse algum problema alguém estaria ali para agarrá-la. Da mesma maneira, é normal passar por fases de idealização. Lembro-me de meu filho pedindo para que eu fizesse algo impossível. Quando eu disse "Não", ele olhou para cima com os olhos inocentes bem-arregalados e disse: "Sim", querendo dizer "Claro que você é capaz de fazê-lo".

Presume-se que no desenvolvimento normal dos primeiros anos, a criança aprende que seus pais são falíveis, e ainda assim maravilhosos, e que a criança também é falível e ainda assim maravilhosa. As crianças aprendem que pequenas decepções não são catastróficas e que o comum pode ser totalmente apreciado e amado. A experiência com a decepção da futura pessoa narcisicamente perturbada é de tal magnitude, que não consegue ser assimilada. Na sua vida adulta, a decepção provoca perda de material de excelente qualidade, perda da auto-estrutura. Nos anos de desenvolvimento o paciente narcisista experienciou excesso de desapontamento (ou pelo menos repentino demais) ou, ao contrário, era tão protegido e servido que ficou com um sentido grandioso de si e experiência insuficiente com o desapontamento. Os pacientes que começam a terapia dizendo que foram "mimados" e que nunca passaram por desapontamentos, batalhas, desilusões etc., posteriormente, na terapia, relatam terem de fato sido mal-entendidos, usados, privados, e de não terem sido vistos como eram realmente.

Uma necessidade importante que não foi atendida naqueles primeiros anos do futuro narcisista é de ter passado por um aborrecimento e não ter sido adequadamente consolado por um dos pais emocionalmente reativo.

## Distúrbios de fronteira

Os pacientes narcisistas são confluentes com suas imagens grandiosas e idealizadas. Aqueles que usualmente estão no modo desinflado também estão confluentes com suas imagens idealizadas e grandiosas, identificando-se essencialmente por terem algum defeito, por não serem o que as imagens deles exigiam. Eles têm muitas introjeções, em especial mitos familiares e crenças sobre o que é digno de amor e respeito. Eles são em geral insuficientes na capacidade de retrofletir de maneira saudável quando existe desapontamento – conter e manter seus sentimentos, expressá-los e canalizá-los de maneira socialmente construtiva, e consolar e manter bons sentimentos a seu próprio respeito.

Eles também utilizam muita projeção e identificação projetiva. Projetam seu *self*-crítico sobre os outros e interpretam comunicações por meio de uma lente que atribui aos outros os julgamentos, os valores e as emoções negativas, que são verdadeiros para si, mas que podem não ser em relação a outra pessoa. Qualquer sorriso, brincadeira, observação, expressão emocional, gesto da outra pessoa, em geral, é visto como significando que a outra pessoa estava sendo negativa em relação a eles ou que se tenha comportado de maneira errada. Se exploradas, qualquer das duas possibilidades freqüentemente se mostram projeções.

Por identificação projetiva, quero dizer projeção na qual a pessoa aliena ou repudia algum aspecto de si, o atribui a outra pessoa, mas em vez de afastar-se da pessoa sobre a qual o aspecto é projetado (ou dirigir-se contra ele), acaba se identificando com a outra pessoa. Assim, uma pesssoa brilhante, que não reconhece sua inteligência própria, poderia ver seu companheiro como brilhante. Então, ela pode tornar-se confluentemente ligada ao companheiro, aderindo e se permitindo ser maltratada. Uma extraordinária mulher narcisista via seu marido como inteligente e competente e a si como pessoa comum (não uma qualidade positiva em seu vocabulário). Ele a criticaria, algumas vezes com razão, mas muitas delas de forma bastante desrespeitosa. Ela percebia que deveria haver algo errado com ela, e ele deveria ter razão nas suas críticas, e acreditava que não conseguiria viver sem ele.

Não uso o termo "identificação projetiva" no sentido de que alguém pode colocar um sentimento ou um traço em outra pessoa.

Nunca uso o termo identificação projetiva para explicar por que eu poderia ficar zangado diante de um paciente hostil. E não uso o termo para significar "fiquei zangado por identificação projetiva". Porém, se fico frustrado com um paciente, pode ser que ele permaneça em terapia comigo porque identificou minha frustração com o seu *self*-crítico interno, e ao se permitir brigar comigo sentir-se melhor a seu respeito com isto. A frustração seria minha responsabilidade, e desempenhar este papel para o paciente seria um erro terapêutico, tanto por compreensão errada da situação clínica quanto pela contratransferência.

Há um certo sabor paranóide no funcionamento desses pacientes. Por causa do seu autocentrismo, com freqüência, acreditam que o que está ocorrendo no ambiente refere-se a eles, isto é, eles o personalizam. Quando as pessoas em seu ambiente estão afastadas, negativas, resmungando, presumem que o problema tem algo a ver com elas. Obviamente, às vezes tem. A postura paranóide presume que alguém é o centro de atenção do outro ou dos outros.

Também há a projeção da auto-rejeição, e o resíduo atual de experiências passadas de não ser enxergado, ou de ser maltratado, que é trazido para a situação, pelo paciente que foi narcisicamente ferido. Assim, a pessoa experiencia que ela é objeto do estado de outra pessoa, como também presume que a reação para com ela é de rejeição, de hostilidade, de desprezo.

Parte da reação paranóide é a permanente suspeita de qualquer recepção positiva. O narcisista depletado simplesmente não irá acreditar que o *feedback* é sincero, e se sincero, presumirá que é uma avaliação incorreta. O narcisista inflado, freqüentemente, irá considerar com desprezo a pessoa que o agrada da forma positiva, que ele ansiava. De acordo com Lynne Jacobs, essa desconfiança do positivo é em parte decorrente da crença do narcisista de que ele precisa dar suporte às necessidades narcísicas dos outros, em troca da concordância do outro em dar suporte à sua grandiosidade. Quando as interações humanas são vistas desta maneira, as reações positivas não passam de um contato social manipulativo (Jacobs, comunicação pessoal).

*Tratamento de desordens de personalidade narcísica*

Neste ensaio faço sugestões para a prática de Gestalt-terapia com pacientes que estão de moderada a severa e narcisicamente perturbados. Presumo que o leitor esteja familiarizado com os princípios e com a metodologia da Gestalt-terapia discutidos neste livro, e não irei repeti-los aqui.

*Permitindo uma sintonia empática*
O primeiro e mais importante aspecto do tratamento de um paciente desse tipo é realmente respeitar e confiar na realidade fenomenológica do paciente. Considere com seriedade as experiências deles! "Comece onde o paciente está" é um bom e velho ditado do trabalho de assistência social; e "fique com" a *awareness* do paciente é um bom e velho conceito da Gestalt-terapia. Com esse tipo de paciente é bom o terapeuta ter uma atitude que na média enfatize mais a inclusão ou a resposta empática do que ser pessoalmente expressivo, insistindo ativamente no diálogo sincero, sugerindo experimentos e encenações entusiasmadas, interpretando ou ensinando a enfocar fenomenologicamente.

Testemunhe, verifique e autentique a experiência do paciente a todo instante. Não tente transportar o paciente para uma *awareness* ou para um contato melhor, seja bem vagaroso para defender um ponto de vista, e, em vez disso, siga o *continnum* de *awareness* do paciente.

Muitas intervenções terapêuticas comuns e úteis são experienciadas pelos pacientes narcisistas como exigências que atendem às necessidades do terapeuta, em vez de as suas necessidades estarem em primeiro plano. Quando isto acontece, o mundo é experienciado como um lugar inseguro para o *self* verdadeiro entrar, e seus recursos ficam então direcionados para sua sobrevivência psicológica.

O relacionamento com um terapeuta empático pode ser a primeira vez em suas vidas que experienciam alguém que os ouve e também a mensagem do seu *self* verdadeiro e entendendo como eles experienciam o mundo – alguém que não lhes transmite a mensagem de que deveriam experienciar outra coisa, e não o que de fato estão experienciando. Pode ser sua única experiência com um outro significativo que não insiste, explícita ou disfarçadamente, que o paciente se entregue às necessidades, crenças e interesses do outro. Essa experiência de ter um outro atencioso validando a própria experiência é vital no desenvolvimento de um sentido de um *self* coeso, da atenção para com o *self* e o outro, e de confiança no contato interpessoal.

Portanto, é importante que os pacientes com distúrbios de personalidade narcísica tenham a oportunidade de desenvolver um relacionamento terapêutico relativamente livre de intervenções que eles sentem como invasivas ou invalidantes de sua experiência fenomenológica, tais como receber o detalhamento da verdadeira pessoa ou a experiência fenomenológica do terapeuta, compartilhando experiências de vida ou sentimentos do terapeuta, observações ou sugestões terapêuticas, opções para serem experimentadas etc. Algumas intervenções são até mais ofensivas, tais como a estruturação agressiva da sessão, ou a insistência por atenção no terapeuta e não no paciente.

Ellen era uma mulher judia, inteligente, com uma auto-estima profundamente baixa. Magoava-se com facilidade, vivia ressentida e tão contida fisicamente, que parecia andar sobre pernas de pau. Quando relatava um evento no qual se considerava sem opção, sem culpa, impotente e abusada, exibia uma raiva retrofletida por todo o corpo, no rosto e no ar exalava o odor de sua amargura. Ela falava com sarcasmo do seu algoz. Quando não estava falando de vitimização, falava com desprezo de qualquer pessoa que fosse diferente dela.

Era natural sugerir experimentos expressivos para ela. A energia amarga, irada, estava retrofletida. Mas ela se magoou apenas com a sugestão do experimento; odiava experimentos, e odiava qualquer coisa que a deixasse exposta aos outros. Ela estava impaciente com a morosidade da terapia, mas não experimentava nada. Mesmo o compartilhar de observações (como o de que ela prendia a respiração), sugerindo que pudesse ter alguma coisa no desenvolvimento de seus relacionamentos infelizes, em suas experiências fantasiosas etc. era recebido da mesma maneira. A única intervenção que não aumentava seu sentimento de vergonha e de não ser entendida eram reflexões como estas: "Isto pareceu como se tivessem te enfiado uma faca". "Quando ela disse achar que o trabalho acadêmico não estava com sua qualidade habitual, parecia estar novamente com sua mãe, quando nada nunca estava bom." "Obviamente, você não pode se considerar uma mulher atraente quando ele te diz que não tem um interesse romântico por você." "A sensação era a de que não era possível fazer nenhum trabalho no grupo, pois se o Joe pode te criticar, o grupo não é suficientemente seguro."

Josephine parecia totalmente diferente. Com freqüência, sentia-se desesperançada, vitimizada – mas achou que era algo errado com ela. Ela não era tão amargurada quanto Ellen, e parecia resignada, deprimida. Preocupava-se em me dar uma explicação diferente com o mesmo ar resignado. Ela não precisava que eu fosse perfeito, nem precisava que eu constantemente espelhasse seu comportamento. O que ela precisava, sim, era de um ouvido simpático, que "ficasse por ali" e fosse capaz de conversar com ela.

Ela se espelhava no marido, que se magoava com facilidade, e que se protegia atacando e mantendo distância. No início, qualquer sugestão de que o marido fazia parte do problema – por magoar-se e pelos ataques impiedosos de sua defesa – foi recebida com uma atitude incrédula, ingênua. Tinha de haver algo de errado com ela. Mas ela sentiu-se melhor pela atenção com que sua experiência foi ouvida, algo que nunca obteve de sua família e raramente de seu marido. Entretanto, quando sugeri que disesse ao marido que se sentia magoada e envergonhada quando ele a criticava, ou qualquer outra expressão simples dos seus sentimentos, ou como algo a afetava, ela replicava: "O quê? Você deve estar brincando."

Por diversos meses, gradualmente, ela começou a ver a contribuição do marido para suas interações, e passou a discriminar muito melhor sobre a contribuição dele ou dela. Ela era uma paciente narcisista, que vagarosamente começou a considerar a apresentação do meu ponto de vista diferente, em parte por causa do carinho e da consideração que eu tinha por ela, e em parte por praticar com ela a inclusão e por sua idealização de mim. Ela desenvolveu mais autocoesão e diferenciação do marido e era capaz de manter um mínimo de auto-estima e afastamento quando ele se distanciava ou a atacava. Seu sentido aumentado de autocoesão, inevitavelmente, aumentou suas habilidades de fronteira. E ela se moveu de explosões emocionais muito primitivas, agarrando-se ou isolando-se para um comportamento de contato aumentado. Até hoje a situação é cíclica e não melhorou muito. Não é muito satisfatório para qualquer um deles, e eles permanecem num impasse. A não ser que abandonassem o casamento, a melhora neste ponto também exigiria terapia para o marido, mas ele ainda resiste.

Obviamente, todos os pacientes irão experienciar alguma vez decepções, medos, mágoas narcisistas etc. Quando isto acontece com pacientes narcisicamente vulneráveis, o terapeuta não precisa e, em geral, não deve defender suas intervenções ou desculpar-se por elas (a não ser que o terapeuta sinta culpa de verdade) ou tente mudar o paciente ativamente, mudar a experiência do paciente conforme experienciada. É precisamente na circunstância de uma situação clínica destas que a atitude que estou descrevendo é necessária: explorar a experiência do paciente e simplesmente explicitar a sua parte na intervenção, junto com a afirmação da validade de sua (dele) experiência.

Com freqüência, a terapia com esses pacientes exige um período relativamente prolongado de enfoque na experiência do paciente, sem atenção explícita no aprimoramento do enfoque fenomenológico, da experimentação, do diálogo ou mesmo de esclarecimentos, a menos que venham espontaneamente do paciente. Mas à medida que o paciente recebe na terapia o tipo de atenção que é organismicamente necessária para sua coesão pessoal e autonomia para emergir pela primeira vez, gradualmente adquire o auto-suporte para se beneficiar de trabalho terapêutico mais tradicional, como: diálogo, enfoque fenomenológico, experimentação e interpretação.

À medida que o terapeuta atende à experiência do paciente com atenção e empatia, o relacionamento se desenvolve de acordo com o tipo e o grau de auto-suporte e organização da personalidade do paciente, compatíveis com os sentimentos experimentados, potenciais e *self* verdadeiro do paciente. Como resultado, o paciente aumenta o auto-suporte e, em geral, atinge um sentido de si mesmo suficientemente integrado, para que apareçam oportunidades no momento apropriado para melhorar a *awareness* de ordem secundária, como esclarecer o relacionamento experienciado pelo terapeuta e pelo paciente, discutir opções de experimentação, diálogo etc.

Não é surpresa que os pacientes narcísicos formem relacionamentos baseados mais intensamente em transferências narcísicas do que em contato interpessoal. Isso significa que a transferência pode ser do tipo que o paciente reduz o terapeuta a um espelho de sua auto-experiência factual ou grandiosa, uma transferência em espelho (*mirror image transference*) em termos kohutianos, ou outra, na qual o paciente idealiza o terapeuta. A terceira possibilidade, a que o paciente narcisista forma o que Kohut chama de transferência gemelar (*twinship transference*), na qual o paciente precisa "ficar na área" com o terapeuta. Isto pode ser exatamente o que o paciente precisa fazer, embora não pareça estar fazendo um trabalho terapêutico.

Quando o terapeuta faz um trabalho com base em sua sintonia empática, os pacientes podem vir a sentir-se seguros o suficiente para mostrar sua grandiosidade ou depleção. Então, ao mostrar suas reações a desapontamentos e frustrações, surge uma oportunidade para avançar usando a ligação empática do relacionamento terapêutico sobre a *awareness*, de maneira que assuntos inacabados sejam trabalhados. Os pacientes apresentam, então, mais coesão, segurança e sentimentos positivos. Os processos de *awareness* dos pacientes tornam-se mais precisos e usados a serviço das necessidades organísmicas do *self* e do outro, e eles se tornam mais sintonizados às outras pessoas como entidades em separado, enquanto, ao mesmo tempo, se tornam menos campo-dependentes para sua própria segurança e bem-estar. Assim, mais e mais pacientes acabam tendo contato mais consistente.

Tem havido uma consciência crescente de que todas as pessoas são em alguma medida narcisicamente vulneráveis. O trabalho com pacientes narcisistas levou a uma conscientização do quanto as pessoas em geral são narcisicamente vulneráveis. Daí estar ocorrendo na Gestalt-terapia dialógica, algum movimento em direção a uma ênfase maior sobre inclusão, equilibrando uma ênfase anterior sobre presença.

Atender à necessidade de sintonia empática do paciente tem sido tão eficaz, que alguns terapeutas foram levados a forjar propositadamente uma idealização ou transferência em espelho com pacientes narcisistas. Eles o fazem sendo supersolícitos, sempre concordando com a visão do paciente de que uma situação não poderia ser segura por causa de perigos narcisistas, sem considerar o paciente nem um pouco responsável por seu próprio comportamento. Alguns exageraram, a ponto de tratar os pacientes desta maneira, como se todos sofressem de desordem de personalidade narcísica, e até mesmo estruturando grupos. Isto é manipulação e não contato autêntico.

Considero isto muito infeliz. Permitir não é o mesmo que controlar. O terapeuta deve continuar funcionando como habitualmente, embora com modificações no trabalho de acordo com o suporte do paciente, para que ele possa sentir-se minimamente seguro para continuar o relacionamento terapêutico – mas isto não significa modificar as intervenções ou a presença manifesta do terapeuta, a fim de controlar, encorajar ou manipular a transferência.

Em treinamento, uma boa atitude significa que a experiência pessoal dos estagiários é valorizada, os fatores de segurança nos grupos são considerados de vital importância, que a pessoa do estagiário, e não apenas a competência demonstrada, é valorizada. Mas isto não significa suspender as exigências do treinamento ou da situação testada. Tratar os estagiários como se eles fossem excessivamente frágeis para enfrentar limites e exigências honestas e funcionar de acordo com padrões elevados é extremamente condescendente e reforça o sistema narcisista de ser maravilhoso ou um lixo.

Na Gestalt-terapia tradicional e na psicanálise, o paciente que insistisse num relacionamento transferencial idealizado ou em-espelho tornava-se objeto de intervenções terapêuticas como interpretação, diálogo, sugestões de experimentos com encenação etc. Quando o paciente não aderia ao enquadre e realizava o trabalho terapêutico de acordo com o viés preexistente do terapeuta, isto se tornava foco de comentários, interpretação, encontros, sugestões de experimentação. Em psicanálise isso significava interpretar a transferência narcisista. Na Gestalt-terapia, significava compartilhar com o paciente observações sobre assuntos tais como: responsabilidade, trabalho, diálogo, vontade de experimentar e outros. Esta atitude terapêutica levava em conta de maneira insuficiente a real capacidade de auto-suporte do paciente e a natureza da relação terapêutica. Se o terapeuta estiver realmente praticando a colocação entre parênteses, como a exigida pelo modelo fenomenológico da Gestalt-terpia, isto ocorreria com pouca freqüência e seria corrigido rapidamente pela aderência à experiência factual do paciente.

Com freqüência, o paciente narcisista comparecerá semana após semana e relatará a história de sua vida. Em trabalho terapêutico mais tradicional, isto era considerado um obstáculo, perda de tempo, manipulação etc. De nossa perspectiva atual, vemos positivamente essa atividade, na qual o paciente recebe atenção de uma pessoa importante, que sabe ouvir, entender e responder às suas experiências e ajudá-lo a integrar quaisquer dores, celebrar quaisquer vitórias etc.

Quando o terapeuta quer trabalho terapêutico mais ativo ou emocionalmente intenso, e está frustrado com a atividade do paciente narcisista, é porque ele não entende a necessidade e a utilidade disto para o paciente, e não reconhece nem assume a responsabilidade por sua frustração. O paciente percebe a falta de reatividade, sinceridade, positividade e receptividade do terapeuta. Quando o terapeuta fica defensivo, nega qualquer dificuldade ou culpa por ela, e a projeta no paciente, e o paciente sente-se inseguro, machucado etc. Sob essas condições, o trabalho necessário – a respeito de grandiosidade, depleção, desapontamento – não pode ser feito.

*Desapontamento*

O desapontamento é inevitável em qualquer relacionamento. Em algum momento, no decorrer da terapia, todo paciente irá sentir-se um pouco desapontado com o terapeuta. Para os pacientes narcisistas, isto com freqüência irá resultar numa exibição vívida de sua falta de coesão e integração, manifestas em estados de intenso rancor, pânico, desprezo, destrutividade e inveja. A base de suas defesas, a grandiosidade e a idealização desmoronam e eles têm dificuldade em sentir-se bem com a simplicidade de um terapeuta; de uma relação terapêutica que não seja perfeita; ou de si mesmos, por não serem perfeitos.

Uma paciente, de 25 anos de idade, fazia terapia de grupo. Seu pai era invasivo física e psicologicamente, e sua mãe era pouco protetora ou empática. Durante as sessões, ela ficava desapontada com minhas intervenções. Eu esclarecia cada intervenção e explorava as diversas maneiras pelas quais ela não se sentia ouvida, mas isso não foi suficiente. Ajudei-a, mas posteriormente ela deixou a terapia. O que não percebi, nem esclareci, foi o efeito que exerci sobre ela quando ela percebeu que eu não era perfeito, quando eu não era o melhor terapeuta do mundo em todos os aspectos. Quando isso aconteceu, ela perdeu qualquer sentido de ficar bem, confortada, segura ou satisfeita.

A situação geralmente piora com uma reação defensiva por parte do terapeuta, manifesta sob as formas de interpretação, confrontação, assassinato de caráter ou julgamentos negativos. Isso freqüentemente é disfarçado com gracejos, sugestões de experimentos, confrontação sobre "responsabilidade", ou atenção para a fronteira limite.

Norman era um paciente em terapia individual e grupal. Durante a fase de "apresentação" do grupo, ele contava histórias, não fazia contato com os outros, não demonstrava sentimentos "verdadeiros" baseados no aqui-e-agora, não considerava as pessoas, e era repetitivo. Tanto o grupo quanto o terapeuta ficavam frustrados. Enquanto o grupo era relativamente direto quanto à sua frustração, o terapeuta mantinha uma atitude mais aberta. Entretanto, numa noite a frustração do terapeuta se mostrou em sua voz cortante, dura e ríspida quando compartilhava observações. Naquela noite, um observador sagaz teria percebido que cada resposta curta do terapeuta era seguida por um olhar deprimido do paciente. Norman saiu do grupo, naquela noite, sentindo-se envergonhado, deprimido e pensando em deixá-lo.

Na sessão seguinte, o terapeuta observou que ele parecia estar negativamente influenciado pela última sessão. Norman não se identificou muito com o alegado humor e nem com uma possível causa. Felizmente, o terapeuta foi capaz de perceber e compartilhar que o efeito poderia ter sido uma reação do paciente à atitude aparentemente negativa do terapeuta na sessão anterior. Norman foi capaz de ouvir, reconhecer e confirmar que a suspeita do terapeuta foi precisa. Ele se sentiu mais centrado com a percepção do que ocorrera, e saiu da sessão mostrando algum apreço pelo fato de o terapeuta ter dado atenção a questões de relacionamento e aos seus (de Norman) sentimentos, assumindo a sua parte da interação.

Um outro exemplo não ocorreu tão bem. Era um treino de *workshop*. O estagiário, trabalhando como paciente, mostrou inabilidade ou falta de vontade de chegar a um acordo quando havia conflito, ficava irado quando qualquer *feebdack* deixava de ser adulatório, e era muito exigente. Seu terapeuta, um terapeuta em treinamento, trabalhando num estilo tecnicamente-orientado, sugeriu ao estagiário que se levantasse e imaginasse ser um guarda de campo de prisioneiros. O estagiário disse não querer fazê-lo e pareceu chateado com a sugestão. O terapeuta insistiu perguntando quais eram as suas objeções. O estagiário-paciente deu justificativas estereotipadas: era estúpido, não levaria a nada etc. Eles chegaram a um impasse e o trabalho não conseguiu mais progredir.

O terapeuta fez aquela sugestão, antes de fazer um bom contato com o paciente. Assim, de início, não havia condições de confiança e bom contato adequadas ao relacionamento terapêutico. Além disso, a sugestão não foi feita com um sentido de experimentação, mas o terapeuta ficou frustrado com a autoproteção do paciente, vendo-a como tirânica. Assim, o tom e a maneira de apresentar não eram experimental, mas confrontativo de uma maneira hostil. A oportunidade mais rica que se apresentou durante este trabalho pesaroso foi quando os sentimentos do paciente vieram à tona, embora a exploração da natureza desses sentimentos não tivesse sido estimulada pela pergunta: "Qual é a sua objeção?".

Somente depois, quando o paciente estava trabalhando com outro terapeuta-estagiário, a verdadeira natureza da proteção do paciente ficou clara. Ele descobriu um sentimento de estar sendo feito de tolo pelo primeiro terapeuta. A autenticidade ou não do sentimento era menos importante que o fato deste ser assim de fato experienciado pelo paciente, e isto não foi reconhecido. A técnica e a frustração do primeiro terapeuta predominaram sobre as necessidades do paciente.

O estagiário-paciente estava amedrontado, pois diante de situações de perigo entrava em pânico. O conflito ameaçava o sentido de integridade do paciente e a rigidez de sua resposta foi uma tentativa de "permanecer intacto". No contexto do contato empático com o segundo terapeuta, que percebeu o pânico e expressou o medo subjacente diante do grupo, o paciente foi efetivamente capaz de "amolecer" e distanciar-se da beligerância que estava mostrando.

O erro do primeiro terapeuta foi a escolha da técnica, que baseava-se na contratransferência; além de o momento ser inadequado, não reconheceu a vulnerabilidade do paciente. Um outro erro, mais significativo, foi o terapeuta não ter reconhecido a força e o tipo de reação do paciente e trabalhar isto com mais respeito e atenção ao paciente, do que aos seus próprios preconceitos.

Mesmo sem estas intervenções motivadas por contratransferência, fazer com um paciente narcisicamente perturbado o que faríamos naturalmente com um que não o é, em geral, exacerba a situação. Em muitas situações minha tendência natural é a de dialogar, ouvir e confortar a outra pessoa, e responder expressando o que estou experienciando. Isso precisa ser modificado com pacientes narcisicamente perturbados. Com a maioria dos pacientes, o diálogo autêntico é uma maneira eficaz de se comportar, e, com freqüência, não é assim com esses pacientes. Ao menos na minha experiência, esse tipo de contato precisa ser seguido por um período de intervenção baseado no reconhecimento da inadequação do auto-suporte do paciente.

Marsha era estudante universitária, tinha 35 anos de idade e fazia terapia individual. Periodicamente, telefonava-me entre as sessões, chorosa, deprimida, chateada ou zangada comigo. O aborrecimento começava ou era exacerbado por algo que havia acontecido na última sessão, e que me parecia perfeitamente normal. Em nossa conversa telefônica, eu esclarecia a situação a partir da minha perspectiva, e depois de ouvir o seu ponto de vista, eu comentava a respeito do que me lembrava, minha intenção e meus sentimentos. De alguma maneira, eu a aquietava mas não era muito eficaz terapeuticamente, o que não resultou na recentração da paciente. Enquanto Marsha estava satisfeita com o meu trabalho e aceitava minha resposta atenciosa, seu progresso era vagaroso. Parte do motivo era que, durante as nossas conversas telefônicas, eu freqüentemente cometia o mesmo erro terapêutico. Era compreensivo, aberto, dialógico, e isso não era suficiente. Eu não interagia com as experiências subjacentes ao aborrecimento. Não ocorreu continuação com *insight* verdadeiro, isto é, uma figura clara dando sentido ao assunto central. Por exemplo, quando ela se sentia contrariada e desesperada em relação à forma que os outros a tratavam e a desprezavam, não notou a minha percepção dos seus sentimentos. Eu não permaneci tempo suficiente, retornando a quão desanimador o cenário parecia, e quão horrivelmente ela percebia seu tratamento por outros.

Os pacientes narcisistas precisam do terapeuta para cuidar de sua experiência, dos significados que têm para eles, e das suas experiências de desenvolvimento relevantes. Durante as fases iniciais da terapia é mais importante explorar o significado dessas decepções para o paciente, do que a construção de uma *awareness* mais precisa (como ouvir a descrição fenomenológica do paciente pelo terapeuta) ou o detalhamento maior pelo terapeuta da maneira que o paciente o afeta. Depois, na terapia, poderá haver estrutura para essas outras vias de atividade terapêutica.

Se o diagnóstico é preciso, e a intervenção que se segue ao desapontamento ou "mágoa narcisista" estabelecem uma sintonia empática, o paciente sentir-se-à melhor. Isto é facilmente observado e voluntariamente reconhecido pelo paciente, embora o humor melhorado não seja bem-compreendido e deixe o paciente um tanto quanto perplexo. Quando tais pacientes melhoram eles são novamente capazes de conter, regular e canalizar seus sentimentos e reiniciar suas vidas e atividades terapêuticas. Esta mesma sensação de sentir-se melhor é seguida por sessões rotineiras, quando eles contam a história da semana e nenhum trabalho terapêutico parece ter sido feito. Os pacientes saem mais centrados, sentindo-se melhor consigo mesmos, com chances de interagir no mundo, de uma maneira que resulte em crescimento.

*Simplifique*

O paciente narcisista vive num mundo de grandeza e insignificância, em que o comum equivale a insignificante. Ele não aceita nem é receptivo a qualquer decepção, ou ao fato de estar um pouco decepcionado. Se ocorre um desvio da sua imagem fantasiada, todo o bem-estar se perde por completo. Se não forem extraordinários, são nada. "Ser nada" ameaça sua existência psíquica. Ele perde qualquer sentido de ser singular ou especial.

Uma das tarefas que esses pacientes enfrentam na terapia é "fazê-lo de maneira simples". Ser capaz de permanecer centrado em face da inflação e da deflação; manter a perspectiva; ser competente sem ser o melhor; continuar a amar quando uma mácula é notada na pessoa amada; ser amado sem a imagem da perfeição do *self*.

Minha experiência no trabalho com esses pacientes é a de que na infância eles foram privados da experiência de compensação e consolo adequados; não obtiveram respostas que compatibilizassem de maneira adequada à sua estrutura e não obtiveram resposta com a necessária sintonia empática que capacitasse assimilação em vez de serem oprimidos. O desapontamento com equanimidade requer que a pessoa seja confortada, e isto é o que mais está ausente de sua história precoce. Se não mantiverem sua postura grandiosa, não terão talentos desenvolvidos para se autoconfortar. O aborrecimento se agiganta pois eles não conseguem fazê-lo insignificante. Quando a sopa está quente eles não sabem como soprá-la para esfriá-la. Com freqüência, seus pais, e em especial a figura materna, também careciam dessa habilidade. Ao contrário, quando eram elogiados, realmente não haviam realizado um verdadeiro feito para a idade e para o estágio desenvolvimental da criança. Quando se recebe uma resposta exagerada – um elogio – por algo que não é um feito, é como ser invisível, ou não ser visto como se é realmente. A criança "que não comete erros", o pequeno príncipe, não é visto pelo que é, mas, uma mensagem lhe é enviada, de que apenas o *self* grandioso é merecedor de amor, atenção e respeito. Não se tem a expectativa nem se permite que sejam comuns ou apenas competentes.

Em geral, esses pacientes foram submetidos a muitos desapontamentos (de forma repentina), e não lhes foi permitido experienciá-los de forma realista, pois, ao contrário, teriam de sofrer desapontamentos sem o necessário contato baseado na empatia. Para crescer de modo adequado as crianças precisam arriscar-se, falhar algumas vezes, aprender sobre sucesso e fracasso, habilidades e pontos fracos. Elas não precisam ser tão perfeitas, mas devem melhorar. Para fazer isso precisam admirar seus pais e achar que eles não são tudo, mas mesmo assim considerá-los maravilhosos. Seus pais precisam ser capazes de reconhecer suas fraquezas e ainda assim considerá-las maravilhosas.

*Individualizar*

Como essas sugestões são para pacientes narcisistas em geral, isto é essencial: você precisa entender o paciente individual e individualizar sua abordagem de tratamento. Na minha opinião, a boa terapia não se faz aplicando-se regras do tipo livro de receitas. Para mim a Gestalt-terapia é uma arte baseada em fenomenologia clara, *awareness* e contato dialógico, e quaisquer sugestões baseadas em dados grupais, tais como o diagnóstico, são apenas sugestivas e úteis para o aumento da perspectiva do terapeuta.

A necessidade de individualizar me foi trazida durante um período de tempo em que tive dois pacientes com problemas narcísicos, que começaram a terapia ao mesmo tempo. Eles tinham estruturas de caráter muito semelhantes. Tinham formação em saúde mental, um era terapeuta e o outro era estudante e estava quase concluindo o curso. E, por coincidência, atendi-os no mesmo dia.

O primeiro deles, que atendi naquele dia, insistiu claramente que queria fazer terapia seguindo apenas a sua experiência. Ela era uma pessoa capaz de verbalizar o que muitos pacientes sentem mas são incapazes de articular. A maior parte da sua vida ela cuidou das necessidades das outras pessoas e queria que aquela hora fosse dela. Saber qualquer coisa a meu respeito pessoal trazia o risco de que ela se dedicasse às minhas necessidades e não às dela. Por algum tempo, sua terapia foi experiencial, e até mesmo experimental, mas sem revelar nada pessoal a meu respeito. Com seu crescimento isto mudou, e após um ano e meio de terapia o relacionamento começou a ficar mais explicitamente interacional, e descobrir coisas a meu respeito tornou-se, para ela, uma parte importante da terapia. Eu acabaria sendo um desapontamento? Eu seria invasivo, ou a abandonaria? Ela descobriria que faço coisas terríveis quando não sou terapeuta?

Durante as primeiras sessões com o segundo paciente, comecei espelhando, devolvendo com respostas empáticas as informações recebidas, que funcionaram tão bem com a paciente anterior. Na segunda ou terceira sessão ele exclamou, com frustração: "Não me diga o que estou experienciando, isto eu já sei, diga-me o que você está experienciando!". E, quando eu o fiz, ele reagiu bem para o que havia dito querer. Ele precisava saber se eu estava realmente presente e impactava – e também se eu estava suficientemente estruturado para lhe propiciar um contexto seguro.

Minha mensagem é a de que precisamos trabalhar com a conexão entre os indivíduos singulares que tanto o paciente quanto nós somos, usando as informações gerais da nossa profissão para nos sensibilizar para às temáticas importantes, seqüências prováveis, variações possíveis etc. Levar a sério o que o paciente diz experienciar (e naturalmente o que o terapeuta experiencia também) é nossa diretriz mais valiosa.

*Luto pela perda*
Quando a fantasia da perfeita confluência é explorada e o desapontamento é aceito, torna-se cada vez mais claro para o paciente que o mundo do contato irá apenas tornar mais próximo o que está sendo buscado na fantasia. O pai ou a mãe da fantasia, idealizados, que são

perfeitos e não têm *self,* que espelham e cuidam perfeitamente mais das necessidades do filho do que das suas próprias, que estão sempre ali quando necessário, e ausentes quando a criança precisa de espaço, que sabem o que a criança quer, não são possíveis nem na infância. Na vida adulta, são menos possíveis ainda.

Lynne Jacobs indica a importância da escolha do momento apropriado, ou de quem inicia a discussão da fantasia como fantasia. Ela afirma que seus pacientes costumam descrever "uma experiência extremamente agradável, em perfeita sintonia comigo. Nas primeiras etapas, sua experienciação é dominada por sua fantasia de contato. Depois de experiências em que eu os desapontei inicialmente e tivemos de "consertar" a situação, eles começam a identificar um desejo ou fantasia que difere da experiência direta. Mas quando eu desafiava sua experiência de confluência chamando-a de fantasia, antes deles, em geral, eu perdia um paciente" (Comunicação pessoal, setembro de 1990).

No máximo, o contato apenas aproxima esses desejos. O que é impossível precisa ser pranteado. Para sarar, a pessoa precisa reconhecer a perda, os limites do possível, lamentar a perda e continuar. O ritmo com um paciente narcisista deve ser dado pelo paciente.

> Deus conceda-nos a serenidade para aceitar o que não podemos mudar, a coragem de mudar o que podemos e a sabedoria para saber a diferença.

*Nota final*

Minha discussão a respeito do tratamento do paciente narcisista não estará concluída antes de analisarmos o paciente *borderline*, e discutirmos o tratamento dos dois tipos de paciente.

## Desordem de Personalidade *Borderline*

*Quadros contrastantes*

As pessoas, em geral, consideram os pacientes com desordens de personalidade *borderline* como crianças imaturas, hiperemocionais ou alternativamente condescendentes, carismáticas, manipulativas e/ou líderes sedentas de poder. O *borderline* é recebido com estupefação, parecendo ser "louco". O narcisista geralmente parece normal na superfície e surgem problemas em certas situações interpessoais como conflito, fracasso ou intimidade.

Embora às vezes os *borderline* pareçam funcionar admiravelmente bem, em geral se desmancham. Os pacientes *borderline* que funcionam melhor parecem fazer bem o seu serviço, mas sem prazer, sem alegria de viver. Em tais casos, sua vida íntima ou é inexistente ou caracterizada por relacionamentos extremamente emaranhados, marcados por fronteiras muito maldelimitadas. Eles têm o humor muito lábil e, quando aborrecidos, funcionam muito mal. Perdem funções básicas do ego que o narcisista não perde, isto é, sua percepção, pensamento e auto-identidade estão em risco. Usualmente apresentam um sentido de constância objetal maldesenvolvido, e sob estresse perdem fronteiras de tempo, espaço e pessoa.

Quando perturbados parecem loucos, perigosos ou inacreditáveis. Isto pode ser desencadeado por todas as situações que evocam respostas primitivas nos pacientes narcisistas, mas além disso qualquer contato próximo ou separação é ameaçador. Para o *borderline* qualquer separação pode provocar uma ameaça ou um sentimento de abandono. Mesmo o sucesso pode trazer o temor de pânico do abandono.

A confluência também tem alta voltagem com os *borderline*. Eles procuram confluência com avidez. Na verdade têm uma fantasia subjacente de serem cuidados e fundir-se que é muito atraente e aterrorizadora. Seu desejo de confluência e ojeriza à separação torna o contato próximo psicologicamente perigoso para eles. Se um *borderline* conseguisse toda a confluência que procura, perderia qualquer sentido de autonomia própria.

Alguns *borderline*, os que funcionam numa amplitude maior ("*borderline* Norte"), temem mais o abandono do que a confluência e se defendem disso sendo bastante confluentes.

O *borderline* apresenta um quadro de terapias múltiplas anteriores malsucedidas, ou uma longa terapia anterior sem mudanças. Eles iniciam cada terapia denegrindo o terapeuta anterior, falando dele como se não tivesse qualidade nenhuma. Seu desejo desesperado de resgate, com freqüência, resulta em presunções não-realistas sobre quanto o novo terapeuta poderá ajudar.

Enquanto o narcisista inicia a terapia mostrando um tipo de paranóia – suspeita do terapeuta – o *borderline* quer salvação. A história do *borderline* em terapia é a da grande esperança, seguida da grande decepção, e então, denigre o terapeuta. Enquanto o narcisista busca perfeição e irá idealizar e depois quebrar o ícone ou herói quando ocorre o desapontamento, o *borderline* não apenas irá idealizar, mas ter uma expectativa verdadeira de ser cuidado e terá seus problemas resolvidos (solução mágica) e depois se voltará contra o sábio caído. O narcisista quer que o terapeuta concorde com suas imagens grandiosas; o *borderline* quer mesclar-se com o terapeuta. Os narcisistas querem a afirmação da validade de suas experiências; pacientes *borderline* querem resgate e consolo.

Enquanto a pessoa com desordem de personalidade narcísica sente-se alienada e quer validação para sua existência, o *borderline* sente-se impotente, fragmentado e abandonado (Giovanni, 1979), e deseja ser tomado nos braços protetores do terapeuta.

Os narcisistas freqüentemente não têm conexão emocional com seu passado e irão apresentar um quadro altamente idealizado de suas famílias. Eles precisam ser encorajados a falar sobre suas origens. O *borderline*, em geral, irá começar com substancioso material de contexto psicológico, falando sem reservas, mas sem assimilação. Não seria incomum um paciente *borderline*, na primeira sessão, relacionar os fatores aparentemente mais íntimos ou material genético, patogênico, quando há pouca estrutura para lidar com este material, seja em termos de auto-suporte do paciente, seja no fortalecimento da relação terapeuta-paciente (que acabou de começar).

Em meu trabalho sobre a assimilação de perspectivas psicanalíticas em Gestalt-terapia, falo de um paciente chamado Budini. Budini tinha uma longa lista de analistas e veio para mim diretamente de uma hospitalização psiquiátrica. Logo na primeira sessão me disse saber que eu iria fazer dele um campeão, pois havia ouvido dizer que eu era muito bom. Budini não me conhecia, não conhecia a minha abordagem, nem sabia se a química pessoal entre nós iria funcionar. Mas deixou claro que diferentemente dos outros terapeutas, alguns bastante conhecidos na comunidade psiquiátrica, eu seria bem-sucedido.

A trajetória do tratamento de *borderline*, assim como sua vida, são marcadas por crises freqüentes, pobres em soluções, mesmo que corretamente tratados e com capacidade limitada de recuperação rápida do equilíbrio. Eles mostrarão regressão severa, fragmentação e perda de conexão com o terapeuta entre as sessões. Por exemplo, se o terapeuta ouve o narcisista quando ele está chateado, ele geralmente se recupera e continua com a terapia, como se nada tivesse acontecido. O *borderline* que tenha sido ouvido, reconhecido e respeitado, pode voltar para a próxima sessão não afetado, ou pode ter piorado.

Resumindo, onde o narcisista quer espelhamento e sintonia empática, os *borderline* querem que o terapeuta os aceite, querem fundir-se e também querem ser cuidados, e que se faça seu problema desaparecer. Onde o narcisista está absorvido com sua auto-imagem, o *borderline* está fragmentado. E onde o narcisista alterna inflação e deflação, o *borderline* desaba, entrando em estado de fúria, de pânico e, às vezes, de psicose temporária. Quando hospitalizado, o *borderline* com psicose temporária fica vulnerável a deteriorações de longo prazo e a disfunção permanente.

*Diagnosticando o* borderline
Há diversas listas de critérios para diagnosticar os *borderline*, além da Classificação DSM III. Considero as de Kernberg (1975) e Gunderson (s.d.) úteis. Em vez de estudar as semelhanças e as diferenças desses critérios, a pesquisa de validação, as populações estudadas etc., tentarei oferecer uma lista combinada, derivada da minha experiência, da de Kernberg e da de Gunderson apenas para sugerir algumas possibilidades.

1) Polissintomático. Uma das primeiras indicações de diagnóstico *borderline* é a de um paciente que apresenta grande variedade de sintomas, muito mais ampla do que a comumente encontrada e/ou que raramente ocorre numa mesma pessoa. Por exemplo, quando encontro um paciente obsessivo, histérico e deprimido (com freqüência esses pacientes têm também múltiplos problemas de saúde), logo um diagnóstico de *borderline* me vem à mente.
2) Comportamento impulsivo, viciado e atuante. É comum os *borderlines* agirem prematuramente, sem preocupar-se com as conseqüências éticas seguras ou legais. Esses pacientes não são sociopatas sem culpa, mas transportam intensa carga afetiva no comportamento de se livrar da experiência de uma energia emocional, que é demasiadamente intensa para seu sistema de auto-estruturação. A atuação inclui o abuso de substâncias químicas. Sexualmente, usam os outros sem consideração por sua personalidade, e são promíscuos (têm tendências sexuais perversas polimorfas).
3) São manipulativos e têm tendências suicidas. Talvez nem seja necessário dizer que os pacientes atuantes e viciados também sejam manipulativos. Pacientes *borderline* manipulam por meio de atitudes e ameaças suicidas. Por favor, fique atento ao fato de que estas observações não significam que as ameaças não devam ser levadas a sério.
4) Afetividade lábil e exacerbada, especialmente humores disfóricos. Os pacientes *borderline* comumente têm emoções intensas e lábeis.

Não raro, são emocionalmente inexpressivos. Manifestam humores disfóricos, com pouquíssima capacidade de experienciar afetos positivos e, em geral, não são hedonistas. Neles predominam a raiva, a ira, a amargura e a depressão.

5) Experiências psicóticas leves. Os *borderline* às vezes têm experiências psicóticas ego-distônicas, transitórias e relacionadas ao estresse. Apresentam uma ideação paranóide antidrogas e a história de terem piorado em terapia anterior. Com freqüência, têm experiências dissociativas, embora não apresentem ilusões e alucinações típicas.

6) Relacionamentos íntimos conturbados. Os pacientes *borderline* têm ligações pessoais muito intensas. Consciente e repetidamente, saem machucados de relacionamentos íntimos e costumam fazer queixas, isto é, sentem-se "vítimas". Um padrão alternativo compreende apenas relacionamentos superficiais, sem intimidade. São muito exigentes e dependentes, mas desvalorizam seu parceiro. São ma-nipulativos e parecem ser masoquistas. Isto está relacionado com o se perder na confluência e suas oscilações entre modos divididos (ver o Capítulo 7).

7) Manifestações inespecíficas de fragilidade do ego. Os *borderline* têm a estrutura da personalidade pré-psicótica clássica, funcionando como uma desordem de cartáter fraco, com narcisismo infantil, masoquismo e operações defensivas primitivas. Sua tendência de usar o mecanismo de cisão (discutido a seguir) é particularmente digna de nota.

*Déficits de ego*

Constância objetal

Uma tarefa importante do desenvolvimento é aprender a constância objetal. Se a pessoa é biologicamente íntegra e tem um ambiente atencioso adequado nos primeiros anos de vida, isto evolui como um processo de maturação natural. Isto é essencial para o desenvolvimento e para a integração de um quadro preciso e estável do mundo interpessoal, que é parte de nosso funcionamento perpetual holístico. Não precisamos ser ensinados que a mesa é quadrada, mesmo que estejamos olhando para ela de um ângulo em que ela é mecanicamente registrada na nossa retina como um retângulo. Depois de certa idade, conseguimos imaginar um objeto que esteja parcial ou totalmente fora do alcance da visão. Abaixo desta idade ela literalmente está não apenas "fora do alcance da visão, fora de concepção" mas "fora do alcance da visão, não existente".

Aprendemos, também, que as pessoas continuam a existir quando saem da órbita da visão. Não somente isto, mas aprendemos que elas reaparecem. Mamãe sai, depois volta. Depois de aprender a andar a criança aprende que ela pode sair e depois voltar. Assim, pode testar sua independência e depois voltar para suporte à medida que necessitar. A mãe estará lá (pelo menos este é o quadro ideal; veremos a seguir que isto não é verdadeiro para a experiência infantil precoce do adulto *borderline*). E a criança aprende a contar com a coexistência de independência/autonomia e suporte ambiental apropriado.

A criança também aprende constância objetal emocional, pois os pais fazem coisas que ela gosta e que não gosta. Pais bons às vezes fazem coisas ruins. Crianças boas fazem coisas ruins. A criança comete erros, é doloroso e ela aprende que o amor continua disponível. A imagem do genitor bom (e da criança boa) é mantida constante, mesmo que em dado momento a atmosfera seja de raiva.

A tarefa não foi completada para os pacientes *borderline* e eles não desenvolveram um bom sentido de constância objetal. Para eles é muito difícil permanecer com a imagem de uma pessoa depois de ter-se separado dela, como o é para uma criança pequena. Eles têm dificuldade em experienciar constância pelas fronteiras de tempo, espaço e pessoa. Se algo não estiver representado no campo sensorial do momento, eles têm problemas de se relacionar com este algo. Isto não é verdade para o paciente narcisista, que não é *borderline*.

Como os *borderline* têm uma capacidade tão limitada para manter um sentido de relacionamento quando estão separados, as separações significam abandono e ameaçam o paciente com desintegração e morte psicológica. De fato, sob qualquer ameaça, há propensão à desintegração, à fragmentação e à perda de funções básicas do ego.

Cisão

Na Gestalt-terapia a dicotomização é considerada um aspecto básico de toda psicopatologia e do aspecto patológico da vida moderna. Isto foi claramente discutido em *Gestalt Therapy* (Perls *et al.*, 1951). Já afirmamos que nas desordens de caráter ocorre a dificuldade de juntar opostos em polaridades integradas em vez de polarizá-las em dicotomias.

A dificuldade em alcançar uma gestalt que lida com contradições e polaridades é especialmente importante para a organização dos *borderlines*. Os *borderline* persistentemente evitam *awareness* de opostos. Quando tomam consciência de opostos, experienciam intensa desordem, pânico e ansiedade. Além disso, têm uma maneira especial de dicotomizar chamada "cisão".

Partes da auto-experiência que, em conjunto, formam um todo são mantidas a distância na *awareness*, sem que uma influencie a outra. A pessoa tem consciência de ambas, mas nunca ao mesmo tempo. Isto é diferente de repressão. Com a repressão, aquilo que é mantido fora da *awareness*, fica fora da *awareness*. Aquilo que está em *awareness*, está rapidamente disponível para a *awareness*, e não oscila de momento a momento. Com "cisão", metade da polaridade está "reprimida" e a outra parte está disponível. Quando a parte "reprimida" se torna *awareness*, a outra é "reprimida".

O lado inalcançável de uma cisão *borderline* é inalcançável em graus variados. Algumas vezes o lado indisponível está totalmente reprimido em dado momento. Com freqüência, o *borderline* consegue "lembrar" o outro lado, se pressionado – mas o significado emocional está perdido. O significado e a importância que o outro lado tinha para ele mudam, às vezes tornando-se irreconhecível. Quando este lado inverte o significado inverte.

Essa cisão também ocorre com o quadro que o *borderline* faz dos outros. Partes da outra pessoa, que em conjunto constituiriam uma imagem razoavelmente fiel, são mantidas separadas na *awareness* do percebedor, criando assim um quadro impreciso e enganoso. Desse modo, quando um *borderline* está zangado com alguém, ele freqüentemente não consegue lembrar-se de alguma vez ter sentido qualquer coisa positiva pelo outro; quando sente carinho, não consegue lembrar-se de qualquer coisa negativa.

O *borderline* não consegue manter um quadro nítido do todo. Para fazer isso, precisaria de um sentido mínimo de constância objetal e capacidade de enxergar os opostos e outras diferenças que coincidem no mesmo grupo de pessoas.

O narcisista irá dicotomizar na mesma amplitude de seu padrão de inflação-deflação e, ocasionalmente, chegará até a cindir. De modo típico irá recordar-se de ambos os lados, mas será capaz de sentir apenas um. Na verdade, parte da ira e do pânico da reação à mágoa narcísica é por causa da *awareness* da perda da imagem constantemente mantida idealizada, agora decepcionante. O padrão narcisista pode ser visto tanto nas desordens de personalidade narcísicas quanto nas *borderline*. Ocorre falta de integração em ambos os casos de dicotomização, mas o bloqueio da *awareness* é muito mais severo na cisão *borderline*.

Conexão *ou* separação: Um perigo geminado

A cisão de bom e mau é observada em toda literatura psicanalítica. De fato, durante certo período, a cisão era definida apenas em termos de bom e mau. Acredito que o processo de cisão esteja relacionado a todas as funções do ego e, de maneira nenhuma, está ligado apenas a bom e mau. A cisão *borderline* é mais básica do que o conteúdo da cisão bom e mau, e cisão bom-mau não é a essência da cisão.

Olho para o processo de cisão, em vez de conteúdo. Ao observar o fenômeno neste modo-processo, esta cisão do *borderline* parece estar em todos os lugares, cobrindo muitas áreas do pensamento, da percepção e da emoção. Na verdade vejo surgir outra cisão, que acredito ser mais significativa do que a de bom-mau, e que nesta cisão, o conceito Gestalt-terapêutico de contato e fronteira de contato é um ponto de partida muito útil.

O título desta seção enfatiza a palavra *ou*. O *borderline* cinde conectar e separar. Obviamente, qualquer pessoa que conheça alguma coisa da teoria de Gestalt-terapia sabe que o contato consiste de ambos: conectar e separar. Esta teoria básica da gestalt é uma concepção muito útil para o entendimento e para o tratamento do *borderline*. A ênfase no contato como conceito e princípio terapêutico é parte do motivo pelo qual afirmo que a Gestalt-terapia, ao menos uma Gestalt-terapia psicanaliticamente informada, é a terapia de escolha para o *borderline*.

O *borderline* pensa em "contato" "conectabilidade" como sendo equivalente a confluência, a fusão, a regressão, a perda de autonomia e a competência. Eles são capazes de conceber proximidade emocional, competência e autonomia, mas não são capazes de concebê-los conjuntamente. Eles cindem os dois. Ficar próximo significa ser cuidado, ser incompetente.

A conectabilidade equivale a fusão; a separação ou a autonomia equivalem a abandono, isolamento e fome. Ser competente e autônomo significa ser separado. Separado significa nenhuma conexão (lembre-se de que o *borderline* não tem constância objetal e cinde o campo fenomenológico). Ser competente significa não precisar de ajuda. Para o *borderline* dependência e competência não conseguem ser integradas, mesmo como possibilidade mental. Portanto, competência significa ser abandonado e não obter nada emocionalmente.

Portanto para eles a escolha se resume a: passar fome (só e competente) ou ser nutrido (fundido e incompetente). Por causa disso, um dos pontos perigosos da terapia, que exige boa perspectiva por parte do terapeuta, é quando o paciente começa a mostrar competência melhorada. Neste ponto, muitos pacientes *borderline* irão abandonar a terapia prematuramente, sem ter consciência do que estão fazendo, pois permanecer significaria nutrir-se da relação terapêutica, e desistir da competência. Infelizmente, esta cisão-abandono do estado de competência não é sustentável, pois não leva em conta as necessidades da interdependência.

Os *borderline* tanto temem quanto buscam esta confluência. Mas com sua cisão eles não reconhecem que ambos existem. Assim, em determinado momento eles se sentem como se sua sobrevivência dependesse de não haver separação ou diferenças e em outro temem a perda do *self* na fusão. Quando a intimidade se aproxima, o *borderline* com freqüência irá perturbar o relacionamento, por exemplo, fugindo da terapia.

Por causa da cisão, eles têm uma capacidade de regressão infinita. Quando têm uma fantasia de serem cuidados, não retêm um sentido contextual de seu *status* autônomo e impossibilidade de fusão. Assim, com o *borderline*, a regressão não está a serviço do ego. Suas fantasias de que o outro de fato tome conta dele são com freqüência mais grosseiramente inadequadas e primitivas do que parece. Quando regredidos, não têm acesso ao ego observador, que está completamente cindido. Há ego observador insuficiente. Esta é a razão pela qual, no trabalho com *borderlines*, o excesso de "suporte" tem efeito contrário, como discutirei a seguir.

Quando eles estão com sua competência no modo cindido, não têm um ego para observar o *self* dependente, incompetente, temeroso, ávido por fusão. Portanto, quando o paciente *borderline* está neste estado, o terapeuta precisa levar em consideração a parte indisponível da fenomenologia do paciente.

A seqüência *borderline*

A separação e individuação do "Eu" da confluência (fusão simbiótica) levam a uma perda de qualquer sentido de conectividade ou de abandono. Isto é verdade mesmo quando o *borderline* está saindo ou separando-se de modo voluntário. Isto usualmente leva à aderência como defesa, embora às vezes leve a um distanciamento (isolamento) como defesa. Se a aderência é respondida de maneira confluente, ela leva a mais confluência e ao terror da perda do "Eu", e daí a separação, repetindo o ciclo. Se a confluência é respondida com contato diferenciado, o paciente *borderline* irá sentir-se abandonado e reagirá com emoções negativas primitivas.

Um bom contato não é atingido por dicotomizar alternadamente entre os extremos de confluência e isolamento, que não considera qualquer caminho intermediário. O contato é mantido movendo-se entre separação e conexão, entre fases de afastamento e contato do ciclo contato-afastamento. Mas a função contato se perde quando o afastamento vai até o isolamento estático com a perda concomitante da função conectante da fronteira; ela também é perdida quando o conectar vai para uma posição estática, na qual ocorre perda da função de separação da fronteira.

Trabalhar o sentido de abandono do *borderline* e suas defesas é uma tarefa árdua, difícil, prolongada e necessária. Este processo fortalece o sentido verdadeiro do "eu" do paciente e sua conexão e separação com o terapeuta. Isto tende a desencadear uma outra etapa no ciclo que estivemos discutindo.

O terapeuta precisa saber com antecedência que o paciente *borderline* irá passar por esses ciclos repetidamente no decorrer de sua vida e no decorrer da terapia.

As defesas de distanciamento, em geral, aparecem na forma de competências que negam quaisquer problemas, e, às vezes, abandonam a terapia porque estão se saindo muito bem. O problema é que este é um estado cindido. O paciente tem a sensação de competência totalmente desprovida de qualquer sentido de necessidade de ingerir nutrição do exterior. É uma posição de privação de nutrição e, por isso, insustentável.

O *borderline* que está neste estado com freqüência irá deteriorar repentinamente sob certos tipos de pressão interpessoal, em geral relações íntimas, pegajosas, nas quais as fronteiras não foram respeitadas, ou relações difíceis com autoridades. Nos relacionamentos amorosos ocorrem intimidades tempestuosas, nas quais o paciente tem despertadas fantasias de fusão muito primitivas, e ele atua para obter separação. No trabalho isso significa um duelo de vontades com autoridades, e a atuação freqüente na forma de relacionamentos íntimos e até sexuais inadequados com alguma figura-chave.

Masterson (1972, 1976, 1981) descreve detalhadamente essa separação entre competência e dependência, e também discute as implicações de tratamento. Infelizmente, o seu viés psicanalítico específico, como, por exemplo, o da afirmação de que a função terapêutica é intelectual, exige muita transformação de material para o enfoque da

Gestalt-terapia. Além disso, sua teoria etiológica está eivada deste sentido estreitamente linear de causalidade mecanicista histórica.

Masterson apresenta uma tese útil, e interessante, mas também falsa e perigosa. Ele acredita que a etiologia da condição *borderline* aconteça entre dezoito e 36 meses dos estágios de desenvolvimento (a subfase de reaproximação do estágio separação individuação de Mahler) e responsabilizando inteiramente a falta de suporte da mãe, ou até mesmo frustrando ativamente o movimento da criança entre separação e autonomia. De acordo com ele, a mãe ou se afasta totalmente, e desta maneira a criança que está tentando desafiar o mundo retorna para não encontrar a mãe, presente emocionalmente ou, ao contrário, ela ataca e interfere ativamente na autonomia. Em qualquer dos casos isto inibe o desenvolvimento de um sentido de constância objetal, torna provável uma cisão entre competência e dependência para com a mãe, e força a criança a ser totalmente independente ou fundida com a mãe.

Enquanto a discussão de Materson capta a essência da dinâmica *borderline*, ele também alega que a condição é causada unicamente pelas relações mãe-filho durante este período, e que este tratamento pela mãe, durante esse período especial, é condição tanto necessária quanto suficiente para o desenvolvimento posterior da condição *borderline*. Para mim, este ponto de vista está teoricamente prejudicado, pois rejeito o sentido de causalidade mecanicista, unidirecional, histórico, linear. Existem também razões empíricas para a rejeição desse aspecto da teoria de Masterson.

Muitos acreditam, eu inclusive, que o problema começa num período anterior e se manifesta durante a fase de desenvolvimento, ao qual Masterson atribui a origem para a desordem (por exemplo, Horner, 1984, pp. 34, 76, 133). Há evidências de que a condição *borderline* não se relaciona apenas àquele período. Para corroborar que o problema teria início anterior, Horner cita Mahler, que tinha pacientes com distúrbios significativos no aludido período e que não evoluíram para *borderline*, e outros pacientes *borderline* que não tiveram perturbações graves nesse período.

Uma objeção mais geral a esta visão refere-se, especificamente, a uma questão caracterológica no adulto, causada por determinado período genético. Mesmo os psicanalistas mais ecléticos, em geral, compartilham dessa crença e não acredito que esta seja uma boa teoria da Gestalt-terapia.

No entanto, os pacientes *borderline* que venho tratando têm um histórico familiar de independência punitiva ou dicotomizada, no qual significava independência total e nada para onde ou por que retornar, o que torna penosamente difícil para o bebê iniciar qualquer coisa. Acredito, apenas, que essa interação seja mútua e que ela preceda os dezoito meses do período de desenvolvimento, e que continua por muitos anos depois.

## Sugestões de tratamento
*(Comparação do tratamento de pacientes* borderline *e com Distúrbio de Personalidade Narcisista, DPN)*

As prescrições de tratamento de pacientes *borderline* variam de uma ponta a outra do espectro. Na psicanálise foi recomendado o uso de psicanálise ortodoxa, psicanálise com parâmetros de recomendação, psicanálise com regressão, psicanálise com suporte maior e alguns analistas acreditam que psicanálise não é possível com *borderline*. Alguns psiquiatras recomendam o tratamento com psicofármacos, um procedimento que acredito ser inútil e destrutivo (fortalece a fantasia da solução mágica, distrai permanentemente o paciente e acarreta mais efeitos colaterais).

Masterson defende um tratamento mais dialógico – que o paciente seja confrontado de maneira firme e realista quanto a assumir responsabilidade de parar com a atuação e assumir a sua parte das tarefas de aprendizado da terapia. Ele afirma que há necessidade de fronteiras e "confrontação" e que a empatia, isoladamente, não cura o *borderline*.

Uma forte presença do terapeuta é necessária para impedir a regressão, estabelecendo fronteiras claras e condições para possibilitar uma terapia bem-sucedida. Isto vem necessariamente junto com um grande número de *borderline* que abandona a terapia precocemente, se tratados desta maneira. Aqueles que permanecem têm chance de melhorar. Se o esforço para manter o paciente *borderline* em terapia se resumir apenas a suporte e empatia, e desconsiderar as atuações e a indiferença quanto a assumir um mínimo de responsabilidade pelo trabalho terapêutico, a terapia está destinada ao fracasso. Uma terapia que iniciou desta maneira terminará com uma explosão de transferência extremamente negativa (e contratransferência), com atuação e mesmo com um ocasional episódio psicótico ou transferência. Um dos meus pacientes me foi encaminhado depois de ter atacado sua terapeuta anterior (que usava uma abordagem regressiva).

Aqui estão nove sugestões para o tratamento de pacientes *borderline*:

UM: Contato com fronteiras de contato baseadas na existência factual ("Realidade")

O leitor pode imaginar por que é necessário dedicar um capítulo inteiro discutindo uma função especial para o contato no tratamento do paciente *borderline*, especialmente porque a metodologia geral da Gestalt-terapia já enfatiza o contato. O leitor atento também poderá imaginar o motivo do uso da palavra realidade, quando o ponto de vista fenomenológico da Gestalt-terapia considera realidade, sempre, por meio da fenomenologia de alguma pessoa e que o paciente e o terapeuta têm visões diferentes e igualmente válidas da realidade.

Embora o "qualificador" da Gestalt-terapia seja o contato pessoa-a-pessoa, o paciente *borderline* necessita da aplicação dessa premissa de forma disciplinada, consistente e orientada profissionalmente. Existem diferenças importantes de como este contato precisa ser aplicado no tratamento de pacientes *borderline* (comparados com outros tipos de pacientes).

O crescimento emerge de contato e de experimentação no campo organismo/ambiente. Isso significa que o paciente e o terapeuta contatam um ao outro como pessoas independentes, e desse contato de "amplo espectro" surge o crescimento. A qualidade da psicoterapia é em grande parte uma função da qualidade do contato estabelecido com o paciente. Uma boa terapia com o paciente *borderline* depende das qualidades do contato mostradas pelo terapeuta: atenção, empatia, autenticidade, responsabilidade no decorrer do tempo e clareza e adequação do conhecimento clínico, *awareness* pessoal e processo de contato do terapeuta. Além disso, há exigências específicas que serão objeto desta discussão.

O terapeuta precisa em especial ser diligente, enfatizando o contato verbal e não-verbal, que é explicitamente centrado no presente, e nos quais serão afirmadas as realidades dos pacientes *borderline*, do terapeuta e de outras pessoas presentes. Nesse tipo de contato suportivo, todas as pessoas estão presentes como pessoas individuais, impactando umas às outras. Isto pode ser confrontativo ou pode ter a simplicidade de despender o tempo necessário para estabelecer um contato olho no olho eficaz entre paciente e terapeuta.

O contato terapêutico na Gestalt-terapia apresenta-se de diversas formas, em contextos diferentes. Pacientes, terapeutas, linhas, culturas e instituições diferentes exigem aplicações diferenciadas. Numa oportunidade, uma sessão de Gestalt-terapia irá enfatizar a expressão de energia afetiva, a exploração da história desenvolvimental, a interação atual, o modo de pensar do paciente, ou uma reconsideração de introjeções etc. Algumas vezes, o contato entre as pessoas de um grupo pode prevalecer, e o contato entre o paciente e o terapeuta pode não ser o primeiro plano. O foco poderá ser educativo, como quando habilidades de contato são enfatizadas. Tudo isto é, às vezes, um tratamento competente e apropriado usando Gestalt-terapia. Discutimos esta aplicação diferencial de contato terapêutico na última seção quando abordamos o tratamento das pessoas com desordens de personalidade narcísicas.

Os narcisistas precisam de uma amplitude de diálogo mais restrita, enquanto o *borderline* necessita de uma mais ampla. A terapia do *borderline* precisa ser avaliada, dando-se peso maior aos aspectos do diálogo. Com freqüência, o paciente *borderline* exige mais exposição do terapeuta. O terapeuta pode precisar dizer mais energicamente como ele está sendo afetado, crê, ou pensa – ou estar presente como guardião das necessidades de todos os membros de um sistema, do qual o *borderline* faz parte.

Os pacientes narcisistas iniciantes precisam primariamente de uma ligação empática com o terapeuta. Conquanto seja usualmente terapêutico relacionar-se com pacientes narcisistas pelo acompanhamento empático de suas experiências atuais e da história de sua vida, com os *borderline* um diálogo mais ativo e bilateral está na ordem do dia. Acredito que ficar apenas acompanhando a experiência subjetiva do paciente *borderline* é, no mínimo, insuficiente e possivelmente perigoso.

O paciente *borderline* necessita da ligação empática, quase tanto quanto o paciente narcisista, mas não conseguirá beneficiar-se disto a menos que outros itens do enquadre terapêutico sejam cuidadosamente atendidos, as atuações interrompidas, e o relacionamento baseado em contato seja fortalecido, antes de ir longe demais em qualquer exploração que leve à emocionalidade primitiva. A imersão empática, sem suficiente perspectiva externa do terapeuta, pode ser perigosa no tratamento do *borderline*. Isto será mais detalhado a seguir.

A terapia com o paciente *borderline* exige não somente que o terapeuta seja atencioso e sintonizado empaticamente, mas também deve fazer o contato pessoa-a-pessoa que enfatiza a factualidade fenomenológica do *borderline*, nos vários estados emocionais (até mesmo nos seus vários *selves*). Por exemplo, o terapeuta poderia tomar a iniciativa de recordar ao paciente *borderline* que esteja experienciando a cisão de um todo dos aspectos ora evitados da experiência que está ocorrendo.

Isto pode ser feito de forma atenciosa e empática, que confirma e esclarece a experiência atual do paciente e torna o lembrete uma forma de exprimir atenção pelo terapeuta. Lynne Jacobs (comunicação pessoal) dá um exemplo: "Terapeuta: Eu vejo esse estado em que você se encontra agora, parecendo tão infindável, desligado de você. Neste estado, outras qualidades da sua vida não significam nada para você. Fico triste ao deparar com sua angústia e gostaria de poder emprestar-lhe um pouco da minha perspectiva, que é mais ampla do que a que você conseguirá acessar agora".

Com freqüência, o paciente *borderline* é emocionalmente expressivo sem estar em contato com o contexto, e o terapeuta eficaz precisa ser sensível a esse "contato". O processo de *awareness* do *borderline* está fortemente sedimentado, centrado em pensamentos repetitivos, não baseados na percepção do óbvio ou dada, na situação atual. Assim, em determinadas situações, ele pode até mesmo não notar os limites, as conseqüências, as necessidades competitivas da situação, as facetas de sua própria personalidade que estão num plano secundário em vez de estarem salientes no momento, e também o fato de o terapeuta ser tanto uma pessoa importante para ele quanto uma pessoa independente.

A ênfase do contato, em que a contemporaneidade do *self* e do outro é saliente, é consistente com dois aspectos do objetivo de *awareness* da Gestalt-terapia: o estabelecimento de contato dialógico entre o terapeuta e o paciente, e aprimorar a *awareness* do paciente quanto ao seu próprio processo de *awareness*. Fazer isto com o paciente *borderline* exige *awareness* autônoma e vigilante do terapeuta e, com freqüência, lutar com o paciente, além de estar empaticamente sintonizado.

O terapeuta precisa estabelecer uma relação que permanentemente constrói para o *borderline* um sentido de "e", a junção holística de *self* e outro, diferente, e mesmo conectado e separado, amar e odiar, independente e dependente. Freqüentemente, o *borderline* se cinde nas partes dos inteiros diferenciados de *self*-outro, conectado e separado diferente-mesmo. Este é um dos processos caracterológicos centrais do *borderline*. O contato, o encontro curativo, é o encontro do "Eu" e do "Você", uma consciência de diferenças.

A *awareness self*-outro e contato promovem crescimento. *Self*-outro também é o tipo de totalidade diferenciada com a qual o *borderline* tem problemas. A *awareness* que é apontada apenas para si, divorciada do campo não é dialógica e, em geral, não promove crescimento.

Se o terapeuta permite ao paciente *borderline* focar apenas o *self*, somente no aspecto *self* do *self*-outro, ele acaba não crescendo e mantém um estilo muito imaturo. Isso permite uma regressão, que não é reparadora, isto é, não está a serviço do crescimento, mas sim infantilizadora.

O paciente *borderline* não irá alcançar uma unidade diferenciada, a menos que o terapeuta focalize persistente, firme e repetidamente sobre o *self e* outro na maior parte do trabalho (que se inicia focalizando outra coisa). Se o paciente *borderline* continuar acreditando que levar a realidade de outra pessoa em conta significa que ele terá de desistir de si em favor do outro, necessariamente, não poderá levar o outro em conta. Ele não terá nem conseguirá ter uma *awareness* que produza crescimento e contato. É uma longa batalha para o *borderline* aprender que é possível levar em conta o que ele necessita *e* o que os outros necessitam.

O paciente narcisista precisa de um terapeuta que de forma enérgica, confiável, explícita, consistente, e insistentemente, traga as exigências do ambiente para serem apreciadas. Esse encontro não objetiva impor mudanças ao paciente ou convencê-lo da necessidade de mudança, mas fazê-lo lidar com o que é essencial ao seu ambiente humano, do qual ele não tem consciência, e, basicamente, capacitá-lo a ter consciência de seu processo de *awareness*.

"Colocar em pauta" não significa impor ao paciente. Deve-se respeitar a realidade fenomenológica do paciente. Na verdade, o *borderline* precisa que isto seja apresentado para consideração de maneira não moralista, não julgadora, e não imposta de modo autoritário.

É uma questão de trazer à *awareness* do *borderline* opções que de outra maneira não lhe seriam acessíveis. Por exemplo, as conseqüências lógicas de um comportamento estão fora do alcance da *awareness* do paciente, quando o comportamento está sendo desempenhado, embora em outras ocasiões o paciente tenha sofrido conseqüências. E quando as conseqüências são consideradas, geralmente ele fica estático numa escolha ou/ou, pois não faz idéia de que possa haver outras opções. Assim, também, as exigências da situação e das outras pessoas, são, com freqüência, presumidas como diametralmente opostas aos seus interesses. A reconciliação baseada no contato não é possível, a menos que os *borderlines* encarem suas próprias realidades *e* a dos outros. O terapeuta pode trazer as necessidades do *self*-outro para sua apreciação e assim abrir novas possibilidades.

Muito do trabalho feito em psicoterapia refere-se a fronteiras de contato. Isto é mais verdade ainda no tratamento do paciente *borderline*. O terapeuta precisa constantemente reforçar a fronteira de contato. Quando o trabalho enfoca relacionamentos do paciente fora da terapia, em geral este trabalho também deverá enfatizar a *awareness* da fronteira de contato neste relacioamento, assim como as fronteiras de contato entre o paciente e o terapeuta no trabalho com aqueles relacionamentos.

Aprendemos que as boas intervenções psicoterapêuticas são as que se baseiam na apreciação da realidade, como a experienciada pelo paciente. Uma atitude clínica prática recomenda focar o trabalho naquilo que, para o paciente, é ego-distônico, deixando o ego-sintônico para quando começar a causar desconforto ao paciente. Uma modificação na atitude terapêutica é freqüentemente necessária.

Com o *borderline* é preciso trabalhar os comportamentos, os pensamentos, os sentimentos, as crenças etc. que ainda são ego-sintônicos. O paciente não é pressionado a abrir mão de sua "realidade", ou do que é ego-sintônico, mas a ampliar a lente pela qual ele vê o mundo para levar em consideração a *awareness* do terapeuta e dos outros. Isso resulta em transcendência dialética, via *awareness* expandida, em vez de a escolha entre sua realidade e a do terapeuta. Dessa interação surge o crescimento. Para o *borderline*, o crescimento não emerge da sintonia empática sem luta e conflito. O crescimento também não acontece passando por cima da realidade do paciente, direcionando-o para a conformação à realidade do terapeuta.

Esta é uma tarefa muito difícil, dada a urgência da necessidade de suporte e de cuidados que são regressivos, além da freqüente falta de capacidade de formar uma gestalt, levando-se em consideração suas próprias necessidades, as necessidades dos outros e os limites da situação.

O paciente *borderline*, que continua mantendo um comportamento destrutivo, mas ego-sintônico, o faz por motivos importantes. O comportamento considerado destrutivo a partir de uma perspectiva poderia capacitá-lo a uma espécie de sobrevivência psíquica. O terapeuta tem a função tanto de explicitar quanto de fazer o paciente reconhecer seu comportamento, para sua experiência, como também trazer para seu campo perceptivo outros aspectos que são sistematicamente excluídos da *awareness* do paciente. Isso inclui a consciência da multiplicidade de suas próprias necessidades, limitações, recursos e exigências da situação e a possibilidade de atendimento dessas necessidades de formas diferentes. Acima de tudo, cabe ao terapeuta ter fé e confiança na superação do desespero do *borderline* e descobrir novas opções. Este é um processo longo e gradual.

A questão aqui é que o terapeuta precisa, com bom julgamento e sensibilidade para a escolha do momento adequado, de alguma maneira, trazer para o campo fenomenológico, para apreciação, aquilo que o paciente *borderline* exclui em seu estado dividido e autocentrado.

Uma boa terapia com paciente *borderline* exige que a empatia terapêutica funcione como reforço estrutural para uma ampla variedade de possibilidades de resposta, incluindo: auto-exposição, estabelecimento de limites, gerenciamento de caso, educação, experimentação, embates com o paciente. O objetivo não é a moldagem do paciente às realidades do terapeuta, mas que o paciente e o terapeuta levem em conta um a *awareness* do outro.

*Responsabilidade e processo de aprendizado*

O contato baseado na existência factual também se aplica ao processo de aprendizado. Com o narcisista, poderíamos começar acompanhando sua *awareness*, e depois encorajá-lo a relatar material genético; com o *borderline*, a responsabilidade pelo aprendizado e pelo processo de *awareness* deve ser enfatizada logo no início da terapia. O *borderline* deve ser conscientizado da responsabilidade do processo de aprendizado; caso contrário, é possível e até provável que o pensamento mágico fique fora de controle no nível da fantasia.

Jacobs (comunicação pessoal) aconselha uma atitude para a realização deste trabalho, que pode ser útil:

> Minha tendência é enfocar, não para que assumam responsabilidades, mas para como suas afirmações refletem uma visão de que eles não se sentem responsáveis, e, com freqüência, são incapazes de ser responsáveis. Uma diferença sutil, mas que leva a um interesse crescente em se sentirem responsáveis pelo prazer de serem agentes de suas vidas, em vez de responderem ao moralismo do terapeuta.

Mesmo acreditando que isto seja verdade, ainda assim defendo a necessidade de confrontação não moralista quando estou lidando com a crença no "eu não consigo" de muitos pacientes borderline.

A idéia do trabalho sendo feito pelo paciente é estranha para o *borderline*, embora as palavras possam ter sido aprendidas de terapias anteriores, e estão sendo repetidas. A idéia de um trabalho em conjunto, você e eu, é mais estranha ainda para eles. Ainda assim, a existência factual implica que se eles não assumirem sua parte do processo de aprendizado, a terapia não poderá ir bem a longo prazo. Com o paciente *borderline* não se pode considerar garantido o aprendizado.

Masterson defende a confrontação do paciente *borderline* logo no início da terapia, na questão de assumir a responsabilidade por seu trabalho terapêutico. Eu concordo. Se o paciente não deseja ou é incapaz de assumir essa responsabilidade e exige suporte excessivo do terapeuta, Masterson aconselha interromper a terapia. Ele afirma não conhecer nenhum caso de paciente que abandonou a terapia porque o terapeuta não alimentava seu *self* regressivo e depois ter trabalhado satisfatoriamente com outro terapeuta (Masterson, 1981, p. 196). Obviamente, isto reflete tanto a limitação dos melhores métodos de conhecimento psicoterapêutico quanto o estado de desenvolvimento do paciente.

Nossa capacidade de ajuda não é infinita, mas precisa de certas condições mínimas para operar. Eu creio que pelo menos uma mínima auto-responsabilidade do paciente pelo processo de aprendizado, adquirida logo no início da terapia, é uma condição necessária para um tratamento bem-sucedido.

Se a fantasia regressiva do paciente *borderline* apresentar-se como atuação em seu comportamento terapêutico, e se o terapeuta for conivente com isto por um excesso de "suporte" e empatia, poderão surgir crises, nas quais o paciente apresenta grande sentimento de derrota, atuação exacerbada, aumentam as exigências do terapeuta, e têm reações transferenciais negativas intensas. O paciente não consegue estruturar-se melhor nessas situações, porque nos primeiros dias da terapia o terapeuta não insistiu na construção da atitude responsável do paciente, e de recursos relacionais e de fronteira. (O cônjuge do terapeuta irá reconhecer esses momentos da terapia do *borderline*, pelos telefonemas noturnos e seu aborrecimento emocional!)

A ênfase de treinamento de *awareness* e responsabilidade, nos estágios precoces da terapia, deixa o sentimento narcisista incompreendido e invadido. O *borderline* precisa ser confrontado, embora também seja sucetível à mágoa narcisista. A melhor maneira é fazê-lo com amor, simpatia, empatia – mas com firmeza e insistindo no presente. Acredito que o tratamento com o *borderline* não tem chance de sucesso sem esse confronto.

O *borderline* precisa ser conscientizado não apenas de sua responsabilidade por sua própria terapia, como também deve ser responsável e controlar as atuações. Nenhuma terapia de *borderline* pode ser bem-sucedida se as atuações não forem limitadas, de preferência precocemente, e com o passar do tempo descontinuadas. Se o paciente fica embriagado ou se dedica a outros abusos químicos, sexo promíscuo, violência etc. toda vez que estiver sob tensão, a terapia não poderá ter sucesso. As tensões da vida do *borderline* irão atropelar o ritmo do desenvolvimento terapêutico, em parte porque a atuação piora a situação, como também porque as crises normais da terapia irão resultar em mais atuação e não permitirão que as crises sejam trabalhadas.

Algumas formas de atuação terminam apenas nas fases intermediárias da terapia. Comumente, o paciente *borderline* aprende o sentimento de responsabilidade somente no fim da terapia. Com a progressão da terapia, a articulação de sua fantasia de se fundir e ser cuidado, sua crença em fusão como única maneira significativa de se conectar, apesar da perda inerente de autonomia, acaba ajudando a deixar mais claro que sua identidade e responsabilidade são independentes das do terapeuta (Jacobs, comunicação pessoal). É óbvio que isto precisa ser repetido muitas e muitas vezes. Entrementes, o terapeuta pode evitar ser conivente com fantasias regressivas e confrontar atuações comportamentais grosseiras, sem a expectativa de o paciente sentir-se totalmente responsável por si mesmo. As atuações grosseiras e a experienciação de um sentido maduro de identidade pessoal e responsabilidade são um pouco incompatíveis.

*Limites*

Segundo o mesmo raciocínio, com o paciente *borderline* a questão dos limites é o campo de batalha inicial, em especial as questões de fronteira e auto-responsabilidade. O paciente *borderline*, ao qual é permitido perder sessões (especialmente sem pagar), não pagar contas, ligar após o horário, está fadado a fracassar na terapia.

O paciente que mencionei anteriormente, que ameaçou sua terapeuta com uma faca, começou a terapia ligando para mim às 6 horas, falando de suicídio ou de hospitalização. De fato, ela já havia contatado um hospital psiquiátrico local. Conversamos um pouco, e eu lhe disse que ficaria contente em poder atendê-la, mas somente sob certas condições. Estabeleci o horário que ela poderia ligar, disse-lhe que não a visitaria no hospital (naquela ocasião eu não queria fazer trabalho hospitalar, e não considerava adequada a hospitalização para esta paciente), e se ela não conseguisse respeitar esses limites, eu a ajudaria a encontrar um outro terapeuta. Eu também tive de lhe dizer que viver ou suicidar-se eram opções de sua responsabilidade, embora eu tivesse muitas esperanças de que ela não se mataria antes de termos até mesmo a chance de nos conhecer.

Fui bastante firme ao dizer-lhe tudo isto. Tive sorte, pois ela concordou com as condições e as cumpriu. Este foi um sinal excelente para sua terapia, que foi bem-sucedida. Esta não foi a única vez que a paciente apresentou idéias suicidas, mas nunca mais tentou (e tinha quatro tentativas anteriores muito sérias). Ela também cumpriu o contrato quanto aos horários. A hospitalização mostrou-se uma opção apenas para um estado de pânico, e ela queria o máximo de distância possível.

Eu não tive tanta sorte com Bundini. Eu o atendi mais no início de minha carreira, e cometi mais erros, inclusive o de não ter amplo conhecimento do processo *borderline*, e, portanto, minhas intervenções não foram tão precisas quanto poderiam ter sido. Também não deixei claro que havia limites para as chamadas telefônicas, e ele não conseguia controlar o impulso de me ligar a qualquer hora. Quando fui mais confrontativo, ele telefonava e desligava o telefone. Presumo que ele sentia algum suporte ao ouvir minha voz, fazendo alguma conexão, certificando-se de que eu estaria vivo e talvez também me punindo com seu comportamento intrusivo. Um contraste interessante com Bundini, é que fui bastante firme com ele quanto a não tratá-lo de graça, insistindo no pagamento integral, e em dia, de meus honorários. Eu fui firme, e nunca tive problema, com o pagamento.

DOIS: Não alimente o *self* regressivo

Discuti o contraste entre as situações de Bundini e a filha do porteiro no trabalho sobre assimilação. Em geral, com Bundini eu não alimentava suas tendências regressivas, às vezes era confrontativo, exceto na tolerância às suas chamadas telefônicas. Com a filha do porteiro, alimentei a regressão, fui excessivamente compreensivo, não confrontei algumas de suas atuações (na hora da terapia e nas terapias de grupo). Bundini teve o período mais longo de bom funcionamento e não-hospitalização de sua vida durante os cinco anos de seu tratamento comigo. Por outro lado, a filha do porteiro abandonou a terapia furiosa, por causa de uma reação de transferência que talvez pudesse ser considerada psicótica. Durante o primeiro ano e alguns meses, tivemos o que parecia um bom relacionamento. Entretanto, esta era uma percepção errônea de minha parte, porque eu não entendia as características *borderline* naquela ocasião. Minha falta de firmeza, o estabelecimento de limites e suporte à regressão prepararam o resultado desafortunado.

Acredito que não ser firme e não estabelecer contato da maneira que estivemos discutindo propicia uma terapia longa, mas malsucedida, ou uma terapia explosiva (com freqüência um a dois anos após o início), na forma de uma transferência extrema negativa, impossível de gerenciar. Minha experiência com estes dois pacientes foi típica. A erupção pode aparecer seja com o terapeuta melhorando e finalmente fazendo o seu trabalho, ou meramente por não ter feito bem a fase inicial, e não conseguir mudar o rumo depois.

Conselho: faça o trabalho necessário para cura e crescimento. Conheça seus próprios limites. Deixe o paciente ir embora, se isto acontecer.

### TRÊS: Contratransferência

Se em sua clínica você tem um paciente ao qual você reage ficando defensivo, aborrecido, tendo reações de contratransferência fortes, é provavel que ele seja um paciente *borderline*. Esses pacientes trazem regularmente à tona sentimentos de culpa, vergonha e inadequação, além de ressentimentos do terapeuta. Em geral, os terapeutas querem resgatá-los, cometer uma enorme violência, ou ambos.

Com os pacientes narcisistas o ritmo é vagaroso e isto pode despertar em algum terapeuta o sentimento de impaciência, falta de confiança etc. Também ocorrem ataques de abusos narcisistas pelo paciente narcisista. Entretanto, compreendendo o processo e respondendo com reflexões empáticas, o terapeuta tem uma boa probabilidade de obter resultados positivos e ser verdadeiramente reforçado pelo paciente.

O *borderline*, com freqüência, irá atacar o ponto nevrálgico da auto-estima do terapeuta. As muitas crises deixam o terapeuta com medo de desastre, de suicídio bem-sucedido.

"O que é avisado com antecedência pode ser prevenido." Conheça a si e a seus limites. Saiba quando precisa pedir ajuda, quer de supervisão ou terapia.

Também devemos notar que por causa da capacidade do *borderline* de estimular sentimentos negativos nos outros e sua tendência de projetar um aspecto dos seus sentimentos intensos sobre uma pessoa e outro aspecto em outra, tem a tendência de desencadear brigas entre as pessoas. Uma pessoa seria levada, sem ter consciência disso, a representar um aspecto do conflito intrapsíquico do paciente *borderline*, e outra pessoa seria levada a representar outro. Por exemplo, duas pessoas da equipe podem acabar ressentidas uma com a outra, tendo cada uma sido levada a conhecer uma parte diferente da história do paciente. Os pacientes *borderline* freqüentemente colocam os profissionais uns contra os outros e podem ser destrutivos para grupos ou instituições. Nos grupos irão estabelecer sistemas de alianças que o dicotomizarão. Isso também acontece fora do grupo, com sérias conseqüências. Conheço um grupo que foi destruído por um paciente *borderline*, agitando as mulheres num frenesi contra os homens e o líder masculino do grupo. Infelizmente, o terapeuta não foi sensível às correntes emocionais subjacentes ao grupo, até que já era tarde demais.

Tive um paciente *borderline* que, quando ficava com raiva de mim, começava a ligar para outros terapeutas. Infelizmente, há um número infinito de terapeutas em Los Angeles. Ele contaria uma história que, na melhor das hipóteses, me faria parecer um tolo. Quando me dizia que havia conversado com outro terapeuta, contava a história do outro terapeuta como se este lhe houvesse dito diretamente quão incompetente eu era e que o paciente deveria abandonar o tratamento comigo. Nas primeiras vezes fiquei ressentido com os outros terapeutas, pois eu não os conhecia pessoalmente, até perceber que isto fazia parte do sistema *borderline* de cisão e fazer com que outras pessoas lutem suas batalhas intrapsíquicas no campo interpessoal.

QUATRO: Material genético

O paciente narcisista quer discutir a respeito de material da infância, mas será mais vagaroso do que a maioria dos pacientes, para entrar neste assunto que a utilidade do material para o trabalho terapêutico fica prejudicada. Por isso, o terapeuta pode inquiri-lo sobre associações com sua história passada e fazer sondagens de histórias idealizadas da infância perfeita e "a melhor mãezinha do mundo".

Entretanto, isso não é verdade para o paciente *borderline*. Com ele, o material precisa ser cuidadosamente nomeado contra a força de suas funções do *self*, tais como as fronteiras de contato, a força e a saúde do seu relacionamento terapêutico, a firmeza de sua *awareness*, sua capacidade de conter emoções primitivas e de integrar opostos. Se isto não for feito, duas coisas tendem a acontecer.

O mais inocente dos resultados de não nomear adequadamente este material, é muita conversa disfarçada de significativa. Esta é uma fraqueza comum nos terapeutas iniciantes. O paciente se esforçará para "aumentar a *awareness*" e nada muda. A evolução mais perigosa é um risco considerável de fragmentação, de regressão, de descompensação. Por exemplo, se uma fúria primitiva for desencadeada antes que o sistema de auto-suporte do paciente seja reforçado, ele pode precisar atuar, enlouquecer, ligar para o terapeuta em horas impróprias, mas certamente não será capaz de assimilar e integrar.

Deve-se lidar com o material genético por partes não maiores do que a capacidade de o paciente assimilar.

CINCO: Necessidade de clareza do terapeuta

O paciente *borderline* irá se engajar em muita conversa espúria e emocionalidade. Por exemplo, no início da terapia, um paciente entrou e começou a falar sobre assuntos edipianos. Ele falou sobre a sedutora qualidade de seu relacionamento com a mãe e da hostilidade entre ele e seu pai. Os detalhes e sua idade quando ocorreram os fatos indicaram consistentemente questões edípicas. Mas as questões do paciente eram muito mais pré-edípicas. As questões relativas ao núcleo de seu funcionamento eram assuntos diádicos de invasão e abandono maternal. Independentemente de quanto se discutisse essas questões "edípicas", não ocorria melhora, porque elas estavam simplesmente erradas.

Ouvi Harold Searles discutir a reação a ele, de um paciente *borderline*, após uma interrupção. "Senti muito sua falta, doutor", disse o paciente. Searles imediatamente teve uma imagem de não ser encontrado para sofrer uma agressão bem grave. Então, Searles concluiu que ou ele estava bastante hostil e projetando-se, ou o paciente estava ressentido enquanto falava como se fosse amistoso.

Obviamente, esse não é um tipo incomum de incongruência enfrentada pelos terapeutas. Mas o *borderline* irá manter os aspectos incongruentes cedidos, sem trabalhá-los espontaneamente, ou responder com facilidade às reflexões feitas a respeito pelo terapeuta. A anedota espontânea, fácil, prevalecendo num dia, e a fúria irrompendo no outro. Como o paciente *borderline* cinde, espera ser resgatado e não assume responsabilidades pelo trabalho terapêutico, o terapeuta precisa estar mais alerta para inautenticidades. Atenção especial deve ser dada para emoções expressas, que não representam a mais central das emoções vivenciadas pelo paciente.

Acompanhar a experiência do paciente é uma bússola excelente. Se o terapeuta está descentrado, a interação com o paciente o fará retornar ao assunto verdadeiro. Assim, com o paciente narcisista a experiência será um guia excelente para saber o assunto importante do momento, e bons resultados fluem do acompanhamento da experiência do paciente.

Entretanto, isto não é verdade para os pacientes *borderline*. Eles irão falar de um assunto sem importância, baseados exclusivamente numa interpretação imprecisa ou na auto-interpretação, atribuindo o valor de uma verdade, central e relevante para o seu trabalho aqui-e-agora. Com freqüência, ficam envolvidos com suas próprias distrações e até mostram a emocionalidade esperada para o assunto discutido. Com o *borderline*, a intuição e o julgamento clínico do terapeuta estão sob pressão; o terapeuta precisa ter sua própria bússola; se o terapeuta estiver descentrado tangenciando a questão central do momento, o paciente irá seguir a tangente, e o terapeuta vai direto para o espaço.

SEIS: Respostas polares

Por causa da cisão e da excepcional necessidade de clareza, do terapeuta, recomenda-se que este expresse ambos os lados das polaridades, que, em geral, são presumidas. Com o paciente narcisista, o acompanhamento levará à ampliação da sua perspectiva e à incorporação da polaridade. Isto pode levar tempo, mas é bem confiável. Com o *borderline*, é aconselhável explicitar sempre a bipolaridade.

Por exemplo, quando num diálogo direto com o paciente *borderline*, é sempre bom expressar o seu ponto de vista e o do paciente. "Você não quer partir e eu preciso encerrar a sessão agora." "Eu acho que você cometeu um erro abandonando o emprego; e eu não acho que você seja uma pessoa incompetente, que sempre comete erros – e você pensa que se cometeu um erro uma vez, então é apenas um incompetente sem bom julgamento."

Frustração, firmeza, ou empatia, isoladamente, não são suficientes para ajudar o *borderline*. Algumas vezes, declaro minha preocupação pelo paciente – apenas se for verdade, nunca como técnica – e complemento a observação na mesma sentença com "e eu não estou querendo tomar conta de você". Se estiver me preocupando, sentindo carinho ou ternura, direi. Mas se acredito que ainda há uma fantasia regressiva minha em cuidar dele, farei todo o esforço possível para não compartilhar meus bons sentimentos, reforçando qualquer confusão sobre os limites do relacionamento.

Quando você estiver discutindo competência, é aconselhável acompanhá-la com afirmações da dependência normal de outros. E quando falar sobre o que o paciente necessita dos outros, é aconselhável acompanhá-lo com uma afirmação de autonomia e competência. Assuntos como vergonha, culpa e responsabilidade são muito difíceis e delicados para o paciente *borderline* e para as pessoas com quem ele interage. Quando falarmos em responsabilidade devemos ser muito cuidadosos para distinguir responsabilidade de culpa ou vergonha. Também é necessário deixar bem claro que quando falar de responsabilidade por algo que envolve outra pessoa que não o paciente, deixar explicitado que não é apenas o paciente *borderline* o responsável.

Por exemplo, eu tinha uma paciente com quem trabalhei seu casamento por várias semanas. Em sessões anteriores havia deixado bem clara a responsabilidade do marido por sua parte das interações (talvez eu não tenha deixado sua responsabilidade igualmente clara). Numa sessão, comentei que ela era responsável por um aspecto da interação que estávamos discutindo. Ela saiu da sessão sentindo-se acusada, culpada e envergonhada por ser a única responsável por seus problemas maritais.

Esta mensagem com a qual ela deixou a sessão não foi de maneira nenhuma relacionada com a minha mensagem verbal ou não-verbal real. No contexto de nossa prolongada discussão a respeito da responsabilidade do marido, isto teria ficado até mais claro para a maioria dos outros pacientes. Mas ela era *borderline* e teria sido melhor mencionar explicitamente o fato de que enquanto ela era responsável por x e y, seu marido também tinha responsabilidades por a e b. Para ela era difícil não se culpar integralmente por todas as suas dificuldades, e num outro dia responsabilizar totalmente o marido e não aceitar nenhuma responsabilidade.

Ter empatia com o sentimento de desespero do paciente, sem compartilhar suas previsões sombrias e sua falta de fé no futuro, é outra polaridade que precisa ser colocada. No trabalho sobre assimilação eu menciono um paciente *borderline* que quase cometeu suicídio quando saí de férias. A terapeuta que ficou atendendo minhas emergências mostrou empatia para explorar o sentimento de desespero, mas não expressou que ela (a terapeuta) não estava desesperada quanto ao futuro da paciente. A paciente quase se matou, mas tinha uma ligação muito forte comigo o que foi suficiente para contê-la até que eu voltasse. Ela precisava de algumas declarações simples como "eu quero me sentar ao seu lado, saber de seus sentimentos, embora não sinta tanto desespero quanto você".

SETE: Contato antes e depois de tudo

Antes do início, e depois, no final de qualquer trabalho, faço qualquer tipo de contato pessoa-a-pessoa com o paciente *borderline*, tanto na terapia individual quanto na grupal. No final de uma sessão de grupo, antes que as pessoas saiam, costumo despedir-me delas com um boa-noite para todos. Mas às vezes isto é formal, ou a pessoa sai antes do encontro. Para o *borderline* insisto em tentar fazer contato efetivo olho no olho, como forma de reafirmar a base e reconectar os pontos-chave da transição.

Percebi que se o paciente *borderline* está com um estado emotivo elevado e não retomou um bom contato comigo, há uma possibilidade maior de ele fazer uma chamada de emergência para mim, depois, ou no dia seguinte.

OITO: Observar separações

Dada a importância central da questão do abandono para o paciente *borderline* e por causa da sua cisão e seu *déficit* na manutenção de constância objetal, toda separação e afastamento causam uma crise potencial no tratamento. Para o paciente, o término de cada sessão pode suscitar questões de total descontinuidade emocional do relacionamento, do sentido de estar interpessoalmente vinculado. Separação sem constância objetal significa perda da pessoa e separação significa nunca mais vincular. É difícil para o paciente *borderline* acreditar que ele será real para o terapeuta entre sessões.

Algumas vezes, o paciente irá se defender disto com negação total da importância da separação, deixando exclusivamente para o terapeuta expressar quaisquer sentimentos. O paciente também irá repudiar o sentimento por meio de projeção no terapeuta, mantendo uma identificação com ele, que é percebida e sentida como ausência: "Nossa, Gary, você está dando tanta importância para a sua viagem!". Esta reação irá ocorrer durante a fase em que o paciente *borderline* está se sentindo autônomo e competente. A autonomia é protegida pela negação da importância do vínculo. Nesse estágio, é provável que ele use defesas de distanciamento, em vez de trabalhar a separação ou o término, que podem estar ligados a algum dos términos prematuros experienciados anteriormente. O *borderline* irá proteger o sentimento de competência, embora acabe saindo com muita transferência, não trazida à consciência, e sem integrar sua necessidade com sua competência.

A discussão de Masterson a respeito do sentimento de abandono, *Six horseman of the Apocalypse* (Seis Cavaleiros do Apocalipse), é útil para o trabalho de abandono com o paciente *borderline* (1976, p. 78):

1) Depressão e luto [mágoa]

Algo se perde com o abandono, seja o abandono exagerado que ocorre em cada separação, ou o abandono significativo, que o paciente *borderline* sentiu com relação à sua família. Algo foi perdido e a mágoa e o luto são emoções confortadoras e apropriadas. Quando a tristeza não é experienciada, vivida, expressa e eliminada, então a depressão e o luto se instalam. Isto é freqüente com o *borderline*, pois o abandono é uma experiência muito traumática para ele.

2) Raiva [e fúria]

A reação emocional ao abandono é freqüentemente de raiva ou de fúria. De qualquer maneira os pacientes *borderline* tenderão a apresentar raiva de todos os tipos, e a eliminação de emoções negativas, em geral, é problemática.

3) Medo [e pânico]

Ficar só no mundo é bastante amedrontador para a criança em idade pré-escolar. É durante esse período que a condição *borderline* se inicia. Os *borderline* duvidam de sua capacidade de auto-estruturação e da capacidade de nutrição adequada do meio. Então, ficam temerosos. Se ficarem mais histéricos com o medo, convertem-no em pânico. Quando os pacientes estão em pânico, assim como nos momentos em que estão furiosos, precisam mover-se para uma posição mais centrada de estar apenas com medo ou com raiva, em vez de a posição exagerada e insuportável de pânico ou fúria.

4) Culpa [e vergonha]

Embora Masterson liste apenas culpa, acredito que a vergonha é a experiência mais predominante com abandono. As crianças em geral presumem que o abandono ocorre porque existe algo de errado com elas. Os pacientes *borderline* estão cobertos de vergonha. Com freqüência, também estão cheios de culpa.

5) Passividade [e impotência]
A pessoa abandonada sente-se perdida, impotente, passiva, chocada, resignada, desesperada. É o que acontece com o paciente *borderline* quando ele consegue reconhecer seu abandono e sentir sua reação emocional.

6) Vazio [e evitado]
O impasse do sentimento de estar vazio por dentro, o vazio, o sentimento do buraco vazio, sem fundo, é muito intenso nos pacientes *borderline*. Eles precisam do contato, da empatia, da confiança do terapeuta para superar o impasse. Tentar preencher o vazio é uma tarefa infindável destinada ao fracasso. Entretanto, permanecer com o sentimento, usar o *continuum* de *awareness*, o conjunto de imagens, boa respiração etc. pode levar a um sentido de serenidade.

NOVE: F e V (Fúria e Vingança)
Os pacientes *borderline* têm muitos e intensos sentimentos de fúria e vingança. Eles têm fronteiras alteradas, transferências fortíssimas, loucas e múltiplas (com terapeutas, amantes, patrões, médicos etc.). Suas fronteiras são enevoadas e repletas da substância amarga que "está no ar".

O *borderline* não conseguirá curar-se sem desistir de vingança. Vingança e amargura permeiam e arruínam todos os esforços do *borderline*, que essencialmente está voltado contra o *self*. F e V são outras das razões do término precoce da terapia pelo paciente *borderline*. Ele o faz prematuramente para proteger a competência, para evitar a ameaça de fusão que surge do contato verdadeiro com o terapeuta e também uma punição para o terapeuta que não cuidou bem dele, fazendo mágicas.

O *borderline* sente-se privado, desesperado, insatisfeito, e é invejoso. Quando vê os outros, quer o que os outros têm – especialmente a prosperidade e a vida fácil. Além disso, é dependente da generosidade de outros, raramente está satisfeito, e é incapaz de conquistar por si próprio o que quer. Como ele quer ser cuidado, com freqüência, também não luta para conseguir o que quer. Ele sente intensamente sua insatisfação, sua inveja é amarga, cheia de malícia e do desejo de magoar o outro.

Os *borderline* temem a fome emocional; se trabalharem de maneira autônoma para obter o que querem e considerarem a fraqueza, a inadequação e a incompetência como o preço necessário para pagar por qualquer dependência. Com um relacionamento vêm os dois conjuntos de medo: a invasão, o controle, a manipulação e a fusão, por um lado, e ficar sozinho, faminto, abandonado, por outro.

Eles culpam os outros por sua situação. Cada novo salvador é saudado com esperanças infladas em contraste com a pessoa terrível, responsável por seu sofrimento. Quando o salvador se torna mais uma decepção, o *borderline* deseja punir, humilhar, magoar e vingar-se da mais recente figura paterna incapaz – como desejam fazer com seus pais e figuras paternas anteriores.

Não tendo capacidade de integrar opostos, eles têm problemas para se livrar de sentimentos negativos, tais como decepção, medo, ira etc. Como evitam limites, têm problemas para parar seu movimento impulsivo numa direção e chegar a um ponto zero. Culpando os outros sem assumir responsabilidades, têm dificuldade em realizar mudanças para obter o que desejam.

A fúria e a vingança funcionam para manter o *status quo*, dirigindo o pensamento, o sentimento e o comportamento do *borderline* no sentido da responsabilização impotente dos outros, e longe de ação construtiva. Isto se baseia na atitude "Eu não estou OK do jeito que estou" ou "Ele (ou você) é o culpado". "Se ele apenas sentisse a humilhação que sinto, eu me sentiria melhor." Mas nenhuma vingança ou fúria é capaz de dar ao *borderline* aquilo de que ele tem fome, e a fúria e a vingança no final são fúteis.

Somente indo além da fúria e da vingança o paciente cresce para perdoar seus pais, seus terapeutas, seus amantes, e a si próprios. Para sentir-se OK, para ter um pequeno senso de equilíbrio e de serenidade, em última análise, o *borderline* precisa aceitar o passado imutável, os fatos invariáveis dos limites e mostrar coragem para mudar o que de fato pode ser mudado. Fúria e vingança não são compatíveis com sabedoria ou serenidade.

## Resumo

A segurança e a qualidade de uma terapia dependem, em parte, da qualidade das discriminações feitas pelo terapeuta. Um terapeuta cujo contato é orientado por *awareness* clara consegue fazer discriminações que irão combinar de forma otimista com as necessidades terapêuticas do paciente.

Uma discriminação primária entre neurose, desordem de caráter, psicose, e as condições que exigem intervenção médica são vitais para a segurança, assim como para orientar o terapeuta sobre a eficácia terapêutica. Acredito que, sem este diagnóstico mínimo, nenhum aconselhamento ou psicoterapia podem ser considerados profissionais ou competentes.

Se o terapeuta tem consciência do estado de coesão, auto-estima e consistência da identidade das funções do paciente, ele será capaz de direcionar sua atenção para a melhor seqüência, o melhor dimensionamento das etapas, e o melhor tipo e quantidade de suporte.

Assim como um bom terapeuta discrimina entre um neurótico obsessivo, que precisa experienciar sensações e emoções com menos ruminações mentais, e um neurótico histérico, que precisa atenuar sua oscilação rápida entre um sentimento e outro e aprofundar o que for mais significativo para ele, o bom terapeuta discrimina entre uma desordem de personalidade narcísica, que precisa iniciar a terapia com sintonização empática máxima, e uma desordem de personalidade *borderline*, que precisa da sintonização empática num contexto de insistência firme, persistente e regular, na *awareness* do paciente para as necessidades do *self* e do outro.

Uma terapia fenomenológica e dialógica como a Gestalt-terapia requer a colocação entre parênteses e uma resposta genuína para a singularidade da pessoa tratada, o que não significa ignorar os dados descritivos conhecidos, de como certos tipos de paciente – como os pacientes com desordens de personalidade narcísicas e *borderlines* – se organizam caracterologicamente, sua história desenvolvimental e como precisam ser tratados. Ao contrário, quando o terapeuta tem conhecimento das questões-chave no padrão do relacionamento de uma pessoa com o mundo, ele está numa posição melhor para ser empático com precisão e ser capaz de responder com um mínimo de atitudes contraproducentes.

# 10

# VERGONHA

*Comentário*

*Este ensaio foi escrito em 1991, especialmente para este livro. Acredito que o reconhecimento e o tratamento da vergonha, distinguindo-a da culpa e do conhecimento das implicações do tratamento, são vitais para a Gestalt-terapia e foram fundamentais para a melhoria das atitudes clínicas na Gestalt-terapia na última década. Creio que nenhum tópico clínico único conseguiria ter um efeito mais salutar, para a prática da Gestalt-terapia, do que o conceito de vergonha se fosse assimilado ao funcionamento dos Gestalt-terapeutas.*

## Vergonha

Vergonha e culpa são duas formas importantes de reação negativa do *self* ao processo de aculturação. Vergonha é o sentimento que acompanha a experiência de "não OK" e/ou "insuficiente". Culpa é o sentimento que acompanha a experiência de fazer algo ruim, de magoar alguém, de infringir algum código moral ou legal.

Embora a vergonha esteja por toda a parte em nossa cultura, na minha opinião ela é raramente notada e bem-tratada em terapia. É uma das experiências mais comuns e menos compreendidas na terapia. A vergonha pode ser uma reação a traços, comportamentos, pensamentos ou sentimentos – ou pode ser relativa ao sentido global do *self* da pessoa. Com freqüência as reações específicas de vergonha, assim como as de culpa, são meramente a face mais visível de reações intensas, profundamente enraizadas, relativas ao sentido global do *self*. Essas reações intensas podem ser desencadeadas por estímulos aparentemente inócuos. Uma pessoa pode não sentir-se bem, sentir-se inadequada ou sem méritos em sua essência, e é em torno desse sentido de não se estar bem em seu núcleo que se constitui o interesse central deste trabalho.

Neste artigo concentro-me mais na vergonha que em culpa, pois acredito que a culpa sem uma base de vergonha é relativamente mais fácil de entender e tratar, e a maioria dos terapeutas sabe como fazê-lo. Por outro lado, e embora as experiências a respeito da vergonha sejam bastante comuns, muitos clínicos não reconhecem as muitas manifestações e nuances da vergonha-como-processo, nem sabem como trabalhá-la. Com freqüência, o terapeuta também experiencia a vergonha e não a reconhece. Na minha experiência, isto pode ser verdade, até mesmo com clínicos experientes.

## A Vergonha e suas Origens

As reações à vergonha são emocionais e avaliativas negativas de si próprio, para o que se é, como se é, e para com o que se faz. Com muita freqüência, esses sentimentos são experienciados de forma rudimentar, nebulosa, obscura, misteriosa e confusa. A vergonha consegue esconder-se da *awareness* com manobras automáticas que funcionam para evitar uma exposição ao *self* e aos outros. Para a pessoa dominada pela vergonha, a exposição, especialmente se inadequada ou ruim, traz à tona uma energia afetiva intensa que é quase intolerável.

A presença de uma reação de vergonha do paciente é tipicamente reconhecida e qualificada primeiramente pelo terapeuta, e não pelo paciente; o terapeuta recebe a primeira informação por inferência ou intuição, baseado em indícios que passaram despercebidos pelo paciente – e não de relato direto do paciente. Com freqüência, os mecanismos para evitar esse conhecimento são tão potentes, que o paciente fica sabendo sobre sua vergonha indiretamente, em vez de senti-la direta e conscientemente. Apenas de forma gradual os pacientes passam a ter uma estrutura melhor para se conscientizarem dos seus sentimentos de vergonha. Da mesma forma, a vergonha intensa pode ser moderada, e a auto-estima do paciente aumenta.

De início o paciente poderia ter consciência e considera-se inadequado, sem valor, não ser uma fonte de alegria, ou simplesmente não estar OK. Mas às vezes nem isto está em *awareness* focal. As pessoas inclinadas à vergonha acumulam críticas e insultos pessoais e odiosos contra si mesmas. As palavras que freqüentemente se referem a esse processo de vergonha são: sem direito a, fraco, humilhado, incompetente, inadequado, tolo, estúpido, desajeitado, exposto, nu, insuficiente, e assim por diante. Mas essas invectivas são autoacusações tratadas como fato consumado em vez de uma expressão sagaz e direta do afeto.

No início da terapia os pacientes podem ter consciência (*aware*) de algum aspecto da vergonha, mas sem *aware* do processo central unificador subjacente a essas atitudes negativas, nem um vocabulário para expressá-lo. O vocabulário é um problema no trabalho com a vergonha. Embora tenhamos muitas palavras para descrever aspectos do processo de vergonha, a palavra-chave "vergonha" é pouco usada, e os aspectos que são conhecidos não estão associados para provocar *insight* ao processo do *self* fundamental.

A vergonha funciona como um processo de segundo plano, de aparência tão natural, que ele não virá para o primeiro plano sem um trabalho terapêutico específico. O sentido de vergonha, na pessoa vergonha-orientada, comumente vem de uma idade anterior à da memória nítida. Ela é baseada nas vontades e experiências interpessoais mais precoces da criança e do bebê. Como o processo de vergonha começa antes de a *awareness* tornar-se verbal, os sentimentos de vergonha freqüentemente não estão na *awareness* verbal ou apenas estão de forma difusa. As *Gestalten* baseadas na vergonha são largamente experienciadas no pré-contato, ocorrendo interrupções em fases posteriores do ciclo figura/fundo.

Para entender isto, vamos rever brevemente a teoria básica de Gestalt-terapia a respeito do funcionamento da personalidade e do desenvolvimento humano.

A identificação com figuras, à medida de seu surgimento na fronteira de contato do campo organismo/ambiente, é um conceito desenvolvimental e de personalidade fundamental da Gestalt-terapia. Por meio desse autoprocesso importante, as novidades são assimiladas e ajustadas, e novas *Gestalten* são criadas (ajustamento criativo). Embora a formação de figuras seja uma autofunção biologicamente dada, ela é fundamentalmente a estrutura da experiência. Como experiência, ela inexorável e inevitavelmente funciona e se desenvolve numa matriz interacional da pessoa e com o resto do campo organismo/ambiente. Nesse campo interacional as pessoas aprendem a estruturar, realçar ou interferir em suas autofunções.

Na teoria da Gestalt-terapia o *self* é o sistema de contatos no campo organismo/ambiente. O sentido do *self* se desenvolve no contato entre os membros do sistema familiar. À medida que as figuras surgem e se tornam mais agudas no pré-contato e nas primeiras etapas de contato da infância, ocorrem constantes interações verbais e não-verbais entre a criança e outros no sistema familiar. Quando a criança age, observa, sente, percebe, pensa, e isto se torna conhecido para os outros, o contato interpessoal, com ou sem *awareness*, ajuda a dar forma tanto ao repertório de respostas da criança quanto ao sentido do *self*. A família informa à criança quanto às suas expectativas culturais, étnicas e religiosas, sobre como agir, pensar, falar etc. A família também informa à criança sobre quais afetos são bem-vindos nesse sistema e também quanto aos estilos emocionais e de comunicação preferidos.

Esse processo de moldagem social pode ser feito com uma mensagem de amor, respeito e aceitação integral da criança (por exemplo: "Você é um bom menino e nós não permitimos que você bata na sua irmã pois isto a machuca"). Por outro lado, esse processo de aculturação pode gerar um sentido patológico de vergonha ou culpa pessoal. As primeiras interações familiares podem dar suporte à formação de um *self* que se identifica com sua figura formativa, que valoriza o contato e as diferenças entre a pessoa e os outros, ou que pode interromper a formação de figuras e todo o sentido de formação do *self*, e que deixa a criança com uma reação negativa para com o seu *self* como um todo.

No ambiente próprio, a vergonha vem como o leite materno, automática e naturalmente. Ela se infiltra por osmose, como os sons do quarto, a expressão no rosto de um genitor, o som de sua voz, o ritmo dos movimentos parentais, como ela é tocada ou não, e assim por diante. A criança não se sente como se fosse a alegria ou uma dádiva para seus pais. Embora este processo de vergonha com freqüência se desenvolva pela personalidade da pessoa vergonha-orientada e possa ser intenso e brutal, em especial no caso de desordens de caráter ou psicóticos, normalmente é sutil – como é apropriado para um processo que se inicia tão cedo.

A vergonha inclui um sentimento de defeito ou inferioridade e um sentido de não estar apto para ser amado e merecedor de respeito. A vergonha traz a crença ou o sentimento de que com tal defeito, a pessoa realmente não faz parte da companhia humana. Os que experimentam esse sentimento de vergonha costumam descrever-se como alienígena, não humano, tóxico, intocável, horrível. Um *self* ideal poderia ser merecedor de amor e respeito, mas não o *self* como está. Esta é uma área na qual a teoria da mudança paradoxal da Gestalt-terapia tem valor especial, pois a identificação com o próprio estado está em seu cerne.

O sentimento de defeito ou de inferioridade pode estar baseado em praticamente qualquer aspecto da vida humana. Algumas vezes existe de fato, um defeito específico, como na ocasião em que há um *déficit* biológico, uma incapacidade de aprendizado etc. Por outro lado, esse sentimento de inferioridade aparece por causa de um critério anormalmente rigoroso de competência, como no obsessivo ou no *self* ideal do neurótico perfeccionista, e também no caso da grandiosidade narcísica.

O sentimento de não ter direitos ou de não merecer amor, respeito ou realizações cresce na interação com as pessoas significativas do ambiente. É nesse contexto que o sentimento de vergonha penetra tão automaticamente na pessoa jovem. Quando o pai ou a mãe desviam o olhar com frieza ou parecem ofendidos, ou reagem com excesso de raiva ou insultos a um fato sem importância, o jovem, confuso, não entende essa reação e, naturalmente, presume que "deve haver algo errado comigo, mas eu não sei o que é". Esse sentido de mistificação é um elemento primordial do processo de vergonha.

Embora muitos acreditem que esses assuntos sejam inteiramente ambientais, as evidências indicam que pode haver um componente genético. A ansiedade, a insegurança, a compulsividade, o perfeccionisno podem ter um componente genético. Algumas reações de vergonha à inferioridade podem surgir, independentemente do tratamento dos pais.

Entretanto, o que parece claro é que um sentimento de vergonha que perdura por anos desenvolve-se num contexto ambiental no qual a criança não adquire um sentido de ser conhecida, aceita, amada e respeitada pelo que ela é, inclusive por suas "deficiências". Mesmo com alguma incapacidade física ou outras deficiências que tragam alguma inferioridade, e a atitude correta dos pais, a criança tem uma excelente chance de crescer com orgulho no *self* em vez de vergonha.

Todas as formas de amor não retribuídas trazem vergonha. O abandono, em especial pelos pais, é um exemplo particularmente poderoso deste caso. Como reações de vergonha crônicas começam tão cedo, o relacionamento com a pessoa responsável pelos cuidados maternos é especialmente importante na sua indução. A reação de vergonha se cria na necessidade de a criança ter no genitor uma pessoa em quem possa confiar, e, portanto, quando há alguma dificuldade, há uma tendência de presumir que "a mamãe é legal, o problema sou eu". A criança de quatro anos cujos pais se divorciam diz para si mesma: "O que há de errado comigo, o que foi que eu fiz para ter provocado a separação de papai e mamãe?".

A identificação consigo mesmo, como se é, especialmente a identificação com o próprio estado e a própria experiência é o oposto da auto-regulação vergonha-baseada. A vergonha e a auto-regulação organísmica baseada na teoria da mudança paradoxal são mutuamente inconsistentes. Cultivar a vergonha passa a mensagem de um *self* ideal que é competente e aceitável, enquanto o *self* real não o é.

Nos Estados Unidos, a imagem do *self* ideal, em geral, exclui sentir ou mostrar emoções fortes, fraquezas humanas ou vulnerabilidade. Sociedades vergonha-orientadas freqüentemente ensinam que o controle é digno de orgulho e a incapacidade de "se controlar" é vergonhosa. A criança pequena aprende não apenas a controlar os esfíncteres, as emoções e qualquer outra coisa que a sociedade enfatize, mas também aprende a envergonhar-se de sua própria essência.

A introjeção e a confluência são mecanismos importantes nesse processo de vergonha. A mensagem introjetada é geralmente: "Nunca é suficiente!" "Seus impulsos, emoções e desejos são inaceitáveis. Eles mostram que você é socialmente incompetente. Erros são intoleráveis. Mantenha o controle, tenha boa aparência e tente ser competente – embora você vá falhar porque não é suficientemente competente".

Com freqüência, a mensagem "Você nunca faz o suficiente" é dada como refrão. Eu me lembro da primeira vez em minha vida que tirei notas altas em todas as matérias. Eu estava muito orgulhoso. Minha mãe reagiu com algumas congratulações e completou: "Eu tirei boas notas durante todo o curso colegial". O refrão me dizia que eu ainda não havia feito o suficiente para me sentir orgulhoso. Algumas vezes, o refrão era um gesto, por exemplo, arrancando um pedaço de fio microscópico da minha blusa. Isto me comunicava que para mamãe a aparência precisava estar perfeitamente em ordem antes de ser aceitável, e minha aparência nunca era suficientemente boa.

Um exemplo: uma terapeuta num grupo de treinamento relatou que, quando tinha dez anos, elaborou sozinha um contrato complexo para negociar um assunto importante com seus pais. Era importante para ela que isso fosse feito por escrito porque eles não consideravam seus assuntos importantes e desconsideravam suas vontades infantis. Quando ela o mostrou para seus pais, eles a ridicularizaram por ter errado a grafia de uma palavra. Nunca suficiente. A maioria dos pais ficaria orgulhosa se uma criança de dez anos pudesse ser tão competente e independente. Entretanto, nesta família a vergonha foi induzida pela desconsideração de suas vontades e pela ridicularização diante de outras pessoas.

## Comparando Culpa e Vergonha

Talvez a vergonha possa ser mais bem entendida se comparada e contrastada com a culpa. Ambos os sentimentos são reações negativas ao *self*. A vergonha refere-se à natureza básica e à existência da pessoa. Como a vergonha tende a ser um sentimento referente ao *self* inteiro "não ser suficiente", a culpa é o sentimento que acompanha a experiência de se ter feito algo ruim, ter magoado alguém ou ter infringido algum código moral ou legal.

Contrastando com o problema lingüístico com relação à vergonha, os ingleses usam a palavra "culpa" quando se referem aos sentimentos de culpa. Porém, ela é usada com mais freqüência quando a experiência factual do paciente é de medo de punição ou de ressentimento com "deveria(s)" e expectativas, sejam introjetadas e agora auto-impostas, ou impostas por outros. A culpa autêntica, um sentimento de remorso e de arrependimento por ter causado danos aos outros exige um sentido de valores pessoais integrados mais maduro e empatia para com outros.

Sentimentos de culpa são mais freqüentemente trazidos à tona por comportamentos e sentimentos de agressão (agressão hostil ou não hostil) e sexualidade. Se estes entram em ação, ocorre a culpa por causa dos danos (reais ou imaginários), e/ou violações das formas de agressão e sexualidade permitidas naquela cultura em particular. E, ainda, podem surgir mesmo por impulsos sentidos e não efetivados.

A sanção da culpa é a punição. Arquetipicamente, a punição é a mutilação. A sanção da vergonha é o abandono, variando de pessoas significativas desviando o olhar da pessoa envergonhada até o abandono físico, ou mesmo o banimento.

Tanto a vergonha quanto a culpa podem estar baseadas num sentido maduro e assimilado de si próprio, que poderia ser denominado de autêntico, ou, por outro lado, podem basear-se em padrões introjetados, que provocam reações mais ou menos inautênticas ou não organísmicas. Tanto a culpa quanto a vergonha requerem discriminar quais expectativas são lícitas e, a partir daí, em que situações é lícito ficar envergonhado ou culpado, e em que grau. Reações de culpa e vergonha específicas e generalizadas podem ser justificadas ou não, baseadas em introjeção ou em assimilação.

Às vezes, o que as pessoas chamam de "culpa" não tem um sentido verdadeiro de ter feito algo danoso, mas, ao contrário, um medo de ser punido por ter infringido regras impostas por outrem. Quando a culpa é introjeção-baseada ela tende a ser exagerada, isto é, uma exploração fenomenológica descobre que ela é inadequada para a situação, e revela também que o sentimento que o paciente está experienciando é mais bem definido como ressentimento. Esta experiência é mais um medo de perseguição do que um sentimento bem-desenvolvido de responsabilidade e culpa pessoal. Isto está associado a uma luta de poder interpessoal em andamento, especialmente com figuras de autoridade e entre aspectos do sistema psicológico da pessoa, em especial os conflitos *topdog-underdog*. Obviamente, a projeção e a introjeção desempenham papel importante neste processo.

Nos casos de culpa introjetada há uma perda neurótica de funções do ego, que podem ser recuperadas com a Gestalt-terapia. O trabalho de clarear introjeções, reconhecer projeções, iluminar o diálogo *topdog-underdog*, expressar ressentimentos e sondar em busca de escolhas organismicamente baseadas, é familiar a qualquer Gestalt-terapeuta bem-treinado. Um bom resultado terapêutico compreende a recuperação das funções de ego perdidas e/ou continuar o comportamento sem culpa, descontinuar o comportamento com base no sentido agora integrado do que é apropriado no contexto para a pessoa.

Às vezes, outro tipo de qualificação errônea resulta num paciente "que sente culpa", quando uma cuidadosa exploração fenomenológica descobre que a experiência factual é de arrependimento, tristeza e preocupação pela dor de outra pessoa, mas não um sentimento de culpa, pois o comportamento doloroso foi necessário, inevitável, não-intencional ou o dano imprevisível. Nesses casos, apenas a discriminação entre culpa e estes outros sentimentos pode resultar numa autêntica experiência *Ah!*, e numa sensação de alívio. Por exemplo, às vezes sou chamado para rever ou avaliar um texto ou uma prática profissional, e se eu considerar o trabalho claramente insuficiente, devo explicitá-lo. Mesmo que a revisão ou a avaliação tenham sido pedidas e realizadas de maneira sensível e simpática, algumas pessoas se sentem injuriadas. Eu costumava qualificar minha resposta afetiva como "sentindo culpa", quando na verdade sentia arrependimento, tristeza e compaixão.

Os sentimentos de culpa são adequados desde que baseados numa avaliação de estar causando danos a alguém, a um relacionamento no ambiente. Ele é patológico se o dano não é real, se a avaliação não for assimilada (baseada em introjeção), ou se os sentimentos são mais extremados, inflexíveis ou punitivos do que a circunstância exige. Também é patológico não sentir culpa quando as escolhas de comportamento de alguém resultam em tais danos. Naturalmente, em ambos os casos a discriminação não é objetiva, mas feita pelo julgamento de alguém.

Quando a culpa é autêntica "culpa existencial" e também não vergonha-baseada, o comportamento que induz à culpa geralmente cessa. A menos que as circunstâncias sejam incomuns, as pessoas com um sistema de valores maduros não persistem em comportamentos que julgam errados. Quando o comportamento ofensivo ocorre, então *awareness*, confissão e reparação são espiritual e terapeuticamente indicadas.

A culpa autêntica pode ser aliviada com confissão, arrependimento, reparação e perdão. A culpa neurótica pode ser aliviada pela exploração da estrutura do código introjetado infringido e trazendo à *awareness* as emoções de ressentimento e raiva, desfazendo projeções e mobilizando um canal para a expressão da agressão ao ambiente e permitindo o surgimento de um código baseado na auto-regulação organísmica.

Se a culpa é autêntica e intensa, com freqüência ela evolui para a vergonha. Quando alguém realiza más ações, isso significa que a pessoa é do tipo capaz de, e de fato teve um comportamento ofensivo, que a levou ao sentimento de vergonha.

A vergonha refere-se à natureza básica e à existência de uma pessoa. Mera punição, perdão ou reparação ao outro, não fariam a pessoa sentir que foram "suficientes", como, por exemplo, competentes e amáveis. Portanto, o alívio da vergonha é muito mais demorado, gradual e difícil.

## O Nó Culpa-Vergonha

Se alguém age impelido por seu impulso agressivo ou sexual, freqüentemente irá sentir culpa. No entanto, se a pessoa evita os sentimentos de culpa não agindo por causa deles, ela pode considerar-se inadequada, e geralmente é vista assim pelos outros. Neste caso, a pessoa é apanhada no "nó culpa-vergonha". O menino que vai ao *playground* e responde quando atacado pode ser chamado de mau pelos adultos por fazê-lo. Na escola primária, em geral, esta é uma interação entre uma professora e um aluno. Se o menino não devolve a agressão, ele é rotulado de fraco, maricas etc., assim como por seu comportamento sexual. Nos Estados Unidos, um adolescente sexualmente ativo pode ser qualificado como mau ou promíscuo pelos adultos, e os não-ativos são freqüentemente qualificados como inadequados pelos seus pares.

Com freqüência, a experiência de culpa é usada para evitar a experiência da vergonha. Alguns pacientes chegam queixando-se de inadequação sexual, mas prefeririam morrer a ter de admitir suas atitudes moralistas, puritanas, vitorianas em relação ao sexo. Afinal, a pessoa deve ser liberada. Então ela confessa a vergonha e a inadequação disfarçando o conflito entre desejos sexuais e a atitude de isto ser errado. Por outro lado, outros chegam e dizem considerar o sexo sujo, mau ou apenas que "não estão interessados", quando estão evitando seu medo ou o sentimento de inadequação. Algumas vezes o moralismo é disfarçado por idealismo ou romantismo. Eu vi isso com mais freqüência nos adolescentes.

Qualquer ruptura da ligação familiar básica tende a resultar em culpa. A separação da mãe pode causar sentimentos de mágoa, dor ou aflição. Não obstante, se a criança quiser ser competente de fato, ela precisa separar-se da mãe e estabelecer seus próprios valores, sua competência, suas crenças, seus sentimentos e interesses. O fracasso por ter-se separado da família nas ocasiões desenvolvimentalmente adequadas tem a tendência de resultar em funcionamento inadequado e sentimentos de vergonha.

No sistema vergonha-culpa, não há saída que não interrompa, exponha e interfira no sistema que deixa o indivíduo sem outra opção a não ser a de mau ou inadequado.

Piers e Singer (1971), que descrevem com clareza este nó vergonha-culpa, também discutem culturas como sendo vergonha ou culpa-orientadas. Por anos suspeitei da precisão antropológica ou da utilidade de caracterizar culturas inteiras como culturas de culpa ou vergonha. Entretanto, à medida que venho viajando e treinando terapeutas em vários países, parece haver uma diferença marcante dessa dimensão de um país para outro. Percebi, por exemplo, que a ambientação no grupo e os assuntos dominantes dos indivíduos neste aspecto são muito diferentes, digamos, na Finlândia, uma "cultura de vergonha" e no Brasil, uma "cultura de culpa".

## A Aparência da Vergonha

Uma pessoa que sente vergonha demonstra na aparência a face enrubescida, constrangida. Mais freqüentemente, a aparência é marcada tanto pelo sentimento de vergonha, pelo impulso de se esconder, como por esforços para evitar demonstrar ou reconhecer ambos. Esta pode parecer uma maneira rígida, isolada, na qual há pouca mobilidade. A vergonha pode ser expressa por um encolhimento físico, pela cabeça pendente, desviando e evitando o contato visual. Cognitivamente, o paciente irá experienciar com um "branco" ou um entorpecimento. O ataque, a racionalização, a fúria e virtuosismo são usados para evitar o sentimento de vergonha. É como se a pessoa dissesse: "Eu preciso estar certa e adequada e você precisa estar errado e inadequado para que eu não me sinta envergonhada".

O oposto da vergonha é o orgulho. A pessoa que se orgulha de si tem um sentimento bom, iluminado, caloroso, confiante a respeito do *self*. A pessoa envergonhada quer se esconder, a pessoa que sente orgulho infla o peito, como se dissesse: "Olhem para mim, estou OK". A reação à vergonha é encolher-se e esconder-se e a de orgulho é a de expandir-se, ser visto e ouvido. Levado ao extremo, o orgulho pode ser uma questão de grandiosidade narcisista. Em tais casos, o orgulho não é bem-estruturado, não está baseado na apreciação integral de quem se é e não está combinado com suas realizações e fraquezas. Além disso, no caso de grandiosidade nas pessoas com desordens de personalidade narcísicas, o orgulho é acompanhado de desprezo pelos outros. Isto não está necessariamente presente em todos os casos de orgulho. Algumas vezes, quando a pessoa começa a sentir orgulho ela tem uma reação de culpa ou de vergonha, pois o orgulho é ruim, e somente as pessoas inferiores são orgulhosas. Alguns religiosos pregam que o "Orgulho aparece antes da destruição, como num espírito arrogante antes da queda".

A maior parte deste processo de vergonha não é consciente, e só chega à *awareness* como resultado da terapia, com um bom relacionamento, e na qual o terapeuta gradualmente introduz a *awareness* da vergonha. Por bom relacionamento entendo: 1) ter uma compreensão empática precisa do paciente; 2) expressar essa compreensão de modo que o paciente possa confirmar a precisão ou a falta dela; 3) o terapeuta deve ser cordial, aceitar e respeitar o paciente, de forma que o paciente possa perceber; e 4) o terapeuta deve ser tanto congruente quanto autêntico. Falaremos desse aspecto terapêutico posteriormente.

## *Self* e *Self* Ideal

O *self* ideal refere-se a uma imagem ou figura do *self* de como a pessoa gostaria de ser, ou acredita que teria de ser para tornar-se aceitável. Embora a imagem ideal possa ser assimilada ou introjetada em graus variados, ela é freqüentemente mais assimilada ou ego-sintônica do que mero(s) "deveria(s)".

As pessoas vergonha-orientadas se comparam a este *self* ideal e se identificam mais com este ideal do que com sua verdadeira experiência. Sentem vergonha num nível tal, que acabam se identificando com a imagem ideal e experienciam uma discrepância. Acho irônico que posteriormente, na terapia, os pacientes descubram que não gostam de pessoas que se enquadram no seu *self* ideal, e quando experienciam fenomenologicamente ser esse *self* ideal não gostam de sê-lo.

A auto-imagem ideal de pessoas dominadas pela vergonha é rígida e permite apenas uma pequena amplitude de variação de traços; com freqüência nem mesmo mutuamente consistentes; ela exclui uma ampla variação de comportamentos e experiências. Esses comportamentos e experiências inaceitáveis acabam refletindo no caráter, na adequação e na competência da pessoa. Por exemplo, o *self* ideal pode ser suave e gracioso e a experiência de ser desajeitado não se encaixa neste *self* ideal; a pessoa se sente envergonhada toda vez que começa a experienciar a inaptidão. Naturalmente, o paradoxo é que quando a experiência vergonha se instalar, a inaptidão provavelmente aumentará. Assim, a vergonha pode ser um processo circular crescente.

## Ocultação e Constrangimento

"Eu não quero ser visto" é ouvido com freqüência no trabalho com pessoas vergonha-orientadas. Elas têm problemas para olhar e serem olhadas. Repudiam seus olhos, geralmente pela projeção. Isso acontece tanto por admoestações contra o olhar ("Não olhe diretamente, isto não é educado") quanto porque olhar significa tornar real o contato social. Elas poderiam ver o outro olhando para elas, elevando assim a exposição e a intensidade interpessoal.

Ser visto significa estar exposto, e as pessoas vergonha-orientadas projetam seus próprios olhos reprovadores e esperam ser consideradas incapazes de realizar um bom trabalho. É como se os olhos da pessoa se voltassem para si, olhando em reprovação projetada e imaginando que os outros sentem a mesma reprovação de sua autoreprovação. Quando a pessoa que sente vergonha projeta seus olhos evita ter de olhar e experiencia estar exposta e observada pelo outro, além de por seus próprios olhos projetados. Porque têm problemas para factualmente olhar, vinculam-se com intensidades diferentes, mais com suas próprias expectativas projetadas do que com as informadas por seus olhos.

Diante de olhos críticos que as pessoas esperam, sentem-se expostas e nuas. Ser visto significa não ter escudo, esconderijo, máscara, privacidade. No estado de vergonha, as pessoas estão tomadas por uma energia emotiva, de enrubescimento, de elevação de temperatura, encolhem-se posturalmente, e deixam a cabeça pender. Obviamente, tudo isto é exacerbado num ambiente crítico, inseguro, indutor de vergonha.

A experiência de vergonha sempre é acompanhada por um desejo de se esconder. Algumas pessoas que sentem vergonha apenas afirmam que gostariam de ser engolidas pela terra. Esse esconder-se pode ser acompanhado por uma máscara facial pétrea, de prolixidade, de afastamento físico, ficando quietas e paradas, evitando atrair a atenção sobre si, e assim por diante. Quando alguém se sente envergonhado, inadequado e indigno, não quer ser visto, não deseja ver sua vergonha exposta para o mundo.

As pessoas dominadas pela vergonha também sentem-se intocáveis, indignas de serem tocadas, ou se alguém as tocasse elas o considerariam desagradável, um incômodo, ou mesmo tóxico. Com freqüência, expressam-se por sentenças como: "Eu não quero ser tocado" ou "Eu não mereço ser tocado". Elas ficam constrangidas por serem vistas ou tocadas, ou até mesmo pela percepção de que desejam ser vistas ou tocadas.

O esconder-se isola a pessoa e cria um círculo vicioso. Sem interação e *feedback*, ela não tem aporte informativo para contradizer o sentimento de vergonha. Cada *awareness* leva à vergonha, a vergonha leva à vontade de esconder-se; assim, vergonha leva à vergonha de ser envergonhado e ficar envergonhado por querer esconder-se. Quanto mais a pessoa precisa ou deseja contato, mais intenso é o sentimento de vergonha. Isto leva a mais ocultação e isolamento, e pode significar um regresso infinito.

O constrangimento pode ser a face visível da vergonha, e é o sentimento observado pelo terapeuta e relatado pelo paciente que está sentindo vergonha e não sabe. Vamos comparar o constrangimento como a face visível da vergonha e o constrangimento simples.

Em seu núcleo, o constrangimento é a emoção sentida quando a experiência atual não é considerada na "fronteira do Eu" da pessoa. Por exemplo, quando se vê subitamente num papel ou *status* que não estão integrados em sua auto-imagem, quer este papel seja pior, melhor ou semelhante ao *status* atual da pessoa, ela usualmente sente constrangimento. Quando percebe uma emoção ou desejo que não fazem parte de sua auto-imagem surge o constrangimento. O constrangimento é acompanhado pelo enrubescimento, pela experiência de desconforto de ser notado e pelo recato.

Erv Polster denomina o constrangimento como a "delícia azedada". No caso simples, o constrangimento é tanto uma vivacidade calorosa e sentido de isto não é algo habitual e não exatamente permitido. Normalmente, o paciente não tem estrutura cognitiva e emocional para esse constrangimento, e isso acaba sendo experienciado por ele como um sentimento negativo. Quando este é o caso, a pessoa irá prender a respiração, encolher-se, querer esconder-se ou desaparecer. Mas isto não é inerente ao constrangimento.

O constrangimento não é inerentemente negativo. Quando a pessoa consegue permanecer "terna" e em contato, dar suporte ao entusiasmo com a respiração, permanecer centrada no presente e identificar-se com sua experiência atual, o sentimento da "delícia azedada" pode até ser agradável. As pessoas podem aprender a "fazer amizade" com seu constrangimento. O constrangimento costumeiramente acompanha o crescimento e a expansão, e é importante que os pacientes aprendam a estar em bons termos com seus constrangimentos, a fim de continuar avançando com as mudanças que são acompanhadas por constrangimento simples.

É diferente quando o constrangimento é a face visível da vergonha. O constrangimento simples no contexto da auto-aceitação geral pode ser meramente um sentimento de calor desconfortável. No contexto da vergonha, o constrangimento é apenas a face visível, o sentimento que o paciente consegue ter mais facilmente quando está vergonhado. O constrangimento da vergonha é com freqüência acompanhado por um sentimento doloroso de humilhação.

Esse constrangimento envergonhado não é um sentimento fácil. Ele é acompanhado por um profundo sentimento de se considerar indigno de ser visto e por uma necessidade intensa de se esconder. Embora quando alguém está apenas constrangido sempre há alguma tendência de se esconder, a delícia agora digna de orgulho pode ser suficiente para ter precedência de se manifestar. Isto é sempre visto no contato olhadela, que as pessoas pudicas freqüentemente fazem. Com vergonha, o sentido de não estar OK com necessidade de se esconder é sentido com intensidade e profundidade muito maior.

O esconder-se é obtido em parte por retroflexão. Isto é o mecanismo de se substituir pelo ambiente, e é usado pela pessoa com tendência à vergonha para evitar a exposição e o sentimento de vergonha que vem do contato social. Sentimentos autodirigidos são retrofletidos e substituem o contato interpessoal. A raiva originalmente direcionada para outra pessoa pode ser retrofletida em encolhimento.

A vergonha é marcada por fúria, repugnância e reprovação do *self*. Édipo arrancando seus olhos por ter descoberto que se deitou com sua mãe é um exemplo clássico de culpa e vergonha retrofletida.

A retroflexão na vergonha é parte de um isolamento evidente, com negação freqüente de necessidades externas. A pessoa envergonhada necessita de amor e de aprovação externa, mas adota a defesa da auto-suficiência. É uma questão aguardando resposta, saber em que grau isto se baseia num sentimento sincero de não ser merecedor, e em que grau é meramente o resultado de esconder a vergonha pela minimização da interação.

Como discutimos, a *awareness* de se sentir envergonhado resulta em vergonha por estar envergonhado. A percepção de querer esconder-se também é acompanhada pelo sentimento de vergonha de precisar esconder-se. Cada uma dessas situações é experienciada como evidência de inferioridade. Obviamente, isto aumenta a vergonha e a necessidade de se esconder e o efeito círculo vicioso continua. A pessoa se isola e não assimila as novidades necessárias do exterior. Uma das ironias da vergonha é que a tendência natural de se esconder acaba levando a pessoa para longe da cura, que é o encontro afetuoso.

Obviamente, o esconder-se provavelmente era bem-adequado no ambiente em que a vergonha se originou. Neste ambiente, a continuação da exposição significava a continuação da interação que criava ou mantinha a vergonha. Idealmente, o ambiente terapêutico é muito mais afetuoso e não constrangedor, comparado ao ambiente interno do paciente, que se baseia em experiências da primeira infância (em especial introjeções e questões inacabadas). Infelizmente, isto não é tão verdadeiro.

As reações de vergonha em pacientes neuróticos são diferentes das reações nas desordens de caráter. Isto foi observado em outro lugar neste livro, na discussão do tratamento de pacientes com desordens de personalidade *borderline* e narcísicas. Enquanto a reação à vergonha é sempre uma redução da auto-estima, como discutido anteriormente neste capítulo, não ocorre um colapso do sentido do *self* no neurótico. O neurótico não perde a capacidade de refletir (exceto momentaneamente), não perde o sentido de coesão pessoal, a capacidade de funcionar (embora ela esteja diminuída pela reação de vergonha), e não fica reduzido a um estado "tudo ruim" (exceto momentaneamente).

## Abordagem Terapêutica da Vergonha

*O objetivo e o ritmo no tratamento da vergonha*

O objetivo terapêutico geral na Gestalt-terapia é: 1) conhecer e *se identificar com a própria experiência primária,* como em contato com o resto do campo organismo/ambiente, especialmente a experiência primária de outras pessoas no campo; 2) *agir* baseado nesta identificação; 3) confiar que *crescimento surge da interação.* A experiência primária inclui a *awareness* das limitações e das vantagens, da eficácia e da ineficácia, e preocupações sobre moralidade, imoralidade e amoralidade. É importante que as pessoas aprendam com a experiência, por meio do reconhecimento dos seus erros, fraquezas e limitações, e ainda assim ter um bom sentido de auto-estima.

Geralmente meu objetivo específico na terapia com pessoas vergonha-orientadas é aumentar sua *awareness* de vergonha, e a *aware-*

*ness* de suas opções para evitar a vergonha e a culpa, ajudá-las a se libertar do automático e excessivo auto-ataque do processo-vergonha, adquirir um sentido coeso, seguro, positivo e piedoso do *self*, e, finalmente, ter um sentido de culpa e vergonha que é comandado com racionalidade e sensibilidade por sua própria espiritualidade, valores e necessidades, num processo de contato *self*-outros, *awareness* e *epoché*. Uma parte deste objetivo seria a *awareness* e a aceitação de sua necessidade de esconder-se e transformar o esconder-se defensivo em retração saudável.

Conseguir isto exige trabalho longo, repetido e gradual. Isto se deve a um sentido de *self* condicionado e pré-verbal, que é muito difuso, primitivo e ego-sintônico. O ritmo vagaroso do trabalho com a vergonha é determinado não somente pela natureza inerentemente gradual de alterar atitudes tão arraigadas, mas também porque no decorrer do tratamento em sua vida cotidiana, a vergonha continua sendo evocada. Ademais, a vergonha é evocada pelo mero processo de estar em terapia, por uma evidente fraqueza ou defeito para o paciente vergonha-orientado. Quando tal paciente aprende algo em terapia, existe a propensão de sentir a reação de vergonha de "Se eu fosse adequado, eu já teria sabido disto". E quando a terapia traz a própria vergonha para a *awareness*, a reação inveterada de envergonhar-se se instala.

Além disso eu me questiono se a eliminação total de culpa ou vergonha é um bom resultado terapêutico. Sentimentos de culpa autênticos por causar danos são parte inerente de uma pessoa completa. Sentir-se totalmente sem culpa significaria não causar nenhum dano a ninguém, uma alegação suspeita, ou não sentir a culpa adequada por ter causado algum dano. Não estou julgando aqui por que as pessoas deveriam sentir-se culpadas, mas apenas que o terapeuta não deve tentar eliminar toda a culpa e tratá-la como neurótica, ou acreditar que a ausência total de culpa é um objetivo terapêutico desejável.

Da mesma maneira, com a expressão *desprovido de vergonha*. Uma pessoa que age desprovida de vergonha é considerada não ter um sentido apropriado de contexto e de seus próprios limites. Novamente, não estou defendendo o que deveria causar vergonha e em que grau, mas, sim, que o terapeuta não creia, pois seria o objetivo na terapia, que o modo mais saudável é não guardar nenhum sentimento de vergonha.

A escolha do que seja uma culpa ou vergonha apropriada é do paciente e não do terapeuta. A função do terapeuta é aceitar e trazer *awareness* para todos os aspectos do processo de *awareness* do paciente e facilitar o surgimento de um sentido mais saudável e integrado do *self*, a partir da interação dialógica dessas forças conflitantes.

Culpa e vergonha saudáveis são experiências que passam pelo ciclo figura/fundo, começando no pré-contato e terminando no póscontato. Na saúde, os sentimentos de vergonha ou culpa surgem e são determinados pelas condições factuais no campo organismo/ambiente. Em contraste com os pacientes neuróticos e com desordens de caráter mais vulneráveis, as pessoas saudáveis têm grande variedade de reações de culpa e vergonha. Elas nem negam culpa ou vergonha quando seus padrões e valores são violados, nem sofrem da dor intensa auto-aniquiladora quando não conseguem atingir seus valores e padrões. Elas têm reações fracas de culpa ou vergonha a infrações que consideram menos sérias, e reações mais severas à infração de seus padrões que consideram mais graves. A pessoa total não é condenada por pequenas transgressões e a auto-estima não se perde por completo por uma fraqueza pessoal específica. À medida que o contato se intensifica, uma atitude adequada é tomada com dedicação total (contato final). Isto inclui a compensação por danos e o reconhecimento de limites.

Para mim, o objetivo do trabalho de crescimento nesta área não é apenas evitar a vergonha, mas o paciente crescer para atingir um sentido mais afetuoso, razoável e produtivo de si mesmo. Trabalhar para obter um sentido positivo, integrado e assimilado do *self* não é um processo repentino, mas acontece com pequenos acréscimos ou aproximações. Esse processo é complicado, pois o objetivo terapêutico deve dar um sentido de *self* positivo e realista, no qual os limites inerentes ao *self* e campo *self*-outro sejam reconhecidos e o paciente desenvolva um processo contínuo de discriminação sensata, em vez de um sentido do *self* positivo grandioso, que não tenha essa discriminação.

*O relacionamento no tratamento da vergonha*

A vergonha não pode ser tratada com sucesso a menos que a relação entre o paciente e o terapeuta seja tal que o terapeuta deve entender, aceitar e confirmar o paciente, além de praticar a inclusão. É muito importante que o terapeuta seja congruente e mostre de maneiras verbais e não-verbais.

A pessoa vergonha-orientada não consegue se curar exceto no contexto de contato pessoa-a-pessoa. A vergonha precisa ser expressa na presença de outros, que aceitam a pessoa numa atitude genuinamente horizontal. A qualidade e a quantidade de contato é vital. Em grupos, o paciente precisa ter tais contatos com outros membros do grupo, facilitados, durante e depois do trabalho e de outros tipos de exposição.

Para uma cura de boa qualidade, o paciente vergonha-orientado também precisa conhecer pessoas que ele respeite, em especial o terapeuta, que tenham sentimentos de vergonha e estejam dispostas a expô-los. Num sentido, o paciente envergonhado necessita que o terapeuta também se exponha. Naturalmente, isto requer um terapeuta com auto-suporte suficiente para ser capaz de expor-se, manter um sentido de si mesmo bom e afetuoso, além de exigir uma teoria e uma metodologia terapêutica na qual as "Afirmações Eu" do terapeuta sejam regulares e uma parte reconhecida do tratamento. Isto é difícil de conciliar com a metodologia psicanalítica tradicional. Naturalmente, auto-*awareness*, noção de momento, discriminação, tato, dedicação ao bem-estar do paciente, compreensão do caráter e necessidades de tratamento são responsabilidades essenciais e imutáveis do terapeuta, que usa Afirmações Eu como parte da metodologia do tratamento.

É de importância vital que o paciente não seja envergonhado nem humilhado. Sarcasmo, provocações, desprezo, pena, condescendência e outras atitudes semelhantes por parte do terapeuta podem ser devastadoras no tratamento de qualquer paciente, mas isto é especialmente verdadeiro para pacientes inclinados para a vergonha. Isto é verdade, independentemente do comportamento ofensivo ser direto ou indireto, verbal ou não-verbal. Por exemplo, um experimento de Gestalt-terapia pode ser vislumbrado, baseado numa atitude desrespeitosa e negativa para com o paciente, e isto evocará vergonha no paciente vergonha-inclinado. O problema aqui não é o aspecto técnico da intervenção, é mais a atitude do terapeuta para com o paciente. Os terapeutas que realizam esta estimulação de vergonha, com freqüência, não sabem que o estão fazendo e se sentiriam envergonhados se o percebessem, pois costumeiramente sua auto-avaliação não considera que eles envergonhem seus pacientes.

Encontros pessoa-a-pessoa podem ser respeitosos, horizontais ou verticais, e provocadores de vergonha. As afirmações "Você exige demais de mim" ou "Você tem de se cuidar sozinho" podem, na verdade, comunicar "Você é uma pessoa muito carente". Estas têm um impacto muito diferente de "Você quer que eu cuide de você, e mesmo que eu me preocupe com você eu não quero cuidar de você. Na verdade, eu nem conseguiria cuidar de você da maneira que você quer ser cuidado". As primeiras afirmações categorizam o paciente como uma pessoa deficiente, enquanto a última pode ser baseada na aceitação da outra pessoa, e distingue tanto a limitação da situação como a reação do terapeuta para um aspecto do paciente, com o paciente sendo considerado como um todo. Deve ser notado que uma intervenção verbal que parece franca e respeitosa pode, na verdade, envergonhar. Obviamente, mesmo com uma mensagem não envergonhadora, o paciente pode sentir vergonha. Mas no caso da atitude mais respeitosa do terapeuta, ela pode ser suficientemente segura para o paciente trabalhar a vergonha.

Uma das tentações que não têm utilidade é a de convencer o paciente a abandonar esses sentimentos sendo carinhoso e compreensivo. Embora seja importante que o terapeuta não concorde que o paciente é envergonhado ou ruim, e na verdade comumente os terapeutas sentem mais piedade e respeito para com seus pacientes do que eles próprios, convencer os pacientes a não se sentir envergonhados está destinado a fracassar, e estimula o sentimento de sentir-se envergonhado do fracasso contínuo na tentativa de se livrar da vergonha, isto é, envergonhar-se de ser envergonhado. Assim, em vez de ser apenas genericamente envergonhado, aos seus próprios olhos eles se tornam pacientes inadequados.

*Iniciando o tratamento da vergonha*

A iniciativa de identificar a presença de um processo de vergonha é principalmente do terapeuta. De forma típica, o terapeuta irá observar sinais que sugerem a possibilidade de um processo de vergonha estar em operação. Esses sinais podem ser bem sutis e exigem sensibilidade e intuição por parte do terapeuta. Alguns dos sinais óbvios incluem mudanças de coloração autonômicas (por exemplo, enrubescimento ou empalidecimento), "branco" repentino ou adormecimentos, olhar para baixo, cabeça pendente, reações defensivas repentinas, mascaramento facial, ficar bem quieto e imóvel, declarações preocupadas ou apologéticas. Indicadores situacionais e caracterológicos alertam o terapeuta que tem conhecimento e é sensível às questões de vergonha, para a presença provável de vergonha e a necessidade de investigar esta possibilidade.

O terapeuta pode começar esta exploração perguntando a respeito da experiência do paciente, refletindo, compartilhando observações, compartilhando a reação presente do terapeuta, compartilhando uma experiência relevante do passado do terapeuta ou fazendo uma interpretação. Como o vocabulário de vergonha do paciente pode não existir ou ser bem diferente do do terapeuta, este precisa encontrar uma linguagem que torne a comunicação possível, e também tem de explicar ou ensinar algo ao paciente a respeito do processo de vergonha antes que ele possa responder. Minha experiência é que os pacientes em geral consideram bem-vindo esse ensinamento e reagem com alívio a serem compreendidos e repentinamente entendem esse aspecto surpreendente de si mesmos.

O teste de precisão de todas essas intervenções é confirmado pelo paciente. O direcionador e a autoridade final não são do terapeuta, de nenhuma teoria clínica, mas da experiência do paciente. À medida que as interações clínicas evoluem, a experiência do paciente torna-se mais clara e sua capacidade de separar a experiência imediata de expectativas passadas aumenta. Então, o paciente pode confirmar ou negar, o que era incapaz anteriormente. Mas acredito que o direcionador da terapia deva ser a experiência de cada momento do paciente e isto deve ser respeitado pelo terapeuta, enquanto simultaneamente usa sua experiência para conduzir as intervenções clínicas.

Isto pode ser feito colocando-se uma ênfase positiva e explícita sobre diferenças entre suas experiências atuais. "Nesse aspecto, nossa experiência é bem diferente. Nesta situação eu me sentiria envergonhado; você experiencia diferente; você não experiencia a vergonha." Se o paciente é vergonha-orientado, há uma boa chance de que ele tenha uma reação de vergonha a essa interação: "O que há de errado comigo que não sinto vergonha agora?". Isto dá ao paciente e ao terapeuta uma nova oportunidade de trabalhar a reação de vergonha.

O terapeuta também pode reter sua experiência num segundo plano, enquanto o tempo e as interações clínicas adicionais clarificam a situação e o auto-suporte do paciente aumenta. A evidência revelada, com o tempo, pode mostrar que o enfoque anterior não era preciso; por outro lado, a evidência adicional pode corroborar o enfoque anterior do terapeuta. Mas apenas quando o suporte do paciente chega a determinado nível, a informação pode ser usada pelo paciente. Se o auto-suporte do paciente à *awareness* e ao contato são suficientes para afirmar ou negar com autoridade a existência da reação de vergonha, apresenta-se uma maneira confiável de verificar a suspeita empática do terapeuta.

*As manifestações aqui-e-agora*
   Quando o paciente conhece e sabe reconhecer a reação de vergonha, é possível que fique esclarecido qual aspecto do campo atual o levou a essa reação. Embora o paciente possa ter propensão à reação de vergonha, algo no presente fornece o contexto para esta reação. Alguns contextos tornam reações de vergonha prováveis, mesmo para pacientes não particularmente vergonha-orientados.
   A pessoa precisa conhecer o que lhe foi feito, dito ou observado, que levou à reação de vergonha. Uma paciente sentia vergonha toda vez que eu contraía os olhos e olhava para cima. Ela interpretou a insinuação não-verbal como crítica, pois seu pai costumava olhá-la dessa forma quando a desaprovava. Quando ela finalmente conseguiu identificar esse meu olhar, conseguimos dialogar. Minha reação factual não foi de crítica, mas de ficar pensativo. A paciente acreditou no relato da minha experiência a esse respeito, e parou de sentir a reação de vergonha neste contexto. Esta interação levou à realização de um trabalho bastante bom sobre a reação de vergonha proveniente do relacionamento com seu pai severo, distante e crítico.
   O paciente precisa reconhecer os componentes sensoriais, cognitivos e afetivos de sua reação de vergonha. Conhecer os sinais físicos de vergonha é uma maneira de reconhecer que algo está errado e que a vigilância, em vez de o funcionamento automático, é necessária. Por exemplo, reconheço uma certa tensão, uma ligeira paralisia pelo tórax, uma contração em torno dos olhos, um enrubescimento e uma série de outras sensações como uma manifestação física de minha reação de vergonha. Às vezes, tenho consciência (*aware*) primeiro do afeto da vergonha, ou tomo conhecimento dos indícios psicológicos e, então, sintonizo os componentes afetivos e cognitivos.
   Os aspectos cognitivos referem-se a idéias de não ser suficiente, ser inadequado, indigno, desfavorecido em comparações com outras pessoas e com imagens ideais do *self* etc. Esse processo de auto-rejeição, e mesmo de contrariedade ao *self*, coincide com os aspectos fisiológicos: enrubescimento, enrijecimento, encolhimento do corpo, desejo de esconder-se, de não ser visto ou ouvido nesse estado vergonhoso. O impulso de retirada, permanecer em silêncio, ocultar-se, desaparecer, ficar pequeno, com freqüência, é sentido como inato e muito intenso.
   A reação de vergonha, por estar no centro das atenções, por críticas ou mesmo por atenção neutra ou positiva, é, com freqüência, o encolhimento indiscriminado e voltar a agressão para o *self*. Quando as pessoas vergonha-orientadas se autojustificam, desdenham, ata-

cam e desrespeitam as outras, elas estão se defendendo contra o sentimento muito mais profundo e considerado mais central da vergonha. Essa forma de autoproteção socialmente difícil se faz necessária pela ausência de confiança em si mesmo e pela falta de identificação afetiva completa com seu *self* real. É ineficaz porque aliena as pessoas, raramente contribui para a realização eficaz de qualquer tarefa, e não diminui a vergonha.

*Self: então e agora*
Trabalho desenvolvimental com a vergonha
   Uma Gestalt-terapia completa com a vergonha requer a exploração das raízes do processo de vergonha nas experiências infantis mais precoces, especialmente na família. Discrimino três objetivos neste aspecto do trabalho de Gestalt-terapia para:

1. explorar a indução da vergonha na família de origem, de maneira que o paciente possa entender seu próprio processo no presente. Isto é, o uso do passado como pano de fundo para entender o presente, que não presume que o passado distante cause o presente;
2. completar situações inacabadas e poupar o paciente da energia emocional que ainda não foi liberada. Os objetos desta observação, centrada no presente, são os sentimentos ainda ativos baseados em *Gestalten* antigas, que ainda não foram completadas. Este trabalho inclui desfazer retroflexões, especialmente pela expressão de emoções que estão sendo suprimidas, reprimidas e defletidas;
3. reexperienciar e assimilar/rejeitar figuras paternas introjetadas neste período da primeira infância. Novamente, com este objetivo, o passado é trabalhado na Gestalt-terapia apenas à medida que aparece no trabalho existencial centrado no presente e não por seus méritos próprios.

   Não vejo este trabalho com material desenvolvimental centrado no presente como uma novidade na Gestalt-terapia.
   Como resultado, o paciente pode viver uma existência completa, centrada no presente, desobstruída de figuras que pertencem a campos passados. Isso significa ser capaz de observar seu campo atual com distorções mínimas devidas a projeções; regular-se conforme a auto-regulação organísmica e as necessidades do ambiente, em vez de baseado em introjeções, ter um quadro mais fiel do *self* e dos outros (incluindo os pais); e ter mais flexibilidade para contato, para agir, criar, emocionar-se, e assim por diante.

Descobri dois sistemas modais familiares de indução à vergonha. Num o constrangimento é feito aberta e severamente. Isto ocorre em famílias com sistemas regulatórios punitivos muito severos, que dão pouca atenção às necessidades afetivas dos membros da família e que têm fronteiras que são inflexíveis ou extremamente pegajosas e porosas. Aqui refiro-me a famílias nas quais os maus-tratos infantis são comuns e os pais são caracterologicamente desordenados. O resultado, com freqüência, é um adulto com sérios distúrbios narcísicos ou *borderline*, e o trabalho com a vergonha precisa seguir os princípios do tratamento discutido anteriormente sobre este assunto e as sugestões aqui assimiladas para este contexto.

Num segundo sistema a vergonha é mais sutil e indireta. Neste tipo de família, o envergonhar-se, com freqüência, está embutido em interações tidas como atenciosas, como, por exemplo: eu faço isto "para o seu próprio bem". Enquanto na primeira família a mensagem é enviada com intensidade e hostilidade explícitas, no segundo a mensagem é oculta, indireta e encoberta, e existe uma discrepância entre a linguagem não-verbal subjacente e a mensagem verbal. A mensagem verbal é algo objetivo ou positivo, e a mensagem subjacente é indutora de vergonha. "Eu sei que você pode melhorar" pode encorajar ou pode estar expressando o sentimento: "Você é insuficiente".

Nesse sistema, existe um abandono sutil. Ele pode ser tão sutil quanto o abandono do carinho nos olhos da mãe, ou a flechada silenciosa do pai olhando para o teto. A ligação que conecta a criança ao genitor e informa à criança que ela está OK, é amada e está segura desaparece. A criança fica confusa. Algumas vezes, ocorre uma mistificação do sentimento, e mesmo quando a criança fica mais velha e consegue identificar o sentimento, ocorre uma mistificação do "O que foi que eu fiz para merecer aquilo?" ou "Por que a mamãe está reagindo com tanta intensidade?". A resposta que a criança comumente constrói é: "Não é uma coisa específica. Deve existir algo de inerentemente errado comigo".

Embora o trabalho com a vergonha não seja em essencial diferente da maioria dos outros realizados em Gestalt-terapia, uma variedade de maneiras de explorar é usada, até que as situações sejam acabadas, introjeções sejam assimiladas e a situação atual seja compreendida. Este ensaio inclui algumas sugestões específicas de tratamento e de medidas de cautela no trabalho com a vergonha. Na discussão deste tratamento penso primariamente na vergonha neurótica, resultante deste segundo tipo de família. Para o trabalho com pacientes portadores de patologia de caráter séria, a patologia do caráter primário deve ser enfatizada e isto fornece a matriz dentro da qual o trabalho com a vergonha avança.

Desenvolvimento de autocuidados parentais positivos
Muitas metáforas são usadas para expressar os aspectos das funções do *self*. A auto-regulação pode ser feita de uma maneira que a pessoa leve seus próprios sentimentos e necessidades em conta, tenha sentimentos afetuosos positivos para com o *self*, mostre confiança e compaixão com o *self*, permita o trabalho em favor de condições dentro das quais suas necessidades possam ser razoavelmente atendidas, e permite que a pessoa se nutra e aproveite a vida. Uma maneira de se referir a isto é a autoparentagem. Quando a pessoa se regula com uma atitude de auto-rejeição e repugnância, não honra seus sentimentos e necessidades e não mobiliza a agressão saudável para os próprios objetivos ou até mesmo não se sente com direito de fazê-lo, pode-se referir a isto como autocuidados parentais pobres (punitivos, ríspidos, negligentes, sufocantes, e assim por diante).

Acredita-se que quando uma criança biologicamente intacta é criada num ambiente saudável e os cuidados parentais são "suficientes", ela aprende esses traços de autoparentagem, sob todas as formas de aprendizado social – imitação e identificação com os pais, introjeção, aprendizagem ativa – olham o que os pais fazem, absorvem a atitude parental numa idade muito precoce. Quando as crianças são tratadas com respeito, amor, empatia e bons limites, há boas chances de que seus processos auto-regulatórios sejam saudáveis.

Pacientes vergonha-orientados regulam-se em diversos graus, de uma maneira que não fica bem descrita como autoparentagem boa. Uma das tarefas da terapia com tais pacientes é trazer esse sistema auto-regulador ou de autoparentagem à *awareness* para que ele não continue a operar meramente no nível habitual. Assim, a possibilidade de bons autocuidados parentais é modelada pelo contato bom e carinhoso, que é uma parte espontânea do relacionamento terapêutico na metodologia da Gestalt-terapia. Dentro dessa matriz de um relacionamento terapêutico positivo, o resíduo negativo do passado é trabalhado detalhadamente e o paciente aprende novas atitudes e habilidades sobre o *self*.

Em termos básicos, essas novas habilidades são as habilidades de *awareness* e de contato que fazem parte do processo da Gestalt-terapia: saber o que observamos e percebemos, considerar as diferenças, juntar eu e você. De forma mais complexa, há um aprendizado a realizar-se de um novo padrão de auto-regulação. Isto é aprendido por meio dos processos que estivemos discutindo e também pela identificação e imitação do terapeuta, beneficiando-se da empatia do terapeuta, ativamente tomando conhecimento de novos modelos de autocuidados, interagindo com os outros em grupos, experimentações fenomenológicas do tipo ensaio-e-erro, e aplicando *insight* ativamente em programas de autocuidado.

Nesse aspecto, o relacionamento entre o terapeuta e o paciente é vital. É importante que o terapeuta tenha uma atitude positiva em relação ao crescimento gradual do paciente e acredite nele. Todos nós precisamos ser uma alegria para os outros que são significativos. O paciente envergonhado, que foi considerado mais um fardo do que um presente para seus pais, precisa que o terapeuta o sinta como uma alegria, e que ele realmente goste do paciente.

O paciente também precisa ter uma boa perspectiva sobre o tempo que leva e qual é a gradação do trabalho. Ele necessita que o terapeuta modele a auto-exposição assim como o vinculo empático. É recomendável que o terapeuta confira com o paciente o que ele está experienciando, em lugar de presumir que sabe o que o paciente está experienciando ou deveria experienciar. E, principalmente, o terapeuta deve reconhecer todos os aspectos do paciente, aceitá-lo e respeitá-lo como um todo.

Autocuidado pode começar com comportamentos sugeridos em terapia e inicialmente praticados de maneira mecânica, para então serem assimilados aos processos auto-regulatórios e se tornarem autênticos. Por exemplo, uma pessoa ansiosa pode executar mecanicamente recomendações sobre controle mental e respiratório, procedimentos de relaxamento do tipo meditação etc. No início isto pode ser feito com ceticismo e sem muito entusiasmo. Porém, o paciente pode descobrir que ele se sente bem com um autocuidado dessa natureza e desenvolver um entusiasmo genuíno para essas atividades que foram experimentadas. À medida que vão sendo praticadas, elas podem tornar-se parte das atividades habituais com que a pessoa está envolvida e então não precisam mais ser parte da *awareness* focal. Resumindo, eles são assimilados e transformam o funcionamento do *self*.

*Intervenções específicas*

É imperativo salientar na prática da Gestalt-terapia a virtude de se identificar com a própria experiência. Portanto, um aspecto altamente importante do tratamento da vergonha, é o do relacionamento baseado numa atitude de compreensão empática e carinho respeitoso, no qual o paciente é encorajado a esclarecer-se e identificar-se com sua experiência factual. A atmosfera deve ser do tipo gradual, a atitude tranqüilizadora, na qual há segurança e espaço para todo o espectro de sentimentos, inclusive medo, resistência, vergonha e semelhantes. Dentro desse contexto podemos discutir algumas intervenções específicas (experimentos). Mas estes são meras aplicações ilustrativas, que têm utilidade apenas à medida que esses experimentos aplicarem essa atitude básica em vez de substituí-la ou falseá-la.

É fundamental nesta situação lembrar que esses experimentos são fenomenológicos, não exercícios, e que a intenção é fazer o paciente aprender algo, que na Gestalt-terapia eles não são usados para recondicionar o paciente. Não existe nada para o paciente conquistar, ele não pode ser aprovado ou reprovado nesses experimentos. Qualquer coisa que aconteça, informa tanto ao terapeuta quanto ao paciente e oferece diretrizes para o prosseguimento do trabalho. Espera-se que o Gestalt-terapeuta crie, ou empreste de outros, experimentos, à medida que clinicamente indicado.

Conferir cuidadosa e repetidamente a experiência aqui-e-agora do paciente permite-lhe compartilhar os dados que são objeto da experimentação e também mantém a conexão redutora da vergonha entre o terapeuta e o paciente, além de prevenir contra a indução inadvertida de vergonha. O trabalho com a vergonha exige tempo e espaço, e não pressão.

Experimentos de contato

Os experimentos que conduzem o paciente ao contato são muito úteis e precisam ser bastante estruturados, como, por exemplo, fazer o paciente olhar para o terapeuta ou para outro membro do grupo e então orientar para a diminuição de ritmo, inalar e exalar enquanto olha, e assim por diante.

Depois que o paciente consegue fazê-lo, ele pode receber a sugestão de dizer ao terapeuta ou a outro participante de um contexto grupal, o que ele experienciou. Às vezes isto pode ser feito pelo terapeuta sem muita estruturação. Ele diz uma frase e pede ao paciente para repeti-la em voz alta, ou que a expresse para outros membros do grupo. Essas frases podem expressar algo como: "Eu tenho vergonha de..." "Minha cabeça está baixada de vergonha", "Eu consigo manter minha cabeça ereta" ou "Preciso esconder-me". Enquanto essas intervenções são baseadas em interpretações empáticas do terapeuta, usá-las como experimentos explícitos põe a ênfase diretamente sobre a experiência fenomenológica do paciente em vez de o terapeuta dizer ao paciente o que ele está sentindo.

Permitir serem vistos e ficar no *continuum* de *awareness* pode vir logo depois. Isto em geral significa ficar constrangido. Ouvir como os outros reagem ao paciente vergonha-orientado pode ser curativo, se o suporte do ambiente tiver credibilidade.

O constrangimento pode ser trabalhado eficazmente com experimentos de contato, se o paciente tiver ou desenvolver estrutura suficiente. O paciente que aprendeu a controlar respiração e relaxamento muscular pode experimentá-los relacionando-o ao constrangimento. Ser capaz de permanecer "solto" e em contato enquanto constrangido ajuda os pacientes "a fazer as pazes com o seu constrangimento". Se os pacientes olham e conseguem ser vistos, sentir o constrangimento e não se tensionar, o simples constrangimento pode ser experienciado como um sentimento agradável e de união no contexto de um bom relacionamento terapêutico ou de um grupo coeso.

O paciente vergonha-orientado constrangido tem muitas dificuldades em aceitar *feedbacks* positivos ou agrados de outras pessoas, em reconhecer que é desejado e necessário, quando é presenteado ou faz por merecer. Um aspecto do trabalho de contato é encorajá-lo a reconhecer essas formas positivas, reconhecer que são desejadas e necessárias, reconhecer que são merecidas e dadas com sinceridade e "trazê-las para dentro de si". Isso significa permitir a si mesmo sentir-se aquecido, pleno, seguro, bem (até sem jeito) pela coisa gostosa e inesperada que lhe é oferecida.

É óbvio que todos nós temos necessidade dos outros e uma boa autoparentagem seria aceitar quando precisar ou for oferecido. Nessas interações, a autoparentagem é encorajada. Lembro-me de estar num encontro em que fui brindado com uma calorosa salva de palmas por algum trabalho duro efetuado e eu me encolhia de constrangimento. Alguém no grupo disse-me de maneira carinhosa: "Aceite-o!". Eu o fiz e a sensação foi maravilhosa.

Foco na cognição

Dirigir o foco para os processos de pensamento do paciente envergonhado, com freqüência, é útil. Encontra-se muita conversa interna negativa, projeções futuras negativas, recordação de fracassos do passado sem se desligar deles, depreciação de sucessos, e assim por diante. O paciente deve tomar conhecimento desse processo e então ter a percepção aguçada com o surgimento habitual desses pensamentos. Se a *awareness* se tornar aguda e atual, o paciente vai adquirir controle dessas cognições; algumas intervenções técnicas, como feedback, podem ajudar. Por exemplo, o paciente poderia contar as cognições negativas (como instrumento de percepção).

Considerei extremamente útil o paciente aprender a perceber os sinais mais precoces do processo de vergonha, as cognições negativas e, em seguida, a prática de uma pausa. A pausa pode ser uma coisa simples como dar uma boa respirada longa, seguida de expiração bem relaxante. Pausas mais longas (por exemplo, três movimentos respiratórios longos e vagarosos) ou pausas mais longas usando imagens meditativas podem ser usadas, se necessário. O propósito da pausa é permitir que o paciente se conscientize, em vez de continuar automaticamente no caminho bem-ensaiado para uma vergonha mais profunda. Isto pode ser considerado uma maneira piedosa de interromper a auto-regulação organísmica perpetrada pelo paciente.

Às vezes o paciente deve concentrar-se em conversa interna positiva. Isto não é convencer o paciente com propaganda a abandonar as suas crenças antigas ou "pensar positivo", mas interromper a conversa interna negativa automática e abrir a *awareness* do paciente para a possibilidade de sentir alguma coisa autenticamente positiva em relação ao *self*. A experimentação pode propiciar ao paciente a possibilidade da conversa interna positiva e ele pode achar uma saída para o que está experienciando.

Ver-se contra uma luz positiva, com freqüência, suscita muita resistência e pode apressar o trabalho terapêutico. É importante que o terapeuta tenha em mente que isto é psicoterapia, que estes são experimentos, e que a "resistência" e trabalhar dificuldades não são um impedimento para a psicoterapia, mas sim uma substância de valor da qual o relacionamento terapêutico é feito e com a qual se preocupa.

Um perigo é que os pacientes com vergonha freqüentemente irão sentir que não estão alcançando um objetivo, que eles acreditam que uma pessoa superior atingiria, como sentir-se positivos consigo mesmos. Se o terapeuta tem também este foco comportamental, a vergonha do paciente pode ser exacerbada. Isso acontecia com freqüência, no passado, com a Gestalt-terapia técnica-e-expressão-orientada ("terapia 'oba-oba'").

Movimento

Pode-se pensar a vergonha como uma dança. Ela tem um padrão de movimento que pode ser retratado, experienciado e encenado. Esta dança especial tem uma qualidade polar de encolhimento e expansão. O pólo vergonha é freqüentemente experienciado, retratado ou dançado como um encolhimento, recuo, ser pequeno, ficar escondido, não emitir som. Com o passar do tempo, isto pode tornar-se a dança do sem som, sem movimento, da imobilidade mais absoluta, e pode ser uma experiência espiritual profunda.

No outro pólo, o movimento é expansivo. O paciente pode movimentar-se com o peito expandido, a cabeça elevada, ocupando espaço na sala, fazendo conexões fortes e energéticas com o fundo e expandindo-se para cima e para fora. Os movimentos podem ser livres, orgulhosos. Esses movimentos expansivos podem ser acompanhados de som. Neste pólo outras pessoas podem estar engajadas.

O movimento de ida e vinda entre as duas energias de expansão e retração dá ao paciente algum sentido de atividade em vez de paralisia e de ser capaz de aceitar a vergonha como o sentimento de um momento e não como uma condenação caracterológica.

As pessoas que não foram tocadas quando crianças, freqüentemente, têm problemas com o movimento livre.

Os toques, o corpo, os sentimentos etc. foram tratados como repugnantes e deveriam ser minimizados. Às vezes ocorre a confirmação desse quadro restaurado, quando os pais da pessoa vergonha-orientada são observados brincando com os netos.

Enquanto o movimento e o toque (massagem) são difíceis para o paciente vergonha-inclinados, eles podem ser bastante poderosos para exacerbar a cura e o crescimento. Experimentos estruturados e tarefas para casa, como os recomendados nas terapias sexuais, são às vezes úteis.

Ocultação e mascaramento

A necessidade de esconder-se requer expressão e experimentação. Este pode ser o foco do contato, do movimento ou dos experimentos cognitivos. Algumas das encenações ou experimentos de movimento podem ter a função de expressar de forma verbal ou não-verbal o impulso de esconder-se. Ter permissão para brincar com o esconder-se, especialmente num contexto grupal, pode tornar o impulso de esconder-se menos pesado para o paciente. Às vezes pode ser divertido esconder-se atrás do divã no contexto de encenar a necessidade de esconder-se, e também pode trazer lembranças da infância que podem ser compartilhadas e trabalhadas.

O esconder-se pode assumir a forma de rosto pétreo. Algumas vezes o termo "máscara" o descreve bem. Fiz experiências com pacientes, de fato, cobrindo seus rostos com máscaras e fazendo contato. Para alguns pacientes isto não faz diferença, nada acontece e eles não aprendem nada. Em geral, isto é realizado rapidamente, e eu logo descarto o experimento, tendo aprendido que ele não é bom para este paciente.

No entanto, para alguns pacientes ocorre um efeito imediato muito interessante, de ser capaz de olhar sem tensão quando o rosto é coberto por uma máscara. A máscara externa parece substituir a necessidade da máscara biológica. Não ser visto permite a tais pessoas olhar sem tensão e vergonha, concretizando os aspectos da vergonha, de não serem vistos, de tensão corporal e de esconder-se.

*Self* ideal

A comparação com o *self* ideal é um outro aspecto do processo de vergonha que precisa ser explicitado, e que pode ser realizado apenas com uma conversa de bom contato. Em outras ocasiões, um enfoque fenomenológico mais ativo é importante, como, por exemplo, dar ao *self* ideal uma expressão simbólica mais concreta. Algumas vezes peço aos pacientes para se imaginar diante de um *self* que não os envergonharia e pedir-lhes que o descrevam. Costumo usar a imagem daqueles teatros antigos, com fotos, em papelão, de um dos atores, em tamanho natural, como modelo, e peço-lhes que descrevam sua própria foto de um *self* que fosse aceitável.

Quando eles conseguem descrever a pessoa, as roupas, a maneira, a voz etc., então pergunto como se sentem em relação a este quadro. As respostas são variadas, como se pode imaginar. Às vezes uso a técnica da cadeira vazia com o *self* ideal.

Uma temática comum é a dos pacientes vergonha-orientados se identificarem mais com o *self* ideal do que com quem realmente são. Às vezes os pacientes se surpreendem que o *self* ideal possa ser muito desagradável, contraditório e apenas real como conceito e não como um *self* existente, como eles mesmos são reais, como alguém que existe.

Costumo pedir aos pacientes para desempenharem o *self* ideal. Quando eles não ficam demasiadamente inibidos para fazê-lo, com freqüência descobrem que não gostam de ser aquele *self*. Lembro-me de uma mulher que queria ser uma "dama de Beverly Hills", muito chique, sofisticada, refinada. Ela foi capaz de desempenhar este papel e criar uma imagem com credibilidade para si e para os outros no grupo. Quando desempenhou o papel, ela o experienciou como vazio; sua experiência fenomenológica neste papel foi de vazio e de ausência de significado.

Desfazendo retroflexões

Existe tanta raiva e fúria retrofletida na vergonha, que precisamos esclarecer – dirigida ao próprio alvo ambiental da raiva antes de voltar-se contra o *self*. Como parte tão grande deste processo retrocede a uma idade tão tenra e é tão pré-verbal, com freqüência é necessário usar técnicas expressivas. A criança que foi exposta a vergonha raramente tem suporte externo ou auto-suporte para expressá-la contra os pais. Um aspecto da terapia é oferecer uma oportunidade para fazer exatamente isto, quando adequado.

Só podemos fazer isso depois que os comportamentos sutis, que envergonham, forem expostos e entendidos pelo paciente. Um paciente que consegue recordar-se de ter-se encolhido ao ser afagado na cabeça, mas não saber por que, pode ficar com um sentimento negativo por ter-se encolhido: "Por que dei tanta importância a isto?". Quando a condescendência envolvida no contexto inicial é explicitada, quando o dispensar à criança com contato mínimo e inautêntico é explicitado, o paciente pode ter consciência da raiva em vez de da vergonha.

Um período de técnicas expressivas pode ser útil nesta ocasião. Por exemplo, os pacientes podem empurrar seus braços vigorosamente para a frente – empurrando contra seus pais enquanto expiram o ar e sentindo a sua raiva. Eu me recordo de um paciente aplicando uma chave de braço no genitor na cadeira vazia gritando "suma daqui!".

Boa autoparentagem

Experimentos e exercícios específicos são às vezes úteis no desenvolvimento de boa auto-aceitação e auto-estima – quando usados no contexto de um bom relacionamento e depois que o paciente desenvolveu um mínimo de suporte (como discutido anteriormente). Estes podem oferecer uma amostra do que faltou e era necessário na infância, e o que ainda é possível experienciar. Com o tempo, esta amostra do que é possível e a prática dos exercícios pode levar a novos autoprocessos autênticos e assimilados. Aqui discuto apenas uma das muitas possibilidades.

Este exercício faz parte de uma série de três. Normalmente, o primeiro tem de estar sob domínio antes de o paciente ter suporte suficiente para realizar o próximo.

1.

O paciente deve imaginar um "Genitor Metaforicamente Bom" (GMB), um genitor fantasioso que é ideal em termos de corresponder às necessidades da infância precoce (agora "criança interior") do paciente. Esta é a figura de uma pessoa que reage de maneira empática, simpática e sábia, sem ser asfixiante. Este GMB, em geral, a "boa mãe" é definida como alguém que está sempre presente, que olha o paciente com amor e alegria, que sempre diz "Estou à sua disposição" e isto é sincero. Este também pode ser o "bom pai", ou o que for mais adequado ao paciente. Algumas imagens incluem deusas gregas, o velho da floresta, a mulher na cozinha etc. Uma imagem espontaneamente fantasiada por pacientes foi a de uma mulher grande, rechonchuda, que conseguisse segurá-los no colo com facilidade, e cuja suavidade podiam sentir. Algumas vezes a imagem é completada com muitas crianças ao redor da mulher. Na fantasia esta mulher está orientada para as crianças, não está preocupada em perder peso, construir uma carreira, impressionar os vizinhos ou estar *sexy*.

Usar uma pessoa metafórica em vez de uma pessoa do universo real do paciente preenche diversas necessidades. Usa a riqueza da fantasia. É possível tornar o símbolo mais emocionalmente evocativo, descrevendo a aparência, a maneira de vestir, o som, o lar, a geografia, a etnia, e assim por diante, do que sondar a vida fantasiosa do paciente.

O que o GMB é capaz de fazer na fantasia não é possível fazer na vida real. Fora do útero, e possivelmente nem ali, ninguém pode estar totalmente presente e atender por inteiro às necessidades de outra pessoa sem considerar as próprias necessidades. O uso de uma matáfora deixa claro que não se trata de uma pessoa verdadeira, do passado, do presente ou do futuro do paciente. É possível chegar perto desta fantasia apenas na interação com outras pessoas. A maior parte desse processo de cuidados constantes é o que uma pessoa pode fazer por si. A metáfora é um símbolo que pode facilitar a internalização de cuidados atenciosos a esses processos do *self*. O que não puder ser obtido do *self* ou dos outros precisa ser lamentado.

Então, o paciente deve colocar este GMB na cadeira vazia e tornar a imagem tão real quanto possível. Assim, o diálogo do GMB com o paciente é atribuído ao GMB da cadeira vazia, comumente com o terapeuta dizendo a frase (como alguém faria em psicodrama quando "representando"). Essas sentenças são do tipo "Eu te amo do jeito que você é". "Estarei sempre à sua disposição."

O trabalho fenomenológico começa para valer e o foco está na reação do paciente. O terapeuta ajuda o paciente a começar a ouvir o sentimento afetuoso, a "aceitá-lo", a respirar com ele, a aquecer-se com ele. Se o ritmo do terapeuta estiver correto, esta fase do experimento continua, com a descrição de *self* do paciente, com experiências passadas com os pais e com o diálogo entre o terapeuta e o paciente. Esta pode ser uma parte importante do processo de trabalho. Neste ponto, é fácil para o terapeuta perder a disciplina do processo fenomenológico experimental e tornar a "aceitação" um deveria ou um objetivo. Os pacientes precisam identificar-se com sua experiência factual e, às vezes, isso significa não "ingerir".

2.

Quando o paciente consegue fazer esta função repetitiva razoavelmente bem, então é solicitado a desempenhar o GMB. A aceitação passiva da mensagem do bom genitor é difícil para o paciente vergonha-orientado, mas ele mesmo ter de dizer a mensagem é ainda mais difícil. Esta é uma outra etapa em direção à assimilação da mensagem de auto-afirmação no funcionamento real do *self*.

3.

A fase final ocorre quando se pede ao paciente que tenha este sentimento bom sem passar pelas etapas 1 e 2. A lembrança sensorial dos bons sentimentos e pensamentos afirmativos é usada como estímulo para propiciar o sentimento de simples brilho interior. Esta última fase, em geral, não é realizada de forma eficaz antes dos estágios finais da terapia.

Não há nenhuma mágica neste exercício e ele também não é vital para a metodologia. Ele ilustra o uso da encenação, da experimentação e da programação para o desenvolvimento de uma atitude positiva que não estava presente antes. Ele é compatível com exercícios tais como: meditação, escrever no diário, escrever poesia, desenho e outras atividades experimentais que podem intensificar o trabalho terapêutico e diminuir o número de sessões e a duração da terapia.

## Resumo

A eficácia da psicoterapia está na qualidade do relacionamento e na adequação da compreensão e nas intervenções do terapeuta. Uma identificação com o seu verdadeiro estado e experiência é uma característica de saúde e deve estar no centro do tratamento do paciente pelo terapeuta, para o sucesso da terapia.

É importante que o terapeuta entenda a maneira como a vergonha e a culpa são induzidas, mantidas e curadas. É importante, também, que o terapeuta entenda a diferença entre culpa e vergonha saudáveis e não-saudáveis. O tratamento da vergonha neurótica exige que o terapeuta tenha uma conexão empática com o paciente, tenha um sentimento afetuoso e positivo, e também trabalhe a vergonha de forma tecnicamente adequada. O trabalho com a vergonha é de longo prazo, gradual, no qual a auto-estima do paciente é fortalecida e equilibrada com as virtudes pessoais que o paciente de fato tem, e a construção de autoparentagem positiva.

# BIBLIOGRAFIA

APPELBAUM, S. A psychoanalyst books at Gestalt therapy. In: C. Hatcher e P. Himelstein (eds.) *The handbook of Gestalt Therapy.* Nova York, Jason Aronson, 1976.
BACH, G. Comentários. In: C. Buhler. *Values in psychotherapy.* Nova York, Free Press, 1961.
BARNWELL, J. Gestalt methods and techniques in a poverty program. In: J. Simkin (ed.) *Festschrift for Fritz Perls.* Los Angeles, 1968, Author.
BEISSER, A. The paradoxal theory of change. In: J. Fagan e I. Sheperd (eds.) *Gestalt therapia Now.* Nova York, Harper, 1970, pp. 77-80.
BENTOV, I. *Stalking the wild pendulum.* Nova York, Bantam Books, 1977.
BERGIN. A.E., e SUINN, R.M. Individual psychotherapy and behavior therapy. In: *Annual Review of Psychology*, 26, 1975, pp. 509-56.
BERNE, E. *Games People Play.* Nova York, Grove Press, 1964.
BEVAN, W. Contemporary psychology: a tour inside the onion. In: *American Psychologist*, 46,5, maio 1991, pp. 475-83.
BROWN, G. Teaching creativity to teachers and others. In: *Journal of Teacher Education*, 21, pp. 210-16.
BROWN, G. The farther reaches of Gestalt therapy. In: *Synthesis,* 1, 1974/1977, pp. 27-43.
BROWN, R. & LUNNEBERG, E. A study in language and cognition. In: S. Sapporta (ed.) *Psycholinguistics.* Nova York, Holt, Rhinehart e Winston, 1961.
BRUNNINK, S.; e SCHROEDER, H. Verbal therapeutic behavior of expert psychoanalytically oriented, Gestalt and behavior therapists. In: *Journal of Consulting and Clinical Psychology*, 47, pp. 567-74.
BUBER, M. *Between man and man.* Nova York, Harper & Row, 1965a.
_____. *The knowledge of man.* Nova York, Harper & Row, 1965b.
_____. A believing humanism. In: R. Anchen (ed.) *Gleannings by Martin Buber.* Nova York, Simon & Schuster, 1967.
_____. *I and thou.* Nova York, Scribner's Sons, 1970.
BUHLER, C. *Values in psychotherapy.* Nova York, Free Press, 1962.
CAPRA, F. *The Tao of physics.* Berkeley, Shambhala Publications, 1975.

CAPRA, F. *Quantum Paradoxes in Eastern Mysticism.* Big Sur, Esalen Workshop Cassettes, 1976.
CHESSIK, R. *Intensive psychotherapy of the borderline patients.* Nova York, Jason Aronson, 1977.
DAVIES, P. *God and the nova physics.* Nova York, Simon & Schuster, 1983.
DOLLIVER, R. Some limitations in Perl's Gestalt therapy. In: *Psychotherapy, Research and Practice,* 8, 1981, pp. 38-45.
DUBLIN, J. Gestalt therapy: Existencial – Gestalt therapy and/versus "Perls-ism". In: E. Smith (ed.) *The growing edge of gestalt therapy.* Nova York, Bruner/Mazel, 1976.
EDWARD, D. Self-hood: Bright figure of the Gestalt. In: *Journal of Contemporary Psychoterapy,* 9, pp. 89-94.
EINSTEIN, A. *Out of my later years.* Nova York, The wisdom Library, 1950.
_____. *Relativity.* Nova York, Crown Publishers, 1961.
ELLIS, A. *Reason and emotion in psychotherapy.* Nova York, Lyle Stuart, 1962.
ELLIS, W. *A source book of Gestalt psychology.* Londres, Routledge & Keegan Paul, 1938.
EMERSON, P.; e SMITH, E. Contribuitions of Gestalt psychology to Gestalt therapy. In: *The counseling psychologist,* 4, 1974, pp. 4-7.
English e English. *A comprehensive dictionary of psychological and psychoanalytic terms.* Nova York, David McKay, 1958.
ENNIS, K.; e MITCHELL, S. Staff training for a day care center. In: J. Fagan e I. Shepherd (eds.) *Gestalt Therapy Now.* Palo Alto, Science and Behavior Books, 1970.
ENRIGHT, J. An introduction to Gestalt therapy. In: J. Fagan e I. Shepherd (eds.) *Gestalt Therapy Now.* Palo Alto, Science and Behavior Books, 1970a, pp. 140-219. Também em F. Stephenson (ed.) *Gestalt therapy primer.* Springfield, IL, Charles C. Thomas, 1975, pp. 13-33.
_____. Awareness training in the mental health professions. In: J. Fagan e I. Shepherd (eds.) *Gestalt Therapy Now.* Palo Alto, Science and Behavior Books, 1970b, pp. 263-73.
_____. (1975). Gestalt therapy in interactive groups. In: F. Stephenson (Ed.) *Gestalt therapy primer: introductory readings in gestalt therapy.* Springfield, IL, Charles C. Thomas.
FAGAN, J. Gestalt techniques with a woman with expressive. In: J. Fagan e I. Shepherd (eds.) *Gestalt Therapy Now.* Palo Alto, Science and Behavior Books, 1970.
_____. Personality theory and psychotherapy. In: *The counseling psychologist,* 4, 1974, pp. 4-7.
_____. e SHEPHERD, I. *Gestalt Therapy Now.* Palo Alto, Science and Behavior Books, 1970.
FEDER, B. e RONALD, R. (eds.) *Beyond the hot seat.* Nova York, Brunner/Mazel, 1980.
FREW., J. The practice of Gestalt therapy in groups. In: *The Gestalt Journal,* 11, 1, 1988, pp. 77-96.
FRIEDMAN, M. Healing through meeting: a dialogic approach to psychotherapy

and family therapy. In: E. Smith (ed.) *Psychiatry and the Humanities*, v. 1. New Haven, Yale University Press, 1976a.

FRIEDMAN, M. *Martin Buber: the Life of dialog*. Chicago, University of Chicago Press, 1976b.

FROM, I. Contact and contact boundaries. In: *Voices*, 14, 1, 1978, pp. 14-22.

_____. Reflections on Gestalt therapy after thirty-two years of practice: A requiem for Gestalt. In: *The Gestalt Journal*, 8, 1, 1984, pp. 23-49.

FUCHS, W. Completion phenomena in hemianopic vision. In: W. Ellis, *A Source Book of Gestalt Psychology*. Londres, Routledge & Kegan Paul, 1938, pp. 344-56.

GELLER, L. The failure of self-actualization theory: A critique of Carl Rogers e Abraham Maslow. In: *Journal of Humanistic Psichology*, 22, 2, (primavera, 1982), 1982, pp. 56-73.

GELLER, L. Another look at self-actualization. In: *Journal of Humanistic Psychology*, 24, 2, (primavera, 1984), 1984, pp. 93-106.

GERGEN, K. Emerging challenges for theory and psychology. In: *Theory and Psychology*, 1, 1 (fevereiro, 1991), 1991, pp. 13-36.

GINSBURG, C. Toward a somatic understanding of self: A reply Leonard Geller. In: *Journal of Humanistic Psychology*, 24, 2, (primavera, 1984), 1984, pp. 66-92.

GIOVACCHINI, P. *Treatment of Primitive Mental States*. Nova York, Jason Aronson, 1979.

GLASSER, W. *Reality Therapy*. Nova York, Harper & Row, 1965.

GREENBERG, L. Resolving splits: Use of the two-chair technique. In: *Psychotherapy, Theory, Research and Practice*, 16, 1979, pp. 316-24.

_____. Change process research. In: *Journal of Consulting and Clinical Psychology*, 54, 1 (fevereiro de 1986), 1986, pp. 4-9.

GREENBERG, L.; e HIGGINS, H. Effects of two-chair dialogues and focusing on conflict resolution. In: *Journal of Counseling Psychology*, 27, 1980, pp. 221-4.

GREENBERG, L. e Johnson, Susan. *Emotionally focused therapy for couples*. Nova York, Guilford Press, 1988.

GREENWALD, G. The art of emotional nourishment. Santa Monica, CA, Distribuído pelo autor, 1969a.

_____. The art of emotional nourishment: Self-induced nourishment and toxicity. Santa Monica, CA, Distribuído pelo autor, 1969.

_____. *Be the person you were meant to be*. Nova York, Simon & Schuster, 1973.

GUNDERSON, J. Formulation of the borderline personality. Continuing Education Series (CES). Fita #1.

GUNTRIP, HARRY. *Schizoid phenomena, object relations and the self*. Nova York, International Universities Press, 1969.

HARMAN, R. Recent developments in Gestalt group therapy. In: *International Journal of Group Therapy*, 34, 3, 1984, pp. 473-83.

HARRÉ, R. The discursive production of selves. In: *Theory and Psychology*, 1, 1 (fevereiro, 1991), 1991, pp. 51-64.

HATCHER, C. e HIMELSTEIN, P. (eds.) *The handbook of Gestalt therapy.* Nova York, Jason Aronson, 1976.

HAWKINS, S. *A brief history of time.* Nova York, Bantam Books, 1988.

HEIDBREDER, E. *Seven psychologies.* Nova York, Century Company, 1933.

HENLE, M. Gestalt psychology and Gestalt therapy. In: *Journal of History and Behavioral Sciences,* 14, 1978, pp. 23-32.

HERMAN, S. The Gestalt orientation to organizational development. In: *Contemporary Organization Development.* Bethel, ME, National Institute of Applied Behavioral Science, 1972.

HORNER, A. *Object relations and the developing ego in therapy.* Nova York, Jason Aronson, 1984.

HYCNER, R. Dialogical Gestalt therapy: An initial proposal. In: *The Gestalt Journal,* 8, 1 (primavera, 1985), 1985, pp. 23-49.

IHDE, D. *Experimental phenomenology: an introduction.* Albany, State University of Nova York, 1977.

JACOBS, L. I-thou relations in Gestalt therapy. (Dissertação de doutorado não publicada.) California School of Professional Psychology, 1978.

_____. Dialogue in Gestalt theory and therapy. In: *The Gestalt Journal,* 12, 1 (primavera, 1989), 1989, pp. 25-67.

JOURARD, S. Psychotherapy in the age of automation: from the way of a technician to the way of guru. Trabalho apresentado no Cleveland Institute of Gestalt Therapy, 19 de maio, 1967.

KAHN, E. In: Heinz Kohut e Carl Rogers: Toward a constructive collaboration. In: *Psychotherapy,* 26,4 (inverno, 1989), 1989, pp. 555-63.

KAUFMAN, W. *Existencialism from Dostoievski to Sartre.* Nova York, Meridian Books, 1956.

KELLY, G.A. *The psychology of personal constructs.* Nova York, Norton, 1955.

KEMPLER, W. Experiential family therapy. In: *International Journal of Group Psychotherapy,* 15, 1965, pp. 57-71.

_____. The moving finger writes. *Voices,* 2, 1966, pp. 73-4.

_____. The experiential therapeutic encounter. In: *Psychotherapy: Theory, Research and Practice,* 4, 1967, pp. 166-72.

_____. Experiential psychotherapy with families. In: *Family Process,* 7, 1968, pp. 88-9.

_____. Gestalt therapy. In: R. Corsini (ed.) *Current Psychotherapies.* Edition One. Itasca, IL, F.E. Peacock, 1973.

_____. *Principles of Gestalt family therapy.* Costa Mesa, CA, Kempler Institute, 1974.

KERNBERG, O. *Borderline conditions and pathological narcissism.* Nova York, Jason Aronson, 1975.

KEUTZER, C. Power of meaning. In: *Journal of Humanistic Psychology,* 24, 1, verão, 1984, pp. 80-94.

KING, J. Discussion of Quantum Theory. Big Sur, Esalen (Cassetes de Workshops), 1976.

KOFFKA, K. Gestalt. *Encyclopaedia of the social sciences.* Nova York, 1931.

KOFFKA, K. *Principles of Gestalt psychology*. Nova York, Harcourt, Brace & World, 1935.
KOGAN, G. The genesis of Gestalt therapy. In: C. Hatcher & P. Himelstein (eds.) *The Handbook of Gestalt Therapy*. Nova York, Jason Aronson, 1976.
_____. *Gestalt Therapy Resources*. 3ª ed. Berkeley, CA, Transformation Press, 1980.
KÖHLER, W. Physical Gestalten. In: W. Ellis (ed.) *A Sourcebook of Gestalt Psychology*. Londres, Routledge & Keegan Paul, 1938a, pp. 17-54.
_____. Some Gestalt problems. In: W. Ellis (ed.) *A Sourcebook of Gestalt Psychology*. Londres, Routledge & Keegan Paul, 1938b, pp. 55-70.
_____. *Gestalt psychology*. Nova York, Mentor Books, 1947.
_____. *The task of Gestalt psychology*. Princeton, NJ, Princeton University Press, 1969.
KOHUT, H. *The analysis of the self: a systematic approach to the psychoanalytic treatment of narcissistic personality disorders*. Nova York, International University Press, 1971.
_____. *How Does Psychoanalysis Cure?* Chicago, The University of Chicago Press, 1984.
KUTASH, I., e WOLF, *Group psychotherapist's handbook*. Nova York, Columbia University Press, 1990.
LAMBERT, M.J. The individual therapist's contribution to psychotherapy process and outcome. In: *Clinical Psychology Review*, 9, 1989, pp. 469-85.
LATNER, J. *The Gestalt therapy book*. Nova York, Julian Press, 1973.
_____. This is the speed of light: field and systems theory in Gestalt therapy. *The Gestalt Journal*, 6, 2 (outono, 1983), 1983, pp. 71-90.
LEDERMAN, J. Anger and the rocking chair. In: J. Fagan e I. Shepherd (eds.) *Gestalt Therapy Now*. Palo Alto, Science and Behavior Books, 1970.
LEVITSKY, A., e PERLS, F. The rules and games of Gestalt therapy. In: H. Ruitenbeek (ed.) *Group Therapy Today: Styles, Methods and Techniques*. Nova York, Atherton, 1969, pp. 221-30. Também (1972)(1974). G. Davidson e K. Price (eds.) *Contemporary Readings in Psychopathology*. Nova York, John Wiley.
LEVITSKY, A., e SIMKIN, J. Gestalt therapy. In: L. Solomon & B. Berzon (eds.) *New Perspectives on Encounter Groups*. San Francisco, Jossey-Bass, 1972.
LIEBERMAN, M.A.; YALOM, I.D.; e MILES, M.B. *Encounter Groups: First Facts*. Nova York, Basic Books, 1973.
LEWIN, K. Will and needs. In: U. Ellis (ed.) *A Sourcebook of Gestalt Psychology*. Londres, Routledge & Keegan Paul, 1938a, pp. 283-99.
_____. The conflict between Aristolelian and Galilean modes of thought in contemporary psychology. In: K. Lewin, *A Dinamic Theory os Personality*. Londres, Routledge & Kegan Paul, 1938b.
MASEK, R. The overlooked problem of consciousness in psychoanalysis: Pierre Janet revisited. In: *The Humanistic Psychology*, 17, 3 (outono, 1989), 1989, pp. 279-474.
MASTERSON, J. *Treatment of the borderline adolescent: a developmental approach*. Nova York, John Wiley, 1972.

MASTERSON, J. Psychotherapy of the borderline adult: a developmental approach. Nova York, Brunner/Mazel, 1976.

_____. *The narcissistic and borderline disorders*. Nova York, Brunner/Mazel, 1981.

MELNICK, J. The use of therapist-imposed in Gestalt therapy. In: *The Gestalt Journal*, 3, 1980, pp. 4-20.

MILLER, M. V. Some historical limitations of Gestalt therapy. In: *The Gestalt Journal*, 8, 1, (primavera, 1985), 1985, pp. 51-4.

_____. Introduction. In: F. Perls. *Gestalt Therapy Verbatim*. Nova York, The Gestalt Journal Press, 1988.

MISIAK, H., e SEXTON, V. *The history of psychology*. Nova York, Grune & Stratton, 1966.

NARANJO, C. I and thou, here and now: contributions of Gestalt therapy. In: F. Stephenson (ed.) *Gestalt Therapy Primer: Introductory Readings in Gestalt Therapy*. Springfield, IL, Charles C. Thomas, 1975, pp. 34-53.

NEVIS, E. Beyond mental health. Cleveland, Gestalt Therapy Institute of Cleveland, 1968.

O'CONNELL, V. Crisis psychotherapy: person, dialogue and the organismic approach. In: J. Fagan e I. Shepherd (eds.) *Gestalt Therapy Now*. Palo Alto, Science and Behavior Books, 1970.

PARLETT, M. Reflections on field theory. Lecture at the 4th British Gestalt Conference, Nottingham, julho 1990.

PERLS, F. *Ego, hunger and agression*. Woking, Great Britain: Unwin Brothers. San Francisco, Orbit Graphic Arts. (1969 Edition) Nova York, Vintage Books, 1947.

_____. Theory and technique of personality integration. In: *American Journal of Psychotherapy*, 2, 1948, pp. 565-86. Também em (1975) J. Stevens (ed.) *Gestalt is*. Moab, UT, Real People Press.

_____. The anthropology of neurosis. In: *Complex*, 2, pp. 19-27.

_____. Morality, ego boundary, and agression. In: *Complex*, 9, 1953/1954, pp. 42-52.

_____. Big Sur: Instituto Esalen. Também em (1966) H. Otto (ed.) *Explorations of Human Potencialities*. Springfield, Ill, Charles C. Thomas. Também em (1975) F. Stephenson (ed.) *Gestalt Therapy Primer: Introductory Readings in Gestalt Therapy*. Springfield, IL, Charles C. Thomas, 1965.

_____. Groups vs. individual therapy. Trabalho apresentado na American Psychological Association, Nova York, set., 1966. In: *ETC*, 24 (1967), pp. 306-12. Também em J. Stevens (ed.) *Gestalt is*. Moab, Utah, Real Peolple Press, 1966, pp. 9-15.

_____. *Gestalt therapy verbatim*. Moab, UT, Real People Press, 1969.

_____. *The Gestalt approach*. Palo Alto, Science and Behavior Books, 1973.

_____. Resolution. In: J. Stevens (ed.) *Gestalt is*. Moab, UT, Real People Press, 1975.

_____. Gestalt therapy verbatim: Introducion. In: C. HATCHER e P. HI-

MELSTEIN (eds.) *The Handbook of Gestalt Therapy*. Nova York, Jason Aronson, 1976.

PERLS, F.; HEFFERLINE, H.; e GOODMAN, P. *Gestalt Therapy: Excitement and Growth in the Human Personality*. Nova York, Julian Press. Também (1965) Nova York, Dell (A Delta Book), 1951.

PERLS, L. The psychoanalyst and the critic. In: *Complex*, 2, 1950, pp. 41-7.

_____. Notes on the psychology of give and take. In: *Complex*, 9, 1953/1954, pp. 24-30.

_____. Two instances of Gestalt therapy. In: *Case Reports in Clinical Psychology*, 3, 1956, pp. 139-46.

_____. The Gestalt approach. In: J. Barron e R. Harper (eds.). In: *Annals of Psychotherapy*, 1 e 2, 1961.

_____. Some aspects of Gestalt therapy. Manuscrito apresentado na Reunião Anual da Associação Ortopsiquiátrica, 1973.

_____. Comments on the New Directions. In: E. Smith (ed.) *The Growing Edge of Gestalt Therapy*. Nova York, Brunner/Mazel, 1976.

_____. Concepts and misconcepts of Gestalt therapy. In: *Voices*, 14, 3, 1978, pp. 31-6.

PIERS, G.; e SINGER, M. *Shame and guilt*. Nova York, Norton, 1971.

POLSTER, E. Techniques and experience in Gestalt therapy. Trabalho apresentado no Ohio Psychological Association Simposium. In: (1975) F. Stephenson (ed.) *Gestalt Therapy Primer: Introductory Readings in Gestalt Therapy*. Springfield, IL, Charles C. Thomas, 1957, pp. 147-50.

_____. A contemporary psychotherapy. In: *Psychotherapy*, 3, pp. 1-6. Também em (1968) P. Pursglove (ed.) *Recognitions in Gestalt Therapy*. Nova York, Funk & Wagnalls, 1966.

_____. Trends in Gestalt therapy. Trabalho apresentado na Ohio Psychological Association, fev. 22, 1967. In: (1975) F. Stephenson (ed.) *Gestalt Therapy Primer: Introductory Readings in Gestalt Therapy*. Springfield, IL, Charles C. Thomas, 1976, pp. 151-60.

_____. Imprisoned in the present. In: *The Gestalt Journal*, 8, 1, 1985, pp. 5-22.

_____. *Every person's life is worth a novel*. Nova York, Norton, 1987.

POLSTER, E., e POLSTER, M. *Gestalt Therapy Integrated*, Nova York, Brunner/Mazel, 1973.

POLSTER, M. The language of experience. In: *The Gestalt Journal*, 4, 1, (primavera, 1981), 1981, pp. 19-2.

PURSGLOVE, P. (ed.) *Recognitions in Gestalt Therapy*. Nova York, Funk & Wagnalls, 1968.

Referência Rápida de Critérios Diagnósticos de DSM-III (Mini-D). American Psychiatric Association.

RESNICK, R. Chickensoup is poison. In: *Voices*, 6, 1970, pp. 75-8, Também em (1975) F. Stephenson (ed.) *Gestalt Therapy Primer*. Springfield, IL, Charles C. Thomas.

_____. Gestalt therapy East-and west: Bicoastal dialogue, debate or dibacle? In: *The Gestalt Journal*, 7, 1, 1984, pp. 23-32.

ROBINSON, D. Might the self be a substance after all? In: *Theory and Psychology*, 1, (fev. 1991), 1991, pp. 37-50.
ROGERS, C. Training individuals to engage in therapeutic process. In: C. Strother (ed.) *Psychology and Mental Health*. Washington, DC, American Psychological Association, 1956, 1956.
_____. Two divergent trends. In: R. May. (ed.) *Existential Psychology*. Nova York, Random House, 1960.
_____. *The therapeutic relationship and its impact: a study of psychotherapy with schizophrenics*. Com E.T. Gendlin, D. J. Kiesler, e C. Louax. Madison, WI, University of Wisconsin Press, 1967.
ROSANES-BERRET, M. Gestalt therapy as an adjunct treatment for some visual problems. In: J. Fagan e I. Shepherd (eds.) *Gestalt Therapy Now*. Palo Alto, Science and Behavior Books, 1970.
ROSENBLATT, D. Introduction. In: D. Rosenblatt (ed.) *A festschrift for Laura Perls. The Gestalt Journal*, 3, 1 (primavera, 1980), pp. 5-15.
ROSENFELD, E. An oral history of Gestalt therapy: Part I: A conversation with Laura Perls. In: *The Gestalt Journal*, 1, 1978, pp. 8-31.
_____. The Gestalt bibliography. In: *The Gestalt Journal*, 1981, 1, 1981, pp. 8-31.
SACHS, M. *The field concept in contemporary science*. Springfield, IL, Charles C. Thomas, 1973.
SARTRE, J. Existentialism is a "humanism". In: (1956) W. Kaufman. *Existentialism from Dostoevsky to Sartre*. Nova York, Meridian Books, 1946.
_____. *Being and nothingness*. Nova York, Washington Square Press, 1966.
SATIR, V. *Conjoint family therapy: a guide to theory and technique*. Palo Alto, Science and Behavior Books, 1964.
SCHUTZ, W. *Joy: expanding human awareness*. Nova York, Groove Press, 1967.
SHAFER, R. *A nww language for psychoanalysis*. New Haven, Yale University Press, 1976.
SHAPIRO, K. Animal rights versus humanism: the charge of speciesism. *Journal of Humanistic Psychology*, 30, 2 (primavera, 1990), 1990, pp. 9-37.
SHEPHERD, I. Limitations and cautions in the Gestalt approach. In: J. Fagan e I. Shepherd (eds.) *Gestalt Therapy Now*. Palo Alto, Science and Behavior Books, 1970.
SHERRILL, R. Figure/ground: Gestalt therapy/Gestalt psychology relationships. (Dissertação de doutorado não publicada.) The Union Graduate School, 1974.
SHOSTROM, E. *Manual for the caring relationship inventory*. San Diego, Educational and Industrial Testing Service, 1966a.
SHOSTROM, E. *Manual for the personal orientation inventory*. San Diego, Educational and Industrial Testing Service, 1966b.
_____. *Man the manipulator*. Nashville, Abingdon Press, 1967.
_____. Group therapy: let the briyer beware. In: *Psychology Today*, 2 (12), 1969, pp. 36-40.

SIMKIN, J. Contributions. In: C. Buhler. *Values in Psychotherapy*. Nova York, Free Press, 1962.

_____. An introduction to Gestalt therapy. Big Sur, Esalen Institute. Também Cleveland: Trabalho #6, Gestalt Institute of Cleveland. In: (1973) *Direct Psychotherapy: 28 American Originals*, v. 1, Coral Gables, FL, University of Miami, pp. 423-32. Também em: (1975) F. Stephenson (ed.) *Gestalt Therapy Primer: Introductory Readings in Gestalt Therapy*. Springfield, IL, Charles C. Thomas, 1960s, pp. 3-12.

_____. *Festscrift for Fritz Perls*. Los Angeles, CA, Author, 1968.

_____. *In the now*. (Um filme de treinamento.) Beverly Hills, CA, 1969.

_____. A session with a passive patient. In: J. FAGAN e I. SHEPHERD (eds.) *Gestalt Therapy Now*. Palo Alto, Science and Behavior Books, 1970.

_____. *Mini-lectures in Gestalt Therapy*. Albany, CA, Wordpress, 1974.

_____. *Gestalt therapy mini-lectures*. Millbrae, CA, Celestial Arts, 1976.

_____. Gestalt Therapy. In: R. Corsini (ed.) *Current Psychotherapies*, 2ª ed. Ithasca, IL, F.E. Peacock, 1979.

SIMKIN, J.; e YONTEF, G. Gestalt therapy. In: CORSINI, R. (ed.) *Current Psychotherapies*, 3ª ed. Ithasca, IL, Peacock Publishers, 1984.

SMITH, E. *The growing edge of Gestalt Therapy*. Nova York, Brunner/Mazel, 1976.

SPINELLI, E. *The interpreted world*. Novabury Park, CA, Sage Publications, 1989.

STEWART, R. The philosophical background of Gestalt therapy. In: *Counseling Psychologist*, 4, 1974, pp. 13-4.

TOBIN, S. Self-disorders, Gestalt therapy and self psychology. In: *The Gestalt Journal*, 5, 2 (outono, 1982), 1982, pp. 3-44.

VAN DUSEN, W. Existential analytic psychotherapy. In: *American Journal of Psychoanalysis*, 20, 1960, pp. 35-40. Também em (1968) P. Pursglove (ed.) *Recognitions in Gestalt Therapy*. Nova York, Funk & Wagnalls.

_____. Invoking the actual. In: J. STEVENS (ed.) *Gestalt is*. Moab, UT, Real People Press, 1975a.

_____. The phenomenology of schizophrenic existence. In: J. Stevens (Ed.), *Gestalt is*. Moab, UT, Real People Press, 1975b.

_____. The perspective of an old hand. In: J. Stevens (ed.) *Gestalt is*. Moab, UT, Real People Press, 1975c.

WALLEN, R. Gestalt psychology and Gestalt therapy. Trabalho apresentado frente ao Ohio Psychological Association Symposium. In: (1970) J. FAGAN e I. SHEPHERD (eds.) *Gestalt Therapy Now*. Palo Alto, Science and Behavior Books, 1957, pp. 8-13.

Webster's Nova Twentieth Century Dictionary of the English Language. Nova York, World Publishing, 1962.

WERTHEIMER, M. Gestalt Theory. In: W. ELLIS (ed.) *A Sourcebook of Gestalt Psychology*. Londres, Routledge & Kegan Paul, 1938a.

_____. The general theoretical situation. In: W. ELLIS (ed.) *A Sourcebook of Gestalt Psychology*. Londres, Routledge & Kegan Paul, 1938b.

WERTHEIMER, M. *Productive thinking*. Nova York, Harper and Brothers, 1945.
WHEELER, G. *Gestalt reconsidered*. Nova York, Gardner Press, 1991.
WHITAKER, C. The psychotherapy of marital couples. Palestra apresentada no Cleveland Institute of Cleveland, 1965.
WOLFE, B. Heinz Kokut's self psychology: a conceptual analysis. In: *Psychotherapy*, 26, 4, (inverno, 1989), 1989, pp. 545-54.
_____. *Taking the quantum leap*. Nova York, Harper & Row, 1981.
WYSONG, J.; e ROSENFELD, E. *An oral history of Gestalt therapy*. Highland, Nova York, The Gestalt Journal, 1982.
YONTEF, G. A review of the practice of Gestalt therapy. (1ª publicação, 1969) Também em (1975) F. STEPHENSON (ed.) *Gestalt Therapy Primer: Introductory Readings in Gestalt Therapy*. Springfield, IL, Charles C. Thomas, 1975.
_____. Gestalt Therapy: Clinical phenomenology. In: BINDER, V., BINDER, A. e RIMLAND, B. (eds.) *Modern Therapies*. Nova York, Prentice Hall, 1976.
Reedições:
*Psihijatrija Danas*, 4, 1977, pp. 401-18.
*The Gestalt Journal*, 2, 1, 1979, pp. 27-45.
#7, Documents de l'institut de Gestalt, Bordeaux, 1984.
_____. The future of Gestalt therapy: a symposium with Perls, L.; Polster, M.; Zinker, J., e Miller M. V. *The Gestalt Journal*, 4, 1, 1981a, pp. 3-18.
_____. Mediocrity and excellence: an identity crisis in Gestalt therapy. ERIC/CAPS, University of Michigan, Ed. 214,062, 1981b.
_____. Gestalt therapy: its inheritance from Gestalt psychology. *Gestalt Theory*. IV, 1/2, 1981, pp. 23-39 (abstract in German). Reeditado *Psihijatrija Danas*, 16, 1, 1984, pp. 31-46.
_____. Gestalttherapie als Dialogische Methode. *Integrative Therapie*, 9, Jg. Heft 2/3, 1983a, pp. 98-130. (Primeira circulação em 1981 como trabalho não publicado: Gestalt Therapy: A Dialogic Method)
_____. The self in Gestalt therapy: reply to Tobin. In: *The Gestalt Journal*, 6, 1, 1983b, pp. 55-70.
_____. Modes of thinking in Gestalt therapy. In: *The Gestalt Journal*, 7, 1, 1984a, pp. 33-74.
_____. Why I became a Gestalt therapist. In: R. RESNICK e G. YONTEF (eds.) *Memorial Festschrift* (para Jim Simkin). Los Angeles, Gestalt Therapy Institute of Los Angeles, 1984b.
_____. Gestalt therapy 1986: a polemic. In: *The Gestalt Journal*, 10, 1, 1987, pp. 41-68.
_____. Assimilating diagnostic and psychoanalitic perspectives into Gestalt therapy. In: *The Gestalt Journal*, 11, 1 (primavera, 1988), 1988a, pp. 5-32.
_____. Comments on "boundary processes and boundary state". In: *The Gestalt Journal*, 11, 2, 1988b, pp. 25-36.
_____. Gestalt therapy in groups. In: I. KUTASH e WOLF, A. (eds.) *Group Psychotherapist's Handbook*. Nova York, Columbia University Press, 1990a.

YONTEF, G. Interview. In: R. HARMAN (ed.) *Gestalt Therapy Discussions with the Masters*. Springfield, IL, Charles C. Thomas, 1990b.

_____. Recent trends in Gestalt therapy in the U.S. and what we need to learn from them. In: *British Gestalt Journal*, 1, 1, 1991.

YONTEF, G., e SIMKIN, J. Gestalt therapy. In: R. CORSINI e D. WEDDING, (eds.) *Current Psychotherapies*, 4ª ed., Ithasca, IL, F.E. Peacock Publishers, 1989.

ZINKER, J. Notes on the phenomenology of the loving encounter. In: *Explorations*, 10, 1966, pp. 3-7.

_____. *Creative Process in Gestalt Therapy*. Nova York, Brunner/Mazel, 1977.

ZINKER, J., e FINK, S. The possibility of growth in a dying person. In: *Journal of General Psychology*, 74, 1966, pp. 185-99.

ZUKAV, G. *The Dancing Wu Li Masters*. Nova York, Bantam Books, 1979.

# GARY M. YONTEF

Diplomado em psicologia clínica e serviço social clínico, é Gestalt-terapeuta desde 1965, quando completou a sua formação com Frederick Perls e James Simkin. Foi professor na Faculdade de Psicologia da Universidade da Califórnia, chefe do Comitê de Conduta Profissional da Associação Psicológica de Los Angeles e presidente do Instituto de Gestalt-terapia nessa mesma cidade. Durante muito tempo foi chefe de treinamento no Instituto e é ainda um de seus principais líderes. Profundamente envolvido com teoria, prática e supervisão, é um dos mais importantes e conceituados pensadores de Gestalt-terapia da nova geração. Possui numerosos artigos publicados, faz parte do corpo editorial do Gestalt Journal e é consultor do British Gestalt Journal.

www.gruposummus.com.br

Acesse, conheça o nosso catálogo e cadastre-se para receber informações sobre os lançamentos.